本教材由"清华大学研究生教育教学改革项目"资助

新闻传播专业 前沿教材系列

媒介研究导论

吴璟薇 ◎ 编著

Media Studies: An Introduction

中国传媒大学出版社
·北京·

作者介绍

(按姓氏拼音顺序)

曹书乐 清华大学新闻与传播学院长聘副教授、博士生导师,英国威斯敏斯特大学、香港城市大学访问学者。中国新闻史学会新闻传播思想史研究委员会常务理事、中国高校影视学会影视产业与管理专业委员会理事、中国文艺评论(清华大学)基地副主任。主要研究领域为传播学术思想史、影视传播、网络视听、游戏研究。著有《批判与重构:英国媒体与传播研究的马克思主义传统》《欧洲传播思想史》《云端影像:中国网络视频的产制结构与文化嬗变》。曾获"胡绳青年学术奖"提名奖、教育部高等学校科研优秀成果奖三等奖、中国高校影视学会"学会奖"一等奖。

戴宇辰 华东师范大学政治与国际关系学院副教授。主要研究领域为社会理论、媒介理论。论文发表于《新闻与传播研究》《文学评论》《国际新闻界》《文艺理论研究》《社会学评论》等期刊。曾获人大复印报刊资料重要转载来源作者(2022),上海市晨光人才(2019),中国新闻史学会新闻传播思想史委员会年度最佳论文等奖项。

韩晓强 西南政法大学新闻传播学院副教授,中国传媒大学戏剧影视学院电影学专业博士,加拿大蒙特利尔大学艺术史与电影学系访问学者,媒介研究公众号"观察者的技术"创始人,主要研究领域为电影理论、媒介理论、媒介艺术史。主持国家社科基金艺术学青年项目、重庆市社会科学规划项目,论文发表于《电影艺术》《当代电影》等期刊,译有《后电影视觉:运动影像媒介与观众的共同进化》。

胡翼青 南京大学人文社会科学高级研究院副院长、新闻传播学院教授、博士生导师,南京大学文科学术分委员会委员,复旦大学信息与传播研究中心学术委员会委员,中国新闻史学会外国新闻史专业委员会副理事长,中国新闻史学会新闻传播思想史专业委员会常务理事。主要研究方向为传播理论、传播思想史、媒介社会学。

刘　涛　暨南大学新闻与传播学院教授，博士生导师，《视觉传播研究》集刊主编，兼任武汉大学媒体发展研究中心研究员，复旦大学信息与传播研究中心研究员。主要从事视觉修辞学、环境传播研究。主持国家社科基金重大项目"视觉修辞的理论、方法与应用研究"，著作《视觉修辞学》入选国家哲学社科成果文库。获全国"五一劳动奖章"、第三届全国高校青年教师教学竞赛一等奖、首届全国高校教师教学创新大赛一等奖。

刘海龙　中国人民大学传播学博士，中国人民大学新闻学院教授，博士生导师；教育部青年长江特聘教授，中国人民大学杰出学者（青年）；中国人民大学新闻学院传播系主任，《国际新闻界》杂志主编，中国人民大学新闻与社会发展研究中心新闻传播研究所主任，复旦大学信息与传播研究中心研究员，武汉大学媒体发展研究中心研究员；美国宾夕法尼亚大学、香港城市大学访问学者。主要研究领域为传播思想史、政治传播、传媒文化。

潘　霁　复旦大学新闻学院教授，博士生导师，复旦大学信息与传播研究中心副主任。研究领域包括：城市传播，数字技术和研究方法。著（译）有《文化框架：美国主流媒体中的"中国制造"》《地理媒介：网络化城市与公共空间的未来》《跳动空间：抖音城市的生成与传播》等。发表中英文论文多篇。

施　畅　暨南大学新闻与传播学院副教授、博士生导师，复旦大学文学博士。曾在美国纽约访学一年。在《文学评论》《新闻与传播研究》《文艺研究》《文艺理论研究》等 CSSCI 期刊发表论文三十余篇，被《新华文摘》《中国社会科学文摘》《人大复印报刊资料》等全文转载十余篇次。主持国家社科基金、教育部社科基金等多项课题。获广东省哲学社会科学优秀成果奖二等奖、中国高等院校影视学会"学会奖"一等奖。主要研究领域为跨媒介叙事、视觉文化与数字游戏。

束开荣　中国人民大学新闻学院讲师，中国人民大学新闻与社会发展研究中心研究员，中国人民大学新闻学院硕士、博士，中国人民大学社会与人口学院社会学博士后（2021–2023）。

苏　宇　华东师范大学政治与国际关系学院硕士研究生。

作者介绍

王金礼 福建师范大学传播学院教授，博士生导师，福建省闽江学者特聘教授，福建省社会科学研究基地福建师范大学马克思主义与当代媒介研究中心主任。主要研究领域为媒介理论、传播伦理和传播思想史，主持国家社科基金项目两项，著有《新闻德性论：原则框架》等。

王心路 清华大学新闻与传播学院博士研究生。

吴璟薇 清华大学新闻与传播学院副教授，德国柏林自由大学博士，德国洪堡基金会联邦总理奖学金获得者。主要研究领域为媒介理论、社交媒体公与私、跨文化传播与新闻传播史。著有《人工智能如何改变新闻：技术、媒介物质性与人机融合》《德国新闻传播史》等。学术成果曾获中国新闻史学会第七届会员优秀学术奖、中国高等教育学会新闻学与传播学专业委员会第四届"全国新闻学青年学者优秀学术成果"奖、第四届青年新媒体学术研究"启皓奖"优秀学术奖。

谢铠璠 清华大学新闻与传播学院硕士研究生。

袁　艳 华中科技大学新闻与信息传播学院教授，博士生导师，复旦大学信息与传播研究中心兼职研究员，英国威斯特敏斯特大学传播学博士。长期致力于媒介文化特别是媒介地理学方面的教学和研究，在国内新闻传播专业中率先开设"媒介地理学"全英文课程。曾获第十一届湖北省社科优秀成果二等奖和首届新闻传播学期刊优秀论文奖。

曾国华 中国社会科学院新闻与传播研究所副研究员。本科与硕士就读于中山大学人类学系，博士阶段就读于荷兰阿姆斯特丹大学媒介研究系与阿姆斯特丹文化分析学院。主要研究领域为媒介研究、文化理论与社会理论、媒介技术与社会变迁以及流行文化。

张　磊 中国传媒大学国家传播创新研究中心研究员、博士生导师。研究领域为文化研究、媒体人类学、媒体物质性研究、传播学理论、国际传播等。曾在美国宾夕法尼亚大学安南堡传播学院、香港城市大学媒体与传播系、英国伦敦大学金史密斯学院、韩国首尔国立大学传播研究所做访问学者。著有《焦虑与希望：对北京城市贫困群体的传播社会学研究》《传播学总论》等，在中英文刊物发表论文六十余篇。

章戈浩 澳门科技大学人文艺术学院助理教授,英国拉夫堡大学媒介与文化分析博士。主要研究兴趣为生存论媒介研究、质性数据分析、武术研究、Flusser 研究。曾担任《楚天都市报》《湖北日报》《英中时报》记者、编辑。若干篇学术论文发表于 Cultural Studies,《传播与社会学刊》《国际新闻界》等期刊,兼任 Cultural Studies 编委、Martial Arts Studies Network 专家委员会委员,质性软件 Atlas. ti 认证高级培训专家。

朱振明 中国传媒大学传播研究院教授,博士生导师,法国里昂二大、哥伦比亚哈维利亚纳天主教大学访问学者。主要研究领域为国际传播理论及思想史,尤其拉美和非洲传播。发表论文《福柯的"话语与权力"及其传播学意义》《德布雷媒介学研究中的"物质性转向"》《以"社会传播"的名义:拉美传播研究的考古学分析》等30余篇,著(译)有《西方国际传播的想象》《全球传播的起源》等9部,主持完成教育部人文社会科学规划基金项目"中国对拉美软实力传播研究"及其他校级课题。

序

　　媒介研究是什么？这似乎是一个很大的概念，一切关于媒介的特性——中介、居间、媒介性的研究都可以被涵盖其中①，或者是对媒介的构成、历史及影响的研究也可归入此范畴。②尽管国外已经将媒介研究作为明确的学术领域或者高校院系的名称，但这是否属于传统意义上的学科，仍然充满了争议。广泛的研究对象（万物皆媒），跨学科领域的体系（广泛涉及人文社科和自然科学众多学科）让媒介研究边界模糊。然而也正是这些属性，让媒介研究充满活力，特别是在数字智能技术到来之后，媒介研究不仅打破了传统新闻学和传播学研究的框架，而且表现出更强的解释力。从媒介研究的发展脉络看，尽管这些年所涉及的学科领域不断拓展，但研究主要遵循人文学科的范式，也更加注重从社会、历史与文化的视角来解读媒介所带来的影响。

　　自麦克卢汉之后，媒介研究也陆续在北美、欧洲、南美洲发展起来。纽约大学的尼尔·波斯曼、梅罗维茨，以及英国学者马修·富勒等人进一步发展了媒介环境学派。20 世纪 80 年代，麦克卢汉的思想开始逐渐被欧洲大陆所接受，受此影响，以德布雷为代表的法国学者借助符号学、阿尔都塞的思想和后现代思想建构了法国媒介学，米歇尔·塞尔也结合文学中的隐喻讨论媒介本体论问题；以弗里德里希·基特勒、维兰·傅拉瑟、西比尔·克莱默尔为代表的德国学者也在麦克卢汉的基础上融合德国古典主义哲学、法国结构主义和后现代哲学思想而发展出德国媒介理论。此外，荷兰等其他欧洲国家，以及受到傅拉瑟的葡萄牙语著作影响的拉美国家，以及受到法国媒介学影响的阿根廷和哥伦比亚等国③，也都发展出独具特色的媒介理论。在过去的七十年间，媒介研究已经在全世界各地开花结果。特别近十年来，中国新闻传播学界不断引介前沿媒介理论并结合本土实践发展媒介研究。

---

① PIAS，C.. What's German about German Media Theory［C］. In FRIESSEN，N.（Ed.）. Media Transatlantic: Developments in Media and Communication Studies Between North American and German-speaking Europe. Cham: Springer，2016：15-28，here 16.
② W.J.T. 米歇尔、马克.B.N. 汉森. 媒介研究批评术语集［M］. 肖腊梅，胡晓华，译. 南京：南京大学出版社，2019：2.
③ 朱振明. 媒介化 vs 中介化：媒介效果研究的盎格鲁-北欧与拉丁传统［J］. 全球传媒学刊，2023，10（06）：126-145.

相比于过去，新闻传播业正处于一个更加广泛的媒介环境中，媒介技术拓展了人与人、人与自然交往的范畴。因此，媒介研究赋予数字智能技术下的新闻传播研究更为广阔的视角与想象力。本书也正是在这样的背景下完成的。2020年9月，基于媒介物质性论坛所聚起来的学术伙伴们联合成立了"媒介域联盟读书会"，引入媒介研究的前沿议题与经典理论。因为很多概念对国内的读者来说相对陌生，读者们希望能够把这些概念统合成教材。2021年初，我们顺利申请到了清华大学研究生教育教学改革项目来支持这本教材的编写。当年7月12日，编写专家们汇聚在清华大学"英华学者之家"共同商榷教材的内容与形式，也初步确定了教材的定位——引入大量媒介研究新视角，能够反映新媒介特点，关注前沿，同时也体现中国视角。中国社科院新闻与传播研究所的刘瑞生老师也建议，教材有必要将各个主要国家的研究谱系梳理一下，要打通各国的差别，每个国家的前沿动态要总结清楚，并逐渐构建中国本土理论。

会后，我们邀请中国媒介研究领域最具代表性的一批学者来共同完成这本教材，各位编写专家根据研究所长来划定媒介研究关键字，以此成章。经过整理后，我们将教材划分为三大部分共二十三章内容：

第一大部分阐述媒介研究在美国和加拿大、英国、法国和德国的发展。虽然教材研讨会时大家尝试给各国的学术路径及相互之间的影响理出个头绪来，但是发现其中盘根错节，各国虽然有相似之处但又都融合了当地特色，所以这一部分的目标并不在于呈现一条清晰的脉络，而是说清楚各国的研究路径，以及各国研究相互融合后如何发展出更加多元的理论来；

第二大部分涉及教材中的第二至六部分，每一部分都根据主题来划分关键字，每章讲述一个关键字，并尽可能结合媒介实践案例来阐释理论；

第三大部分是教材中的第七部分，媒介研究的发展也带来丰富的研究方法，结合近年来的研究前沿，我们也在前沿理论之余引入了新的研究方法。这些方法对于诠释当下新技术环境，建构新的研究视角都有着较强的操作性。

因为教材涉及内容广泛，编写团队也非常庞大，前后经过多次修订，力求做到精准。在此向各位为这本教材辛勤付出的专家学者们致敬！并由衷感谢中国传媒大学出版社编辑曾婧娴女士认真细致的编校；由衷感谢清华大学新闻学院博士生毛万熙、阎庆宜、宋思静的整理和校对。这本教材也凝聚着各位学者对于媒介研究由衷的热爱，对于学术无限的热忱，以及无数的温暖与友情！希望这本教材的出版，也意味着媒介研究在中国已经成为新闻传播学研究中一个重要而明确的领域。

吴璟薇

2023年12月于清华大学新闻与传播学院

目 录

第一部分 媒介研究的理论溯源与发展路径

第一章 媒介研究的美国和加拿大传统 ... 3
- 第一节 哈罗德·英尼斯 ... 3
- 第二节 马歇尔·麦克卢汉 ... 9
- 第三节 尼尔·波茨曼 ... 19
- 第四节 约书亚·梅罗维茨 ... 27
- 第五节 保罗·莱文森 ... 30
- 第六节 凯瑟琳·海勒斯 ... 34
- 第七节 总结：回到未来 ... 36

第二章 英国的媒体与文化研究 ... 39
- 第一节 关于媒体的英国学术研究 ... 39
- 第二节 文化研究 ... 44
- 第三节 媒体研究与媒体政治经济学 ... 46
- 第四节 新受众研究 ... 52
- 第五节 晚近三十年：驯化、中介化、媒介化研究 ... 57

第三章 法国媒介学的理论考古、思维理路与范式特征 ... 66
- 第一节 法国媒介学话语的"历史先验" ... 67
- 第二节 作为"存在与传承方案"的法国媒介学及其思维理路 ... 74
- 第三节 德布雷视野中的媒介学分析进路与操作方法 ... 78
- 第四节 法国媒介学的范式特征及其实践意义 ... 84

第四章　德国媒介研究：从法兰克福学派到基特勒 … 91
　第一节　从法兰克福学派到基特勒 … 92
　第二节　德国媒介研究的兴起 … 96
　第三节　基特勒的媒介思想 … 100
　第四节　其他主要代表人物与思想 … 104

第二部分　媒介元理论

第五章　媒介 … 111
　第一节　理解媒介：回到起点和终点 … 112
　第二节　媒介角度：medium、media 与 mediation … 115
　第三节　朝向数字媒介本体论 … 117

第六章　媒介本体论 … 121
　第一节　媒介性问题的提出 … 122
　第二节　作为媒介性的可供性 … 125
　第三节　作为媒介性的可见性 … 128
　第四节　作为媒介性的具身性 … 132
　第五节　作为媒介性的生成性 … 135

第三部分　媒介特性

第七章　媒介物质性 … 143
　第一节　物质文化研究：物的消失、发现与再隐匿 … 144
　第二节　物的本体论与媒介本体论：实在、观念与关系 … 146
　第三节　媒介物质性研究分支领域举例 … 148
　第四节　小结 … 152

第八章　移动性 … 154

第九章　媒介时间性 … 162

第四部分　媒介与技术

第十章　互联网基础设施……169

第十一章　装置/部署……179

第十二章　技术图像……184

第十三章　文化技艺……190

第五部分　媒介与身体

第十四章　具身传播……201

第十五章　姿态……214

第六部分　媒介与未来

第十六章　后人类媒介……221

第十七章　赛博格……226

第十八章　后种系生成……231

第十九章　生存媒介……237

第七部分　媒介研究方法论

第二十章　作为媒介研究方法的空间……245

第二十一章　传播修辞学……254

  第一节　传播研究的修辞学传统……255

  第二节　传播修辞学，抑或修辞传播学？……257

  第三节　传播修辞学的问题域及研究路径……258

第二十二章 视觉修辞学 ……………………………………………………… 267
- 第一节 从修辞学到视觉修辞学 ……………………………………… 268
- 第二节 视觉修辞学的学术起源 ……………………………………… 269
- 第三节 图像研究的视觉修辞学范式 ………………………………… 270

第二十三章 媒介考古学 ……………………………………………………… 276
- 第一节 媒介考古学的理论源流 ……………………………………… 277
- 第二节 媒介考古学的问题意识 ……………………………………… 277
- 第三节 如何推进媒介考古学？ ……………………………………… 280

第一部分
媒介研究的理论溯源与发展路径

第一章　媒介研究的美国和加拿大传统

本章概述

在媒介研究的美加传统中，学者们基于不同的学术观照探讨媒介。英尼斯从历史学角度，以不同时期的主导媒介对文明进行分期。麦克卢汉将媒介视作人的延伸，分析其通过引入新的尺度而对个人、社会产生影响。波茨曼提出并定义了"媒介生态学"，以教育者的视角分析、批判媒介。梅罗维茨的媒介情境论关注社会场景的影响；莱文森在数字时代继承与发展了麦克卢汉的思想；海勒斯则探讨了后人类与人类的边界问题。他们的观点打破了"只关注内容而不关注媒介本身"的惯例，成为丰富我们研究资源库与方法论的另一路径。

关键词

时空偏向；媒介即讯息；媒介是人的延伸；媒介即隐喻；童年的消逝；技术垄断；媒介情境论；媒介演化论；后人类

第一节　哈罗德·英尼斯

一、生平与著作

哈罗德·英尼斯（Harold Innis，1894-1952），是媒介研究的美加传统的开创性人物。

他是马歇尔·麦克卢汉（Marshall McLuhan）口中的"最好的老师"。①在英尼斯去世二十年之际，麦克卢汉为他的著作《帝国与传播》和《传播的偏向》撰写序言，他写道："英尼斯的著作本身是不容易读懂的。……他的每一句话都是一篇浓缩的专论。"他还将自己的《古登堡星汉璀璨》谦称为"英尼斯观点的注脚，首先是诠释他关于文字的心理和社会影响的观点，然后是诠释他关于印刷术心理和社会影响的观点"②。美国文化研究学者詹姆斯·凯瑞（James W. Carey）也高度肯定了英尼斯的贡献。他认为英尼斯是传播学的解放者，"将传播学从社会心理学的一个分支中解放出来，并使之摆脱了对自然科学模式的依赖"。③

英尼斯出生于加拿大安大略省南部的一个农业小镇。英尼斯的母亲非常重视教育，鼓励他外出求学。④中学时期，英尼斯便乘坐火车往返于家与学校之间，火车在加拿大太平洋铁路公司建设的"大干线"铁路上奔驰。这段经历或许为他将来研究铁路在社会历史中的作用积累了第一手材料。

大学阶段，英尼斯前往多伦多的麦克马斯特大学（McMaster University）求学，攻读经济学专业，于1916年获得学士学位。⑤在读期间，英尼斯对历史学和政治经济学尤为感兴趣。他很喜欢的一位历史经济学老师威廉·华莱士（William Wallace）主张从经济角度去解释历史，对英尼斯早期的学术生涯产生了直接的影响。⑥

本科毕业后，英尼斯应征入伍，参加第一次世界大战，主要承担军事通信任务。作为一名战地信号兵，他较早接触到了先进的运输工具和通信工具。回国之后，他再入麦克马斯特大学，并基于自己的战地经验，调查了加拿大退伍士兵面临的家庭、工作、社会交往等方面的问题，撰写了《归来的士兵》，这也成了他的硕士学位论文。⑦

之后，英尼斯前往美国芝加哥大学求学，研究方向为政治经济学和经济史。英尼斯师从制度经济学家索尔斯坦·凡伯伦（Thorstein Veblen）修读政治经济学，并慕名选修了社会学系的课程。⑧凡伯伦认为经济活动总在一定的制度背景下展开，只有综合考虑各种制度，才能对经济运行及演化过程有更深入的认识。英尼斯系统研读了凡伯伦的著述，并撰写了相关论文。⑨他后来对不同历史时期的传播系统的研究，在一定程

---

① 英尼斯.传播的偏向[M].何道宽,译.北京：中国人民大学出版社,2003：3.
② 英尼斯.传播的偏向[M].何道宽,译.北京：中国人民大学出版社,2003：3.
③ 凯瑞.作为文化的传播[M].丁未,译.北京：中国人民大学出版社,2019：134.
④ 林文刚.媒介环境学：思想沿革与多维视野[M].何道宽,译.北京：北京大学出版社,2007：107-110.
⑤ HEYER P. Harold Innis[M]. Rowman & Littlefield, 2003：3.
⑥ CREIGHTON D G. Harold Adams Innis: Portrait of a Scholar[M]. University of Toronto Press, 1957：28.
⑦ INNIS H A. The Returned Soldier[J]. Diss, 1918.
⑧ 吴予敏.传播与文化研究[M].北京：北京大学出版社,2007：306.
⑨ INNIS H A. The Work of Thorstein Veblen[M]// Essays in Canadian economic history, 1956：17-26.

度上受到了制度经济学派的影响。① 按照麦克卢汉和凯瑞的说法，英尼斯继承了以帕克和米德为代表的芝加哥学派的思想，深化了社会生态学的主题，看到了传播技术在社会中的改造能力。②

但英尼斯并未追随芝加哥学派的都市研究，而是从事大宗商品研究和经济史研究，特别关注加拿大的经济史。1920年，英尼斯完成博士学位论文《加拿大太平洋铁路史》，获得博士学位。③ 博士毕业后，英尼斯回到加拿大，在多伦多大学政治经济学系任教，直至生命最后。

英尼斯三十年的研究生涯可以分为两个时期。他的前期研究兴趣集中于经济史，出版了《加拿大太平铁路史》（1923）、《加拿大皮货贸易史》（1930）、《鳕鱼业：一部国际经济史》（1940）、《现代国家的政治经济》（1946）等著作。对媒介与传播的兴趣，开启了他后期的研究生涯。《报纸在经济发展中的作用》是英尼斯进入该领域后发表的首篇文章。他在该文中指出，蒸汽机的应用使纸张印刷效率提高，运输业的发展使报纸的传播范围扩大、流通速度提升，广告业也在这个过程中发展了起来。④ 在媒介研究领域他最具代表性的作品有《帝国与传播》（1950）、《传播的偏向》（1951）和《变化中的时间观念》（1952）。传播媒介的特性及其变化成为英尼斯讨论文明变迁与帝国兴衰的重要出发点，其作品的整体风格也从关注细节的史实叙述走向更为抽象和宏大的对历史运行机制的阐释。

二、主要学术观点

1. 媒介发展与文明变迁

英尼斯是最早对传播媒介与特定历史时期的社会结构形态之间的联系进行系统思考的学者之一。

英尼斯在其著作中并未对"媒介"概念做出明确的界定，而是持有"泛媒介"的观点，将大多数能够承载信息的载体都视为媒介，如口语、注音表、石碑、雕塑、建筑、诗歌、戏剧、数字、货币等。无论是哥特式教堂，还是拥有精致插图的手稿，都是英尼斯所讨论的媒介。在英尼斯看来，教会、手稿和音乐都是承载宗教教义的媒介，他说，"建筑的石头和教会的经文都突出永恒性和持久性""大声合唱圣诗是使大众连

---

① 巴兰，戴维斯. 大众传播理论：基础、争鸣与未来[M]. 曹书乐，译. 北京：清华大学出版社，2014：235.
② 吴予敏. 传播与文化研究[M]. 北京：北京大学出版社，2007：307-309.
③ HEYER P. Harold Innis[M]. Rowman & Littlefield, 2003: 5.
④ INNIS H A. The Newspaper in Economic Development[J]. The Journal of Economic History, 1942: 1-33.

为一体的伟大纽带"。①

英尼斯将媒介变革与人类文明发展相勾连，认为媒介影响历史文明的分期。他根据不同文明时期占主导地位的记录和书写工具，将世界文明史分为以下十个阶段：苏美尔文明（泥板、硬笔、书写工具）、埃及文明（莎草纸、软笔、象形文字）、希腊－罗马时期（苇管笔、字母表、拼音）、中世纪时期文明（羊皮纸、羽毛笔）、中国纸笔时期文明（纸、毛笔）、印刷术时期文明（手工印刷术）、启蒙时期文明（印刷术、报纸）、机器印刷时期的文明（印刷机、铸字机、铅版）、电影时期的文明（电影）和广播时期的文明（广播）。②英尼斯认为，一种媒介被长期使用后，会影响所在时期的知识传播的内容和方式，进而影响文明的活力和灵活性，甚至导致新文明的产生。

在具体的论述中，英尼斯赋予媒介以重要意义，他认为，媒介能够作用于人的知识结构、思考方式，而且会引发社会变革。在英尼斯看来，"从倚重石头转向倚重莎草纸，埃及的政治制度和宗教制度也发生了变化"。③石头沉重、难以搬运，是早期王朝威望的基础。和石头相比，莎草纸极为轻便、适合远距离运输，并且有助于快速书写。僧侣书写体和职业抄书人同时出现，文字和思想得以世俗化。书写和阅读量的增加不仅提高了书记员的政治地位，也推动了行政管理体制的变革，"行政及其对文字的依赖，意味着政府要得到宗教的庇护"。④再之后，印刷术的发展，使得《圣经》得以被大量印制，并被翻译成各种俗语，打破了教会对《圣经》的垄断，推动民族国家的形成。广播是英尼斯眼中的新媒介，他认为广播是诉诸耳朵而不是眼睛的媒介，广播的出现也使得"新闻业非集中化的传统被新的集中化传统取代"⑤，影响了当时的媒介制度。

2. 传播的偏向：时间偏向和空间偏向的媒介

对"时间偏向的媒介"和"空间偏向的媒介"的论述是英尼斯最具代表性的观点。他将传播媒介视作历史运转的轴心，以时间和空间为基本维度，考察了媒介与社会发展的关系。⑥

英尼斯根据媒介在时间和空间上的属性，将其分为时间偏向的媒介和空间偏向的媒介。他认为具有不同时空属性的媒介对当时的社会产生了不同的影响。时间偏向的媒介具有耐久性，但不易于运输，适合时间维度上的信息传递，比如羊皮、黏土、石

---

① 伊尼斯.传播的偏向[M].何道宽，译.北京：中国人民大学出版社，2003：101-102.
② 伊尼斯.传播的偏向[M].何道宽，译.北京：中国人民大学出版社，2003：1.
③ 伊尼斯.帝国与传播[M].何道宽，译.北京：中国传媒大学出版社，2015：49.
④ 伊尼斯.帝国与传播[M].何道宽，译.北京：中国传媒大学出版社，2015：53
⑤ 伊尼斯.传播的偏向[M].何道宽，译.北京：中国人民大学出版社，2003：156.
⑥ 切特罗姆.传播媒介与美国人的思想——从莫尔斯到麦克卢汉[M].曹静生，黄艾禾，译.北京：中国广播电视出版社，1991：160-167.

头、雕塑等。相较于纸张，这些媒介大多因为太重而不易搬运，因此也被称为"重媒介"。在英尼斯看来，时间偏向的媒介能够更加有效地保存文字，"更加适合知识在时间上的纵向传播"①，有助于文明的传承。

空间偏向的媒介则是指那些轻巧且便于运输的"轻媒介"，适合空间维度上的传播，比如莎草纸、纸张、广播。空间偏向的媒介携带方便，能够以较快的速度在不同地点之间传播。相对于时间偏向的媒介，空间偏向的媒介拥有更广的传播范围。轻便媒介的使用，也催生了国家土地扩张和建立帝国的愿望。②

媒介的偏向是英尼斯讨论媒介与社会变革的出发点。英尼斯之所以孜孜不倦探究媒介平衡，是因为他认识到传播技术发展带来的便利和损失如影随形。英尼斯提到，在印刷术发明之前，任何一种媒介都有被应用于帝国和宗教加强社会控制的可能性，国家官僚体制的运作更倚重空间偏向的媒介，宗教的传播则更为倚重时间偏向的媒介。帝国建设的关键是要解决时间和空间的问题。"一个成功的帝国必须充分认识到空间问题，空间问题既是军事问题，也是政治问题；它还要认识到时间问题，时间问题既是朝代问题和人生寿命问题，也是宗教问题。"③印刷术的发明对启蒙时代的发展具有重要意义，纸张的供应和印刷成本的降低推动了出版业和新闻业的繁荣。这也为公共舆论提供了发酵的土壤，政府对人民负责的民主传统在报业发展的过程中被建立起来。④伴随着报纸的商业化和规范化，报纸的内容深度又被牺牲，政治活动也受到一定程度的控制。英尼斯认为只有充分了解媒介属性，才能认清不同媒介所带来的可能的权力控制。

3. 帝国主义批判

20世纪上半叶，技术的发展和战争的阴影笼罩着整个西方文明。⑤英尼斯身处的加拿大，是美国与欧洲的"边陲"。在英尼斯奋笔疾书的20世纪50年代，二次世界大战刚结束，加拿大知识界对未来国内经济秩序是否能恢复、冷战局势中加拿大应如何自处等问题十分关切。

当时，加拿大长期以来受英国支配，没有完全摆脱对英国的依附。20世纪40年代末，又受到美国文化的挤压。凯瑞对此评述，称加拿大"陷入两个现代帝国的夹缝中，其中一个帝国就堵在它的家门口"。⑥而英尼斯称，"美国帝国主义取代并利用了英国

---

① 伊尼斯. 传播的偏向[M]. 何道宽, 译. 北京: 中国人民大学出版社, 2003: 27.
② 林文刚. 媒介环境学: 思想沿革与多维视野[M]. 何道宽, 译. 北京: 北京大学出版社, 2007: 114.
③ 伊尼斯. 帝国与传播[M]. 何道宽, 译. 北京: 中国传媒大学出版社, 2015: 54.
④ 伊尼斯. 传播的偏向[M]. 何道宽, 译. 北京: 中国人民大学出版社, 2003: 121-126.
⑤ HEYER P. Harold Innis[M]. Rowman & Littlefield, 2003: 75.
⑥ 伊尼斯. 变化中的时间观念[M]. 何道宽, 译. 北京: 中国传媒大学出版社, 2015: 22.

帝国主义"，"加拿大的地位从殖民地过渡到民族国家然后又成为殖民地"。①

英尼斯在最后一本著作《变化中的时间观念》中，对美国的帝国主义展开批判，而这一批判与对媒体的分析密切关联。英尼斯追溯了加拿大图书市场上英国图书和法国图书的历史，描绘了19世纪末美国的廉价书进入加拿大并改变这一行业的图景。技术的革新使得纸张价格和印刷成本下跌，报业和杂志业均获得迅猛发展。不断扩大的受众群也使得在印刷媒体上刊载广告成为有利可图的事情。美国一方面在加拿大建立造纸厂以降低生产成本，另一方面将出版的产品倾销给加拿大，"美国杂志里新出现的俏皮话成了他们茶余饭后的谈资"②"加拿大的作家不得不适应美国的标准"③。在出版业的基础上，美国的电影和广播进一步入侵加拿大市场。20世纪20年代，法国电影在加拿大的优势地位被美国电影所取代。

对于美国商业文化的跨国传播，英尼斯并不仅仅将之视作商业冲击。他敏锐地发现美国的国内宣传得到极大发展，"美国人宣传的发展势头对加拿大文化造成了灾难性的影响"。④他提出，"如果文学戏剧依靠纽约报刊权威性的终极批评，那将是危险的"。他因此提出，"我们不追随英美，只追求加拿大气派，这未必就是狭隘"。⑤要抗衡垄断力量，英尼斯认为需要政府创造条件，维护加拿大文化，维护民族的文化遗产。

英尼斯自称，"我的许多东西都带有马克思主义的味道"⑥。英尼斯对美国的帝国主义文化战略的批判，对跨国文化影响的分析，与之后的文化帝国主义研究遥相呼应。凯瑞评价说："在经济和传播领域，伊尼斯是最早明确表述全球化的理论家之一。"⑦

英尼斯作为一名历史学家，其主要研究工作在政治经济学领域。但他从经济史研究出发，极具想象力地提出媒介发展与文明变迁、知识垄断与帝国形成、媒介技术与打破垄断、文化帝国主义批判等理论命题。他启迪了同在多伦多大学的、从文学批评的视角探讨媒介的麦克卢汉，并因此启发传播学界乃至更广泛的知识界从宏观视角思考媒介的本质属性，思考媒介在历史与文明进程中的重要作用、媒体商业化和文化全球化的后果，为媒介研究的美加传统的形成提供了"星星之火"。

---

① 伊尼斯. 变化中的时间观念[M]. 何道宽, 译. 北京：中国传媒大学出版社, 2015：185.
② 伊尼斯. 变化中的时间观念[M]. 何道宽, 译. 北京：中国传媒大学出版社, 2015：52.
③ 伊尼斯. 变化中的时间观念[M]. 何道宽, 译. 北京：中国传媒大学出版社, 2015：52.
④ 伊尼斯. 变化中的时间观念[M]. 何道宽, 译. 北京：中国传媒大学出版社, 2015：53.
⑤ 伊尼斯. 变化中的时间观念[M]. 何道宽, 译. 北京：中国传媒大学出版社, 2015：38.
⑥ 伊尼斯. 传播的偏向[M]. 何道宽, 译. 北京：中国人民大学出版社, 2003：165.
⑦ 伊尼斯. 变化中的时间观念[M]. 何道宽, 译. 北京：中国传媒大学出版社, 2015：23.

第二节 马歇尔·麦克卢汉

一、生平与著作

马歇尔·麦克卢汉（Marshall McLuhan，1911-1980）是媒介理论领域最负盛名的思想家之一。

麦克卢汉出生于加拿大艾伯塔省埃德蒙顿市，于1928年进入加拿大曼尼托巴大学（Manitoba University）求学。[1]麦克卢汉本想攻读工科，但他对工程的兴趣很快淡漠下来，[2]因此转而攻读英语文学和哲学。[3]麦克卢汉于1933年获得文学学士学位，并于次年在同一所大学获得硕士学位。[4]因向往去英国学习，麦克卢汉随后赴英国剑桥大学三一学院，并按剑桥大学的要求在1936年获得学士学位后，才继续研究生学业。[5]麦克卢汉和科琳·刘易斯（Corinne Lewis）结婚后，在剑桥大学继续攻读，先后获得硕士学位和博士学位（1943）。[6]他于1946年在加拿大多伦多大学获得教职。[7]

麦克卢汉的口才很大程度上源于母亲的培养。他的母亲是一名能言善辩的演员和演说家，麦克卢汉从小耳濡目染，锻炼了交流和辩论的能力。麦克卢汉能从交谈中获得源源不绝的灵感，他曾对记者说："我动笔之前必须进行无休止的对话。我想就一个题目反反复复地谈论。"[8]这种辩论的风格也在一定程度上影响了他作品的语言风格。

总体而言，作为英语教授的麦克卢汉，受到两种学术传统的影响：一是文学和美学批评，二是技术哲学思想。[9]前者主要归功于麦克卢汉在剑桥大学的求学经历，后者则归功于他在多伦多大学的工作经历。麦克卢汉在剑桥大学的两位导师是英国新评论代表人物艾·阿·理查兹（Ivor Armstrong Richards）和弗兰克·雷蒙德·利维斯（Frank Raymond Leavis），他们将文学批评与美学、心理学和社会学相联系。[10]麦克卢

---

[1] 莫利纳罗，等.麦克卢汉书简[M].何道宽，仲冬，译.北京：中国人民大学出版社，2005：3.
[2] 莫利纳罗，等.麦克卢汉书简[M].何道宽，仲冬，译.北京：中国人民大学出版社，2005：3.
[3] 马尚尔.麦克卢汉传：媒介及信使[M].何道宽，译.北京：中国人民大学出版社，2015：25.
[4] 马尚尔.麦克卢汉传：媒介及信使[M].何道宽，译.北京：中国人民大学出版社，2015：25-27.
[5] 马尚尔.麦克卢汉传：媒介及信使[M].何道宽，译.北京：中国人民大学出版社，2015：29-41.
[6] 林文刚.媒介环境学：思想沿革与多维视野[M].何道宽，译.北京：北京大学出版社，2007：123.
[7] 林文刚.媒介环境学：思想沿革与多维视野[M].何道宽，译.北京：北京大学出版社，2007：123.
[8] 马尚尔.麦克卢汉传：媒介及信使[M].何道宽，译.北京：中国人民大学出版社，2015：8-9.
[9] 林文刚.媒介环境学：思想沿革与多维视野[M].何道宽，译.北京：北京大学出版社，2007：122-124.
[10] 马尚尔.麦克卢汉传：媒介及信使[M].何道宽，译.北京：中国人民大学出版社，2015：31-35.

汉承袭了这种文学批评和心理剖析的方式，研究媒介卷入感官的方式及其对社会结构变化的影响。他作品的语言风格浪漫、跳跃、晦涩、难懂，具有典型的文学批评风格。到多伦多大学后，麦克卢汉频繁参与同事和朋友的聚会，英尼斯也是聚会的常客，他有关传播技术的公开发言给麦克卢汉以重要的启发。①②

麦克卢汉的第一部著作《机器新娘》（1951）主要批判广告对社会和文化的影响。受到英尼斯的学术影响后，麦克卢汉出版了他称为"英尼斯注脚"的第二本著作《古登堡星汉璀璨》（1962）。约翰·古登堡是西方活字印刷术的发明人，因此在西方语境中常被用来代指印刷术。麦克卢汉这本书便主要论述由印刷媒介的发明所孵化的一系列文化和历史事件的布局，也即"星汉"这个比喻所指，为探究电子"星汉"所引发的事件打下了基础。在这本书中，麦克卢汉提出了"口语时代、文字时代、印刷时代和电子时代"的媒介分期观点。《理解媒介》（1964）进一步阐述了媒介与感官之间的关系。书中极具想象力和革命性的观点激起了文化界的讨论浪潮，这本书也被称为麦克卢汉的成名作。数年后他出版了颇受争议的著作《媒介即按摩》（1967）。麦克卢汉的最后一本著作《媒介定律》（1988）是在他去世之后整理出版的，讨论了媒介的演变规律。

麦克卢汉的影响力远远超出了学术界。20世纪60年代，麦克卢汉成为一位学术明星，被称为"电子媒体的神谕（oracle）"。1964年，《纽约先驱论坛报》把他誉为"继牛顿、达尔文、弗洛伊德、爱因斯坦和巴甫洛夫之后的最重要的思想家"，以及"电子时代的代言人，革命思想的先知"。③ 美国的著名报刊均刊载他的文章和关于他的文章，他的书畅销美国和欧洲，他还经常受邀上电视演讲，为大公司做讲座和咨询。他的思想得到很多支持，也受到不少质疑。在伍迪·艾伦的电影《安妮·霍尔》（1977）中，他亲自出镜，对在电影中议论他的人说："你对我的作品一无所知。"互联网和信息技术领域的先锋杂志《连线》（Wired），在1993年创刊号的刊头上奉他为"守护神"（patron saint），尽管这时他已去世十多年。

麦克卢汉关于媒介的论述远播海内外，为研究者提供源源不断的思维火花。即使是他的误读者或反对者，哪怕远在欧洲大陆，也离不开他的思路框架和落脚点。值得注意的是，他熟稔印刷文明史，从对印刷时代的深入思考出发反思身处的电子时代。他的思想最为活跃的20世纪60年代，电视业还在发展早期，电脑和互联网技术仍在"襁褓期"。但是，之后每一次媒介技术的重大突破，都会让人们再度回忆起麦克卢汉曾经的观点。这也彰显了麦克卢汉独特的写作方式中蕴含的无穷灵光。

---

① 马尚尔. 麦克卢汉传：媒介及信使[M]. 何道宽，译. 北京：中国人民大学出版社，2015：105-107.
② 刘海龙. 大众传播理论：范式与流派[M]. 北京：中国人民大学出版社，2008：423.
③ 麦克卢汉，秦格龙. 麦克卢汉精粹[M]. 何道宽，译. 南京：南京大学出版社，2000：5.

二、主要学术观点

1. 麦克卢汉：承袭英尼斯对媒介及技术的关注

麦克卢汉与英尼斯学说的相遇在 1949 年，当年 2 月，"价值讨论小组"在多伦多大学成立，成员便包含英尼斯和麦克卢汉。麦克卢汉在发言中哀叹大众文化时代文学的式微，并呼吁用艺术抗衡技术。而英尼斯最后一个发言，他对于时代脉动的宏观把握，对正在逼近的政治、经济和传播的危机的警醒，将笼罩会议的"琐碎和浪漫的气氛一扫而光"。①

麦克卢汉的《机器新娘》和英尼斯的《传播的偏向》在同一年问世。英尼斯对《机器新娘》评价甚高，甚至将其作为圣诞礼物送给了自己的儿子。而麦克卢汉成为英尼斯坚持不懈的推广者，在他的影响之下，更多研究人员"发现"了英尼斯。②在 1962 年出版的《古登堡星汉璀璨》中，麦克卢汉宣称"英尼斯是第一个发现媒介技术形式中所隐含的变化过程的人"，也表示自己这本书是对英尼斯论述的脚注。

英尼斯与麦克卢汉的个性迥异，学术风格也差异甚大。在写作上，英尼斯更注重历史事实，而麦克卢汉更注重修辞，喜爱格言警句。麦克卢汉在多伦多大学的同事、人类学家埃德蒙·卡朋特（Edmund Carpenter）评价道："英尼斯痛恨商人、垄断、审查制度和种族主义，他坚定地致力于一个开放的社会。马歇尔则坚定地致力于一个封闭的社会。"③他认为英尼斯担心美国文化对加拿大身份认同的影响，而麦克卢汉喜欢美国的"超现实主义宝库"。④对于两人学说之间的差异，或许还是凯瑞在 1967 年所写的《英尼斯与麦克卢汉》概括得更为准确："英尼斯认为传播技术主要对社会组织和文化产生影响，而麦克卢汉认为它主要影响人的感知和思想。"⑤

尽管多有不同，但因对媒介本身而非媒介所承载的信息的关注，英尼斯还是常和麦克卢汉一起被提及。麦克卢汉的《理解媒介》一书大获成功，引发了人们对媒介研究的广泛兴趣。因为看了麦克卢汉的学说而去引用英尼斯的人也变多了。

---

① 伊尼斯. 变化中的时间观念[M]. 何道宽, 译. 北京：中国传媒大学出版社, 2015：19-29.
② HEYER P. Harold Innis[M]. Rowman & Littlefield, 2003：102-103.
③ HEYER P. Harold Innis[M]. Rowman & Littlefield, 2003：86.
④ HEYER P. Harold Innis[M]. Rowman & Littlefield, 2003：14.
⑤ CAREY J W. Harold Adams Innis and Marshall McLuhan[J]. The Antioch Review, 1967, 27（1）：5-39.

2. 媒介即讯息

麦克卢汉最具革新性的观点莫过于"媒介即讯息"（the medium is the message）。麦克卢汉在《理解媒介》一书开头便说："如果有人提醒我们说，在事物运转的实际过程中，媒介即讯息，我们难免会感到吃惊。"他进一步解释说，媒介即讯息，是指"任何媒介（即人的任何延伸）对个人和社会的任何影响，都是由于新的尺度产生的；我们的任何一种延伸（或曰任何一种新的技术），都要在我们的事务中引进一种新的尺度。"[①] 也即，麦克卢汉认为媒介的重点不在以媒介为载体的讯息，而在媒介本身，在于新媒介的出现给个人和社会带来的影响。当然，麦克卢汉笔下的媒介，和英尼斯一样，都不仅是狭义的信息媒介，而是更为泛化的中介物或人造物（artefact）。

从这个观点出发，我们就能理解麦克卢汉在该书中的论述，如铁路的作用不在于将轮子或道路引入人类社会，而是在于加速并扩大人们已有的功能，进而创造新的城市、新的工作、新的休闲；[②] 也就能理解他所说的18世纪丰富的出版物使法国实现了民族同一性，因为印刷术的同一性、连续性和线性原则压倒了口耳相传的封建社会的纷繁复杂性；[③] 以及收音机里滚滚而来的观念将骑着骆驼听半导体收音机的加纳土著人拽出部落社会，搁浅在个体的沙滩上，而我们面对电子媒介时的麻木状态，正和土著人类似。[④]

同样，当麦克卢汉看向打字机，他看到的不仅是一台可以通过机械方式打字的机器，而是一种提升了写作速度的"加速器"，"促使写作、说话和出版紧密地联系起来"；[⑤] 还给人们带来必须正确拼写和正确使用语法规范的压力。这进一步带来词典销量的剧增。打字机的流行、打字速度的提升，带来了过多的文档，又进一步促使了档案清理公司的出现。电话的出现，使得索要备忘录的指令轻易到达，随之促使了文档的增多。[⑥] 这样的分析思路，典型地体现了麦克卢汉所认为的媒介本身会给社会带来怎样的影响。

3. 媒介是人体的延伸

媒介是人体的延伸。该观点和"媒介即讯息"的观点交织在一起，在麦克卢汉的书中被反复论述。相关论述集中于人体的一些主要延伸及其心理影响和社会后果。

---

① 麦克卢汉.理解媒介[M].周宪，许钧，译.北京：商务印书馆，2000：33.
② 麦克卢汉.理解媒介[M].周宪，许钧，译.北京：商务印书馆，2000：34.
③ 麦克卢汉.理解媒介[M].周宪，许钧，译.北京：商务印书馆，2000：41.
④ 麦克卢汉.理解媒介[M].周宪，许钧，译.北京：商务印书馆，2000：43.
⑤ 麦克卢汉.理解媒介[M].周宪，许钧，译.北京：商务印书馆，2000：323.
⑥ 麦克卢汉.理解媒介[M].周宪，许钧，译.北京：商务印书馆，2000：323.

在麦克卢汉看来，每种媒介和技术都是人类肉体和神经系统增加力量和速度的延伸①，是一种器官、一种感觉或一种功能的放大。②例如：轮子是脚的延伸；书是眼睛的延伸；衣服是皮肤的延伸；广播是听觉的延伸；电路是中枢神经系统的延伸……我们不断使用媒介，直到它成为我们身体的延伸，更重要的是，媒介转而塑造了我们和我们周围的环境。

在麦克卢汉的具体阐述中，衣服是皮肤的延伸，既是一种热量控制机制，又是一种社会生活中自我界定的手段③，作为居所的住宅也在延伸人体的温度控制机制，仿佛是一种集体的皮肤或者衣服。④如果说，衣服是从个体层面解决了温度调控问题，那么住宅便是从社会层面去解决这个问题。作为皮肤和体温控制机制的衣服和住宅，之所以也被麦克卢汉视作传播媒介，正是因为"它们塑造并重新安排人的组合模式和社区模式"⑤。

从同样的逻辑和视角出发，轮子是脚的延伸，当它出现后，就改变了社会的语法。麦克卢汉论述道："轮子造就了道路，并且使农产品从田地里运往居民区的速度得到加快。"⑥这种加速，促进了人与物的聚集，也造就了更大的中心和更细的专业分化，以及"越来越强烈的刺激、聚合和进攻性"。⑦麦克卢汉认为，轮子和道路是形成集中制的媒介，典型代表是汽车。但他随即抛出了一个更有意思的观点：一旦加速运转超过某种程度，又会给集中制带来非集中化的过程。他举例说，飞机带来航空业的发展，使得我们在地球一隅便能触摸到世界各地。这便构成了对集中制的瓦解。当我们现在讨论现代性、全球化和后全球化以及加速社会的概念时，很难不想起麦克卢汉在多年前的这番论述。

再看电光照明，麦克卢汉认为这也是我们官能的延伸，电灯一亮就出现一个感知世界，电灯一灭这个感知世界就荡然无存。⑧

印刷术引起了麦克卢汉长久的关注。麦克卢汉认为，活字印刷术的应用，使得社会上流通的印刷品获得爆炸式增长。读书不再是特权阶层和僧侣的特权，普通人也可以阅读之前无法获得的各种典籍。麦克卢汉发现，活字印刷术出现后的200年，人们渴望阅读以前看不到的那些书，"印刷术把古代的和中世纪的东西提供给了印刷词语的

---

① 麦克卢汉.理解媒介[M].周宪，许钧，译.北京：商务印书馆，2000：127.
② 麦克卢汉.理解媒介[M].周宪，许钧，译.北京：商务印书馆，2000：219.
③ 麦克卢汉.理解媒介[M].周宪，许钧，译.北京：商务印书馆，2000：159.
④ 麦克卢汉.理解媒介[M].周宪，许钧，译.北京：商务印书馆，2000：163.
⑤ 麦克卢汉.理解媒介[M].周宪，许钧，译.北京：商务印书馆，2000：167.
⑥ 麦克卢汉.理解媒介[M].周宪，许钧，译.北京：商务印书馆，2000：234.
⑦ 麦克卢汉.理解媒介[M].周宪，许钧，译.北京：商务印书馆，2000：234.
⑧ 麦克卢汉.理解媒介[M].周宪，许钧，译.北京：商务印书馆，2000：169.

首批读者"。① 印刷术的爆炸"延伸了人的头脑和声音，在世界规模上重新构造人的对话，这就构成了连接各个世纪的桥梁"。②

从延伸的角度来看，麦克卢汉认为在心理层面，印刷书籍对人的视觉官能进行了延伸，强化了透视法和固定的透视点，也提供了一种幻觉：空间是视觉的、统一的和连续的。这使得印刷术加强了西方对视觉和个人观点的偏重。印刷物是同一的、可重复的，人们对此的爱好也和科学与数学的发展联系在了一起。从社会角度来说，印刷术对识字能力的要求，带来识字和教育的普及，也促进了民族主义、工业主义和庞大市场的形成。③

媒介是人体的延伸、媒介即讯息，这两个观点结合在一起，便如麦克卢汉所说，"在媒介和技术的天地里，绝不会出现什么'其他条件均同'的情况。每一种延伸或者加速都立刻引起总体环境出现新鲜的形貌和轮廓"。④麦克卢汉对作为人体延伸的媒介的追溯与分析，从口语、书面语言、印刷术与印刷品、照片、报纸，一直到电影、电台和电视，既包括狭义的传播媒介，也包括服装、汽车、武器这样的广义媒介。在对各种延伸进行总结、对未来进行展望之际，麦克卢汉的观点是颇具洞察力和前瞻性的："西方世界凭借机械技术，完成了身体在空间范围内的延伸。而电力技术的发展，使得人们的中枢神经系统得到延伸，以至于能拥抱全球。现在时间差异和空间差异已不复存在，我们在逼近人类延伸的最后一个阶段——从技术上模拟意识的阶段。在这个阶段，创造性的认识过程会在群体中和在总体上得到延伸，并进入人类社会的一切领域。"⑤

4. 热媒介与冷媒介

英尼斯按时空维度，将媒介划分为时间偏向的媒介和空间偏向的媒介，而麦克卢汉从人们的感官/感觉及对媒介的参与度出发，将媒介分为冷媒介和热媒介。

麦克卢汉认为印刷术、电影、收音机是热媒介，连环画、电视、电话是冷媒介。究其原因，"热媒介只延伸一种感觉，并使之具有'高清晰度'。高清晰度是充满数据的状态"。⑥因为数据或信息多，热媒介没有留下许多空白让受众去填补或完成，因此要求受众的参与度低。而冷媒介恰恰相反，要求接受者完成的信息多，要求的参与度高。麦克卢汉认为，"电话是一种冷媒介，或者叫低清晰度的媒介，因为它给耳朵提

---

① 麦克卢汉.理解媒介[M].周宪，许钧，译.北京：商务印书馆，2000：218.
② 麦克卢汉.理解媒介[M].周宪，许钧，译.北京：商务印书馆，2000：217.
③ 麦克卢汉.理解媒介[M].周宪，许钧，译.北京：商务印书馆，2000：220-227.
④ 麦克卢汉.理解媒介[M].周宪，许钧，译.北京：商务印书馆，2000：234.
⑤ 麦克卢汉.理解媒介[M].周宪，许钧，译.北京：商务印书馆，2000：20.
⑥ 麦克卢汉.理解媒介[M].周宪，许钧，译.北京：商务印书馆，2000：51.

供的信息相当匮乏"。①电话若缺少一方的参与,双方便不能进行完整、有效的沟通。而跟电影相比,早期电视所提供的图像是模糊的,也即提供的细节少、信息度低,是"低清晰度"的②,需要观看者调用自己的感官去重构电视中的图像,因而电视被界定为冷媒介。

概括而言,媒介"清晰度"的高低和人们在使用具体媒介时参与度的高低是冷热媒介的划分依据。对于接受者而言,参与度较低的媒介就是热媒介,参与度较高的媒介就是冷媒介。

借此划分标准,麦克卢汉进一步提出了热媒介具有排斥性,而冷媒介具有包容性。他认为热媒介的高清晰度/高强度使得它具有了高度专业性,新的强度便将其他人排除在外。例如,芭蕾舞艺术成为一种专业追求后,其所追求的"灵气"便将男舞星排除在外。③他还用冷和热区分文化,冷文化是文字作用低的社会,热文化是重视文字的社会。那么热媒介对冷文化造成的震荡,就会和冷媒介(如电视)对我们这个高度重视文字的社会所造成的震荡一样厉害。④

虽然这种划分没有明晰的标准,是主观和文学化的方式,但也给我们思考媒介与社会提供了一个有趣的抓手。

5. 媒介与感知

麦克卢汉所论及的媒介带来人体的延伸,是对人的器官、感官或感觉的延伸。在麦克卢汉的论述中,这种感官的感知是重要的概念。

麦克卢汉在论述机械时代和电力时代的不同时提出,人们在机械时代喜欢热情洋溢地声明个人观点;而在电力时代,人们渴望整体把握、移情作用和深度意识,这是电力技术自然的产物。因此他提出,"每一种文化、每一个时代都有它喜欢的感知模式和认知模式"。⑤这种感知模式自然是由媒介和技术带来的。麦克卢汉认为,"技术的影响不是发生在意见和观念的层面上,而是要坚定不移、不可抗拒地改变人的感觉比率和感知模式"。⑥这一观点和"媒介即讯息"的逻辑一脉相承,也和"媒介是人体的延伸"的视角并行不悖。

麦克卢汉很少会对一个观点进行全面和深入的论证,而是在分析不同的具体现象时提起和论述该观点,将之视作理所当然。这一特定的行文风格使得他对"感知"的

---

① 麦克卢汉. 理解媒介[M]. 周宪,许钧,译. 北京:商务印书馆,2000:51.
② 麦克卢汉. 理解媒介[M]. 周宪,许钧,译. 北京:商务印书馆,2000:387.
③ 麦克卢汉. 理解媒介[M]. 周宪,许钧,译. 北京:商务印书馆,2000:52-53.
④ 麦克卢汉. 理解媒介[M]. 周宪,许钧,译. 北京:商务印书馆,2000:62.
⑤ 麦克卢汉. 理解媒介[M]. 周宪,许钧,译. 北京:商务印书馆,2000:23.
⑥ 麦克卢汉. 理解媒介[M]. 周宪,许钧,译. 北京:商务印书馆,2000:46.

论述也散见于不同著作的各处。例如，他说："作为感知生活的延伸和加速器，任何媒介都立刻影响人体感觉的整体场。"① 谈及语言时，他说："语言与货币一样，可以用作感知的储藏所，当作感知和经验的传输器，把它们从一个人传给另一个人，从一代人传给另一代人。"② 而电话的问世，是对耳朵和嗓音进行了延伸，"这种延伸是一种超感官的感知。"③

除了作为一个整体概念的感知，人的不同感官的感知，如听觉、视觉、嗅觉、触觉等，以及不同感知之间的比例和平衡，也是麦克卢汉重要的讨论维度。麦克卢汉承认英尼斯为自己关于人类感官体系的理论奠定了基础，并提出，"在一种快速变化的环境中，永久性因素的内环境稳定要求各个感官之间侧重的频率重新分配。比如，一个盲人或聋人会通过加强其他感官以弥补失去的感官。在我看来，新的技术（通过切断术）建立了新的感官环境，这种现象也存在于所有人的身上"。④

那么，不同技术究竟延伸的是哪个感官或者官能，强化了整体感觉（sensation）的哪个部分？又影响了其他什么部分？感觉的整体构成发生了什么变化，又取得了怎样的新平衡？具体而言，麦克卢汉认为书写的发展，也即用书写文字取代口语，是开启以视觉形象组织生活的方式，也让个人主义和内省成为可能。而侧重听觉的收音机对重文字、重视觉的人施加的影响，是唤起他对部落的记忆。因为部落生活主要是依赖听觉而非视觉。电视的影响则需要视具体环境的不同来讨论。麦克卢汉认为，在偏重听觉和触觉的欧洲，电视强化的是人们的视觉；而在偏重视觉的美国，电视则打开了听觉和触觉的大门。

综合麦克卢汉的各种相关论述，我们可以得到如下认识：每个时代都有其主导媒介，这个主导媒介改变人的感觉比例，带来特定的感知模式。更强调耳朵而非眼睛的媒介，或者更强调眼睛而非耳朵的媒介，会改变人们的感觉比例。人们通过获得各种感觉上的平衡或合适的比例，来适应所处的环境。当新的媒介进入社会，有一段时间我们会意识到它的新颖性。当这种媒介渐渐成为我们生活的背景，我们已经臣服于它的模式。

6. 人类历史：部落时代、文字时代、印刷时代、电子时代

麦克卢汉根据每个时代的主导媒介，将人类历史划分为部落时代、文字时代、印刷时代、电子时代四个时期，不同的时期诞生了口头文化、手抄本文化、书面文化、

---

① 麦克卢汉. 理解媒介[M]. 周宪，许钧，译. 北京：商务印书馆，2000：7.
② 麦克卢汉. 理解媒介[M]. 周宪，许钧，译. 北京：商务印书馆，2000：181.
③ 麦克卢汉. 理解媒介[M]. 周宪，许钧，译. 北京：商务印书馆，2000：327.
④ 麦克卢汉给查克·贝里（Chuck Bayley）的信. 马歇尔·麦克卢汉. 古登堡星汉璀璨[M]. 杨晨光，译. 北京：北京理工大学出版社，2014：8.

印刷文化等不同文化。不同时期的媒介所依赖的感官也各有不同。

在麦克卢汉看来，部落时代（the tribal age）是属于听觉、触觉、嗅觉的时代。首先，人们主要通过口头语言交流，主要依靠听觉获得信息。"这是一个受听觉生活支配，由听觉生活决定结构的口头文化社会。耳朵与冷静和中性的眼睛相对，它的官能是强烈而深刻的，审美力强、无所不包的。"① 耳朵广泛听取外界信息，无法聚焦，也不加选择，需要其他不同感官同时在场，因此生活是"复杂的、万花筒式的"②。原始部落中人们的生活比文字时代的人们的生活更为丰富。"口头文化的行动和回应是同时发生的"③，人们的行事更具即时性，也更具激情。没有文字记录，只靠口语传递，信息往往转瞬即逝，浓缩人生经验的短小精悍的名言警句便得以广泛流传。

文字时代（the age of literacy）的人们主要依赖视觉，也即通过眼睛阅读文字来获取信息。拼音文字的发明放大和强化了视觉功能，削弱了听觉、触觉、味觉和嗅觉的作用，④ 培养人们一致的、连续的、视觉的感知方式和序列的、线性的推理习惯。⑤ 当部落人学会使用拼音文字后，抽象思维能力得以改进，从拼音文字中获取知识，"摆脱了情感的羁绊，能从部落中分离出来，成为文明的个体"。⑥ 书面文化使得传播者（作者）与接受者（读者）不必身处一处也能完成信息的传递，作者和读者得以分离。读者可以在阅读时静静地思考，也可以不断重读，从而成为独立的、理性的思考者。这些进一步促进了数学、哲学等学科的发展。文字是和现代性关联的。

印刷术的发明使人类进入印刷时代（the print age），它使眼睛在人的感官系统中稳获霸主地位。工业主义和民族主义均是16世纪印刷术"爆炸"的结果。"印刷术最重要的特征是它的可重复性"⑦，它创造了分步骤流程的生产方式，提供了机械化的蓝图，这既是工业革命的原型也是前兆。同时，印刷出版物的普及也为民族语言的统一和民族主义的发展提供了土壤。统一出版的印刷物让个体趋同，在封闭的语言系统中形成民族观念，这也导致了国与国之间的分裂。

麦克卢汉认为电子时代（the electronic age）中的电报、摄影、电话等电子技术的发展作用于人的整个感知系统，使人们的身体实现了技术性延伸，每个人的中枢系统得到提高和外化。电子时代信息的传播速度是加速的，它并不是缓慢地从中心向边缘扩张，而是加速破坏西方人偏重文字和线性的逻辑，是瞬间内实现机械化文明重新组

---

① 麦克卢汉，秦格龙.麦克卢汉精粹[M].何道宽，译.南京：南京大学出版社，2000：364.
② 麦克卢汉，秦格龙.麦克卢汉精粹[M].何道宽，译.南京：南京大学出版社，2000：365.
③ 麦克卢汉，秦格龙.麦克卢汉精粹[M].何道宽，译.南京：南京大学出版社，2000：364.
④ 麦克卢汉，秦格龙.麦克卢汉精粹[M].何道宽，译.南京：南京大学出版社，2000：365.
⑤ 麦克卢汉，秦格龙.麦克卢汉精粹[M].何道宽，译.南京：南京大学出版社，2000：366.
⑥ 麦克卢汉.理解媒介[M].周宪，许钧，译.北京：商务印书馆，2000：119.
⑦ 麦克卢汉，秦格龙.麦克卢汉精粹[M].何道宽，译.南京：南京大学出版社，2000：370.

合的"内向爆炸"①。这也形成了麦克卢汉口中的全新的、相互依存的、全球范围的"地球村"（global village）。麦克卢汉并未对"地球村"的概念做明晰的界定，从他的论述中可以概括出：地球村的产生是因为电磁波的发明，广播、电视和电脑让个体在地球上的影响力扩大，每个人可以同时在不同的地点表达自己的观点，地球因而被缩小到村落的范围，人们得以在全球范围内相互依存。②电视被麦克卢汉看作是引起英美"重新部落化"（retribalizing）的重要发明③，它冲击了人们在印刷时代发展出来的抽象思维和线性思维，多元的素材让人的感官被重新唤醒，人们得以经历再部落化。电子时代中，我们怎么感觉比我们怎么想更重要。但也是在电子时代，隐私成为一种对过去的诅咒。

7. 媒介定律

麦克卢汉去世后，他的儿子埃里克·麦克卢汉（Eric McLuhan）将他与媒介演变规律相关的观点集合在《媒介定律》（1988）一书中出版。詹姆斯·莫里逊（James Morrison）称，麦克卢汉对于媒介定律的探索并不是线性的因果关系分析，而是一种非线性的模式识别。④

麦克卢汉称"媒介定律"的提出旨在方便我们探究技术、媒介和人工制造物的属性和影响。他将该规律以问句的形式呈现："（1）这个人工制造物使什么得到提升或强化？或者使什么成为可能？或者使什么得以加速？（2）如果情景中的某个方面增大或提升（enlarged or enhanced），原有的条件或未被提升的情境就会被取代。在此，新的'器官'使什么东西靠边或过时呢？（3）新的形式使过去什么行动或服务再现或再用（recurrence or retrieval）？什么曾经过时的、老的基础得到恢复，而且成为新形式固有的东西？（4）新形式被推向潜能（另一个互补的行动）的极限后，它原有的特征会发生逆转（reversal）。新形式的逆转潜能是什么？"⑤

这些问句所揭示的，与其说是媒介存在的必然规律，不如说是我们如何以麦克卢汉的思路去看待任何进入我们社会并得以广泛使用的人造物——或曰广泛意义上的媒介——对我们的心理和社会的影响。进一步地，这些问句还揭示出，任何一种"新"媒介都会对"旧"媒介产生影响，或是使其靠边站，或是使其出现新的特点，或是让曾经过时的媒介再度活跃起来。尽管麦克卢汉没有对此进行细致的阐述，但这一思考显然深

---

① 麦克卢汉. 理解媒介[M]. 周宪, 许钧, 译. 北京：商务印书馆, 2000：131.
② 麦克卢汉. 古登堡星汉璀璨[M]. 杨晨光, 译. 北京：北京理工大学出版社, 2014：94-98.
③ 麦克卢汉. 理解媒介[M]. 周宪, 许钧, 译. 北京：商务印书馆, 2000：388.
④ 林文刚. 媒介环境学：思想沿革与多维视野[M]. 何道宽, 译. 北京：北京大学出版社, 2007：143.
⑤ 麦克卢汉, 秦格龙. 麦克卢汉精粹[M]. 何道宽, 译. 南京：南京大学出版社, 2000：567-568.

刻影响了保罗·利文森对新旧媒体之间关系的讨论。媒介定律也为我们思考每一种新兴媒介的属性、新旧媒介混杂的系统，以及社会文化的变化提供有启发性的研究框架。

英尼斯和麦克卢汉曾被归为传播研究的"多伦多学派"。这个学派的概念首次由杰克·古迪（Jack Goody）和伊恩·瓦特（Ian Watt）提出。该学派成员还包括埃里克·哈夫洛克（Eric Havelock）、德里克·德·克尔克霍夫（Derrick de Kerckhove）和罗伯特·洛根（Robert Logan）。① 这些学者都在多伦多大学从事过实际的研究，研究对象都与传播相关。1964年成立的英尼斯学院和1963年设立的麦克卢汉文化与技术中心也可以被视为某种行政依托。但究竟符合哪些标准才可以被认定为形成了一个学派？这些学者是否具有共同的学术旨趣？批判学者和不做批判的学者是否能同属一个学派？多伦多学派在学派意义上是否能跟芝加哥学派、法兰克福学派相提并论？学界对此仍有争议，并无定论。

第三节　尼尔·波茨曼

一、生平与著作

尼尔·波茨曼（Neil Postman，1931-2003）是美国的著名媒介批评家，因对大众传播负面影响的批评获得公众知名度。他也是20世纪60年代美国教育改革运动中的风云人物。他的媒介观，承袭了英尼斯、麦克卢汉。他使媒介生态学（media ecology）在美国得以建制化，也使得来自加拿大的媒介理论在美国发扬光大。

波茨曼出生于纽约布鲁克林的犹太工人家庭，本科就读于纽约州立大学（State University of New York），是校篮球队的明星运动员。波茨曼读本科时曾去小学教书，这段经历激发了他投身教育的热情。波茨曼在硕博阶段前往哥伦比亚大学攻读英语教育专业，并于1958年获得了博士学位。他也一直以"教育工作者"自称，在教育学领域的著作多达十部。②

波茨曼的媒介研究成果集中出现在20世纪八九十年代。波茨曼先后出版了《童年的消逝》（1982）、《娱乐至死：演艺时代的公共话语》（1985）、《技术垄断：文化向技术投降》（1992）这三本书。它们被称为"媒介批评三部曲"，奠定了波茨曼在大众媒

---

① KERCKHOVE D. McLuhan and the "Toronto School of Communication"[J]. Canadian journal of communication, 1989（14）：4-5.
② 林文刚. 媒介环境学：思想沿革与多维视野[M]. 何道宽，译. 北京：北京大学出版社，2007：153.

介批评领域的地位。波茨曼对媒介的分析与批判始终带有教育者的视角。

二、童年的消逝

波茨曼在印刷文化的语境中长大，对印刷文化有着天然的信任感和亲近感，也接受了印刷文化的语言和思维训练。①但在 20 世纪后半叶，美国电视产业繁荣发展，公众话语日渐以娱乐的方式出现。②在意识到电视这一新兴媒介对理性和逻辑的侵蚀后，波茨曼的研究从原先的教育学转向了媒介生态。

在《童年的消逝》一书中，波茨曼展现出对英尼斯的分析思路的认可，后者认为"传播技术的变化必然产生三种效果。它们改变了兴趣的结构（思考的东西）、符号的特征（思考的工具）和社群的本质（思想发展的领域）"。③麦克卢汉的学说也对波茨曼颇具启发意义。波茨曼的导师路易斯·福斯戴尔（Louis Forsdale）曾邀请麦克卢汉到哥伦比亚大学做演讲，波茨曼得以亲密接触麦克卢汉的学说。④波茨曼受麦克卢汉的启迪而开启媒介研究的道路，他在为麦克卢汉传记写的序言中曾自称为"麦克卢汉的孩子"。⑤

无论是英尼斯还是麦克卢汉，都对印刷术和印刷时代有着富于洞见的丰富论述。印刷也是波茨曼论述中的重要内容。在波茨曼看来，印刷时代造就了"童年"的概念，而童年正在被今天的娱乐媒体所围攻。

波茨曼提出，"童年"并不是一个天然存在的概念，而是一个被建构的概念。在《童年的消逝》一书的序言中，波茨曼说，"童年不同于婴儿期，是一种社会的产物，不属于生物学范畴"⑥。在印刷术出现以前，大家都用口语的方式交流，童年和成年不存在明晰的界限。文字和印刷术的发明，培养了人们书写和阅读的能力，有阅读能力的成人和没有阅读能力的儿童在信息接收过程中产生了区隔，童年也由此诞生了。

而此后的电视时代，成年人的知识垄断被打破了。"电视乃是通向世界的一扇窗"⑦，这个"早期窗口"（early window）⑧将儿童和成人本应分开的世界再次合并起来。在波茨曼看来，"新的传播技术不仅给予我们新的考虑内容，而且给予我们新的思维方

---

① 吴晓恩.逃离电子文化的陷阱：尼尔·波兹曼媒介学思想研究[M].北京：北京大学出版社，2015：6.
② 波兹曼.娱乐至死[M].章燕，译.桂林：广西师范大学出版社，2004：4.
③ POSTMAN N. The Disappearance of Childhood[M]. New York：Laurel，1984：23.
④ 马尚尔.麦克卢汉传：媒介及信使[M].何道宽，译.北京：中国人民大学出版社，2003：1.
⑤ 马尚尔.麦克卢汉传：媒介及信使[M].何道宽，译.北京：中国人民大学出版社，2003：7.
⑥ 波兹曼.童年的消逝[M].吴燕莛，译.桂林：广西师范大学出版社，2004：1.
⑦ 波兹曼.童年的消逝[M].吴燕莛，译.桂林：广西师范大学出版社，2004：138.
⑧ 巴兰，戴维斯.大众传播理论：基础、争鸣与未来[M].曹书乐，译.北京：清华大学出版社，2014：209.

式"。①16世纪至20世纪的书籍培养的是线性的、理性的、逻辑的思维模式,它所创造的知识等级制度将儿童与成人相分离。很多信息掌握在成人手中,等待合适的时机再向儿童展开。而电视,"是一个视觉媒介"。"看图片不需要任何启蒙教育""所有的电视都是给每一个人看的"。②电视的进入门槛低,儿童看电视时,性和暴力的内容便进入儿童的视野。儿童过早接触到成人的欲望和世界的冲突,过早接触到成人世界中的性、疾病与死亡,愤世嫉俗、冷漠、傲慢便会取代儿童应有的好奇心,使得教育和道德发展短路。与此同时,成人也因为电视媒介培养出简单化的思维而趋向儿童化,原有的文化秩序被打破了,教育和道德发展出现了问题。

从中不难看出,波茨曼承袭了英尼斯、麦克卢汉对印刷文明的思考,同意印刷文明带来了理性逻辑思维,并在此基础上提出,印刷文明带来成人的知识垄断和"童年"的产生。进一步,波茨曼提出电视的普及打破了信息的门槛,使得"童年"消逝。波茨曼借此揭示了媒介形态变化和社会文化之间的关系。

但纵观波茨曼的整体学说,他与英尼斯和麦克卢汉还是颇为不同。与麦克卢汉不同的是,波茨曼不仅试图揭示电视媒介的特点,还着力于揭示电视的负面影响,并在此过程中加入道德判断。与英尼斯不同的是,尽管波茨曼与英尼斯都哀叹现代媒体带来的某种"丧失"(loss),但英尼斯哀叹的是现代媒体导致口语文化(特别是对话)的丧失,波茨曼哀叹的则是读写思维(literate thinking)特别是理性分析的价值的丧失。也因此,英尼斯希望我们能够重新发现希腊口语传统中的可能性,波茨曼则请求人们不要忘记基于印刷品的读写能力对我们文化的贡献。③

三、娱乐至死

《娱乐至死》是波茨曼最为著名的一部作品,也是他影响最大的一部作品,被翻译为8国文字,销售了20万册。④该书的核心观点随之广为人知:电视将严肃的问题变成了娱乐,导致了严肃公共话语的丧失。

波茨曼对电视的判断是负面和悲观的。他关于电视让大众"娱乐至死"的论断广为流传,在一段时间后还被人们用来描述电视之外的其他媒体的娱乐功能和后果。但值得注意的是,人们往往不假思索地直接使用"娱乐至死"来批判媒体的娱乐性,却

---

① 波兹曼.童年的消逝[M].吴燕莛,译.桂林:广西师范大学出版社,2004:44.
② 波兹曼.童年的消逝[M].吴燕莛,译.桂林:广西师范大学出版社,2004:111-116.
③ HEYER P. Harold Innis[M]. Washington:Rowman & Littlefield,2003:93.
④ 据纽约大学在波茨曼逝世后发布的讣告,资料来源:https://www.nyu.edu/about/news-publications/news/2003/september/nyu_professor_neil_postman_72.html。

没有认识到这一论断的提出是基于对人类历史上媒介形态变化的分析。

波茨曼提出,"智力(intelligence)主要被定义为一个人掌握事物真相的能力,那么,一种文化的智力就取决于其重要交流方式的性质"①。这个"重要交流方式"即英尼斯所谓的每个时代的主导媒介。随后,波茨曼阐述了这些重要交流方式的特点。

他认为,在口语文化中,智力常与创造警句箴言的能力,也即发明短小精悍又有广泛适用性的说法的能力有关。在纯粹的口头文化中,人们高度重视背诵能力,因为人的头脑必须作为一个移动图书馆发挥作用。到了印刷时代,背诵则变得不重要。在印刷时代,人们需要能控制住身体,能坐得住,过度活跃甚至会被认为有智力缺陷。在阅读时,人们还需要能快速地透过字母的外形,理解文字传递出的情绪和语气、作者的态度、论证的逻辑等。最重要的是,读者需要在抽象的世界里变化。在印刷文化中,智力意味着,"一个人可以在没有图片的情况下舒适地生活在一个概念和概括的领域中"。②

在波茨曼的论述中,印刷时代的话语清晰、严肃、理性、具有逻辑性,不诉诸图像;而电视作为摄影术的延续,致力于用画面吸引观众的注意力,到了20世纪,美国人对于智力的定义也随着新旧媒介的更替发生了很大变化。印刷术退至文化边缘,美国从印刷媒体主导的"阐释时代"走向电视媒体主导的"娱乐时代","公众话语的严肃性、明确性和价值都出现了危险的退步"。③

波茨曼讨论了美国电视产业的状况,认为美国电视全心全意致力于为观众提供娱乐,所有的内容都以娱乐的方式表现出来,即使是新闻节目亦如此。节目制作的种种手段,电视特有的内容呈现方式,使得包括总统选举、电视时事辩论在内的严肃内容都缺乏逻辑和深度。电视旨在传递印象,而不是思想,得到的是观众的掌声,而非反思。各个领域内的专家,包括总统候选人、医生、律师、教育家等,上电视后都将更多注意力转向了如何让自己更上镜。电视实践中,娱乐业和非娱乐业的界线越来越模糊。波茨曼的这句话鞭辟入里:"娱乐是电视上所有话语的超意识形态。"④

电视带来支离破碎的时间和割裂的注意力,助长语无伦次和无聊琐碎。电视娱乐化的影响是全方位的:"在这个时代,政治、宗教新闻、体育、教育和商业模式都心甘情愿成了娱乐的附庸,人类也变成了一个娱乐至死的物种。"⑤波茨曼说,有两种方法可以让文化精神枯萎,一种是奥威尔式的,文化成为一个监狱;另一种是赫胥黎式的,

---

① POSTMAN N. Amusing Ourselves to Death: Public Discourse in the Age of Show Business[M]. Penguin, 2005: 24-25.
② POSTMAN N. Amusing Ourselves to Death: Public Discourse in the Age of Show Business[M]. Penguin, 2005: 26.
③ POSTMAN N. Amusing Ourselves to Death: Public Discourse in the Age of Show Business[M]. Penguin, 2005: 29.
④ 波兹曼. 娱乐至死[M]. 章燕, 译. 桂林: 广西师范大学出版社, 2004: 114.
⑤ 波兹曼. 娱乐至死[M]. 章燕, 译. 桂林: 广西师范大学出版社, 2004: 4.

文化成为一场滑稽戏。

所以波兹曼的"娱乐至死"并不仅仅是一个在批评时酣畅淋漓的修辞，其背后隐含着对不同媒介形态特点的认识、对印刷文化及其所代表的逻辑与理性思维的珍视、对电视作为一种媒介形态的整体上的贬抑。波兹曼甚至认为，"问题不在于我们看什么电视，问题在于我们看电视"。[①] 波兹曼也借此哀叹电视文化带来的公众话语严肃性的衰退，以及政治意义上的、参与公共讨论的公众身份如何向经济意义上的消费者身份投降。最终，他认为可以仰仗的救赎是学校教育，教育家们或许可以帮助学生学会如何合理地使用电视。

波兹曼还在该书中提出了"媒介即隐喻""媒介即认识论"等论断。这些表述与麦克卢汉的"媒介即讯息"有一定的相似性，但波兹曼认为有所不同。波兹曼认为隐喻不同于讯息："讯息是关于这个世界明确具体的说明，但是我们的媒介，包括那使绘画得以实现的符号，却没有这种功能。它们更像是一种隐喻，用一种隐蔽但有力的暗示来定义现实世界。"[②] 在波兹曼眼里，媒介的隐喻侧重于对世界的排序、构建、放大、缩小、着色，是一个世界再加工的过程，媒介对世界的介入方式是不容易被察觉的，例如钟表把时间再现为独立而精确的顺序，文字使大脑成了书写经历的石碑，电报把新闻变成了商品，每一种工具都蕴含着超越其自身的意义。[③] 波兹曼所谓的"媒介即认识论"，则是指媒介的变迁意味着人们认识世界的方式发生改变。例如作为"元媒介"的电视不仅决定我们对世界的认识，而且决定我们怎样认识世界。[④] 观众对于其他媒介使用的经验和知识也来自电视，比如使用什么电话设备、看什么电影、读什么书、买什么磁带、听什么节目和如何使用电脑。[⑤]

四、技术垄断

"技术垄断"（Technopoly）一词由"技术"（Technology）和"垄断"（Monopoly）合成。波兹曼书中所提到的"技术垄断"指的是一切形式的文化生活都臣服于技艺和技术的统治[⑥]，比如他所列举的医疗技术垄断、计算机技术垄断和隐形技术垄断。在波兹曼看来，工具的发明主要有两个目的：一是解决物质生活的问题，比如水力、风车和犁的发明是为了发展农耕生产力；二是服务于艺术、政治、神话、仪式和宗教的目

---

① 波兹曼.娱乐至死[M].章燕，译.桂林：广西师范大学出版社，2004：207.
② POSTMAN N. Amusing Ourselves to Death: Public Discourse in the Age of Show Business[M]. Penguin, 2005: 10.
③ 波兹曼.娱乐至死[M].章燕，译.桂林：广西师范大学出版社，2004：17.
④ 波兹曼.娱乐至死[M].章燕，译.桂林：广西师范大学出版社，2004：104.
⑤ 波兹曼.娱乐至死[M].章燕，译.桂林：广西师范大学出版社，2004：104.
⑥ 波兹曼.技术垄断：文化向技术投降[M].何道宽，译.北京：中信出版社，2019：58.

的，比如教堂的修建和机械时钟的开发是为了打造更好的布道场所。① 技术一方面被应用于解决具体问题，另一方面影响人们感知现实的方式，在改变心理环境的过程中影响文化。

波茨曼将人类文明演进分为三个阶段：工具时代、技术统治时代和技术垄断时代。② 在工具时代，技术从属于文化，工具的使用方式受到文化的指引，该阶段的文化被认定为"工具使用文化"；在技术统治时代，蒸汽机已经被发明，人类活动服务于机器效率的提高，该阶段的文化被称为"技术统治文化"；在技术垄断时代，工具取代了人，技术完全征服了文化，技术的判断替代了人的思考，该阶段的文化被称为"技术垄断文化"。

波茨曼的《技术垄断》一书中列举了不同领域的技术，以证明当下时代已逐渐逼近"技术垄断时代"。"医疗技术垄断"意味着在医学的诊断过程中过分依赖技术而不是人的判断，比如频繁使用的 X 光检查项目。③ "计算机技术垄断"则意味着，当该技术被应用于大学、政党、司法审理、公司董事会的决策环节，计算机逐渐成为个人事务和公共事务的决策者，甚至扮演着比人更重要的角色。④ 除此之外，波茨曼还对唯科学主义和信息泛滥现象进行了批判，认为人们过于依赖数据、自然科学方法，而失去了人文主义视角。技术的发展所带来的信息的高度流动让"信息已经成了一种垃圾"，人完全沦为了信息的奴隶。⑤ 波茨曼对技术的批判实际上也延续了他对于电视的批判，他始终认为对新技术的应用需要持有谨慎的态度。

抛开波茨曼的道德批判不论，他对于"技术垄断"的批判和哈贝马斯对技术和科学作为"意识形态"的批判形成了呼应。

五、媒介生态学

波茨曼是媒介生态学的建制者，他为媒介生态学作为一个研究领域的发展提供了制度性的保障。

1968 年波茨曼在英语教师全国委员会（National Council of Teachers of English）年会上演讲时首次介绍了"媒介生态学"⑥一词。后来该演讲稿以"革新的英语课程"为

---

① 波兹曼.技术垄断：文化向技术投降[M].何道宽，译.北京：中信出版社，2019：58.
② 波兹曼.技术垄断：文化向技术投降[M].何道宽，译.北京：中信出版社，2019：23.
③ 波兹曼.技术垄断：文化向技术投降[M].何道宽，译.北京：中信出版社，2019：23.
④ 波兹曼.技术垄断：文化向技术投降[M].何道宽，译.北京：中信出版社，2019：127.
⑤ 波兹曼.技术垄断：文化向技术投降[M].何道宽，译.北京：中信出版社，2019：77.
⑥ 也有学者将之翻译为"媒介环境学"。

题发表，其中，媒介生态学被定义为"将媒介作为环境的研究"。①

波兹曼认为媒介生态指的是"传播作为一种环境"（All communication is an environment），②影响了文化政治、社会组织和思维方式。③媒介生态学不仅关注媒介，更关注人和媒介环境之间的互动，从生物学的视角理解传播过程。④

波茨曼认为生态学为传播研究提供了一种新的研究范式，意味着一种新的视角、模型和隐喻。波茨曼提出，传播学研究应该属于生态科学（ecological science）。所有的传播系统和过程构成了一个网络，媒介生态学研究的不是传播的元素，而是元素和元素之间的关系，即传播者、传播内容、传播对象和媒介是如何互相关联（interrelated）的。波茨曼认为，可以将两种行为、事件、观点联系起来的技术就是媒介。在语境分析中，传播系统和传播系统是一层一层嵌套的，因而生态学的分析是适用的。⑤

1971年，波茨曼在纽约大学的斯泰因哈特教育学院创办了媒介生态学系（Media Ecology），致力于在教育学领域推广媒介研究。从这里走出了一大批优秀的媒介研究者，包括保罗·莱文森（Paul Levinson）、约书亚·梅罗维茨（Joshua Meyrowitz）、林文刚等。

当回忆过往，波茨曼称自己作为一名德育家（moralist），想创办一个学术性的院系，致力于对媒介环境（media environment）的研究，特别专注于研究媒介生态是否让我们变得更好或更坏，以及背后的原因。尽管麦克卢汉十分鼓励波茨曼在纽约大学创办这样一个院系，却不认为他们应该致力于研究电子媒体的好与坏。在麦克卢汉看来，对媒介应关注其存在，而非判定这是一种福佑还是诅咒。⑥

将道德判断纳入对媒介的分析，是波茨曼与前人的重要差异。波茨曼曾在媒介生态学大会的一篇论文中明确提出自己的想法不同于麦克卢汉，他具有更强的道德关怀。他还提出了四个重要问题：一是媒介在多大程度上有助于理性思维的使用和发展？二是媒介在多大程度上有助于民主发展进程？三是新媒体在多大程度上提供更多获取有意义的信息的途径？四是新媒体在多大程度上增强或削弱了我们的道德感和善良？⑦

媒介生态学的概念，因波茨曼而在海内外产生了学术影响力。英国伦敦大学金匠

---

① POSTMAN N. The Reformed English Curriculum. In High School 1980: The Shape of the Future in American Secondary Education; Eurich[J]. 1970: 160-168.
② POSTMAN N. Media Ecology: Communication as Context[J]. 1974.
③ POSTMAN N. The humanism of Media ecology[C]// Proceedings of the Media Ecology Association. 2000.1（1）.
④ POSTMAN N. The humanism of Media ecology[C]// Proceedings of the Media Ecology Association. 2000.1（1）.
⑤ POSTMAN N. Media Ecology: Communication as Context[J]. 1974.
⑥ POSTMAN N. The humanism of Media ecology[C]// Proceedings of the Media Ecology Association. 2000.1（1）.
⑦ POSTMAN N. The humanism of Media ecology[C]// Proceedings of the Media Ecology Association. 2000.1（1）.

学院的教授马修·富勒（Matthew Fuller）也出版了一本《媒介生态学：艺术与技术文化中的物质能量》（2007）。富勒是"软件研究"（Software Studies）的开创者，擅长以具体媒介艺术实验项目为分析对象，探究不同媒介的具体形态和互动过程。他也是一名艺术家和作家。富勒之所以采用"生态"的概念，是认为该词在指称"进程与对象、存在与事物、模态与物质之间大规模动态互联"的状态上有传达力，是一个有发展潜力的概念①。富勒说："当我们想要理解复杂和动态的联结的时候，生态学的问题就出现了。"他所谈论的媒介生态学并不是将媒介简单地人性化或自然化，而是寻找媒介互动得以发生的兴奋、变异、激励和变化的条件。②

富勒的研究将人与媒介放置在同等的地位，以更平等的视角考察有机物与无机物、无机物与无机物之间的联结。在富勒看来，媒介与媒介之间的关系是复杂的和动态联结的。在媒介转型的过程中，每个媒介都拥有自身的特征和系谱，媒介与媒介之间的变化是转码的过程也是创造和生成的过程。比如，当摄像机拍摄的视频进入不同的网页时，视频因为呈现方式的不同而获得了"新生"。

波茨曼的媒介生态学和富勒的媒介生态学，在时间上有先后，在用词上完全一致，但其内涵和背后的研究旨趣却迥然相异。波茨曼的媒介生态学中所固有的对电子媒体的批判、道德关怀、公民教育的目标，在富勒的研究中荡然无存。富勒对于人和媒介、媒介和媒介之间的复杂动态联结和互相创造生成的关注，倒是与新媒体艺术批评、实践导向的物质性分析视角的关系更为接近。

六、小结

尼尔·波茨曼将媒介研究引入教育领域，也将如何更好地培养儿童、如何培养出合格的公民的愿景，带入对技术和媒介的批判，这使得他的研究不可避免地具有道德评判和道德关怀，也极大地影响了后人对待新媒介的态度。

波兹曼的作品中，一以贯之的是对印刷文化的青睐和对电子文化的排斥。他似乎认为人与新技术的互动是浮士德式的与魔鬼的潜在交易——人们在获得某些东西的同时，必定失去某些东西。

在面对种种令他不安的现实，他最终寄希望于教育的变革来改变现状。他在晚年的著作《教育的终结：重新定义学校的价值》（1996）中，呼吁创建新的课程体系，培育健康的、智识上的怀疑主义，全球公民的身份感和对美国传统的尊重及其多样性的

---

① 富勒.媒介生态学：艺术与技术文化中的物质能量[M].麦颠，译.上海：上海社会科学院出版社，2019：4.
② 富勒.媒介生态学：艺术与技术文化中的物质能量[M].麦颠，译.上海：上海社会科学院出版社，2019：5.

欣赏。这再度呼应了他在前几本著作中谈到的观念，教育不在于传授具体的知识或技巧，而是培养一种思维（thinking）。

第四节 约书亚·梅罗维茨

一、生平与著作

约书亚·梅罗维茨（Joshua Meyrowitz）1949年出生于纽约，是一名犹太裔美国人。梅罗维茨在移民家庭环境中长大，父亲是立陶宛人，母亲出生于费城，祖上来自奥匈帝国。[①] 梅罗维茨的移民家庭环境，让他对美国社会的观察保持了一定的距离和批判意识。

二战后，电视成为美国社会的主导媒介。梅罗维茨的成长恰逢电视流行的黄金时期，电视成为梅罗维茨想象媒介与社会关系的起点。梅罗维茨的父母对电视保持一定的警惕，拒绝购买这个新"玩具"，这激发了他对电视的思考。[②] 20世纪五六十年代，美国社会中的女权运动、青年亚文化运动、反战运动等社会运动此起彼伏，也给梅罗维茨提供了反思电视、行动和社会关系的机会。

1974年梅罗维茨从纽约城市大学获得硕士学位，后在纽约大学攻读媒介环境学的博士，和保罗·莱文森是同学，尼尔·波茨曼也是他博士学位论文委员会的成员。他的研究可分为两个时期：前期主要发展了"媒介情境论"，论述多涉及电视，为媒介理论和人际行为理论架起了桥梁[③]；后期研究关注互联网的发展，在媒介情境论的基础上发展出更为微观的自我理论。他较有影响力的作品包括:《消失的地域：电子媒介对社会行为的影响》(1985)、《普遍的他域/概化他域》(1989)、《用语境分析媒介与非媒介的行为》(1985)、《媒介理论》(1994)、《他者世界的转移：媒介理论和"他们"与"我们"的改变》(1997)等。

二、何为媒介

梅罗维茨提出了"何为媒介（What are media）"之问，认为有关媒介的比喻结构

[①] 吕冬青.人的媒介化存在——梅罗维茨媒介思想史研究[D].山东大学，2019：26-28.
[②] 梅罗维茨.消失的地域：电子媒介对社会行为的影响[M].肖志军，译.北京：清华大学出版社，2002：Ⅷ.
[③] 梅罗维茨.消失的地域：电子媒介对社会行为的影响[M].肖志军，译.北京：清华大学出版社，2002：Ⅸ.

将会影响提问的方式，媒介比喻的变迁折射出媒介认识论的演进。

梅罗维茨将有关媒介的比喻分为"媒介作为管道"（media as conduit）、"媒介作为语言"（media as language）以及"媒介作为环境"（media as environment）。① 在梅罗维茨看来，管道的比喻体现了研究者对媒介内容的重视；语言的比喻则是将有关媒介内容序列的研究视为一种语法研究，不同的编码方式将对传播效果产生一定影响，比如镜头陈列的顺序将会影响人们的思维模式。梅罗维茨本人更倾向于将媒介视为环境，认为该提法突出对媒介本身的分析（medium analysis），不同媒介构成传播效果迥异的媒介环境。

这样的分类体现出梅罗维茨对包括英尼斯、麦克卢汉在内的从阐释视角和批判视角出发的媒介理论，以及美国本土发展起来的实证视角的传播研究兼容并包的努力。

三、媒介情境论

"媒介情境论"是梅罗维茨最为人熟知的理论。梅罗维茨关注社会场景带来的影响，他所提的场景既包括社会交往过程中的具体地域场所，也包括传播过程中的信息系统。②

梅罗维茨在《消失的地域：电子媒介对社会行为的影响》一书中提出，电视是一个"暴露秘密"的机器，允许个体以前所未有的方式观看他人。像电视这样的新媒体，打破了屏障，增加了人们对以往受限的信息的获取，是儿童和成人、男性和女性之间的文化和社会屏障发生变化的原因，甚至能使权贵人性化和非神秘化。③

梅罗维茨在书中坦言受戈夫曼的"拟剧论"和麦克卢汉的媒介研究的影响，他试图将二者的理论合二为一。④ 作为场景主义者的戈夫曼，关注社会情境和行为，"而不去分析场景为什么以及如何演化"。⑤ 作为媒介理论家的麦克卢汉，描述了媒介对文化环境和组织结构的影响，却忽视了媒介塑造特定社会场景或日常社会行为的方式。⑥ 戈夫曼将不同的情境比作"舞台"，每个人都是演员。"所有社会角色的行为实际上都是

---

① MEYROWITZ J. Understandings of Media[J]. ETC: A review of General Semantics, 1999, 56（1）: 44-52.
② 梅罗维茨.消失的地域：电子媒介对社会行为的影响[M].肖志军，译.北京：清华大学出版社，2002：31-34.
③ MEYROWITZ J. No Sense of Place: The Impact of Electronic Media on Social Behavior[M]. Oxford University Press, 1985.
④ MEYROWITZ J. No Sense of Place: The Impact of Electronic Media on Social Behavior[M]. Oxford University Press, 1985: 2-4.
⑤ MEYROWITZ J. No Sense of Place: The Impact of Electronic Media on Social Behavior[M]. Oxford University Press, 1985: 31.
⑥ MEYROWITZ J. No Sense of Place: The Impact of Electronic Media on Social Behavior[M]. Oxford University Press, 1985: 31.

表演"①，人们通过对情境的判断决定自己所饰演的角色和采取的行动。在梅罗维茨看来，电子媒介的出现打破了原来的物理空间的区隔，建立了新的信息系统，人们接触到之前没有接触的情境，社会身份和行为模式的选择也变得更为复杂。一方面，电子媒介拓宽了观众群体，面对不同的受众，传播者的行为方式出现了调整，比如电子媒介成了政治家新的政治舞台；②另一方面，受众面对更为丰富的内容，看到很多过去无法获知的内容，比如"看电视节目的儿童看到了隐藏的行为以及如何将它在孩子面前隐藏起来的过程"。③梅罗维茨的媒介情景论，解释了电子媒介创造的新空间对行为模式的影响，阐明了媒介和行为变化之间的关系。

四、自我理论

20世纪90年代，随着网络时代的发展，梅罗维茨提出了"语境分析"（contextual analysis）、"普遍化的他域"（generalized elsewhere）、"球域"（glocality）等概念，④从原先中观的情境分析转向了微观自我理论的发展。

梅罗维茨的自我理论受到符号互动论的奠基人乔治·赫伯特·米德（George Herbert Mead）的影响。米德的"自我"概念分为"主我"和"客我"两方面，用以解释个人如何实现了社会化。"主我"指的是个体对他人态度的反应，"客我"指的是想象中的他人眼中的自己，人们通过他人的观点来认识自己，完成自我建构。在梅罗维茨看来，媒介拓宽了个体信息接收的范围，人们不仅仅从本地经验中认识自己，还从媒介所带来的全球经验中反观自我。

为讨论电子媒介对个体心理及行为的影响机制，梅罗维茨提出"媒介化的他域"和"球域"的概念。"普遍化的他域"是在米德的"普遍化他者"（the generalized other）的概念上发展起来的，指的是媒介所带来的其他地域的经验，将他地看作观察和评价本地的镜子，让人能够通过他者和他地的经验来形成对自我的身份定位。⑤"球域"又被译为"球土化"，该概念最早出现在1991年的文章中，之后在《球域的兴起：地球

---

① MEYROWITZ J. No Sense of Place：The Impact of Electronic Media on Social Behavior[M]. Oxford University Press，1985：26.
② MEYROWITZ J. No Sense of Place：The Impact of Electronic Media on Social Behavior[M]. Oxford University Press，1985：259.
③ MEYROWITZ J. No Sense of Place：The Impact of Electronic Media on Social Behavior[M]. Oxford University Press，1985：240
④ 吕冬青. 人的媒介化存在——梅罗维茨媒介思想史研究[D]. 山东大学，2019：101.
⑤ MEYROWITZ J. Media and Community：The Generalized Elsewhere[J]. 1989：326-334.

村中的新地方感与身份感》一文中被详细阐释。①"球域"的概念是对"普遍化的他域"的概念的深化,指的是通信网络所建构的一个能够覆盖全球的信息系统。②互联网远远夸大了个体信息接收的内容,将全球性媒介经验叠加在个体的本地经验之上,个体在全球和本地经验的交错中完成对自我身份的建构。

第五节 保罗·莱文森

一、生平与著作

保罗·莱文森（Paul Levinson）,1947年出生于美国,在多个领域展现出杰出的才华。他既是媒介理论家、批评家,也是科幻小说家和音乐人。他出版了20余本著作,涉及媒介理论、科幻小说、非虚构历史类和流行文化,作品被翻译为16国文字。他的科幻作品曾获科幻文学界最高奖"雨果奖"和"星云奖"的提名。他也频繁出现在美国各大电视台和电台,发表讲话和评论。

莱文森于1964年第一次接触麦克卢汉的学说,时为纽约城市大学（CCNY）的本科生。十年后,他师从约翰·卡尔金（John Culkin）,于1976年获得位于纽约的新学院（The New School）的媒介研究硕士学位。卡尔金对麦克卢汉的思想有透彻的了解,带领莱文森进一步深入麦克卢汉的学说。他本人也是位媒介理论家,强调"技术温馨",认为任何技术媒介都是利大于弊,这样的立场影响了莱文森。之后,莱文森赴纽约大学攻读尼尔·波茨曼所创办的媒介生态学博士学位。波茨曼还将莱文森引荐给麦克卢汉。

就读期间,莱文森和麦克卢汉本人私交不错,常常一起去麦克卢汉在榆树公园的家,在谈天中领悟了很多真知灼见。除了麦克卢汉的媒介理论,莱文森本人称,他还受到多纳德·坎贝尔（Donald Campbell）的进化认识论、卡尔·波普尔（Karl Popper）的哲学和艾萨克·阿西莫夫（Isaac Asimov）的科幻小说的启发。阿西莫夫在机器人科幻小说中提倡,人类理性及其技术应用将是我们自我完善的最佳手段。莱文森的著作在分析媒介及技术时,也认为媒介的后果将取决于我们决定如何应用它。①

---

① 吕冬青.人的媒介化存在:梅罗维茨媒介思想史研究[D].山东大学,2018:37;MEYROWITZ J. The rise of glocality[J]. A Sense of Place: The Global and the Local in Mobile Communication, 2005: 21-30.
② 吕冬青.人的媒介化存在:梅罗维茨媒介思想史研究[D].山东大学,2018:106.
① 莱文森.软边缘:信息革命的历史与未来[M].熊澄宇,等译.北京:清华大学出版社,2002:XII.

莱文森1979年获得博士学位后，受聘于费尔莱·迪金森大学（Fairleigh Dickenson University），讲解大众媒介理论课程，同时进行相关研究。莱文森目前为福特汉姆大学（Fordham University）教授。其媒介研究的代表作包括：《软边缘》（1997）、《数字麦克卢汉：信息化新纪元指南》（1999）、《真实空间》（2003）、《手机》（2004）、《新新媒介》（2009）等。

二、数字时代的媒介观

莱文森对麦克卢汉学说的喜爱和麦克卢汉在媒介思想上的接近性，比其他任何学人都要显著。麦克卢汉在1980年辞世，并未看到互联网时代的到来。莱文森继承和发展了麦克卢汉的思想，可以说将麦克卢汉在电子时代的媒介观发展成了数字时代的媒介观。

他说："麦克卢汉是对的，至少他的框架是对的。这个框架可以帮助我们理解人与技术的关系、与世界的关系、与宇宙的关系。这个框架是重要的。它和理解人的心理、生活和宇宙的框架一样重要。"[①]

莱文森在麦克卢汉学说的基础上提出，因特网是一切媒介的媒介。也即，因特网上有文字、图片、声音，伴随技术的进步，还提供网络电话、在线音频和在线视频。以前所有出现过的媒介形态现在都是因特网的内容。同时，使用因特网的人也是因特网的内容，因为上网的人不管做什么都是在创造内容。

麦克卢汉将电视时代描绘为一个诉诸听觉的时代，认为再现了部落时代人们的感知，在莱文森看来也是一个较难理解的观点。莱文森提出，现在电脑屏幕给我们带来的空间，让我们通过使用它来创造它。置身网上生活，也即置身赛博空间，才更接近人们的直觉世界。

"地球村"是人们常提起的麦克卢汉的隐喻。麦克卢汉认为，电子媒介，特别是电视，将地球变成了地球村。观看屏幕的人就可以参与到屏幕中的世界去。但莱文森认为，设身处地地生活跟在屏幕上看别人还是不同。电视观众和电视上的东西保持着距离，无法互动。而互联网完成了地球村的隐喻，使地球村成为现实。上网的人可以身处任何地方，跟其他任何地方的人聊天，在全球范围内交换信息，而不是在电视屏幕前被动地接收信息。

这也使得麦克卢汉提出的伴随新的信息播散形式而形成的权力结构——"处处皆中心，无处是边缘"成为现实。莱文森进一步提出，地球村可以分为传统地球村和赛

---

① 莱文森.数字麦克卢汉：信息化新纪元指南[M].何道宽,译.北京：社会科学文献出版社，2001：3.

博空间的地球村，前者包括广播地球村（儿童的村落，传者向受者的单向传播）和电视地球村（窥视者的村落），赛博空间的地球村则是参与者的地球村。①

麦克卢汉曾提出，在电子时代人们越来越容易获得专家的知识，因此前工业时代的尽善尽美的工作目标正卷土重来。莱文森认为，数字时代给人的实惠更远胜于电子时代。在使用电脑时，人们可以每天24小时获取信息，同时干若干种工作，并且在世界任何地方工作，包括在家里。工作和游戏的差别也呈现出模糊的趋势。莱文森的这番分析在某种意义上和之后大热的"全球化"理论和"玩工"概念形成了呼应。

三、媒介演化论

1. 意料之外的进化结果

达尔文的进化论可以说是莱文森思考媒介演进的一个重要抓手。在莱文森的理解中，有机体发展出特性，之后外界环境施加影响，进行选择。环境的影响在与有机体相遇后得以表达，有机体则在生息繁衍中继续传递那些能突出与环境相适应的特质的基因。②他以蛾子来举例，蛾子能够呈现出的颜色的范围受限于其基因，而什么颜色的蛾子能够获得更好的生存优势，则取决于环境。比如说，长满苔藓的银柳树丛中，黑白相间的蛾子更容易生存；而当工业革命的煤烟杀死柳树后，黑色蛾子具有了生存优势。与此相类似的，人类的技术发明包含了发明人的意图，但发明本身是否能生存以及产生何种影响，不仅仅出于发明人的意愿，起到选择作用的是社会环境。③

莱文森在考察了人类历史中的信息技术发明后，提出了一个观点："信息技术最长期、最明显的影响都非相关发明的本意"，或曰是意料之外的结果。古登堡的西方现代印刷术再次成为讨论的对象。莱文森指出，古登堡发明印刷术并印制《古登堡圣经》时，并没有想到这些圣经会成为路德宗教革命的基础（因为每个人都读圣经就不需要依赖教堂的解释），也会刺激科学革命的产生（因为信息的传播具有了可信性），甚至导致公共教育的兴起（人们迫切希望掌握读书的能力）。因此，莱文森认为计算机和信息技术对我们这个时代的影响，也会是意料之外的。当然，我们是可能对信息技术的后果进行评价以及进行相应的调整的。伴随着这两者的平衡，我们踏上通往未来的旅程。④

---

① 莱文森. 数字麦克卢汉：信息化新纪元指南[M]. 何道宽, 译. 北京：社会科学文献出版社, 2001：9.
② LEVINSON P. Soft Edge：Nat Hist & Future Info[M]. London：Routledge, 2005：7.
③ LEVINSON P. Soft Edge：Nat Hist & Future Info[M]. London：Routledge, 2005：8.
④ LEVINSON P. Soft Edge：Nat Hist & Future Info[M]. London：Routledge, 2005：9-10.

2. 补救性媒介

莱文森提出"补救性媒介"的概念。这个概念是在他 1979 年的博士学位论文《人类历程回顾：人类进化历程》中首次提出的，指任何一种后继的媒介，都是对前一种媒介或是一种先天不足的功能的补救。莱文森以录像机为例，解释录像功能是对之前的电视的补救。电视中播出的内容是转瞬即逝的，具有即时性，但录像机可以将内容录下，之后观看。当然，莱文森也承认作为补救性媒介的录像机有利也有弊，弊端在于广告客户已经不知道接收终端是观众还是录像机，如果观众录下内容之后再看，就可以通过快进的功能将广告跳掉，广告就失效了。莱文森同样分析了可以在家观看的电视对公共电影院的冲击。他总结说，补救性的媒介起作用时，通常一方面带来纯粹的进步，另一方面又带来新的挑战，需要我们去补救这一"补救"带来的新问题，永无竟时。①

因此，莱文森认为整个媒介演化进程都可以看成是补救措施。因特网可以被看作是补救性媒介的补救性媒介，因为它是对报纸、书籍、电台和电话等媒介的改进。②

补救性媒介，从某种意义上扭转了"技术决定论"的判断，因为媒介的这些变化是自动又必然的突变，是用人类理性完成的逆转。莱文森提出，我们和阿米巴虫不同的是，作为人，我们有自由意志。"在一个自由意志起作用的世界中，媒介的影响可能来自我们的选择、放弃、忽视和强调。"③

3. 人性回归理论

莱文森的人性回归理论（anthropotropic）也是在媒介演化的这一分析过程中提出的。他提出，媒介演化的方向，与前技术时代的人类传播方向越来越协调一致，而人掌握了这个演化过程，明确地、有意识地运用理性。④ 最终，媒介发展的方向是服务于人的需求，而非控制人类。

莱文森用这样一个问题来说明：声画俱备的、诉诸人类双重感官的有声电影的出现，为何让只能看的无声电影退出历史舞台，却没有让只能听的广播消失？事实上，广播不但没有消失，还更兴盛了。莱文森认为，这是因为我们可以闭上眼睛不看任何东西，却无法把耳朵关上。即使是在黑夜，什么都看不见，耳朵依旧能获取信息。因为听觉是人类收集信息的本质模式。广播之所以能存活下来并且在某些方面超越对手，

---

① LEVINSON P. Soft Edge：Nat Hist & Future Info[M].London：Routledge，2005：113.
② 莱文森.数字麦克卢汉：信息化新纪元指南[M].何道宽，译.北京：社会科学文献出版社，2001：255.
③ LEVINSON P. Soft Edge：Nat Hist & Future Info[M].London：Routledge，2005：6.
④ 莱文森.数字麦克卢汉：信息化新纪元指南[M].何道宽，译.北京：社会科学文献出版社，2001：262.

正是因为它是一个已经存在的、基本的人类传播模式。也因此，人们开始通过广播听音乐、听新闻和听谈话节目，将广播搬出客厅，带到街上、沙滩上和汽车里，让广播回归了人们随时随地"听"的模式。①

这便是莱文森的人性回归理论：媒介看起来越来越朝向人类传播的自然模式发展。越接近自然模式的媒介就越容易抵抗新来者的竞争，它就取得了人类生态中的合适位置。这本质上是一个技术乐观主义视角，强调了人的主观能动性。

4. 媒介演化三段论

莱文森早年写过的一篇学术论文提出了媒介演化三段论：玩具、镜子和艺术，很受读者欢迎。他提出了一个有趣的观点：一种媒介进入社会时，多半被当作玩具，因为好玩，后来才开始具有工具的功能（镜子），最后则变成一种艺术。

他举例说，电话在英国的使用耽误了十年，是因为人们相信，这只是一种"科学玩具"。而爱迪生的唱机，最初也是被当作新奇玩意儿推销的，并没有发挥严肃用途。他甚至拿中国人发明的火药来举例，说火药只被用来制作鞭炮、烟花，而没有演化成子弹和枪。随着时间流逝，媒介的实用功能开始彰显，人们更多地把媒介视作工具，而非玩具。当然，莱文森也提到，由于互联网整合了多种功能，是媒介的媒介，所以互联网上既有玩具功能（娱乐），也有实用功能（工作）。公众对新媒介的感觉和使用不断发展，直到它变得不是玩具，也不是工作，而是一种后玩具或后工作，莱文森在这个意义上把它称为"艺术"。

莱文森用比喻的方式来概括媒介演化的不同阶段，难免以偏概全，但也具有一定的启发性。遵循这样的思路，我们能分析拍立得的功能演进，也能用来观照中国雕版印刷技术的过程②。

第六节　凯瑟琳·海勒斯

凯瑟琳·海勒斯（Katherine Hayles）1943年12月16日出生于美国密苏里州，是美国杜克大学的教授，也是文学批评家。③海勒斯具有跨学科的背景，先在加州理工大学攻读化学专业，之后转向文学领域，并在1970年和1977年分别获得英文文学的硕

---

① LEVINSON P. Soft Edge：Nat Hist & Future Info[M]. London：Routledge，2005：91-100.
② 何威. 从佛教到儒家：浅析唐宋时期雕版印刷与社会的互动[M]// 周星、郭必恒. 综合艺术互动与艺术学科建设思考. 北京：中国工人出版社，2013：285-291.
③ 王韵婷. 凯瑟琳·海勒后人类主义视域下的身体研究[D]. 华中师范大学，2021：2-3.

士和博士学位。①

海勒斯作为一位高产学者,出版了多本专著并发表了上百篇论文,其中《我们何以成为后人类:文学、信息科学和控制论中的虚拟身体》是探究后人类与人类边界问题的代表作品。她在书中对"后人类"做出了重要定义:一、后人类的观点看重(信息化的)数据形式,轻视(物质性的)事实例证,因此生物基质形成的具体形象就被视为历史的偶然而非生命的必然;二、意识/观念只是一种偶然现象,而漫长的西方传统都把意识当作人类的中心;三、人的身体原来就是我们要操控的假体,利用其他假体来扩展和代替身体是一个连续不断的过程;四、后人类身体通过安排和塑造,与智能机器严丝合缝地链接起来,并没有本质的不同。②

海勒斯受维纳的控制论、申农的信息论、德里达的解构主义以及后女性主义等理论的影响,从她的行文中可以看到麦克卢汉关于媒介是人体延伸的学说的例子。

她将后人类思想的演进分为三个阶段:信息怎样失去它的身体、赛博格(Cyborg)的文化形成和技术建设、后人类的出现。③ 她认为信息是实现社会控制的重要手段,人类和机器的界限逐渐消融,身体已然成了控制信息流动的媒介,后人类的发展离不开身体也不应该离开身体。海勒斯试图通过呈现思想的具身性来强调人类的主体性,即人类作为具身生物的复杂性与机器的具身化的方式是很不相同的。

除了后人类主义外,海勒斯还从更广的视野中关注媒介变化对文学以及人文学科的影响,比如人造编程语言是如何影响自然语言的、媒介如何影响阅读经验以及搜索引擎对认知方式的影响等问题。海勒斯关注媒介变化对个体认知过程的影响,她在《我们如何思考:数字媒体和当代技术》一书中提出,"我们通过媒体进行思考,并与媒体一同思考"。④ 在她看来,从印刷媒介到电脑文件,媒介的发展使得信息保存和传播的方式发生了变化,而这也将影响人们在社会中的处境。当人们遭遇互联网断网或电脑故障时,对数字设备形成的过度依赖,将让人更容易陷入孤独、迷失,甚至难以工作。在海勒斯看来,对于互联网的过度依赖将影响大脑运作,引发注意力不集中、思考缺乏深度、文本理解能力下降等认知方面的问题,媒介的变化带来的不仅仅是信息环境的变化,还有心理和生理层面的变化。

---

① 海勒,刘宇清.科幻电影与后人类思潮:凯瑟琳·海勒访谈[J].电影艺术,2018(01):129-134.
② 海勒.我们何以成为后人类:文学、信息科学和控制论中的虚拟身体[M].刘宇清,译.北京:北京大学出版社,2017:3-4.
③ 海勒.我们何以成为后人类:文学、信息科学和控制论中的虚拟身体[M].刘宇清,译.北京:北京大学出版社,2017:394.
④ HAYLES N K. How We Think:Digital Media and Contemporary Technogenesis[M]. University of Chicago Press,2012:1.

第七节　总结：回到未来

从英尼斯到麦克卢汉、波茨曼，再到莱文森和梅罗维茨，这几位学者有着明显的学术影响关系和师承关系。麦克卢汉称英尼斯为"最好的老师"，波茨曼在麦克卢汉的鼓励下创办了媒介生态学的博士点。莱文森和梅罗维茨则均在波茨曼的指导下求学，并获得博士学位。他们构成了媒介理论的美加传统的代表人物，在学说上有承袭和发展的关系。[①]

值得注意的是，尽管他们都将视线集中在媒介身上，不同的学术背景却使得他们具有不同的学术观照和写作风格。具有历史学背景的英尼斯，在长时间跨度上讨论不同历史阶段中的主导媒介及其社会影响，大开大合，视野开阔；具有文学背景的麦克卢汉，用剑桥的细读方法纵览历史文本，写作风格跳跃，警句迭出，但也常常晦涩难懂；教育学背景的波茨曼将教育家和道德家的使命带入媒介研究，非要断出媒介的正邪。终获建制后，莱文森和梅罗维茨将这一脉发扬光大，其学说进一步对技术哲学和传播学产生了影响。

无论是历史学、文学、教育学还是哲学，均为人文学科，重阐述、重观点的洞察力和合理性，而不是社会科学研究那样重证据、重证明。这本是人文学科的特点，但该学脉却意外地被批评为只论不证。

麦克卢汉的警句"媒介即讯息"，流传甚广也收获了批评家和普通读者的广泛误解。未曾细读麦克卢汉著作的学者常因此判定麦克卢汉只在乎媒介的技术或者形态、认为媒介的内容是无关紧要的。也因此，麦克卢汉和其追随者往往被轻率地扣上一顶"媒介决定论"的帽子。但是，如果强调媒介的作用是媒介决定论，那么强调内容的作用是否为"内容决定论"？强调文化的作用是否为"文化决定论"？"决定论"的批判应避免沦为一种修辞，甚至是立场先行。

更为包容的媒介研究态度可能是：我们一方面尝试理解媒介理论的美加传统中的视角和观点，打破长久以来只关注内容不关注作为底层逻辑的媒介的习惯，了解如何把握不同媒介的特性、新旧媒介之间的动态关系，以及分析不同媒介的出现对历史、

[①] 英尼斯和麦克卢汉均在加拿大多伦多大学任教，有学者将其归为"多伦多学派"，但"多伦多学派"不包括身在美国的波茨曼等学者，因此本章不以"多伦多学派"命名。此外，"媒介生态学"只能包括创建者波茨曼和获得媒介生态学学位的莱文森和梅罗维茨，无法包括给媒介生态学以启发的英尼斯和麦克卢汉，因此本章也不以"媒介生态学"命名。考虑到本章所论的美加两国学者在学说上有着明显的承袭关系，故用媒介理论的美加传统来命名本章的对象。

社会和人所产生的影响；另一方面，我们也依旧认识到，媒介还在通过表征在语义层面影响人类，媒介所承载的讯息本身具有意识形态，形成这一意识形态的政治经济结构甚至是让某种形态的媒介成为社会主导媒介的政治经济结构，也有待我们探究。无论是媒介理论、文化研究还是传播政治经济学，都在20世纪60年代开始成为与传播学实证研究传统完全不同的另一种路径，丰富着我们的研究资源库和方法论。

媒介理论的美加传统早已走向欧陆，形成了世界范围内的影响力。其中不少观点构成了媒介研究者的基本认识或思考出发点。无论是捷克媒介理论家傅拉瑟（Flusser）根据不同媒介技术划分出史前史（传统形象）、历史（书写的发明）和史后史（技术图像出现后）这三个阶段，还是德国技术哲学家恩斯特·卡普（Ernst Kapp）提出技术是人的感官的投射，其中均能看到明显的英尼斯和麦克卢汉学说的启发。德国媒介理论的代表人物基德勒（Kittler）讨论究竟媒介是人体的延伸，还是人是媒介的延伸。他最终以去人类中心化的视角提出媒介决定了我们的处境（media determine our situation），认为人是媒介技术的后果（aftereffect）。这些论述的前提也是麦克卢汉和波茨曼的学说。媒介技术的飞速发展，使得人与人造物（artefact）的关系、物联网、基因技术与人体改造、人工智能伦理、后人类等均成为当下炙手可热的议题，相关论述中常有媒介理论草蛇灰线。受到中美读者欢迎的未来学家凯文·凯利也提出过"技术是思维的延伸""科技与人类共同进化"等观点，与前述媒介观有着明显的内在联系。

麦克卢汉有一句名言——"我们透过后视镜看现在。我们倒退进入未来。"（We look at the present through the rear view mirror. We march backwards into the future.）从麦克卢汉的字面意义上看，当我们开车时，通过后视镜看着被我们甩在身后的景物，开在当下；我们后退着，走向未来。不少人困惑于其具体含义，如此这般，我们究竟如何进入未来？但正如麦克卢汉的惯常手法，这只是一个隐喻，一个关于过去、现在和未来的关系的隐喻。我们常常用过去的媒介知识来理解现在的媒介，过去或者历史，与当下同样重要。如果只看着过去，现在或许会翻车；如果不看过去，现在或许会迷失方向。只有看到过去，才能抵达未来。麦克卢汉的这句箴言，早已成为流行文化中的某种意象，著名科幻电影《头号玩家》中便出现了把油门踩到底、倒退着开车，才能到达游戏第一关的终点并实现通关的设定。

当我们重新回顾过去六十年来在北美大陆出现的这些媒介理论和媒介批评，会发现其中隐藏了许多智慧与真知，发现这一脉的学人基于历史发展规律和对更大框架的把握，对未来做出了有价值的预言。他们的学说中对媒介的描述虽然受限于他们的时代，但当我们困于追求最新最热的概念的陷阱时，不妨看看"后视镜"，或许反而能获得通向"未来"的通途。

思考题

1. 本章所介绍的几位学者对于"媒介"的定义有何异同？彼此观点有何异同？
2. 媒介的发展如何影响文明的变迁？
3. 什么是"补救性媒介"和"人性回归理论"？你认为媒介技术的发展方向是服务于人的需求还是控制人类？
4. 你认为本章介绍的哪些概念在当下仍具有生命力？哪些概念可以进一步发展？

拓展阅读

1. 伊尼斯.帝国与传播[M].何道宽，译.北京：中国传媒大学出版社，2015.
2. 麦克卢汉，秦格龙.麦克卢汉精粹[M].何道宽，译.南京：南京大学出版社，2000.
3. 波兹曼.童年的消逝[M].吴燕莛，译.桂林：广西师范大学出版社，2004.
4. 梅罗维茨.消失的地域：电子媒介对社会行为的影响[M].肖志军，译.北京：清华大学出版社，2002.
5. 利文森.软边缘：信息革命的历史与未来[M].熊澄宇，等译.北京：清华大学出版社，2002.
6. 海勒.我们何以成为后人类：文学、信息科学和控制论中的虚拟身体[M].刘宇清，译.北京：北京大学出版社，2017.

（曹书乐　王心路）

第二章 英国的媒体与文化研究

本章概述

英国的媒体与文化研究包含两个显著的学术流派，分别是文化研究与媒体研究；作为一种方法论的媒体政治经济学是后者中不可分割的重要部分。在后期发展中，新受众研究涌现，改变了英国媒体研究的批判图景。而驯化、中介化、媒介化等概念渐次出现，将媒体研究拓展到对更为抽象的媒介的研究。英国学界普遍有意识地与"美国式大众传播研究"区别开来，以"媒介"而非"传播"作为研究核心，传递出对美国功能主义社会学和大众传播社会心理学研究的拒斥。这与他们面临和需要解决的社会问题，以及学者自身学科背景、学术传统有关。

关键词

媒介研究；伯明翰学派；文化研究；媒体研究；威斯敏斯特学派；政治经济学；新受众研究；大众文化；编码/解码；驯化；中介化；媒介化

第一节 关于媒体的英国学术研究

传播学自美国舶来。在此过程中，中国传播学界从引进和译介西方经典著作、介绍西方理论开始，强化研究方法的规范性，呼吁研究与中国当下社会进程密切相关且紧迫的议题，建构具有问题意识与在地特点的传播理论，出版了丰富的本土理论著作。

近距离观察这一西学东渐的过程，不难发现，除了本土的新闻学传统，传播学在中国的形成和起步阶段，主要受到来自美国的大众传播理论的影响。也因此，国内学界将西方针对传播和媒体现象的研究统称为"传播学"，对应美国式研究"communication research"。但这样的统称，遮盖了西方世界中美国与欧洲、欧洲各国之间的学术传统与路径的差异。

事实上，英国学界普遍有意识地与"美国式大众传播研究"区别开来。在英国自称"传播学者"的人较少，自称"媒体研究者"或"文化研究者"的人较多。当我们用习焉不察的"传播学"理论框架去寻找和审视英国的"传播学"时，可能会迷失在其数十年来的各种具体研究中，无法一下就找到我们熟悉的研究模式和边界。

但在英国学者长期的学术研究和互动中，适于媒体与传播研究的理论和方法已渐渐沉淀和传承，学术共同体慢慢形成，学术史的梳理也成为一种可能。本节即对英国关于媒体的学术研究展开介绍。

一、学术出发点

在英国的学术语境中，对媒体或传播的学科意识较为淡薄。正如狭义的"英国文化研究"（British Cultural Studies）在诞生之初就是一种反学科的知识实践并且保持了反建制的特点一样，狭义的英国"媒体研究"同样如此。英国的媒体与文化研究在认识论上具有这样的特点：宁愿把与传播和媒体相关的问题及现象看作一个值得研究的问题域（site of inquiry），让来自不同学科、不同知识背景的学者带着各自的问题设置（problematic）、理论视角和方法路径进入这个领域，开展研究；而不是急于将它建制化、学科化，建构出一套完整的理论体系和方法规范。正因此，英国关于媒体或传播的研究经常是跨学科的，其关怀也不止步于媒体与传播本身，而是触及民主政治公共福祉，或是探寻个人认同心理体验。

而从事这些研究的学者本身，大多认为自己的工作更倾向于知识分子的工作（intellectual work），而不仅仅是学术研究（academic work）[①]，将对文化与媒体的研究与批判实践结合在一起，能够实现其有机知识分子（organic intellectual）的政治抱负。

---

① 较有代表性的表述参见霍尔的自述，载 HALL S. Critical dialogues in cultural studies [M]. London: Routledge, 1996: 274。

二、媒体还是传播？这是个问题。

英国最为知名的一些专著或教材常常有诸如此类的标题：《媒体、文化与社会》[①]《媒体与权力》[②]《文化、社会与媒体》[③]等。标题中的关键词凸显出，"媒体"是研究的核心，对"媒体"的研究离不开它与"文化""社会"的关系，而"权力"是研究的着力点之一。从英国学者的视角来看，"传播"代表的则是美国大众传播社会学跨洋而来的影响力。

在英国学者帕迪·斯堪内尔（Paddy Scannell）的学术史叙述中，20世纪30年代中期至50年代中期，美国逐渐形成了大众传播社会学（mass communication sociology）[④]。因早期在美国从事传播研究的学者主要来自社会学学科，以新兴的大众传播现象为研究对象，英国学者故有此一说。斯堪内尔提出，在英国，虽然文化研究的先驱在20世纪50年代就已发表关于媒体的重要论述，但60年代末至70年代末才是文化研究发展的"关键十年"[⑤]。二战后，新兴媒体——电视对英国社会产生了较大影响，文化研究的学者们也将研究焦点集中在电视上。正是从60年代到70年代，在英国，媒体研究成为文化研究的分支。[⑥] 20世纪80年代以后，从文化研究中分化出来的媒体研究开始在英国国内大规模扩散。[⑦]

从时间上来看，美国的传播研究显然"成熟"得更早。1960年，约瑟夫·克拉帕（Joseph Klapper）就已出版著名的《大众传播的效果》[⑧]一书，该书传入欧洲大陆，被视作美国式传播研究的权威[⑨]。此时，摆在英国学者们面前的是在他国发展出来的两种研究路数：一是美国主流的大众传播学，二是法兰克福学派为代表的批判研究。

---

① COLLINS R E, CURRAN J, GARNHAM N, et al. Media, culture and society: a critical reader [M]. New York: Sage, 1986.
② SCANNELL P. Culture and Power: A Media, Culture & Society Reader[M]. New York: Sage, 1992.
③ GUREVITCH M, et al. Culture, Society and the Media[M]. London: Routledge, 1982.
④ SCANNELL P. Media and Communication[M/OL]. New York: SAGE Publications Ltd., 2007: 1[2022-07-22]. https://dx.doi.org/10.4135/9781446211847. 斯堪内尔教授长期在英国从事媒体研究与教学，主讲媒体与传播的基础理论；退休后受聘于美国密歇根大学，对大西洋两岸的研究都颇为熟稔。
⑤ SCANNELL P. Media and Communication[M/OL]. New York: SAGE Publications Ltd., 2007: 199[2022-07-22]. https://dx.doi.org/10.4135/9781446211847.
⑥ SCANNELL P. Media and Communication[M/OL]. New York: SAGE Publications Ltd., 2007: 1[2022-07-22]. https://dx.doi.org/10.4135/9781446211847.
⑦ SCANNELL P. Media and Communication[M/OL]. New York: SAGE Publications Ltd., 2007: 2[2022-07-22]. https://dx.doi.org/10.4135/9781446211847.
⑧ KLAPPER J T. The Effects of Mass Communication[M]. New York: Free Press, 1969.
⑨ BLUMLER J G. Mass Communication Research in Europe: Some Origins and Prospects[J]. Media, culture & society, 1980, 2(4): 367-376.

对此，当年的英国学者无疑采用了"先破后立"的路数。詹姆斯·卡伦（James Curran）在英国重要学术期刊《媒介、文化与社会》的创刊词中概括道："……关于媒体的学术研究沿着两条不同的道路各自前进，这两条道路隔着宽阔的鸿沟，正彼此怒视。一边是对媒体效果以及使用与满足的实证研究，通常建立在对自由社会民主理念的不加验证地接受的基础之上；另一边是对由经济、政治和阶级决定的媒体所进行的更重理论性而不注重实证的马克思主义式（Marxisant）分析（结构主义的、语言学的）。"[1] 言下之意，两种路径各有短长，英国学界理应选择自己的道路，而非简单跟随。

托德·吉特林（Todd Gitlin）曾在专题论文中将美国的研究称为"主导范式"，特指其对媒体的研究采用实证主义的社会学方法。他认为，这种研究的缺点并不在于它采用了实证方法，而在于它不考虑历史语境，孤立地研究问题，也缺乏合适的理论框架来分析研究搜集到的大量数据。[2]

当时，英国学者对美国传播研究的认知也许未及全貌，夸大了美国的受众研究与效果研究及其调查问卷和实验法为主的量化研究方法的主导作用。但他们的观点，传递出对以帕森斯（T. Parsons）为代表的美国功能主义社会学和以拉扎斯菲尔德（Paul Lazarsfeld）为代表的大众传播社会心理学研究的拒斥。

尽管也有一些英国学者乐于采用美国式传播研究的思路——例如早期的"使用与满足理论"刚传入英国时曾风行一时，杰·布鲁姆勒（Jay Blumler）以及后来以批判理论著称的彼得·戈尔丁（Peter Golding）都认同过这个理论，但绝大多数学者的研究重心还是与之保持了一定距离，并摸索着新的道路。

以"媒体"为研究的核心，还是以"传播"为研究的核心？看似小问题，实则反映了英美两国学者研究取向的差异。

文化研究学者约翰·费斯克（John Fiske）在一次访谈中说道："我认为文化理论在很多方面都挑战了传统的传播理论。"在此，"传统的传播理论"指的就是已发展成熟的美国式效果研究及其线性的"传递视角"。费斯克说："过去'线性传播'（lineal communication）或过程传播所着重的'发送者（sender）—讯息（message）—接受者（receiver）'的理论模型，被文化研究者完全摧毁。许多传播理论的核心理想是让传播尽可能地更好、更有效率，而更有效率正意味着更具宰制性，这就是文化研究质疑的地方。文化研究可以触动不同的社会、文化条件，而传统的传播理论则想要忽略社会、历史的偶然性（contingency），以建立均一的模型，而文化研究却非常强调在地的偶然

---

[1] CURRAN J. Press Freedom as a Property Right: The Crisis of Press Legitimacy[J]. Media, Culture & Society, 1979, 1(1): 59-82.
[2] GITLIN T. Media Sociology: The Dominant Paradigm[J]. Theory and Society, 1978, 6(2): 205-253.

性，这是他们之间冲突的原因。"①

　　费斯克的看法具有一定代表性。美国文化研究倡导者詹姆斯·凯瑞（James Carey）的著述亦与此形成了呼应。凯瑞研究了英国和加拿大学者的成果之后，指出文化研究与有限效果范式两者之间的本质区别。他认为，"有限效果论关注的是准确的信息从一个支配性的来源传递到被动的接收者的过程；文化研究关注的则是我们赖以建构和解释我们经验的日常仪式"。② 概言之，美国传播研究中的有限效果范式，也即当年传入英国的学术进路，与传递视角（transmissional perspective）相联系；而英国的文化研究，与仪式视角（ritual perspective view）相联系。

　　仪式视角和传递视角，这两种视角分别对应了以媒体为中心和以传播为中心的研究取向。英国学者一般认为，媒体研究是以社会语境中的媒体为对象，研究其与政治、经济等其他诸元素的关系及文化社会影响过程；传播研究则是以传播、传递为核心，注重信息的流动过程。③ 经过这番历史的回溯，我们就不难理解，为何英国学者更多地认为自己所从事的是"媒体研究"了。

　　英美两国学者研究取向的不同，既和他们所面临与需要解决的社会问题不同有关，也和学者们的学科背景以及学术传统不同有关。就社会问题而言，因美国较早出现商业化的私有媒体，学者们便更重视广告与传播效果；而英国的广播电视体制为公共广播电视，与商业利益无涉，学者们也就更关注商业之外的媒体与民主的议题④。就学术传统而言，早期从事传播研究的美国学者大多具有社会科学的背景，因此很方便采用调查法和实验法；而英国文化研究的开创者们几乎都出身于牛津、剑桥，来自文学研究领域，因此更多采用阐释学的方法和历史研究的维度。

　　英国的媒体与文化研究包含两个显著的学术流派，按出现的先后顺序分别是文化研究与媒体研究；作为一种方法论的媒体政治经济学则是后者中不可分割的重要部分。在后期的发展中，新受众研究涌现，改变了英国媒体研究的批判图景。而驯化、中介化、媒介化等概念渐次出现，将媒体研究拓展到对更为抽象的媒介研究。

---

① 吴锦勋．专访传播学者约翰·费斯克[EB/OL]．（2001-02-26）[2022-07-22]．http://www.cc.org.cn/.
② 巴兰，戴维斯．大众传播理论[M]．曹书乐，译．北京：清华大学出版社，2004：235．
③ 这一观点源于笔者2009年2月对科林·斯巴克斯（Colin Sparks）的访谈内容。
④ CURRAN J, SEATON J. Power Without Responsibility[M]. London: Fontana, 1980.

第二节 文化研究

二战后，随着工党上台，英国国内政治环境发生了变化。英国马克思主义蜕变，新一代马克思主义者涌现。英国知识界担负起反思与发展马克思主义的重任，并实现了新的突破。西方马克思主义的思潮进入英国并与本土学术思潮激荡，更在大学校园产生巨大影响力，标志便是在此期间创立的左翼知识分子阵地——《新左翼评论》（*New Left Review*）期刊。后来成为文化研究领军人物的斯图亚特·霍尔担任了该刊的首任主编。

巴克与威利斯在其颇具影响力的教材《文化研究：理论与实践》中评论道："从事文化研究的学者与马克思主义之间长期存在着不易厘清但又颇具建设性的关系。文化研究本身并不属于马克思主义领域，却从中受益良多，同时也对马克思主义进行了活跃的批判。"[1]澳大利亚学者葛莱姆·透纳在《英国文化研究概论》中谈道："文化研究一以贯之地对社会主控结构进行审视。它主要集中于对工人阶级经验的探讨，近来则关注女性的经验，审查其中的压制性权力关系。从理论传统来看，它与批判性的欧洲马克思主义之间有着密不可分的关系，后者试图理解资本主义社会的运行机制并且找到改变资本主义社会的道路。"[2]

霍尔本人在汇集了伯明翰大学当代文化研究中心早期研究成果的经典论文集《文化、媒体与语言》开卷第一篇也明确指出："这些文本标志着文化研究的第二个决定性的闯入：闯入复杂的马克思主义。它们将一系列关于意识形态的经典问题的理论化恢复到文化辩论中去。它们将关于文化和意识形态的决定特征——其物质、社会和历史存在条件等关键问题返还到议程中去。它们因此开启了对经典马克思主义中关于'经济基础'与'上层建筑'问题的必要的修订，这个问题对于非唯心主义或曰唯物主义的文化理论而言十分关键。"[3]

20世纪60年代英国文化研究形成的三大起源为：马克思主义思潮的影响；英国的文学传统，也即以利维斯（Levis）为代表的通过研究小说、散文、戏剧来研究社会的剑桥式文学批评；让学者们接触到工人阶级和亚文化群体、从而反思精英文化视角的成人教育实践。英国文化研究从人文社会学科广泛汲取养分，尤其受惠于人类学、文本理论、社会政治理论、历史学、视觉与艺术等。

---

[1] BAKER C, WILLIS P. Cultural Studies: Theory and Practice[M]. New York: Sage, 2003: 14.
[2] TURNER G. British Cultural Studies[M]. London: Routledge, 2003: 5.
[3] HALL S, et al. Culture, Media, Language[M]. London: Routledge, 1980b: 25.

雷蒙·威廉斯、理查德·霍加特与 E. P. 汤普森，被公认为英国文化研究领域的三大奠基人。《识字的用途》（霍加特）、《英国工人阶级的形成》（汤普森）与《文化与社会》《漫长的革命》（威廉斯）这几本书被视为文化研究领域的奠基之作与开端。而霍加特所创立的伯明翰大学当代文化研究中心，成为英国文化研究的重镇。伯明翰学派在此诞生，和法兰克福学派、传播政治经济学一起被后世学者纳入批判学派的范式。

威廉斯在其早期重要著作《文化与社会》（1958）和《传播》（1962）中已开始探讨媒体与传播的问题。在《文化与社会》的结论章中，威廉斯谈到"传播"乃是泛指通过媒体进行的信息传递活动。威廉斯明确表示反对"大众传播"的概念，因为传播一旦加上"大众"的修饰词，就意味着把对方"依照一个公式来解释他们"，这种公式往往是"群氓的公式：容易受骗、变化无常、乌合之众、趣味习惯低下。事实上，公式出自我们的意图"。这样，"传送意图变成决定一切的问题"。威廉斯认为，这种传播的目的只是将要传送的东西有效地传到他人手中，在道德上是有害的，对民主是真正的危险[①]。

威廉斯在几年后出版的《传播》[②]一书中再次提出，新的传播方式的发展和民主/控制民主的过程紧密联系在一起。在回顾了此前印刷书籍、报纸、戏剧、电影、电视、图书馆在内的媒体史后，他提出，随着传播的发展，受众大规模扩张，这意味着公民总数的扩大，并带来了文化变革；另外，资本主义商业模式成为传播中的重要一环，广告商变得十分重要，媒体的所有权也在集中，这两点成为互相矛盾的因素。此外，他赋予了传播很高的地位，认为传统上从政治学的角度出发，社会被视为"权力"和"政府"；从经济学的角度出发，社会被视为"财产""生产"和"贸易"；现在则应该将社会视为"传播形式"——在描绘、共享、修正和保存我们的经验。[③]威廉斯还在1975年的专著《电视：科技与文化形态》中专门讨论了当时崭新的媒体形态——电视。

威廉斯概括的四种传播模式——威权式、家长式、商业式和民主式[④]，和施拉姆所提出"报刊的四种理论"几乎出现在同一年。近年来，赵月枝教授在多个场合介绍威廉斯的四种传播模式。

另一位文化研究奠基人霍加特在其代表作《识字的用途》中，讨论了流行杂志怎样改变了工人阶级的态度和价值观，形成了一种大众文化。他还在20世纪60年代对

---

① 威廉斯.文化与社会[M].北京：北京大学出版社，1991：382-383.
② WILLIAMS R. Communications[M]. Penguin Books，1962.
③ WILLIAMS R. Communications[M]. Penguin Books. 1962：161.
④ SCANNELL P. Media and Communication[M/OL]. New York：SAGE Publications Ltd.，2007：119[2022-07-22]. https://dx.doi.org/10.4135/9781446211847.

广播电视提出重要而具有创新性的想法。①70 年代，霍尔所引领的伯明翰学派关于意识形态与电视的研究获得了世界范围内的广泛关注。从整体来看，伯明翰学派对媒体的研究覆盖报纸、广播和电视等多种媒体形态，尤以对电视的研究最多。②

熟稔英国文化研究的人们普遍认识到，英国文化研究对世界学术界的突出贡献在于——对"文化"进行了革命性的再定义，将其拉下精英主义和"伟大作品"的神坛，替换为"生活方式的总和"，完成审美意义上的文化观向人类学意义上的文化观的转型。这些研究关心活生生的经验和具体的文化实践，其研究领域从阶级到性别，再到族裔和后殖民，大大拓展了学术研究的边界。这样的"文化主义"范式在 20 世纪 70 年代因欧陆结构主义的闯入而发生语言学的转向，走向"结构主义"范式，开始通过研究文本的意指系统来解释媒体与意识形态的关系，之后又因发现意识形态理论的不足而走向对霸权的研究。凡此种种，英国文化研究展现出从理论建树到方法视角上对人文学科的重大贡献，影响了后来的社会学、人类学、传播学、文学批评甚至文艺批评的发展，其贡献之大，并不仅限于媒体研究。但文化研究也诚然是英国学者最早对媒体展开探讨的学术流派，其中有大量论述对现在仍有启发意义，有大量研究值得我们重访和发掘。

第三节　媒体研究与媒体政治经济学

20 世纪 80 年代以后，随着所谓"意识形态的终结"，新自由主义思潮大行其道，英国文化研究渐渐远离马克思主义，并与此同时开始了"环球之旅"，在多个国家成为热门学科，包括美国、澳大利亚等。

此时，从事媒体研究的学者成为英国的批判研究的主体，在吸收欧陆思想的基础上，对英国的大众媒体做出犀利的分析。马克思主义政治经济学在媒体研究中再次获得生命力。

媒体研究是一批由文化研究滋养却不完全赞同当时的文化研究的学者，联合一批既有媒体从业经验又富于批判精神的学者，从 20 世纪 70 年代中期开始建构起来的一个学术流派。如前所述，它被斯堪内尔认为是文化研究在 70 年代的一个分支，并在 80 年代以后发扬光大。

---

① SCANNELL P. Media and Communication[M/OL]. New York：SAGE Publications Ltd.，2007：199[2022-07-22]. https://dx.doi.org/10.4135/9781446211847.
② SCANNELL P. Media and Communication[M/OL]. New York：SAGE Publications Ltd.，2007：199[2022-07-22]. https://dx.doi.org/10.4135/9781446211847.

一、威斯敏斯特学派

在英国媒体研究中，威斯敏斯特学派是一个扮演着重要角色的学术共同体。可以说，威斯敏斯特学派代表了英国的媒体研究。但在英国从事媒体研究的学者不仅限于威斯敏斯特学派。"威斯敏斯特学派"的概念由当今英国媒体研究领域的元老级人物和领军人物之一詹姆斯·卡伦（James Curran）提出，他认为"在塑造英国的媒体研究的过程中，威斯敏斯特学派这个开创性的学术团体扮演了引人注目的角色"[①]。他将威斯敏斯特学派定义为发端自20世纪70年代早期、主要围绕后来改名为威斯敏斯特大学的中伦敦技术工艺学院（Polytechnic of Central London）的媒体系（Media Department）发展起来的学派，但是其成员并不严格局限于在这所大学工作过的教师与研究者。

有着170余年悠久历史的中伦敦技术工艺学院得以发展，受益于二战后英国对高等教育的重视和高等教育大规模扩张。对于20世纪60年代毕业的、想谋一份教职的大学生来说，各种技术工艺学院提供了大量工作机会，特别是在工程技术专业之外提供了人文学科的教学岗位。因此，一批毕业于名校经受过人文学科精英教育的毕业生涌入各类技术工艺学院。而进入中伦敦技术工艺学院的，便包括毕业于剑桥的尼古拉斯·加汉姆和毕业于牛津的文森特·波特（Vincent Porter），以及曾在牛津大学求学的科林·斯巴克斯和斯堪内尔等。

20世纪60年代，随着电影的繁荣和电视在英国家庭中的普及，大众文化现象逐渐成为值得关注和研究的对象。但注重传统的学校往往因循守旧，新兴的传播与媒体研究难入名校的"法眼"，如牛津大学与剑桥大学。而没有传统包袱、勇于建立新专业的技术工艺学院，热切"拥抱"了媒体研究。正是在中伦敦技术工艺学院，英国的第一个媒体研究学位（1975）和欧洲订阅量最大的媒体研究学术期刊《媒体、文化与社会》（1979）诞生了。

创办这份刊物的想法出自加汉姆。刊物在成立伊始希望具有国际视野，建立起"媒体研究"的领域。在《媒体、文化与社会》创刊号的"编者按"中，詹姆斯·卡伦开宗明义，指出这本刊物要为对在广泛的社会、政治、经济和文化语境下的大众媒体（当时主要是广播和电视）的研究提供论坛。"英国目前没有一本期刊对整个大众媒体领域提供讨论，进行深度的、严肃而有可持续性的分析，最重要的是对于媒体在其中

[①] CURRAN J. The Rise of the Westminster School[M]// SPARKS C. Toward a Political Economy of Culture. Oxford: Rowman & Littlefield, 2004: 13-40.

运作的更广泛的语境的具体的阐明。而这正是我们要填补的缺口。"①

威斯敏斯特学派的编者们在编辑《媒体、文化与社会》的过程中，描画着媒体研究的疆域。他们敏锐地捕捉最新的思潮，对他们认为重要的来自法国、德国等国的欧陆理论文献进行翻译和介绍。比如说，编辑们很早就发现了布尔迪厄（Pierre Bourdieu）学说的价值并做了一期专刊予以介绍；也一早就讨论了德国的后法兰克福学派；并在哈贝马斯的著作被翻译成英文之前很久就开始讨论"公共领域"的问题。现在为英语学界所熟知的法国的阿芒·马特拉、米耶热（Bernard Miège）、荷兰的哈姆林克（Cees Hamelink），皆由他们引介。从 1979 年至今，这本刊物 40 余年来讨论过的形形色色的议题在事实上成了建筑媒体研究领域的砖瓦。

威斯敏斯特学派的学者受文化研究的影响，始终关注"文化"的问题，在很大程度上倾向威廉斯的许多观点。1974 年，斯堪内尔等教师曾定期去伯明翰大学参加斯图亚特·霍尔组织的当代文化研究中心周一的理论讨论会，在讨论中逐渐远离对英国文学的研究兴趣，转而对媒体和传播进行严肃的思考②。但威斯敏斯特学派的学者出于对马克思主义的深入了解、对媒体生产实践的关注、对政治活动的参与的热情等原因，形成了和 20 世纪 70 年代的伯明翰学派学者们不同的研究旨趣。

如果说当年的伯明翰学派和《银幕》（Screen）学术圈一样更关注文本分析、结构主义、心理分析、意识形态、后现代主义、受众话语的话，那么威斯敏斯特学派则是重申了马克思主义唯物主义的传统，关心媒体的政治经济学、生产机制、规制、技术与历史③。也正如加汉姆所说，通过相关的理论和实证材料，在研究媒体及其与文化和社会的关系时建立起一种具有历史感的唯物主义取向。④这种对唯物主义的重申并非经济决定论或还原论，而是结合当下媒体业的现实，通过一系列实际的研究，分析媒体产业的经济决定因素和传播基础设施，分析文化产品的生产过程，总而言之，分析其中的"物质过程"；同时以"整体论"的视角将媒体置于广大的社会政治经济环境中，关心媒体与"政治"的关系，关心"政策"对媒体的影响。

在研究媒体问题时不忘文化，又从政治与经济层面切入——不难看出，政治经济学的视角成为威斯敏斯特学派最主要的研究视角之一。

---

① CURRAN J. The Media and Politics（editorial）[J]. Media Culture Society. 1979，1（1）：1-3.
② SABRY T. An Interview with Professor Paddy Scannell[J]. Westminster Papers in Communication and Culture. 2006，4（2）：3-23.
③ CURRAN J. The Rise of the Westminster School[M]// SPARKS C. Toward a Political Economy of Culture. Oxford：Rowman & Littlefield，2004：13-40.
④ GOODWIN A. 对尼古拉斯·加汉姆的访谈[EB/OL].（2008-05-05）[2023-06-01]. https://usffiles.usfca.edu/FacStaff/goodwina/WWW/GarnhamInterview.pdf.

二、尼古拉斯·加汉姆

尼古拉斯·加汉姆是威斯敏斯特学派的创始人和灵魂人物，是一名成功的学术机构管理者，其著述构成了威斯敏斯特学派的重要理论贡献。

他的代表性著作包括《电视的结构》（1978）[①]、《电视经济学》（1988）、《资本主义和传播：全球文化与信息经济》[②]（1990a）和《解放、传媒和现代性：关于媒体和社会理论的讨论》[③]（2000a）等。这些著作广泛涉及政治传播、文化实践、产业结构、技术革新、新媒体的发展、国家权力和资本积累的逻辑等领域；研究被称作"公共领域"的媒体空间的物质基础，将新闻机构与娱乐生产机构视为处于媒体政策与规制中的资本主义企业，从政治经济学的研究路径加以分析。他的两篇被广泛引用的论文《献给大众传播的政治经济学》[④]和《政治经济学与文化研究：调解或离婚？》[⑤]，他更是在批评文化研究后期取向的过程中再次阐明了自己的理论立场。加汉姆经常将"传播政治经济学"与"传播与文化的政治经济学"作为互相替代的概念。

加汉姆认为政治经济学的路径就是"始终关心对社会关系和社会权力的结构的分析。特别关心对那个叫作资本主义的社会权力系统的独有特点的分析"。他认为政治经济学的前提假设是，"历史上可观察到的剩余产品的不平等分配……其实是伴随历史发生的，是生产模式的特定结构所导致的结果"[⑥]。他进一步解释说，这种"不平等"以这样的方式体现在传播中："追求特定经济或者政治目的的特定的社会群体，决定什么样的意义可以流通而什么不可以，什么样的故事可以被讲述，什么样的论点会被突出，什么文化资源是可获得的并且谁能获得它。对这个过程的分析对于理解权力关系而言十分关键，这些权力关系涉及文化以及它们与更广泛的主控结构的关系。"[⑦]

在他看来，进行媒体研究就应该优先采用政治经济学的路径。因为媒体研究的对

[①] GARNHAM N. Structures of Television [D]. British Film Institute, 1978.
[②] GARNHAM N. Capitalism and Communication: Global Culture and the Economics of Information [M]. New York: Sage, 1990a.
[③] GARNHAM N. Emancipation, the Media, and Modernity: Arguments about the Media and Social Theory [M]. Oxford: Oxford University Press, 2000a.
[④] GARNHAM N. Contribution to a Political Economy of Mass-communication [M] // COLLINS R et al. Media Culture & Society: A Critical Reader. New York: Sage, 1986: 9-32.
[⑤] GARNHAM N. Political Economy and Cultural Studies: Reconciliation or Divorce? [J]. Critical Studies in Mass Communication, 1995 (3): 62-72.
[⑥] Garnham N. Media Theory and the Political Future of Mass Communication [M] // Capitalism and Communication: Global Culture and the Economics of Information. New York: Sage, 1990b.
[⑦] GARNHAM N. Political Economy and Cultural Studies: Reconciliation or Divorce? [J]. Critical Studies in Mass Communication, 1995 (3): 62-72.

象是媒体内容得以创造和传播的机制/机构与网络，所以媒体研究应始终回答阿多诺和霍克海默在提出"文化工业"概念时所面对的问题。他认为，媒体研究并不排斥对文本进行研究，但如果要研究文本，目光就不能紧盯个别文本的意义或者是特定文本的效果，而是要寻找普遍的模式。当然，对普遍模式的寻找有可能会以牺牲文本的特定性为代价，但加汉姆认为更需要注意文化研究的陷阱，也即文化研究中无止境的对"差异性"的关切。他这样来表达他的态度："人们如何以及为何建构文本，以及现实受众如何接受和解读文本信息，又有何效果，这些是重要的问题；但它们都不是媒体研究所要处理的具体问题，毋宁说是对艺术和文化人造物与实践进行研究的漫长的传统的延续。"[1]

加汉姆的政治经济学路径极大地影响了威斯敏斯特学派和媒体研究领域，在很长一段时间内，学者们都跟随他的脚步，直到20世纪90年代后期才开始出现多元化的研究方法。由加汉姆所引领的这一支媒体政治经济学的队伍，与由戈尔丁和默多克所代表的莱斯特学派一起构成了英国媒体政治经济学的主体。

加汉姆将自己的关注点归纳为四个层面：经济、技术、文化社会学与政治公共领域。[2]

第一，在经济层面，关注经济压力对创意产出的影响，其中包括预算对节目形式的影响，不同层次的收视费问题，销售对电影生产的影响，等等。

第二，在技术层面，早年对电影技术的兴趣逐渐延伸到对有线电视和另类电台（alternative radio）的讨论。

第三，把布尔迪厄的文化社会学理论介绍给了英国思想界[3]。布尔迪厄对意识形态进行了详细的经验性的社会经济学分析，而非英国盛行的文本分析。加汉姆受益于布尔迪厄将唯物主义文化分析与资本主义经济结构结合的做法。

第四，加汉姆很早就关注公共领域的问题，从政治层面切入对媒体的关怀。对于媒体和政治之间应该存在一种怎样的理想化关系，加汉姆认为表达自由、第四级的理念不再贴切。当他接触到法文版的《公共领域的结构转型》后便接受了公共领域的说法，认为哈贝马斯最终将汉娜·阿伦特的学说和经典政治哲学以及法兰克福学派对媒体政治经济学和民主的关系的分析结合了起来。

---

[1] GOODWIN A. 对尼古拉斯·加汉姆的访谈[EB/OL].（2008-05-01）[2023-01-08]. https://usffiles.usfca.edu/FacStaff/goodwina/WWW/GarnhamInterview.pdf.
[2] GARNHAM N. A Personal Intellectual Memoir[J]. Media, Culture & Society, 2005, 27（4）：469-493.
[3] GARNHAM N. Pierre Bourdieu and the Sociology of Culture：An Introduction[J]. Media, Culture and Society, 1980（2）：209-223.

三、科林·斯巴克斯

科林·斯巴克斯自幼勤学，先负笈牛津大学，后求学伯明翰大学，师从斯图亚特·霍尔，与多位文化研究学者同门，后又以政治经济学路径另起炉灶。他投身威斯敏斯特学派后，筚路蓝缕，与前辈加汉姆共同探索学派的发展。他关于严肃报纸小报化的研究、对东欧转型社会中媒体系统的研究，均成为该领域的重要文献。

斯巴克斯曾在访谈中表示他一直信奉的名言是：哲学家只是用不同的方式去解释世界，而问题在于改变世界。① 这句铭刻在马克思墓碑上的箴言影响着他对研究对象的选择：他的研究很少纯粹从理论到理论，而总是关注那些具有实际重要性的议题。

斯巴克斯聚焦英国大众文化在资本主义逻辑下的产制过程。他经由大众报刊以及新闻与商业运营之间的关系，考察该过程对民主的影响。这些成果包括《大众报刊和政治民主》②《再见约翰逊：严肃报纸的消亡》③ 和《新闻实践与流行文化》④ 等。

斯巴克斯编著的《小报故事：媒体标准的全球辩论》⑤ 是该领域研究的里程碑，也引发了学界对"严肃报纸小报化趋向"的热议。该书中斯巴克斯撰写的长达40页的《对小报化新闻的恐慌》⑥，成为被不断引用的文献。他首先提出，美国人普遍感受到新闻标准的滑坡，发现新闻议程受制于对娱乐、收视率的追求，所谓"小报崛起"的时代已经到来，而这一现象在全球彰显，英国无出其外。他随之定义何为小报（tabloid），分析其类型、特点、趋势和负面后果。他认为"小报化"现象之所以彰显，一方面是因为和严肃媒体相较而言，小报已占领越来越多的市场份额；另一方面，严肃媒体的内容也开始向小报趋近。

他进而从理论层面深挖有关"小报化"现象的学术批评。约翰·费斯克等从积极意义上为小报化辩护，视之为"对主导秩序的流行对抗"。斯巴克斯虽未直接否定，却委婉而坚决地提出此议题关乎"民主"，十分重要。他评论道："严肃新闻与小报新闻不仅仅是在提供不同的知识和理解：它们也对不同的社会行为产生协力。严肃新闻有

---

① 李爽，斯巴克斯. 发展中国家的媒体实践：科林·斯巴克斯教授专访[M]// 全球化、社会发展与大众媒体[M]. 北京：社会科学文献出版社，2009.
② SPARKS C. The Popular Press and Political Democracy[M]// SCANNELL P, et al. Culture and Power. New York: Sage, 1992a: 278-292.
③ SPARKS C. Goodbye, Hildy Johnson: The Vanishing "Serious Press" [M]//SPARKS C et al. Communication and Citizenship. London: Routledge, 1993: 58-74.
④ SPARKS C et al. Journalism and Popular Culture[M]. New York: Sage, 1992c.
⑤ SPARKS C, TULLOCH J. Tabloid Tales: Global Debates over Media Standards[M]. Oxford: Rowman & Littlefield, 2000.
⑥ SPARKS C. Introduction: The Panic over Tabloid News[M]// SPARKS C, TULLOCH J. Tabloid Tales: Global Debates over Media Standards. Oxford: Rowman & Littlefield, 2000.

助于人们参与政治和民主生活；小报新闻则有助于个人的享乐。""我们并不能简单地说，小报和小报化对现存民主构成了威胁，而应该说，它们由于无法向受众提供最基本的实践公民权的知识，也使民主不可能实践其功能。"至此，他提出尖锐的结论："小报形式的成功非常明确地表示出，它将个人视作消费者，但毫无疑问，它对于人们的公民生活几乎毫无贡献。"①

在此前后，斯巴克斯还在从事对东欧剧变后媒体系统的调查，并由此建构了"精英延续论"（elite continuity）的假说。他广泛调查研究了罗马尼亚、捷克、波兰、斯洛文尼亚、斯洛伐克、匈牙利等国的媒体行业，获取大量一手资料，出版了《共产主义、资本主义和大众媒体》②（1998）一书。在绪论部分，斯巴克斯认为"马克思主义不仅仍是理解世界的最好方式，还是让人类获得解放的唯一理论"。③他详细研究了东欧剧变后政治形势对媒体系统的影响，认为"历史已经终结"之类的说法存在问题。很多西方学者认为东欧国家从此在新的社会体制下运作，新系统会带来激烈的革命性的变化，但斯巴克斯发现事实上旧系统和新系统之间存在明显的延续性。他提出，经济上的自由化与政治上的民主化并没有必然联系；在政治转型过程中，昔日的统治阶级会运用其社会资本和政治资本，将其转化为经济资本，并不断累积；而昔日的普通劳动群众失去铁饭碗，也失去了社会福利保障。也就是说，虽然政治在转型，权力结构却未发生显著变化，人们所期望的自由也没有随着经济的自由化而到来。

第四节 新受众研究

新受众研究并非威斯敏斯特学派独有的研究领域，而是发源于英国文化研究传统，结合了新的研究方法和研究视角，逐渐成为英国媒体研究的一个重要发展方向。

戴维·莫利通常被视为英国新受众研究的开山鼻祖和代表人物。但英国学界对于受众的态度与选择的重视，其实先受到了莫利的老师——文化研究奠基人斯图亚特·霍尔的影响。霍尔1973年的《编码/解码》一文既是他的代表作，又是英国文化研究对学术界的重要贡献之一。④这篇不过数页的短文，给文化研究与媒体研究

---

① SPARKS C. Introduction：The Panic over Tabloid News[M]// SPARKS C，TULLOCH J. Tabloid Tales：Global Debates over Media Standards. Oxford：Rowman & Littlefield，2000.
② SPARKS C，READING A. Communism，Capitalism and the Mass Media[M]. New York：Sage，1998.
③ SPARKS C，READING A. Communism，Capitalism and the Mass Media[M]. New York：Sage，1998.
④ 这篇文章最初刊载于 CCCS 内部油印论文集《CCCSStencilledpapers》，后经修改节选发表于开放大学（Open University）的经典教材《文化、媒体、语言》（Culture, Media, Language），从此不断被援引和转载，势如星火燎原。

带来了巨大影响，在传播思想史上也余音袅袅、不绝如缕。其重要意义在于：一是重构了新的传播模式，以反驳美国传播学的线性传递模式；二是强调信息的多义性（polysemic）；三是重新认识受众的解读行为。

此文指出，信息被发送并不等于被接收或被理解，从信息的制造（编码）到信息的接收和理解（解码）之间存在着各种影响因素。信息本身就是被建构的，是积极的、阐释性的社会事件；信息的接收行为同样如此。受众分属不同的社会群体，对信息的接收和理解也各不相同。因此，霍尔提出了三阶段信息的模式，其中包含了反映出信息发送者和信息接收者之间结构性差异的两次意义建构①。

文中霍尔还根据社会学家弗兰克·帕金（Frank Parkin）的理论，以电视节目为例，提出了著名的三种信息解码类型：主导—霸权式解读（也称偏向性解读），即观众解码和电视节目制作者的意图相吻合；协商性解读，即观众虽然赞同媒体对于事件的定义和判断，但也在细枝末节处有所保留、提出异议；对抗性解读，即观众对于电视节目的说法完全不赞同，特别是与其阶级／党派利益不吻合。在现实生活中，协商性解读更为常见；而本该被协商性解读的事件开始被对抗性解读时，便意味着重要政治时刻的到来。

霍尔此文的重心并非对受众主观能动性的发现，说它直接激发了之后的受众研究也失之准确。细察英国学术史，《编码／解码》尽管提出了三种受众解读的模式，但它对20世纪70年代的研究者们的启发更多体现在信息建构层面：研究者们通过各种案例研究意识形态力量如何塑造电视信息，电视节目如何抚平社会的冲突和差异并制造共识，从而减少对抗性解读。

作为霍尔的弟子，戴维·莫利尝试基于老师的编码／解码模式提出假说：阶级、年龄、性别、种族等社会人口学变量，会影响观众对电视节目的解读。为此，他选择了不同职业的观众来观看《举国上下》节目，并分析他们的解读行为。

研究发现，某些观众组的解读无法用霍尔的模式加以解释。比如，银行经理组与工人阶级学徒组的解读立场均为支配性解读，受众的阶级差异并未决定其解读差异。因此，本研究也被视为"编码／解码模式开始消亡的转折点"。约翰·费斯克曾声称，莫利从自己的研究中认识到，霍尔过度强调阶级因素对不同解读类型的影响，而低估了受众解读的其他决定因素。特纳（Turner）也提出，莫利试图发展霍尔的编码／解码理论，却发现个体受众对电视的解读过程远比霍尔模式更复杂②。

20世纪80年代初，除了莫利的《举国上下》研究，还有一批颇具影响的受众研

---

① HALL S. Encoding/decoding[M]// HALL S, et al. Culture, Media, Language. Unwin Hyman Ltd., 1980: 128-138.
② MORLEY D. Television, Audiences and Cultural Studies[M]. London: Routledge, 1997: 10-12.

究成果发表，它们的共同特点之一，就是或多或少地采用了人类学民族志的方法，甚至在后来被称为媒体研究中的"民族志转向"（ethnographic turn）。它们反对过度迷信人口统计和问卷调查方法，支持关注日常生活和"深入的受众"（embedded audience），提倡"深描"（thick description）式的观察与阐释。

例如，曾是当代文化研究中心"女性研究小组"成员的英国学者多萝西·霍布森（Dorothy Hobson），在1980年发表了《家庭主妇与大众媒体》。这项研究通过研究者与家庭主妇的大量对话，分析女性观众的日常生活及媒介消费行为。① 美国学者詹姆斯·罗尔（James Lull）发表于1980年的《电视的社会使用》研究，组织了一批研究人员，在三年内拜访了超过200个位于美国加州和威斯康星州的普通家庭，并与这些家庭一起生活，一起收看电视。②

莫利、霍布森和劳尔等人的研究，都被视为采纳民族志方法开展受众研究的先驱与典范，尽管他们当时并未宣称自己采用了这种方法。最早说明自己采用民族志方法来研究受众的，是霍布森发表于1982年的《十字路口：肥皂剧研究》。为了进行这项研究，霍布森走进普通英国家庭的客厅。主妇们边做家务，边看肥皂剧，边接受访谈。在这种自然的日常生活情境中，霍布森归纳出女性观众对待肥皂剧的三种收视态度：一是与剧中人物相对立，甚至嘲讽他们以取乐；二是热情投身其中，与人物同悲同喜、感同身受；三是保持距离地观看，时常想到电视内容与现实生活的差异。③

另一项有关的知名研究，是洪美恩对女性观众观看美国电视剧《豪门恩怨》的探讨。她在杂志上刊登广告，收集了42封女性观众来信，以此作为研究资料进行文本解读。④ 虽然这项研究的方法有别于民族志，但由于洪美恩强调受众在大众文化意识形态下的不同反应（即"解码"），因而此研究也常被当作这一时期受众研究的代表，与上述几项研究相提并论。

到1986年出版《家庭电视》时，莫利终于全面采用了民族志方法，进行非结构式的访谈、整体式的观察，注重日常生活的情境而不仅仅是受众与节目信息的简单互动。⑤ 莫利也由此明确了自己此后十余年间的研究风格与主题，即将受众与文化、科技及日常生活状态视为相互作用的要素予以共同探讨。

此外，派翠西·帕尔默（Patricia Palmer）1986年发表的《活跃的受众：电视机旁的儿童》，以综合三种方法开展三阶段研究而著称：与64名儿童的深度访谈、在23个

---

① HOBSON D. Housewives and the Mass Media[M]// HALL S, et al. Culture, Media, Language. Working Papers in Cultural Studies 1972-1979. London: Hutchinson, 1980: 128-138.
② LULL J. The Social Uses of Television[J]. Human Communication Research, 1980, 6(3): 197-209.
③ HOBSON D. "Crossroads": The Drama of a Soap Opera[M]. London: Methuen, 1982.
④ ANG. Watching "Dallas": Soap Opera and the Melodramatic Imagination[M]. London: Methuen, 1985.
⑤ MORLEY D. Family Television: Cultural Power and Momestic Leisure[M]. London: Comedia, 1986.

家庭中的参与式观察、针对 500 名儿童的问卷调查，由此揭示了儿童如何积极主动地协调与电视的关系。[①]

由上我们不难看出，总体而言，这些研究所采用的民族志方法并非传统意义上的人类学研究方法，无须居住在陌生的或土著社区中，研究"他者"的生活，近距离观察其亲属关系与生产系统；而是采用阐释民族志（interpretive ethnography）的方法，对身处其中的社会进行观察，不遮掩研究者的角色身份，甚至认为局内人的身份更有助于对受众的情感和阐释的理解。20 世纪 80 年代以来，采用阐释民族志的方法对媒体受众所进行的这一系列研究，被约翰·科纳（John Corner）称为"新受众研究"（New Audience Research）[②]。莫利的《举国上下》研究也被奥利弗－博伊德－巴雷特认为是"新受众研究"的开端。

那么，"新受众研究"究竟"新"在哪里？

新受众研究之新，既体现在采用了阐释民族志方法，也因为时间上对应新近发生的研究，更体现在研究视角和研究主题与之前研究存在明显区别。

博伊德－巴雷特认为，莫利对《举国上下》的研究的特征，便是新受众研究的特征——"认识到不同受众对文本有不同的解读"。这些不同解读来自受众不同的社会文化语境。因为受众对文本的解读过程受到多种复杂因素的影响，"使得无法从阶级、教育、职业等社会阶层的参数或性别、种族、年龄等非阶层参数中推断出解读"，所以这些研究表现出"对不同的情境的更加敏感和不断精化"的特征。[③]

也就是说，新受众研究的研究者不认为媒体讯息的生产者可以直接决定受众的理解，也不把研究重点放在剖析讯息如何修辞与构成上，而是试图分析和阐释特定的受众从所看到听到的媒体内容中产生了什么意义，为什么要这样来阐释媒体内容和生产意义，以及受到日常生活要素影响的阐释，如何与媒体权力和公共知识构成的观念相关联。因此，这类研究也常被称为"接受分析"（reception analysis）。又因从事这些研究的学者之中，许多人具有文化研究的知识背景，甚至同当代文化研究中心具有学缘关系，视角与霍尔的"解码"颇多唱和，所以接受分析也被认为是从文化研究大潮中发展而来的受众研究分支的一部分。

除研究视角外，新受众研究的主题也与以前的文化研究的主题有所不同。文化研究更关注权力、意识形态和文化领导权，而新受众研究更关注流行文化，特别是对受众阅读罗曼司小说、收看电视剧、理解新闻方面的研究，重视受众的日常生活经验，

[①] PALMER P. The lively Audience: A Studies of Children around the TV Set[M]. Sydney: Allen & Unwin, 1986.
[②] CORNER J. Meaning, Genre and Context[M]// CURRAN J, GUREVITCH M. Mass Media and Society. London: Edward Arnold, 1991: 267-284.
[③] 巴雷特，纽博尔德. 媒介研究的进路：经典文献读本[M]. 汪凯，刘晓红，译. 北京：新华出版社，2004.

以阐释、解读、解码为关键词，与日俱增地关注亚文化、通俗文化、女性媒体消费。

综上，新受众研究之新，在于更着眼于受众及信息接受过程，而不是内容生产者、文本和文本产制过程；方法上更依赖阐释民族志，而非量化统计、内容分析或文学批评；立场上更倾向于将人口统计学变量所代表的社会结构因素、大众文化意识形态、文化领导权问题以及媒体力量的影响等看成是有限而模糊的，专注于描述受众置身的日常生活及文化情境如何影响特殊个体的媒体信息接受行为。

约翰·科纳认为之前的文化研究谈的是"大政治"（macro politics），而新受众研究谈的是日常生活的"小政治"（micro politics），丧失了批判的能量。[1]

詹姆斯·卡伦在1990年写就的一篇著名文章中，将这股潮流称为大众传播研究的"新修正主义"。他认为，受众研究的一些新近成果，不过是对从前问题和研究模式的修正主义式（主要指对大众传播研究激进传统的"修正"）回归，所谓"革新"只是"重新发现"而已。他指出，20世纪40年代以来，传播学效果研究的主要突破就是捍卫受众的自主性，揭示文本产生的多重意义与不同社会地位导致不同解读的方式，这些都不属于新发现。例如，40年代赫佐格（Herzog）对广播剧进行的使用与满足研究，与80年代洪美恩对《豪门恩怨》的接受研究就颇多相似。同时，貌似创新的修正主义者也表现出某些不足甚至是退步，例如拒绝量化，过分依赖焦点小组而忽视小组内部的个人差异，"解码"概念过于笼统、宽泛，远不如此前的效果研究分解为注意、理解、认同、记忆等不同环节之精细等。[2] 另外，卡伦也担心多样性解读的学术倾向会导致某些负面的政治后果：如果节目真的无法决定受众的解读，那么制作者就无须为它们负什么责任；如果媒介没有多大力量影响受众，那为什么要关注它？传播研究的激进传统一直致力于批评大众传播服务于掌权者的利益并加深社会不平等，而修正主义则削弱了这种批评的力量。[3] 卡伦这番批判，影响深远。围绕它的论战，当时热烈，回响幽远。

论战前后，时为伦敦政治经济学院讲师的索妮娅·利文斯通（Sonia Livingstone）在1993年秋季号的《传播学学刊》专刊中以开卷首篇，讨论了受众研究的起起落落。她在引述卡伦的批评之前，提起了美国传播学界元老伊莱休·卡茨（Elihu Katz）1980年发表的一篇对传播学研究领域的概述。据利文斯通所言，卡茨发现，美国大众传播研究的历史似乎总是在两端——强大的媒体或是强大的受众——之间来回摆动，风潮

---

[1] CORNER J. Meaning, Genre and Context[M]// CURRAN J, GUREVITCH M. Mass Media and Society. London: Edward Arnold, 1991: 267-284.
[2] CORNER J. The New Revisionism in Mass Communication Research: A Reappraisal[J]. European Journal of Communication, 1990, 5(2-3): 135-164.
[3] 巴雷特，纽博尔德. 媒介研究的进路：经典文献读本[M]. 汪凯，刘晓红，译. 北京：新华出版社，2004.

差不多每过十年就变一变。研究者们先是认为大众媒体具有强大威力，制造了"大众受众"；在发现"两级流动"现象后，转而认为观众是有选择性的；之后经由行为主义研究方法提出"消极受众"的概念；最后又让位于"使用与满足"这一"积极受众"观。尽管卡茨描述的是美国大众传播研究史，英国学者利文斯通也不禁心怀同感，提出：我们在20世纪80年代至90年代所做的对受众积极性和阐释能力的研究，是否只是时尚潮流的下一波？是否注定在一段时间后被它的对立面所取代？①

然而，利文斯通并非只破不立。她在文中也对"新受众研究"进行了积极评价和充分展望。她提出，传播研究中一直都有理论和方法论的路线之争，比如批判研究和行政管理研究，文本分析和受众研究，质化研究和量化研究；明明可以被糅合起来讨论的领域却常被分别对待，如人际传播和大众传播，电影研究和电视研究，高雅文化和普通人的文化。她认为，近年来新受众研究的实践是在尝试整合不同的理论和研究方法。例如，对高雅文化的文学接受理论被用于理解对流行文化的接受，批判研究和行政管理研究的理论与方法也得以结合，以弥补彼此难以触及的维度。她还探讨了该路径带来的若干问题和可能的解决办法。②利文斯通后来还担任过美国国际传播学会（ICA）会长（2007—2008）。

放眼当今的英国受众研究，老一辈学者如莫利仍在坚持阐释民族志方法并继续创新，传统的文化研究路径也依旧代代传扬，此外更有利文斯通这样的中生代学人不断开拓创造，让英国的媒体研究日趋多元。

第五节 晚近三十年：驯化、中介化、媒介化研究

前一节我们讲到了戴维·莫利的媒体研究，前期的莫利继承了霍尔"积极受众观"的研究传统，将受众看作诸种"能动性"（agency）的集合——每一位媒介产品的阅听人有能力"对抗"主流的意识形态宰制霸权，并且主动投身于媒介文本意义的再生产与再创造之中，他开启了民族志受众研究的先河，将媒体研究从文本"意义的传递"转向了受众"语境的考察"。到了20世纪90年代后，文化地理学、后现代理论开始进入莫利的理论视野，从《认同的空间：全球媒介、电子世界景观与文化边界》到《传媒、现代性和科技："新"的地理学》，莫利逐渐走向了后现代研究，并显现出家庭

---

① LIVINGSTONE S. The Rise and Fall of Audience Research: An Old Story with a New Ending[J]. Journal of Communication, 1993, 43 (4): 5-12.
② LIVINGSTONE S. The Rise and Fall of Audience Research: An Old Story with a New Ending[J]. Journal of Communication, 1993, 43 (4): 5-12.

媒介的技术人类学与传播地理学的研究旨趣。在此期间，他与同属英国媒体研究脉络的学者罗杰·西尔弗斯通（Roger Silverstone）开展了"信息与传播技术的家居使用"（Household Uses of Information and Communication Technologies）项目，随后戴维·莫利超越了以电视媒介为焦点的研究传统，开始研究媒介如何融入日常生活，转向"被媒介化的家庭"（the mediated home）这一问题。该研究路径同西尔弗斯通的"驯化"研究相接轨，进一步考察了媒介作为文化物体与象征符号的双重意义。

随着研究的逐渐扩展与深入，莫利逐渐注意到了媒介产品自身的"物质性"（materiality）向度。从家庭电视的研究开始，他就意识到了住宅及其结构对景观的双向影响，发现了家庭的物理结构与观看实践之间的非常有趣的互惠发展。[①] 而在近期的《传播与流动：移民、手机与集装箱》（Communications and Mobility: The Migrant, the Mobile Phone, and the Container Box）一书中，他正式讨论到了传播的物质维度，通过对物质基础设施的探索并结合社会学的"流动范式"，戴维·莫利强调了传播物质性和符号性之间的连通性，恢复了传播研究的物质传统，扩展了传播研究的议程。传播也变为了物的能动性与人的能动性交汇的过程，突破了所谓的"文本中心主义"与"媒介中心主义"，走向更为广阔的媒介化研究范式。可以说，戴维·莫利的研究轨迹覆盖了英国传统媒体研究到21世纪媒介化研究的整个历程，以莫利为棱镜，一条新的媒体研究脉络就此展开。

一、驯化

20世纪90年代初期，罗杰·西尔弗斯通在与戴维·莫利开展的"信息与传播技术的家居使用"项目中发现了信息技术（ICTs）进入家庭后与成员之间存在一种动态互动的过程，随后以"人驯化野生动物"的比喻来描述这一历程。[②] 西尔弗斯通认为"信息传播技术是一种物品，正如家庭中的其他财产一样，个体因为它们的审美、功能、价值等因素所购买……但是信息传播技术又是一种具有功能性意义的媒介，它们积极交互或消极地使得家庭、家庭的个体成员与门外的世界发生关联，它们成功（或失败）地以复杂且矛盾的方式建构这种联系"。[③] 西尔弗斯通将"驯化"（domestication）隐喻性地嫁接至信息技术的私人使用之中，意在表明主体在使用技术的过程中存在着

---

① 王鑫.历史、语境与通路：当下媒介与传播研究的几个关键问题：对戴维·莫利教授的访谈[J].国际新闻界，2021，43（11）：130-142.
② 西尔弗斯通.电视与日常生活[M].陶庆梅，译.南京：江苏人民出版社，2004：122-123.
③ HIRSCH E, SILVERSTONE R. Information and Communication Technologies and the Moral Economy of the Household[M]// Consuming Technologies. London：Routledge，2003：25-40.

两方面的互动过程：个人可以使用技术本身的"客观属性"，从而合理地利用技术满足自身的目的，而且在这种使用过程中，技术对人机能的拓展，也使得个体能够更好地参与到公共空间活动之中。因此，西尔弗斯通强调了信息技术的两重属性，它们既是"物品"（objects）又是"媒介"（media）。他通过对驯化过程中信息技术进入家庭所经历的挪用（appropriation）、物化（objectification）、融入（incorporation）和转化（conversion）四个阶段的描述，将对于技术的主体性考察转向"技术-使用者"模型之中，技术进入家居空间的过程，同样也是使用者主体给工具打上自我身份烙印的过程。

"驯化"概念的出现代表了媒体研究的模式转变，在此框架下，媒介本身的物质性属性越发凸显。西尔弗斯通极力反对"技术决定论"与"社会决定论"的简单逻辑，在他看来，技术的社会效应与主体的能动性创造应当被纳入一种更为长期的、动态的社会过程之中。媒介物品嵌入家庭并转化为家庭象征性现实的过程是一个意义建构的过程，是技术物同家庭空间"双重勾连（double articulation）"的过程。西尔弗斯通论述了技术作为物质客体与信息传递者两个维度的意义属性，对"社会和物质环境过程中的文化和传播过程"进行实证分析。他提到，作为技术对象与信息文本的媒介双重勾连了公共与私人文化——媒介本身充满了公共意义，而后嵌入家庭的私人领域中，最终公私边界相互影响、相互融合[1]。在后续与学者莱斯利·哈登（Leslie Haddon）的系列实证研究项目中，西尔弗斯通持续不断地应用与完善"驯化"概念。然而新千年以来，随着媒介技术的更新迭代与社会形态的变革，西尔弗斯通逐渐发现了"驯化"理论的局限性。以计算机、智能手机为代表的新技术开始侵入家庭生活的方方面面，从最开始电视作为单一陌生人入侵家庭"公共空间"（客厅）到手机这一便携式主体对更私密空间的渗透，新媒介技术逐渐成了家庭成员身体的一部分。正如戴维·莫利所说："我们来到了一个新的局面，不是电子技术被驯化，而是家庭领域被媒介技术中介并完全电子化了。技术不再是家庭的补充，而是构成了家庭本身。"[2] 基于此，西尔弗斯通进一步提出了"中介化"（mediation）这一核心概念，媒体研究迈向了更为广阔的视野。

二、中介化

"'中介化'既是技术的，也是社会的。"按照西尔弗斯通的理解，"所谓'中介化'

---

[1] BERKER T, et al. Domestication of Media and Technology[M]. Berkshire: Open University Press, 2005: 86.
[2] BERKER T, et al. Domestication of Media and Technology[M]. Berkshire: Open University Press, 2005: 32.

描述了一种制度化的传播媒介（报纸、广播、电视以及迅速发展的互联网）参与社会生活中符号循环的、根本性的、不平衡的辩证过程"①。这种辩证的过程一方面体现了媒介技术作为一种中间"机制"改变了人们社会交往的形式与内容，另一方面也说明了技术及其意义的生成同样被社会生活所制约。"虽然完全有可能将这些大众媒体认作定义甚至确定社会意义的特权，但这种特权会错过听众和观众对大众传播产品持续的、经常的创造性参与。"②可见，西尔弗斯通始终强调技术与人的互动逻辑是双向的，强调人的能动性实践。然而，在中介化的视域下，西尔弗斯通却也不得不承认媒介对日常生活的介入是不均衡的，人的现实生活总是在媒介中介中存在，始终面临着被媒介环境改造的境遇。因此，后期他开始重新反思媒介中介塑造的"我们"与"他者"之间的关系，脱离了中介化的技术路线，转而走向媒介道德批判研究。无论如何，西尔弗斯通对"中介化"概念的探讨极具启发意义，他基于当下传播技术带来的新变局，承接了"驯化"研究中媒介技术对社会情境建构的逻辑，将媒介技术放在了更广阔的"情境"（context）中去讨论。"中介化"概念开启了一种新的理论视角，以此来观察分析技术作为一种中介机制如何发挥作用以及这种机制又如何形塑我们的日常生活以及社会交往过程。

2008年，英国学者索尼娅·利文斯通在当选国际传播学年会主席就职演讲中指出，"一切皆被中介化了"（everything is mediated）。媒体侵袭了日常生活的方方面面，经验化地理解：无论是聊天、出行、外出聚餐，还是玩游戏，互联网都进入了我们与对象活动之间的密切关系，成了"两个相区分的元素、成分或过程之间的连接"。"互动的各方不能够独立理解，相反，这是一种意义的相互协调，它是非线性的和不可预测的"，也就是说"媒体不只是为故事添加新元素，它们还改变了故事"。③"中介化"理论强调媒介作为一种"基础设施"（infrastructure）对社会实践形态的转换作用。它包含三个层面：媒介可以作为一种传递或者交流信息的"工具"（device），也可以成为人们分享信息的"实践活动"（practice），同时亦是这些信息和实践的特定"社会组织"（social arrangement）形态。④因此，"中介化"的概念包含了对不同媒介力量的想象，也窥见了媒介介入过程的异质性与多样性。

---

① SILVERSTONE R. Complicity and Collusion in the Mediation of Everyday Life[J]. New Literary History, 2002, 33（4）：761-780.
② SILVERSTONE R. Complicity and Collusion in the Mediation of Everyday Life[J]. New Literary History, 2002, 33（4）：761-780.
③ LIVINGSTONE S. On the Mediation of Everything: ICA Presidential Address 2008[J]. Journal of Communication, 2009（59）.
④ LIEVROUW L A, LIVINGSTONE S. Handbook of New Media: Student Edition[M]. New York: SAGE Publications, 2006: 2.

除了"中介化",利文斯通在演说中也区别了另一个与"中介化"如影随形的概念——"媒介化"。进入21世纪以来,随着网络社会的崛起与信息化社会(informational society)的到来,英国文化研究学者逐渐从"媒体研究"转向"媒介化研究",学者们对"媒介化"(mediatization)概念的使用一度超过"中介化"。著名媒介化研究者尼克·库尔德利(Nick Couldry)说,是西尔弗斯通对"中介化"概念的探讨,为后来的学者指引了研究方向,"他们汇聚于'媒介化'的术语下,尽管西尔弗斯通自己并没有使用这个词"。①

三、媒介化:迈向媒介理论与社会理论的结合

早在20世纪90年代,英国社会学家汤普森(John Thompson)在其著作《媒介与现代性》(*The Media and Modernity*)中就说明了媒体在现代社会进程中发挥的核心作用,提出泛媒介化是现代性的重要维度。他强调新的媒介的使用能够开辟全新的社会空间,而诸如电报、电话、电影、广播等多种传播媒介"皆涉及生活世界中新的社会行动与互动方式、新的社群关系以及新的与他者或自我连接的方式"。②新千年以来,英国媒介社会学理论的"扛旗人"尼克·库尔德利在其代表作《现实的中介建构》(*The Mediated Construction of Reality*)中也提出,由于媒介逻辑不断渗透至个体的"生活世界"(life-worlds),现实的建构过程也正在媒介的"入侵"下不断改变:由传统的"社会建构"(social construction)转变为以媒介逻辑为核心规则的"中介化建构"(mediated construction)。因此,"媒介化"作为现实中介建构的经验背景,在晚近二十年引发了学者们一波研究的浪潮。

如果说"中介化"指代"一般意义上的交往过程",那么与之类似的媒介化(mediatization)则概括了"各种类型的媒体之涌现对各种中介过程所产生的后果"③。简单来说,媒介化就是媒介的效力开始渗透到曾经与之相分离的领域,并且以自身的逻辑改变这一领域既有的系统规则(systems of norms),使之不得不适应"媒介逻辑"(the logic of media)的过程。一个典型的例子是"营销的媒介化":在传统的线下零售中,除去产品本身的品牌/质量因素之外,还有几个比较重要的决定因素,例如门店的选址与客流量、服务人员/销售人员的业务水平、产品的陈列摆设规则等。但是在网络

---

① 王琛元.欧洲传播研究的"媒介化"转向:概念、路径与启示[J].新闻与传播研究,2018(5):8.
② THOMPSON J B. The Media and Modernity: A Social Theory of the Media[M]. California: Stanford University Press, 1995.
③ COULDRY N, HEPP A. Conceptualizing Mediatization: Contexts, Traditions, Arguments[J]. Communication Theory, 2013: 23.

购物兴起以后，卖家经历了一轮由此引发的"营销的媒介化"：（1）实体店开始扩展为网店、网络卖场商铺等；（2）网店成为网络中的一个节点，选址的重要性让位于节点与节点之间的关联程度（网店开始考虑自己在其余网站之中的推广、超链接等，而并非占据某个重要的固定位置）；（3）顾客的点评和反馈与网络销量直接挂钩，而并非之前所强调的线下销售的规则，等等。这些转变的中心点在于有一种新的系统性规则，诸如网络曝光度、顾客好评率、节点的效力等应用于营销活动之中，并且同时改变/重构了营销活动本身（例如网络的营销和线下营销的推广方式大相径庭），而这种规则就是媒介逻辑。因此，"媒介化"的论述前提是媒介已经摆脱了传统的"工具性角色"，而是介入了人类的日常生活与社会实践中，成了社会发展的关键节点，并以自身的逻辑形塑着社会发展的过程。在这一前提下，媒介"形式"带来的社会影响要远远大于它所承载的内容，值得注意的是，媒介化学派虽与麦克卢汉等学者代表的媒介决定论研究同样都在关注媒介形式的社会影响，但与后者将媒介视为社会发展逻辑的塑造者不同，媒介化研究暗含着一种媒介实践视为动态性过程的研究进路。借用布尔迪厄的术语来说，"媒介场"与社会其他场域之间的关系并不是稳定不变、一方对另一方施加效力，而是处于一种相互交融、共同发展的变化之中。因而，媒介化研究的关注重点从媒介本身，即"媒介做了什么"转向探讨"媒介形塑的社会如何可能"，即媒介与人如何在不断互动中改变既有的行动场域或创造新的社会空间。

可以说，"媒介化"这一概念为理解媒介与社会的关系提供了一个新视角，为了把握新的社会变革的过程，研究者开始尝试系统性地建构媒介化理论。他们的关注点在重新定义媒介，在理论构建的过程中，形成了两种不同的研究传统：早期以丹麦学者施蒂格·夏瓦（Stig Hjarvard）为代表的制度化传统（institutionalist tradition）倾向于将媒介"机制化"（institutionalized），从而将其视为"一种独立的社会机构"（an independent institution）。在这一层面，"'媒介逻辑'这一术语指称的是媒介制度性的和技术性的运作模式（modus oprandi），包括媒介如何分配物质性的和符号性的资源，以及如何在正式的和非正式的规则下运作。"[①] 尽管该传统打开了媒介化研究的空间，但仍然将媒介逻辑简化为多种社会机制普遍采纳媒介的规则，不免有走向"媒介决定论"之嫌。即该传统以媒介技术为中心，强调制度与制度之间的影响效力，忽略了具体的社会情境（微观视角）中新的传播形式与社会实践方式的出现。因此以英国学者尼克·库尔德利为代表的研究者基于"社会建构传统"（social-constructivist tradition）的路径，将媒介视为"一种社会情境"，"关注交往建构的现实是如何在特定的媒介进

---

① HJARVARD S. Mediatization of Society: A Theory of the Media as Agents of Social and Cultural Change[J]. Nordicom Review, 2018, 29（2）: 102-131.

程中展开，同时，特定媒介的某些具体属性如何对于社会现实的建构过程产生情境化（contextualized）的'影响'"①。由此可见，库尔德利回归到学者西尔弗斯通"驯化"框架的理论脉络中，结合更为广阔的社会情境，将媒介化视为一种媒介扩展社会实践者实践可能性的"非决定"过程，在这一过程中，媒介的技术特征与个体的能动性共同结合构建了一个媒介化的社会现实。

对媒介以及媒介逻辑理解的差异性导致媒介化研究始终存在着不少纷争与分歧，"制度化传统"与"社会建构传统"之间的分野事实上也是经典社会学理论中所理解的"结构"（structure）与"能动性"（agency）之间的矛盾②。前者以结构的优先性作为起点，强调制度化的媒介逻辑能够重塑其他社会机制，而后者则以个体的"能动性"为逻辑起点，关注特定的媒介如何作用于个体现实的传播互动过程。针对结构/能动二元对立的矛盾，库尔德利在《现实的中介建构》一书中提出要走向"物质主义现象学（materialist phenomenology）"，关注嵌入现实建构过程中的物质化维度（限制与示能），将媒介的物质性纳入社会建构的传统中，继而将"结构"与"能动性"进行关联。他指出信息化社会里，主体间的日常互动都被媒介中介了，传播已经成了社会建构的基石（building-blocks）。任何以传播为基础的社会互动必然伴随着对媒介的阐释、理解与使用；自然，传播本身也会受到它使用的媒介的制约——既包括技术层面的制约，也包括社会实践层面的制约。因此，研究既定的"社会情境"中，（媒介）物如何对传播实践做出改变并对其实践结果造成"影响"兼顾了个体的能动实践与结构的外在制约两个维度。

此外，库尔德利还在书中引入诺伯特·埃利亚斯（Nobert Elias）的"型构"（figuration）概念，试图在中观层面建立一套分析框架，以此探究有哪种新的社会形式在媒介化过程中形成。所谓"型构"，是一种交错化的过程形式（mode of process of interweaving），是一种稳固的个体互动，这种互动过程可以产生特定的社会意义③。它具有以下三个特质：第一，包含着一系列结构化的位置、规则、规范与价值体系，即所谓的框架（framework）；第二，呈现于联结个体的现实行动中，是个体行动后所建立的社会互动结果；第三，型构没有"独立于个体的本质"，只是所有个体的行动总所组成的一段过程（process）④。因此，任何稳定且在一定时期内持存的"社会联结形式"都可以被理解为一个基本的型构，它事实上构成了个人与社会两极的"中间变

---

① COULDRY N, HEPP A. Conceptualizing Mediatization: Contexts, Traditions, Arguments[J]. Communication Theory, 2013, 23 (3): 191-202.
② Giddens A. Central Problems in Social Theory[M]. Berkeley: University of California Press, 1979.
③ COULDRY N, HEPP A. Conceptualizing Mediatization: Contexts, Traditions, Arguments[J]. Communication Theory, 2013, 23 (3): 191-202.
④ ELIAS N. What is Sociology?[M]. London: Hutchinson, 1978: 130.

量"。由于传播参与了现实的中介建构,所以库尔德利认为"型构"也走向了"传播型构"(communicative figuration)。传播型构包含了三个特质,一个具体的"行动者丛"(constellations of actors)——它们是型构的结构性基础,即承担型构中社会行动位置的各种行动者;一个"指引框架"(frames of relevance)——它是各行动者在型构中开展行动的"导向原则",即行动的"主题"(topic),以及具体的"传播实践"(communicative practice)——它们作为行动者在型构中的实践行动共同组成了该型构的社会互动过程[1]。如此一来,传播型构作为讨论媒介化研究的一个具体分析框架,就可以用来描述媒介化这段社会过程中结构与能动性是如何联结的。考察某个具体社会领域(social domain)的媒介化问题(例如"媒介化政治""媒介化城市")就被转译为一个更为经验性的问题,即描述媒介所生成的特定传播型构是什么,例如对该领域基本特征的描述:该传播型构中有哪些特定的媒介(传统媒体、数字媒体)?它包含哪些不同的行动者?行动者们分享的传播主题框架是什么?他们具体的传播实践行为有哪些,等等。

诚如尼克·库尔德利所言,媒介化应当被理解为"对广义上的社会理论的推进,而非狭隘的媒体研究的分支"[2],他在《现实的中介建构》一书中对于传播物质性路径的探讨以及"传播型构"经验分析框架的建构为媒介化研究跳出狭隘的媒介分支,脱离"媒介中心主义",建构完整的社会理论模型提供了思路启发。未来,媒介化研究如何确立自身独有的学术路径,澄清该研究范式与传统的"媒介理论""技术哲学""后现代文化理论"等宏观理论体系的区别,如何建构自身的理论体系并将媒介理论(media theory)在一个更为广阔的语境中与社会理论(social theory)进行有机嫁接,已经成了这些新千年的研究者们不得不思考的一个核心问题。

晚近三十年,以戴维·莫利为代表的学者从霍尔"文本解读"为核心的理论范式传统中跳脱出来,转而在更阔的社会语境中探寻媒介与社会行动的接合。从驯化到中介化再到媒介化,媒介的物质性议题逐渐凸显。新千年以来,英国学者相继在一个更为纵深的层面推进了媒体研究的持续发展,广泛考察诸如"公共性""权力关系""受众""媒介的社会影响""政治/经济/文化变迁"等相关核心议题,走向更广阔、更开放的多学科交叉场域,媒体研究也在各类学者的交光互影中焕发出新的生机与活力。

---

[1] HEPP A, HASEBRINK U. Researching Transforming Communications in Times of Deep Mediatization: A Figurational Approach[M]// Communicative Figurations. Palgrave Macmillan, Cham, 2018: 15-48.
[2] COULDRY N.10 Mediatization and the Future of Field Theory[J]. Mediatization of Communication, 2014, 21: 227-228, 243.

> **思考题**

1. 英国学术界如何认识媒体研究与传播研究的差异？
2. 马克思主义思潮在哪些方面影响了英国的文化和媒体研究？
3. 英国媒体研究有哪些主要的关注领域？
4. 新受众研究新在何处？它代表了学术研究的何种趋势？
5. 什么是"媒介化"研究？它与"中介化"的差异为何？

> **拓展阅读**

1. COULDRY N，HEPP A. The Mediated Construction of Reality[M]. Cambridge, UK：Polity Press，2016.

2. HEPP A. Cultures of Mediatization[M]. Cambridge：Polity Press，2013.

3. SCANNELL P. Media and Communication[EB/OL]. SAGE Publications Ltd.，（2007-08-09）[2022-07-22]. https://dx.doi.org/10.4135/9781446211847.

4. SPARKS C. Toward a Political Economy of Culture. Oxford：Rowman & Littlefield，2004.

5. 曹书乐.批判与重构：英国媒体与传播研究的马克思主义传统[M].北京：清华大学出版社，2013.

6. 威廉斯.文化与社会[M].北京：北京大学出版社，1991.

7. 李彬，曹书乐，等.欧洲传播思想史[M].上海：复旦大学出版社，2016.

（曹书乐　戴宇辰　苏　宇[①]）

---

① 第一至四节作者为曹书乐；第五节作者为戴宇辰、苏宇。

第三章 法国媒介学的理论考古、思维理路与范式特征

本章概述

在德布雷及其追随者的推动下，20世纪90年代以来法国兴起的媒介学传统旨在思考技术与文化间的互动关系。这一跨学科领域从不同学科（如文学艺术、哲学、媒介研究等）中汲取营养，其中的技术支撑涵盖一切技术对象，认为人类社会存在和文化的传承在于技术和组织的"中介化"作用。其创始人德布雷有力而明晰地将权力、信仰与传承结合在"媒介学方案"中，认为不能独立于物质支撑和机构支撑来思考信仰和文化传承。他提出的"媒介域"具有福柯系谱学意义上的"权力装置"特征，涵盖了话语和非话语实践，决定了意义和主体性的生产。媒介学指向一种新的描述人类历史的方法，它告别了物质与精神二元对立，形成一个主客体混合、相互决定的领域，其分析进路在于借助技术与文化的互动导向一个象征结构的建构，展现观念变成物质力量的路径。

关键词

媒介学方案；不完备原则；因果循环原则；历史先验；中介化；媒介域

从21世纪的第二个十年开始，"媒介学"（médiologie，确切地说应该称为"中介学"，以便与英语日耳曼传统的"媒介研究"区别开来）及其核心概念"媒介域"（médiasphère）成了媒介和传播研究重要的方法和理论借鉴。在《中国社会科学》2021年重点选题座谈会上，中国传媒大学陈卫星教授认为，在新闻传播学研究方面，应

加强"'媒介学范式'研究,从方法论角度重构学科框架"。学术大咖的建议无疑显示了"媒介学"在当下乃至未来在传播研究中的发展潜力,尽管雷吉斯·德布雷(Regis Debray)说媒介学对媒介(médias)并不感兴趣,而是对技术和文化的中介化(médiation)感兴趣。^① "媒介学"作为新词出现于德布雷的《法国知识的权力》(1979)中,来表达与国家权力以及由大众传播媒介引发而来的政治-文化技术保持有机关系的象征功能,并进一步被描述为"媒介学批判旨在展现我们的设备或技术中介化(médiations techniques)与我们象征行为(performances symbolique)之间没有被很好澄清的联系"^②。为促进对"中介化"(médiation)的研究,在传播媒介方面,德布雷在1996年创办了《媒介学杂志》(*Cahiers de médiologie*),后于2004年改名为《媒介杂志》(*Médium. Transmettre pour innover*),并于2007年成立了"媒介学网站",而且借助广播电台让媒介学学者来开讲座(如Pierre-Marc de Biasi),同时不断地在报刊(如*Sciences Humaines*)上传播媒介学知识,如"媒介民主""视听域"等;在学术组织方面,成立媒介学俱乐部,每次邀请一位学者来主讲,并接受国外邀请去讲学(如巴西、韩国、葡萄牙、西班牙、日本等)。^③ 在德布雷及其追随者的推动下,自20世纪90年代以来在法国学界围绕"媒介学"形成了一个横跨哲学、技术史学、宪章运动、美学、信息传播等领域的研究者团体,旨在思考技术与文化间的互动关系。

第一节 法国媒介学话语的"历史先验"

法国的媒介学更多是充满法国特色的、内生的、有关文化传承的研究,其涉及包含大众媒介在内的记忆技术和组织结构,又与当下流行的英语日耳曼传统的"媒介研究"似乎有所关联。不过,从传播学角度讲,法国传播研究重视的是文化内容而不是技术(另外法国的技术哲学不像德国、美国、荷兰等国那样有制度性存在)^④;从媒介(medium)研究的角度看,法国媒介学与以弗里德里希·基特勒(Friedrich Kittler)为代表的后人文主义的媒介考古学保持着距离——"媒介考古学被引入法国也是该概念

---

① DEBRAY R. Qu'est-ce que la médiologie? Questions à Regis Debray[M]// COHEN E, Pascale Goetschel, et al. Dix Ans d'Histoire Culturelle. Villeurbanne: Presses de l'Enssib, 2011: 26.
② BOUGNOUX D, DEBRAY R. L'immuable et le mutant[J]. Médium, 2013(5): 3.
③ DEBRAY R. Qu'est-ce que la médiologie? Questions à Regis Debray[M]// COHEN E, Pascale Goetschel, et al. Dix Ans d'Histoire Culturelle. Villeurbanne: Presses de l'Enssib, 2011: 25.
④ LOEVE S, GUCHET X, VINCENT B B. French Philosophy of Technology: Classical Reading and Contemporary Approaches[M]. Cham: Springer, 2018: 2.

在北欧出现 20 年后的事情，其读者群主要是英语日耳曼人"①，也很难说由德布雷开创的法国媒介学与英语日耳曼传统的媒介研究或技术哲学有多明显的关联。不像德国学界明显受到多伦多学派的影响，并对媒介转向（medial turn，更具体地说是 mediatic turn）进行了不少论述。在德布雷看来，北美重视技术，欧洲重视文化内容，尤其是法国知识分子长期就不看重技术的作用。②因此在此意义上，德布雷认为媒介学就是在文化和技术之间搭个桥梁，来说明文化的传承不仅仅是"表达和社会想象"的传递，而是"表达"与其传承载体合力的结果。③

由于法国媒介学话语的对象不只是通常意义上的"媒介"或"大众媒介"（mass media），而是涵盖一切技术对象且跨学科的，因此难以从传统思想史的角度来对"媒介学"进行线性溯源，只能从法国本土学术环境和德布雷本人的经历出发来描述媒介学话语产生的"历史先验"。"历史先验"（a priori historique）是法国思想家米歇尔·福柯（Michel Foucault）的考古学用语，用来描述话语产生的条件。福柯的"考古学"概念借自康德，其参照的是康德的《从莱布尼茨和沃尔夫以来德国的形而上学有什么真正进展？》（1793）一文中的一段话："哲学史的可能性本身不是历史的或经验的，而是理性的，即先验（a priori）。因为尽管其建立大写的理性（Raison）的事实，但其并不取自历史叙事，而是在哲学考古学层面上来自人类理性的本性。"④相对康德的"作为认识可能性的超验条件"的"先验"，福柯提出了指向"作为知识的历史条件"的"历史先验"。于是，有别于思想史的"意识—认识—科学"逻辑，福柯考古学遵循的是"话语实践—知识—（科学）话语"路径。简而言之，一个话语的产生条件来自历史实践。

福柯指出，考古学不是指一门学科，而是一个研究领域，并认为在某个社会中，哲学观念、一切日常观点以及制度机构、商业和警务实践、道德等，都指向一定的、这个社会本身所拥有的隐含的知识（savoir），而且这种知识与我们在科学书籍、哲学理论与宗教证明中所见到的知识不同，但就是它使某个社会既定时期的理论、观点与实践成为可能。⑤在这里，"知识秩序不仅被理解为科学、哲学所说的东西，而且被理解为文学、法律和规则、未被书写的知识、宗教、道德，即所有在一个文化中被知道

---

① LANGE-MÉDART A. L'archéologie des médias arrive en France–L'exemple de Friedrich Kittler[J]. Les Enjeux de l'information et de la communication, 2019（1）: 27-29.
② DEBRAY R. Qu'est-ce que la médiologie? Questions à Regis Debray[M]// COHEN E, Pascale Goetschel, et al. Dix Ans d'Histoire Culturelle. Villeurbanne: Presses de l'Enssib, 2011: 27.
③ DEBRAY R. Qu'est-ce que la médiologie? Questions à Regis Debray[M]// COHEN E, Pascale Goetschel, et al. Dix Ans d'Histoire Culturelle. Villeurbanne: Presses de l'Enssib, 2011: 26.
④ FOUCAULT M. Dits et écrits, II, 1954-1988[M]. Paris: Gallimard, 1994: 221.
⑤ FOUCAULT M. Dits et écrits, II, 1954-1988[M]. Paris: Gallimard, 1994: 498.

的东西"。① 因此，我们从法国媒介学学者们的作品出发，尤其媒介学方法或学科的创建者和主要阐释者德布雷的作品出发来描述"媒介学"得以产生的主要"历史先验"。

一、媒介学的文学艺术先驱

在德布雷看来，媒介学从柏拉图开始就以直觉的形式来综述一些古老的观察，而且更多是出现在文学艺术领域。② 例如巴特认为文学很早就发现了物（objet），《百科全书》提供了第一本人工制品（iconographie）画集；在19世纪，雨果（Hugo）和夏多布里昂（Chateaubriand）对蒸汽船和刊登在销量很大的报纸上的关于"电气化"的公共言论很感兴趣；作为印刷商的巴尔扎克（Balzac）对所有构成文学链、书店纸张贸易的诸多环节感兴趣；瓦莱里（Valéry）也考察了"人们快速增长的技术平等性"和"传播和传承方法迅速扩大的原因"；还有普鲁斯特（Proust）对电话使用的预测，诗人马拉美（Mallarmé）对绘图、技术支撑和陈述效果的关注。克洛岱尔（Claudel）对铁路多条单渡线应用的预测，他以清新的第六感觉讲述技术改革成了有趣的事情。由于所有的创造首先是制造，所以艺术家要求制造工具或材料并不奇怪，而且他们懂得将精神情感同那些不起眼的物质性小东西联系起来，抒情诗总能够预先触摸到技术兴起和它潜在的发展方向，人们总是先考虑媒介然后思考信息的内容。除了文学艺术之外，媒介学也从哲学中汲取营养。如电影中的"溪流艺术"，在法国当还没有一种严肃思想（esprit）来关注它时，诗人成了最早理解它的人。二十年之后是作家，再后来是哲学家（如梅洛庞蒂）。在当代，传播研究的多伦多学派以及盎格鲁-撒克逊人类学家，他们对物质文化（culture matérielle）的分析都早于自己的拉丁语系同事。同样，媒介的抽象分类意味着媒体（médias）的增加及其势力的增强，到了21世纪初，随着媒介厚度（épaississement médiatique）与其载体（vecteurs）的多元化，传承（transmission）的基本逻辑才有可能变得清晰起来。

二、记忆的外化：技术记忆哲学

媒介学深受法国文化记忆技术哲学的影响（如勒瓦古兰、斯蒂格勒等）。在安德烈·勒瓦古兰（André Leroi-Gourhan）和贝尔纳·斯蒂格勒（Bernard Stiegler）看来，人化过程是一种记忆（mémoire）外化的过程，并把记忆置于技术之中。斯蒂格

---

① Canal M I G. Foucault y el poder[M]. Coyoacán: Universidad Autónoma Metopolitana, 2005: 24.
② 德布雷. 媒介学引论[M]. 陈卫星，刘文玲，译. 北京：中国传媒大学出版社，2014: 102.

勒在继承前者记忆外化的基础上，认为有性别的生命体可由两个记忆来界定：物种的基因记忆（染色体）和后生的个体的后生记忆（神经记忆），但从人开始又出现了第三个因这种"外在化"（extériorisation）而产生的记忆——后种系发生记忆（épiphylogénétique）。①第三种记忆既不是基因的也不是神经的，而是有一套使我们能够继承未曾体验的过去的技术和记忆技术，它让文化传递和遗产继承成为可能：后种系发生记忆是文化传承的条件，总之，记忆的技术支撑（support technique）不纯粹是一种知识传承（transmission du savoir）手段，它甚至构建（constituer）了知识生产（élaboration）的可能性。②

法国媒介学借鉴了这种技术记忆传统，认为记忆往往是外在的，存在于技术之中，因为人类（l'humanité）本身来自一种外化："在勒瓦古兰之后，斯蒂格勒揭示了智人（homo sapiens）如何通过在技艺中外化自己的身体和记忆功能的能力而与众不同。借助工具，人把自己的记忆置于自己的身体之外，在物种的基因和神经记忆之外添加了为文化和遗产开辟可能性的第三种后种系发生记忆。不管是否注定保存一条痕迹，最微小的人工制品（artefact）事实上把一种有关其使用和制作的信息整合在自己的结构中。"③按媒介学说法，记忆往往来自两个方面：既来自文化（如传统和纪念）方面，又来自技术（如技术支撑和档案系统）方面；既来自被组织的物质（如痕迹）方面，又来自物质化的组织（如机构和记忆策略）方面。④媒介学家努力突出的就是这两个方面之间的循环因果的效果（effets）。⑤文化表征和社会想象与使其得以组织、产生和消失的技术系统和装置（dispositifs）互不分离。⑥在媒介学那里，技术（technique）发明了人，技术发生论是人发生论的外部面，人通过非人来建构。⑦

三、中介化概念：从"semio"到"medio"

西方的主体哲学从"本体论"到"认识论"，再到"语言学转向"，"意识"始终先于"物质"而受到重视。媒介学则把物质技术放到了优先的地位，来强调物质技术在文化传承中的"中介化"（médiation）作用，即从对阐释意义生成的"符号学"（semio-logy）转向技术对意义传承和修正的"媒介学"（medio-logy）。"媒介学转向"

---

① STIEGLER B. Leroi-Gourhan：L'inorganique organisé[J]. Les cahiers de médiologie. 1998/2（6）：191.
② STIEGLER B. Leroi-Gourhan：L'inorganique organisé[J]. Les cahiers de médiologie. 1998/2（6）：193-194.
③ MERZEAU L. Mémoire[J]. Médium：Transmettre pour Innover, Ed. Babylone, 2006（4）：153-163.
④ MERZEAU L. Mémoire[J]. Médium：Transmettre pour Innover, Ed. Babylone, 2006（4）：153.
⑤ DEBRAY R. Le pouvoir intellectuel en France[J]. Paris：Ramsay, 1979：30.
⑥ DEBRAY R. Qu'est-ce que la médiologie? Questions à Regis Debray[M]//COHEN E, Pascale Goetschel, et al. Dix Ans d'Histoire Culturelle. Villeurbanne：Presses de l'Enssib, 2011：26.
⑦ DEBRAY R. Histoire des quatre M[J]. Les cahiers de médiologie, 1998（2）：7-25.

就是"导向摆脱符号学幻觉（semiotic illusion），以便重新发现一个对世界、其物质材料（materials）、载体（vectors）和程序（procedures）更为有力的参照"。① 德布雷认为，"中介化概念借自哲学传统，尤其是来自指出精神（esprit）基本发展规律的黑格尔。精神的发展是纯粹的、辩证的或间接化的（médiatisant）活动。精神的发展通过不断地否定和超越自我的运动来反对自我。例如，为了达到真理（vérité），就必须经历一系列被努力修正的错误。于是，我们说真理被错误所媒介化（médiatisé）（真理是一个结果，不是一触即发）。或者说，我们的内在思维只有通过外在口语的呻吟才能被理解或认识，我们的精神被发出的声音媒介化（médiatisent）。中介化（médiation）因此也是一种实现自我的方式。通过中介化我们才能成为现在的我们，因为不存在直接的（immédiate）东西"。② 也就是说，媒介化（或间接化）为中介化提供了条件。

从法国媒介学家对媒介学的论述来看，令人感兴趣的不是技术的"媒介化"（或"间接化"，médiatisation）作用，而是技术的"中介化"作用。德布雷指出，媒介学"总之不对媒介（médias）感兴趣。媒介学引起了致命的误解，它成了'媒介社会学'（sociologie des médias）的同义词……媒介学家对媒介（médias）根本不感兴趣，或稍微有点兴趣。令媒介学家感兴趣的是文化的技术和组织的中介化（médiations techniques et organisationnelles）。媒介学家研究的对象是文化的技术和组织的中介化，因此也是技术的文化中介化"。③ "一切技术都涉及一种积极的中介化，而且一切人的行动都通过技术中介化（médiation technique）来进行。因为技术不仅给使用者以权力（pouvoir），还能报告（informe）、改变和传送（transporte）使用者的记忆、行为、知识、信仰、归属和表达。"④

四、福柯系谱学的"幽灵"

法国媒介学的理论思维理路主要体现在其创建者德布雷的著作中，其基本思维框架体现着福柯的系谱学（généalogie，英语 genealogy）精神。德布雷虽然在《普通媒介学教程》中批评了福柯的考古学，但对系谱学毫无触及。实际上对前者的批判意义并不大，因为考古学涉及的是话语陈述的分布规律，系谱考察的是话语与"作为被发明程序"的权力技术间的互动关系。在系谱学中，主体不仅是话语和权力技术的中介化

---

① DEBRAY R. Media Manifestos[M]. London：Verso Books，1996：50.
② DEBRAY R. Introduction à la médiologie[M]. Paris：Presses universitaires de France，2000：118.
③ DEBRAY R. Qu'est-ce que la médiologie? Questions à Regis Debray[M]//COHEN E，Pascale Goetschel，et al. Dix Ans d'Histoire Culturelle. Villeurbanne：Presses de l'Enssib，2011：26.
④ MERZEAU L. Ceci ne tuera pas cela[J]. Les Cahiers de médiologie，1998（06）：31.

(médiation)结果,①话语也是权力技术和知识中介化的产物,因为话语策略本身就是一个知识/权力装置。②德布雷曾指出,"媒介学家和福柯主义者拥有一个共同的对手'内在性'(intériorité)。不过,媒介学家是在不起眼的物质材料(matériau)上做文章,这种不起眼(trivial)因老化的中介化(médiatrice)机构而加剧;福柯的观点则聚焦于主体化(subjectivations),而不是物体。福柯的视角关心观念(idées)对人做了什么;而我们关心我们的工具对观念做了什么"。③不过这种描述没有概括出系谱学的全部含义,福柯不仅关心话语的生产性,也关注权力的生产性,即二者的循环影响。媒介学几乎沿袭系谱学的思维理路:媒介学像系谱学一样不是去寻找一个奠基性起源,而是把注意力放到为学说、宗教、主义、意识形态等找出存在的可能性条件,技术和文化(权力和话语)的彼此中介化过程生产了对象,构建了话语的起源。④

五、德布雷的媒介学政治抱负和直接动力

雷吉斯·德布雷是法国的哲学家、作家、(曾经的)记者、教师和政府高官,他属于把自己的思想必须付诸行动的20世纪60年代的那代法国"巴黎高师人"(ENS)。他虽然曾受教于路易·阿尔都塞等马克思主义者,却批判性地走出了自己的思想道路。不同于一般意义上把批判武器直接等同于话语和言论的斗争,德布雷通过自身的政治介入来体会理论和实践之间的中介化的功能。伴随着那个年代的左翼思潮,他参与格瓦拉领导的武装游击活动,并身陷牢狱。出狱之后,德布雷在考察智利的政治实践时成为智利社会党领袖阿连德和当时的法国社会党总书记密特朗的信使。回到法国后,德布雷的革命思想发生了转变:从狂热的暴力革命转向对政治策略的分析,从关注革命所达目标(如社会主义式的解放)的"革命战略家"转向了对革命特殊手段的解析者。在这种转变过程中,"媒介学"作为一种对社会(政治)秩序建构和文化传承(transmission)的思考方法被运用。

德布雷的《革命中的革命?》曾被拉美的游击队员广泛阅读。德布雷后来在评估被捕事件后认为,审判他的法官与他们准备惩罚的知识分子一样共享相同的幻觉,即统治世界的只有观念(ideas)。"今天在对那次事件的两个解读中——是书籍启发了革命行动还是书籍仅仅作为某个业已进行的行为的一种'方便的召集符号',德布雷说他现在倾向于后者。于是,媒介学方案可粗略地被界定为:媒介学是对可改变事物发展路

---

① RAHLI H. Foucault médiologue?[J]. Medium,2018,56(3):35-48.
② FOUCAULT M. Defender la sociedad[M]. Buenos Aires:Fondo de Cultura Económica,2008:175.
③ DEBRAY R. Modernes Catacombes[M]. Paris:Gallimard,2012:46-47.
④ 朱振明.媒介学中的系谱学迹线:试析德布雷的方法论[J].新闻与传播评论.2019,72(3):87-97.

径的词语、图像和话语（speech）的象征效用的研究，不过是基于物质中介化（material mediations）的研究，这种中介化使它们能够被传递、流动和延续。"① 德布雷也曾指出，马克思曾详细地描写"当一种观念占据了大众的心理，它就成为一种物质力量"②，但征服群众的观念如何能变成物质力量？马克思没有回答。于是，德布雷认为有影响的人物首先依赖于承载自己言语（parole）和作品（écrits）的手段（moyens）或载体（vecteurs），一贯受到法国知识分子轻视的"技术"（technique）应该受到关注。③

六、媒介学批判的触发器："媒介即讯息"

马歇尔·麦克卢汉的"媒介即讯息"（Medium is the Message）成了德布雷进一步阐释媒介学的触发器。德布雷在《媒介学引论》中质疑麦克卢汉的这种表述"难道不是以媒介过于方便的标牌混淆了渠道、编码和支撑？"④ 并且在《媒介学宣言》中引用意大利符号学家安伯托·艾柯（Umberto Eco）的话来说明麦克卢汉混淆了"内容"和"渠道"："麦克卢汉以媒介的标签混淆了信息的渠道或物质载体、某种语言的编码或内部结构、一个具体传播行为的讯息或内容"，并借用索绪尔的观点加以强调"语言和书写是两个不同的符号系统；第二个系统存在的唯一目的是前者"。⑤ 不知道这是否是内外学术界的通行做法：为找切入点可以扭曲地挪用他人的观点（尤其是学术名人的见解）。麦克卢汉的"媒介即讯息"中讯息（message）似乎与具体传播渠道中流动的内容信息（content）没有多大关联，因他在《理解媒介》中写道："'媒介即讯息'只是说任何媒介（medium）——我们的任何延伸——的个人和社会后果来自一种新媒介或我们的每一个延伸（extension）被引入我们活动中的新规模……任何媒介或技术的'讯息'（message）是它（技术）引入人类事物中的规模、速度或模式的变化。铁路没有把运动或运输或车轮或道路引入人类社会，但是它加速并增大了先前人类活动的规模，创造了全新的城市、工作和休闲。"⑥ 可见麦克卢汉的"讯息"指的是技术创新对人类活动的影响规模的变化。正因为麦克卢汉的"讯息"是媒介对个体和社会所造成的影响，在此基础上我们才进一步看到多伦多学派对北欧的"媒介转向"（或媒介现象学）的影响痕迹——英语日耳曼的媒介研究传统本来走的是媒介化的"技术线路"。不

---

① BEAUD P, KAUFMANN L. New Trends in French Communication Research[J]. The Public, 1998, 15（1）: 10.
② 德布雷. 媒介学引论[M]. 陈卫星, 刘文玲, 译. 北京: 中国传媒大学出版社, 2014: 120.
③ DEBRAY R. Qu'est-ce que la médiologie? Questions à Régis Debray[M]//COHEN E, Pascale Goetschel, et al. Dix Ans d'Histoire Culturelle. Villeurbanne: Presses de l'Enssib, 2011: 28.
④ DEBRAY R. Introduction à la médiologie[M]. Paris: Presses universitaires de France, 2000: 31.
⑤ DEBRAY R. Media Manifestos[M]. London: Verso Books, 1996: 71.
⑥ MCLUHAN Mn. Understanding Media: The Extensions of Man[M]. Cambridge & London: The MIT Press, 1994: 7-8.

过，拉丁语系学者（无论德布雷还是艾柯）对麦克卢汉的批判让我们看清了媒介学的着力点——技术与被传承讯息的循环影响。

第二节 作为"存在与传承方案"的法国媒介学及其思维理路

一、作为"社会存在和文化传承"反思方案的媒介学

由于法国媒介学的整体理论框架由德布雷创建和阐发，因此有必要通过德布雷的实践来厘清媒介学的成形和思维理路。德布雷媒介学与其说是一门学科，倒不如说是一种有关社会存在与传承、文化与技术、观念（或思潮）与运动、意识形态与权力等现象的反思方案。作为思想家和行动者，德布雷拒绝理论反思和社会责任的分离，其努力实现的就是把"说"（dire）与"做"（faire）结合起来。权力（pouvoir）、信仰（croyance）与传承（transmission）是德布雷思想体系的中心三角，他的重要贡献无疑是非常明晰而有力地把这三个领域结合在"媒介学方案"中，并称之为：政治（politique）、宗教（religion）、中介化（médiation）。[1] 德布雷把对宗教起源和传承的思考借用到政治社会组织中，形成了他的"神学政治"，来显示在商业理性流行的时代已然伴随着种族—宗教诉求的回归。[2] 德布雷的"媒介学方案"存在于对社会存在和文化传承的整体反思：前者主要体现于《法国知识的权力》（1979）、《书记员》（1980）与《政治理性的批判》（1981）等；后者则隶属于《普通媒介学教程》（1991）、《影像的生与死》（1992）、《媒介学宣言》（1994）、《传承》（1997）等。该反思涉及两个媒介学公设："不完备原则"（incomplétude）与"循环因果原则"（causalité）。

在德布雷媒介学视角下，社会成员之间的水平沟通不足以维持社会的凝聚力和持久性，集体的维持必须参照一个位于自身之外的"超验的存在"或"不完备点"。"不完备原则"来自奥地利逻辑学家库尔特·哥德尔（Kurt Gödel, 1906-1978）"不完备定理"[3] 的启发，即：仅借助系统内部的元素，任何系统都不能形成自治的体系，也就是说，不管何种领域（champ）的限定只能通过向某个外在于该场域的元素的开放来进

---

[1] JEANNERET Y. La médiologie de Régis Debray[J]. Communication et langages, 1995 (104): 8.
[2] COURTOIS G. Régis Debray et le Théologico-Politique[J]. Droit et cultures. Revue internationale interdisciplinaire, 2018 (76): 231-255.
[3] "没有一组逻辑关系的确立能不意味着还存在其他这组关系自身无法处理的关系。"见雷吉斯·德布雷. 普通媒介学教程[M]. 陈卫星, 王杨, 译. 北京：清华大学出版社, 2014: 37。

行，任何群体如果要与周围的混乱环境分离且获得一种身份或稳定性，就必须参照一个真实的或象征的、物理的或神话的外部存在，以便形成一个团体。① 于是在德布雷那里，"不完备原则"成了集体组织存在的超验条件，每个社会都存在着超越自身的最终根据，没有"超验"就不存在内在性（immanence），而且宗教和政治都遵循着"不完备原则"，宗教是政治的"元—政治"（métapolitique）模型。"神圣事物"（sacré）就是宗教或政治团体存在所参照的"不完备点"，对该"不完备点"的信仰担保了群体成员间的彼此信任和社会秩序。② 在德布雷看来，这个历史的或象征的挂靠点（point d'accroche）往往以多种面目出现（如神话的过去、超验存在、乌托邦方案等），在界定上禁止技术操纵或批判，是一种集体的神圣事物。③ 德布雷从超验角度对社会凝聚力的分析使其思想成了法国"政治人类学转向"的组成部分。④

在"不完备原则"的视角下，人类在变成社会存在的同时又成了宗教性的存在：如果不参照外在于自己的超验的"神圣事物"，任何社会群体便不能继续下去；如果不主张一种超越自身存在的信仰（或"政治的无意识"），任何权力都不能得到维持。⑤ "神圣事物"要受到讯息传承技术的限定，传承的技术安排不但修正了"神圣"的内涵，而且让其作为"真实的"东西发挥效力。就宗教和政治而言，作为争取信众身心并塑造其主体性的"'意识形态统治'不是通过讯息的内容，而是通过强加和灌输它们的形式的安排来行使的"。⑥ 就媒介学而言，这又涉及第二个公设"循环因果原则"。

"循环因果原则"拒绝为信仰的后续（ultérieures）形式赋予一个起源。媒介学史观不是去寻找一个奠基性起源，然后由此源头来延续一个完整的线性过程。媒介学的起源是在最后被提出来的，不是某个人或主义者创造了某个学说，而是有关某个"主义"（-ism）的媒介化过程创造某个"主义者"，即主义的创始人其实是主义的产物而不是相反，"下游构建了上游"⑦。同时，传承过程不但建构了讯息，而且为其赋予价值，使其合法化并长期存在下去。"没有具体于制度化中的讯息就像水汽或噪声一样空洞。"⑧

德布雷在《媒介学引论》中以基督教为例来说明媒介学话语的路径："所谓的福音讯息是以图表与教会团体（文本+基督身体或教会）为媒介（médium），而该媒介

---

① DEBRAY R. Incarnation, médiation, transmission[J]. Autres Temps, 1991, 32（1）：38-46.
② DEBRAY R. Incarnation, médiation, transmission[J]. Autres Temps, 1991, 32（1）：38-46.
③ DEBRAY R. L'incomplétude, logique du religieux?[M]. Bulletin de la SFP, no.1, 1996：4.
④ COLLINS J. The Anthropological Turn. French Political Thought After 1968[M]. Philadelphia：University of Pennsylvania Press, 2020：169-218.
⑤ JEANNERET Y. La Médiologie de Régis Debray[J]. Communication & Langages, 1995, 104（1）：4-19.
⑥ DEBRAY R. Cours de médiologie générale[M]. Paris：Gallimard, 1991：58.
⑦ DEBRAY R. Qu'est-ce que la médiologie?[J]. Le monde diplomatique, 1999.
⑧ DEBRAY R. Transmitir[J]. Buenos Aires：Manantial, 1997：26.

在形成过程中又受限于一个或几个环境（milieux）的条件（每个环境拥有自己的思维和行为模式），这些环境最终形成了被我们错误认为是原始的讯息（这属于中介化过程）。"① 其中"讯息时刻"（moment）与语用学关注相对应，"媒介时刻"与技术关注相对应，"环境时刻"与生态学关注相对应，"中介化"则与人类学关注相对应。在"循环因果原则"视角下，媒介学认为不能独立于物质支撑（媒介、技术）和机构支撑（组织、教堂、管理部门或政党）来思考信仰和文化的传承，"没有传承技术和传承观念的机构就没有观念体系（système d'idées）的存在"②。在媒介学家那里，技术是"使人相信"（faire-croire）的条件。"宏大观念"因传承技术而具有了立法的力量，"中介化"不仅是一种传承，而且是一种制造。

媒介学的这两个公设是相辅相成的："不完备原则"揭示了"循环原则"发生的基础；"循环原则"显示了"不完备原则"的运作机制。二者体现了对社会存在及其文化延续的"精神逻辑后勤学"（logistics of spirit）的反思以及对处于物质性和精神性中的文化的反思。

二、德布雷视角下的媒介学思维理路

作为对社会存在和文化传承的反思，具体地，作为对"中介化"过程的反思，媒介学拥有自己的思维理路。这种思维理路把媒介学导向了理解社会现实的另一种新路径。在德布雷的认识中，西方思想有别于中国思想，"中国有着统一而有机的宇宙论，所有的空间都是中介性的——不必填充灵魂与肉体、物质和精神间的鸿沟"③。西方思想则是柏拉图二元论导致的结果，二元论观念遍布于人文与社会科学的各个方面。媒介学指向的就是一种新的描述世界和讲述历史的方法，远离西方传统的二元论思想，告别以往的二元对立："拒绝二元思维，即符号与物、灵与肉、内部与外部：重要的是'架桥'（ponter），即让它们彼此交叉、彼此获取营养。"④ 在媒介学视角下，社会和技术不能形成两个现实阶层，而是形成一个领域：主客体、人与非人，在此混合在一起，相互决定。

在（社会和学术）实践层面上，媒介学不仅是对左翼社会革命（拉美武装斗争）、（法国）知识界权力与媒介关系以及所有人类社会存在的反思，也是对与其相关联的社会科学的反思。其"结合文化史、印刷史和阅读史所提供的实证研究，试图让一种被

---

① DEBRAY R. Introduction à la médiologie[M]. Paris：PUF，2000：137.
② RUANO-BORBALAN J C. La fabrication de Dieu：Entretien avec Régis Debray[J]. Hors-Serie，2002（36）.
③ DEBRAY R. Incarnation，médiation，transmission[J]. Autres Temps，1991，32（1）：42.
④ DEBRAY R. Incarnation，médiation，transmission[J]. Autres Temps，1991，32（1）：42.

媒介化的社会文本成为社会变迁的动力来源和阐释机制"。①媒介学为文化和技术的跨学科分析提供了系统框架，它把社会科学整合在一起，克服了它们各自的局限性："社会学研究集体性是如何形成、社会是如何形成，但是忽略了文化和技术的作用；符号学研究文化，但是忽略文化传播的物质条件；媒介研究集中于报纸、电视和互联网，但漏掉了其他传播和传输工具；技术的历史忽略了集体主体性的形成以及技术和社会组织对社会变迁的影响。"②这些都缺乏一个统合历史和传输手段效能的社会－技术研究方法。相反，媒介学聚焦于文化传承的物质－制度条件，真正地处理观念和意识形态因之而被代代传承的道路、渠道、车辆、车站、港口及其他各种各样的物质－制度载体，提供了一种把"社会－学"（socio-logy）和"技艺－学"（techno-logy）联系起来的视角。消除了技术与文化的二元对立，构合了人类社会的物质性与精神性。

德布雷认为，人类的历史包括人与人关系的"文化史"和人与物关系的"技术史"：前者包括艺术、宗教、神话、政治等；科学与技术属于后者。他辩证地看待了技术史与文化史之间的关系，既不赞同纯粹的技术决定论，也不苟同意义对社会现实的唯一构建性。社会存在和文化传承是文化和技术交叉的结果：人与人的关系需要由物来调解（mediated）；人与物的关系需由人来调解。在德布雷那里，媒介学不是纯粹的媒介理论——不过他认为，把媒介学划归媒介研究也算是一种聪明的做法③，其研究的不是一个媒介对象，而是一种从关系层面上来审视的中介化过程。德布雷在《媒介学宣言》中指出："我把处理高级社会职能与传承技术结构关系的学科称为媒介学，又把在某个人类群体的象征活动（宗教、意识形态、文学、艺术）、该群体的组织形式及其痕迹抓取、存储与循环方式间建立相互关联的方法称作媒介学方法。"④即媒介学涉及三个系统间的相互关系："由不同外观符号所构成的象征形式，不同地域、民族、性别、阶级的人群的集体组织，以技术制作形式为区分的各种传播技术系统。"⑤简而言之，媒介学就是在宗教（religio）、社会（socius）和技艺（tekhnè）之间建立关联。如果没有宗教式的"不完备点"，社会就难以维持；如果不把社会集体化和物质化为一个管理扩散后勤逻辑的集体组织，作为技艺的传播技术系统就不可能存在。

德布雷媒介学试图回答诸多有关观念传承及其象征效力的问题，所有这些问题可

---

① 陈卫星．传播与媒介域：另一种历史阐释[M]//德布雷．普通媒介学教程．陈卫星，王杨，译．北京：清华大学出版社，2014：10．
② VANDENBERGHE F. Régis Debray and Mediation Studies, or How Does an Idea Become a Material Force?[J]. Thesis Eleven, 2007（89）：25.
③ DEBRAY R. Transmitir[M]. Buenos Aires：Manantial，1997：23.
④ DEBRAY R. Media Manifestos[M]. London：Verso Books，1996：21.
⑤ 陈卫星．传播与媒介域：另一种历史阐释[M]//德布雷．普通媒介学教程．陈卫星，王杨，译．北京：清华大学出版社，2014：10．

综合为"人类如何、通过何种策略（stratégies）、在何种限制下来传承它在不同时代生产的信仰和价值体系？"对该（或这些）问题的回答，需要探究高级社会职能（宗教）与传承技术（技艺、社会）结构间的互动过程——前者被德布雷形象地比喻为"文化景观的地貌学"，后者为"地球动力学"[①]，也就是"一套介于符号生产和事件产生之间的中间程序或中介体的动态结合"[②]，即中介化过程。在此过程中，"中介化"要承担铭写（inscription）、组织（organisation）、调节（régulation）、预期（anticipation）等四种功能，即其不但涉及既定时空中的痕迹或符号系统和制度有机组织，而且推动机构（corps conducteurs）在促进信息流动的同时还要确保社会与技术因素的协商和平衡，来实现文化传承的预期。德布雷媒介学认为，符号结构可分为三个层面：物理的（或技术的）、语义的、政治的。不过它们分属在不同的学科：第一个层面属于"科学技术史"；第二个属于"文化科学"；第三个属于"社会科学"。[③] 媒介学就是去打破这些学科壁垒，把符号技术的、文化的、社会的属性构合起来，来探究与之相关的某个宏大事件（如基督教、政治方案等）的生成。在具体分析方法上，它就是要打开整合"工具化逻辑和制度化逻辑"的"媒介"（médium）这个黑匣子。

第三节 德布雷视野中的媒介学分析进路与操作方法

一、媒介学的具体分析进路

在德布雷思想里，媒介学的研究领域有两个入口：或者是通过技术的象征作用（或效果）由下而上进行，或者是通过象征体系的技术条件由上而下进行。按照他的说法，我们可以追踪与一种新程序（书写、印刷、电视或当下的数字技术）相联系的效果，如从木浆到民主舆论的线路，我们看到舆论的民主性是通过碎布纸，而不是由教材也不是由发行量很大的报纸来实现；再如，自行车同时参与了女权主义运动、运动艺术、旅游业的兴起。我们还可以挖掘某种文化或精神现象的社会技术条件，如基督教也不是一开始就有的，而是刻在石头上沉重的神像，固定在地上、神坛上或者卫城上的神的雕像，楔形文字和骆驼队，等等，这些让人意想不到的元素结合在一起，促

[①] DEBRAY R. Transmitir[M]. Buenos Aires: Manantial, 1997: 23.
[②] DEBRAY R. Media Manifestos[M]. London: Verso Books, 1996: 17.
[③] DEBRAY R. Media Manifestos[M]. London: Verso Books, 1996: 17.

使了一种至高无上的思想的产生。①虽然媒介学研究的入口不同,但每个入口都试图借助技术与文化的互动导向一个"事件"的建构。

媒介学方法中技术与文化的功能关联方法是多重的:系统内互动(intra-système)、系统间互动(inter-systèmes)和跨系统互动(trans-systèmes)。②德布雷指出,我们可以坚持系统内的互动,如对于书籍,可考察印刷的复制方式(技术方面)和文本的内部组织(文化方面)的关联;对于固定影像(image fixe),可考察数字化处理与艺术照片(就是计算机对胶片的处理)的关联;对于电影,可探讨磁带录像机如何使电影爱好者感到震撼。在系统间互动层面上,可考察摄影的出现让绘画发生了什么样的变化,或电力让建筑发生何种变化(提升机和摩天大楼),或在世纪之初,印刷媒体制作的环法自行车大赛的电视直播。在跨系统互动层面上,可联系沙漠环境中漫游(itinérance)与一神论出现间的依赖关系,活版印刷文化与社会主义产生间的关系,电影投影与民族想象建构间的关系。不过,技术创新并不能自动地导致一种社会变迁或"进步",可能会导致"慢跑效果"(effet-jogging),即社会的回应表现为对以往行为的重新尊重。

要进一步展现媒介学的具体操作方法,就需要区别传播(communication)与传承(transmission)概念。传播是在空间维度上运输(transport)信息,而传承则是在时间维度上运输信息,运输在传承中发生着变化,传播是传承的必要而非充分条件。也可以说,媒介学在历时维度上要探究根据何种传递网络和组织形式构建了某种或怎样的文化传承,该问题既指向历史上的宏大宗教、世俗意识形态、宏大运动,也指向小群体;另一方面,在共时维度上,考察某种设备依据何种方法修正了一个机构、一个业已建立的理论或某种早已规范化的实践。③作为解释社会存在和延续的方案,可以说,媒介学是从宗教或政治传承模型而不是从传播模型来研究中介化,它用"做什么、如何做、通过何种渠道、在什么的限制下?"(que faire, comment, par où et sous quelles contraintes?)的中介化模式替代了克劳德·香农(Claude Shannon)的"谁通过何种渠道对谁说了什么?"(qui dit quoi a qui et par quel canal)的传播模型。④借此,让一个"象征符号的铭刻、传递、循环和持久存在于人类社会当中"。⑤

德布雷媒介学对"精神生产"(宗教、学术、意识形态等)在社会中的传承进行了

---

① DEBRAY R. Introduction à la médiologie[M]. Paris:PUF, 2000:72.
② DEBRAY R. Introduction à la médiologie[M]. Paris:PUF, 2000:79-81.
③ DEBRAY R. Transmitir[M]. Buenos Aires:Manantial, 1997:147.
④ DEBRAY R. Histoire des quatre M[J]. Cahiers de médiologie, 1998(06):8.
⑤ DEBRAY R, El Estado seductor. Las revoluciones mediológicas del poder[M]. Buenos Aires:Manantial, 1995:11.

阐释，努力在历史中标识传承的物质装置的精神效果以及文化变迁的制度决定因素。传承就是一个"中介化"过程，其包含了使观念扩散和传承成为可能的文化与技术间的所有互动。媒介学也因考察文化与技术互动的中介化的结构与规律而被德布雷称作"社会思想物理学"①——这如同奥古斯特·孔德称"社会学"为"社会物理学"和米歇尔·福柯称"权力分析"为"权力微观物理学"。在媒介学过程中，中介化构合了两个面：技术面（"被组织的物质"）和组织面（"被物质化的组织"），即生产、使用、普及和使技术支撑和工具合法化的机构。技术面意味着传承的"传播结构"，组织面则指传承的"制度结构"。也就是说，传承手段（或象征体系的媒介载体）具有双重属性：技术装置（dispositifs techniques）（符号的书写界面、编码程序、扩散机器）与有机装置（dispositifs organiques）（机构、语言、仪式）。就是因"被物质化的组织"（或等级化机构）的存在，一个"传播"行为才与一个"传承"事实区别开来。"我们用'被组织的物质'（Matière Organisée/ Ouvragée）来思考和传播，不过是在'被物质化的组织'（Organisation Matérialisée）中进行的"②，德布雷如是说。被组织的物质和被物质化的组织间互动（如支撑与关系、传播装置与社会机构、社会性与技术性）的辩证法是理解媒介学命题的关键。

需要说明的是，德布雷虽然不赞同技术决定论，但在表述上也有些模糊。在他那里，一方面，"媒介学学者后悔颂扬技术决定论，但是他首先要将自己思考的思想设备的客观决定性凸显出来"③；另一方面，"在媒介域中，客观不应当与主观分离的事实并不能掩盖（物质）技术对象征符号的最终至高无上的权威。无论是字母表中轻微的字母，还是最普通的铅字体字符，还是是微小的硅片，"小"尽早会走向"大"。一种文化或社会传统总是最终拥有支撑它的存储设备的命运，而且每个新的媒介域可以阻碍来自前一个媒介域的霸权中介者阶层"。④ 因此给人留下的印象是，在德布雷的著作中，始终有两个观点相互争斗："一方面是肯定技术事实相对文化事实的重要性；另一方面又提倡排除前者的决定性。"⑤ 不过，总体而言，德布雷努力构建一种技术与文化间的互动关系，避免倒向技术决定或文化主义。

---

① DEBRAY R. Cours de médiologie générale[M]. Paris: Gallimard, 1991: 92.
② DEBRAY R. Introduction à la médiologie[M]. Paris: PUF, 2000: 131.
③ 德布雷. 普通媒介学教程[M]. 陈卫星, 王杨, 译. 北京: 清华大学出版社, 2014: 82.
④ DEBRAY R. Media Manifestos[M]. London: Verso Books, 1996: 30-31.
⑤ JRANNERET Y. La médiologie de Régis Debray[J]. Communication et langages, 1995（104）: 18.

二、德布雷视角下的媒介学操作方法

德布雷认为，每个社会群体都按照自己的方法、节奏和（不合群的）编码来同化技术创新，在某个设备的潜在应用与其实际使用之间存在着很大距离①。文化要想成功地穿越时间，被传承下去，就需要通过生产"值得记忆的东西"（lo memorable）的"物质化"（materializar）和为"记忆者"（los memorantes）赋予形式的"集体化"（colectivizar）操作，借助构合"工具化"和"制度化"的中介化来实现。②被传承的观念的力量存在于对其携带者的组织中。媒介学过程包括三个黄金法则：去中心化、物质化与使运转。③"去中心化"即让被陈述的内容服从于陈述的方式和陈述的权力机构；"物质化"意味着人类演化的历史更多被看成社会在物质维度上的表现，铭写工具的性质在很大程度上决定了评注程序的性质；在"使运转"方面，对中介化实践的分析让事实（constatativo）陈述现状服从于（所有通过这些现状进行的）作为变化清单的展演行为的（performativo）东西，让"事实"服从于"行为"。这三个法则意味着，对媒介学过程的分析既要关注"技术工具"的影响，又要考察"组织机构"的力量。

要把握媒介学传承的操作方法，可从两个方面来认识和入手：在宏观上，我们需要了解媒介学传承的构成元素；在微观上，需要具体了解这些元素间的互动机制。在宏观上，媒介学的传承元素包括讯息的"循环手段"（moyens de circulation）和"循环动因"（agents de circulation）。它们分别代表着"物的世界"与"生命的世界"：前者意味着"被组织的物质"（MO），指向技术类型的媒介；后者涉及"被物质化的组织"（OM），指向种族-文化媒介，是主体性工程的载体。其中"被组织的物质"是全套工具，而"被物质化的组织"则是坚定不移的发动机。④"循环手段"包括"作为运输通道的载体"（如道路、屏幕、纸张等）、"作为运输手段的工具"（如自行车或汽车、字母或象形文字、绘画或照片等）和"作为运输方式的网络"（如道路型、印刷型、电波型、数字型等）；"循环动因"涵盖"文化承载环境"（如罗马文化、希腊文化、北美文化等）、"集体推进机构"（如机关、企业、机构——博物馆、出版社、学校、电视台等）和"概念诱发编码"（如讯息的内部配置方式）。⑤德布雷以电视节目为例进行了

---

① DEBRAY R. Transmitir[M]. Buenos Aires：Manantial，1997：119.
② DEBRAY R. Transmitir[M]. Buenos Aires：Manantial，1997：26.
③ DEBRAY R. Transmitir[M]. Buenos Aires：Manantial，1997：153-165.
④ DEBRAY R. Transmitir[M]. Buenos Aires：Manantial，1997：34.
⑤ DEBRAY R. Introduction à la médiologie[M]. Paris：PUF，2000：128.

详细说明:"载体:屏幕+阴极管。运输工具:直播或转播的电子音像。网络:地面电磁波运输线(法国电信分公司 TDF)。运输场所:法语文化圈。推进机构:公立的工商机构(France2 或 France3)或私立的工商机构(TF1、Canal+)。诱发编码:通过节目安排档期而物质化了的策划设计工作室,由这个工作室最终决定文字排版、规格及节目类型(脱口秀、直播、专栏、演播室等)。"① "物的世界"与"生命的世界"构合勾勒了传承的技术与人文环境。

对媒介学传承的具体了解,需从微观上进入有别于大众媒介(mass media)的"媒介"(médium)这个黑匣子之中,考察作为"外部运输载体"的"被组织的物质"(MO)和作为"内部转化载体"的"被物质化的组织"(OM)两组范畴间的互动。"被组织的物质"范畴指的是传承的技术载体,可细分为物理载体(MO1:静态的纸张或动态的声波)、表达方式(MO2:文本、图像、声音)、运输设备(MO3:链条型、发散型、网络型);"被物质化的组织"范畴指的是传承的制度载体,可细分为语言编码(OM1:拉丁语、英语等)、组织框架(OM2:城市、学校、教会等)、形成模式(OM3:对讯息进行的概念组织)。② 媒介学研究不只是让分析者把媒介作为一个传承的实践过程来研究,而且是从关系层面上来思考要分析的不同元素。例如,文字的发明生产了文本(MO1);作为新的文本生产系统,印刷(MO2)将生产大量的书籍(MO3),这些书籍又与文本生产和扩散(车间+书店)的技术和人文环境(milieu)不相分离,而该环境又引发了民族语言(OM1)的扩张和官方化,出现了各种文学领域的机构,如科学院、皇家图书馆、学术期刊、阅览室等(OM2),而这些机构又是话语模式(matrices discursives)和社会性形式(如作者的概念与著作权、书信形式、接待话语、沙龙对话、知识分子圈的"交流"等)的载体。③ 因此,媒介学家的世界不是一个机械的世界,而是一个系统的、辩证的、关系的世界,其拥有(物质和精神元素间)彼此因果决定的反馈回路,其遵循着非线性的因果和决定论逻辑:"A 不一定造成 B,但没有 A 就不存在 B。"④ 德布雷媒介学的分析方法大纲如图 3-1 所示。

---

① 德布雷. 普通媒介学教程[M]. 陈卫星,王杨,译. 北京:清华大学出版社,2014:131.
② DEBRAY R. Introduction à la médiologie[M]. Paris:PUF,2000:127.
③ DEBRAY R. Introduction à la médiologie[M]. Paris:PUF,2000:131.
④ VANDENBERGHE F. Régis Debray and Mediation Studies, or How Does an Idea Become a Material Force[J]. Thesis Eleven,2007(89):30.

第三章 法国媒介学的理论考古、思维理路与范式特征

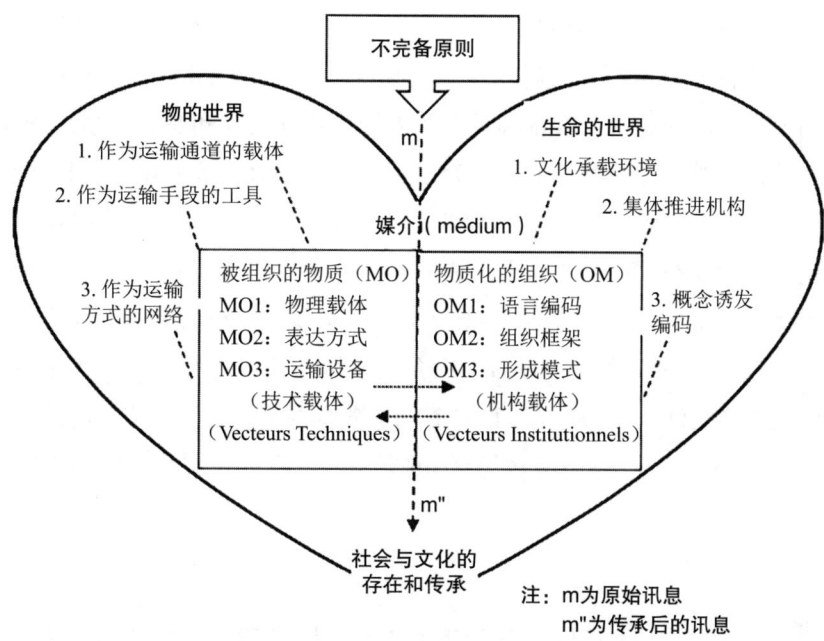

图 3-1 德布雷媒介学社会与文化存在 – 传承图

如上所述，媒介（médium）更多是一个环境，而不是一个具体的客观对象。为了方便把握长时段上的中介化逻辑，德布雷发明了"媒介域"概念，用它来指一个既定时期流行的中介化系统，或"技术与象征"结构，或"具有一定时间和空间特性的传承和运输的技术环境"。[①] 在历史视角下，媒介学基于一种旨在标示主流传播和传承系统的历史分期，每个媒介域意味着一定时期围绕某个技术和象征结构所建立的社会和文化稳定性。"媒介域"是一个动态的复杂的生态系统，其围绕一种处于支配地位的传播媒介组织起来，通常情况下这种媒介是最新的。"媒介域"概念旨在说明传承技术及其制度配置被牵连进信仰的改变，也是社会秩序的确立和改变，媒介域转换的时刻是媒介和社会产生紧张或复杂关系的时刻。[②]

德布雷媒介学主要包括三个媒介域：逻各斯域（logosphère）、书写域（graphosphère）和图像域（vidéosphère）；另外，法国媒介学学者露易丝·梅尔佐（Louise Merzeau）在德布雷的"三域"之外添加了一个"超级域"（hypersphère）（数字网络体制）。具体地，"逻各斯域"开始于书写技术时期，主要是口头传输或少量的宗教文本；"书写域"开始于印刷技术时期，主要是知识和神话书籍的传输；"图像域"随着视听技术的出现而开始，主要是通过屏幕观看来实施的数据、模型或叙事

---

① DEBRAY R. Introduction à la médiologie[M]. Paris：PUF，2000：32.
② 陈卫星. 传播与媒介域：另一种历史阐释[M]// 德布雷. 普通媒介学教程. 陈卫星，王杨，译. 北京：清华大学出版社，2014：18-19.

(narratives)的传输。① 而"超级域"则通过围绕超文本和网络模型的实践和工具的再平衡来界定,其体制(régime)是连接、互动和扩散(dissémination)。② 这些媒介域随着技术在时间上的更新而相续,在基础设施和使用中相互共存和叠加。"从一种媒介域到另一种媒介域,需要通过机器革命。因为它首先影响传承技术(MO)和社会政治圈层(OM)。当然,这种技术革命需要有利的文化环境,它不会无缘无故地发生,它被嵌入逐渐进化的连续发展的过程中,成为其中的一个环节。"③ 实际上,"媒介域"成了米歇尔·福柯系谱学意义上涵盖话语实践和非话语实践的"权力装置"(dispositif),其决定着意义和主体性的生产:一方面,媒介域"是一种超验的技术,其先验地规定了意义及事件的生产条件";④ 另一方面,"在每个集体主体性后面,有一种或几种技术系统在工作,反之亦然。既不存在技术自治的事实,也不存在文化自治的事实,二者彼此相互控制"。⑤

第四节　法国媒介学的范式特征及其实践意义

以德布雷媒介学为代表的法国媒介学揭示了抽象观念和技术手段酝酿并组织了社会群体及其运动,探究了历史过程是如何隐藏在讯息流动、技术手段、机构组织与社会形态之中,展示了思想传承、思潮和社会运动的动力机制。媒介学让我们见证一种规避西方文化二元论的可选择的方法:文化的物质性和精神性。德布雷把文化看作联系人与物的中间机构,而这种中间的中介化过程不但借助信息传播实现了社会的空间生产,而且通过存储记忆和传承,促进了人类社会在时间上的再生产。从"传播"向"传承"的过渡,我们看到了讯息传输效果研究从"传播哲学"(philosophy of communication)向"中介化哲学"(philosophy of mediation)的转变,其跨学科性反过来又为不同来源的学科提供了新的思路。以德布雷为代表的法国媒介学表现出了以下的范式特征。

1. 法国媒介学的理想模板

法国媒介学创建者德布雷的媒介学目标是对信仰生产技术的研究,其关注使人相

---

① DEBRAY R. Media Manifestos[M]. London:Verso Books,1996:176-177.
② MERZEAU L. Ceci ne tuera pas cela[J]. Les cahiers de médiologie,1996,2(6):35.
③ 德布雷. 普通媒介学教程[M]. 陈卫星,王杨,译. 北京:清华大学出版社,2014:48.
④ DEBRAY R. Cours de médiologie générale[M]. Paris:Editions Gallimard,1991:320.
⑤ DEBRAY R. Media Manifestos[M]. London:Verso Books,1996:116-117.

信的技术。^① 与其说德布雷媒介学借助"宗教"（来自拉丁语 religio，意为"与……坚固地联系在一起"），倒不如说借助"宗教性"来揭示社会政治意识形态的传承及其物质化力量。媒介学因讲述宗教性的"物质与精神"互动关系被德布雷称为"唯物主义"，有时干脆称之为"物质主义"[②]。它借助"宗教性"分析来展现一个基于共同信仰之上的社会政治群体及其想象的存在与传承模式，因此当德布雷在讲述作为"观念"的意识形态时，更多指向社会政治意识形态。德布雷所借用的"不完备定理"也只是群体成员的共同历史挂靠点，其可能是神话、乌托邦方案或政治学说，群体成员借助它获得并维持身份的认同，强化了成员之间的凝聚力。媒介学的这种思维理路克服了西方思想自柏拉图以来的二元论思想，超越了技术与意义的传统对立，来研究精神和道德世界的物质基础以及科学技术更新对我们文化和行为的影响。虽然媒介学以基督教为模板来分析，但这种分析模式被应用到各种文化与技术的中介化关系中，如音乐、记忆、文化传承、女性主义、图书馆学、民族观念的形成等。

2. 法国媒介学的泛媒介（或技术）中介化特征

法国媒介学关注的是"媒介"（medium）在社会存在和文化传承中的中介化作用。尽管"我（德布雷）的媒介学研究基于影像及其在西方的发展；然后是基于国家（Etat）和因传播装置而产生的政治时间的历史分期；最后是基于上帝的发生技术"，[③] 但媒介学总体关注的是"一个古怪的微不足道的物体（objets triviaux）和宏大思想（grandes idées）的整体，如坚硬物（纪念物、道路、自行车、汽车）和柔软物（国家、面孔），传承环境（milieux de transmission）（演出、灯光、恐怖主义）和行为形式（传播/传承）"[④]，即关注把它们二者勾连起来的中介化问题。在露易丝·梅尔佐看来，"中介化（médiation）不是一种符号系统，而是一种痕迹系统（traces）"[⑤]，铭写于载体表面的、与"场所（lieux）、团体（corps）和机构不可分割"的痕迹系统。如果要把技术载体放在媒介学的视角下来观察，就必须符合一定的操作："为了一个支撑（support）、一个组织（organisme）或一个机器能被充分看作中介化（médiations），它们拥有社会影响（impact social）或技术用途（utilité technique）还是不够的。它们必须联合几种操

---

① DEBRAY R.The Three Ages of Looking[J]. Critical Inquiry，1995（21）：531.
② DEBRAY R. Incarnation，médiation，transmission[J]. Autres Temps，1991，32（1）：42.
③ DEBRAY R. Qu'est-ce que la médiologie? Questions à Regis Debray[M]//COHEN E，Pascale Goetschel，et al. Dix Ans d'Histoire Culturelle. Villeurbanne：Presses de l'Enssib，2011：29.
④ DEBRAY R. Qu'est-ce que la médiologie? Questions à Regis Debray[M]// COHEN E，Pascale Goetschel，et al. Dix Ans d'Histoire Culturelle. Villeurbanne：Presses de l'Enssib，2011：28.
⑤ MERZEAU L. Penser la médiation[M]//Régis Debray et la médiologie. Brill，2007：31.

作（opérations），我们把其标识为铭写功能、组织功能、调节功能和预期功能。"① 也就是，技术载体的"媒介化"（médiatisation）作用还不能构成"媒介学"过程，这四种功能之间需要存在这样的关联性：作为一种"记录"（recording）的痕迹的"铭写"隶属于一个拥有调节作用的组织，该组织控制着信息的分类、近用和分配；而"铭写"规范的本身又涉及数据的编码、压缩、转让、切割或呈现，其并不满足于调节现存的实践，而且对程序、轮廓或逻辑还有预期，形塑着未来的应用。②

3. 媒介学与英语日耳曼传统"媒介研究"的区别

法国的媒介学研究和英语日耳曼传统的"媒介研究"有着根本性的差别。在媒介学学者看来，"媒介研究"（Media Studies）对共时性（synchronie）进行努力，媒介学则垂青于历史的长时间、历时性，感兴趣的是时间而不是空间。③ 而且"媒介研究往往集中于新近技术创新的文化影响（l'impact），而媒介学（médiologie）则更多游行于历史之中；不过无论如何，我们认为中介化（medio）和媒介（media）应当共存，甚至创造一种对话。换句话说，在媒介之中必须有中介化（medio）"。④ 其实，如果从词源学的角度出发，媒介化和中介化概念的区分就一目了然：前者涉及两项（使……间接化或使……媒介化）；后者涉及三项（中介化或协调、调解）。媒介学研究关注的是"中介化"；媒介研究关注的"媒介化"。在媒介学学者看来，从"媒介化"向"中介化"转移，意味着"技术工具论"向"中介化伦理"的转移。

北欧德语区的媒介研究与多伦多学派的关系，远比法国媒介学与后者的关系亲近得多。北欧德语区通过以下方面整合了麦克卢汉的理论：首先，德语区仿照康德的超验先验（transcendental *a priori*）理论把"多伦多学派"的媒介理论家看成第一个讲述"媒介先验"（mediatic *a priori*）的媒介理论研究者；其次，麦克卢汉的《古登堡星汉璀璨》与《理解媒介》为媒介研究提供了一种"媒介元叙事"（meta-narrative）或一种"文化历史"，这种叙事如同黑格尔的《精神现象学》，首次从媒介视角出发展现了西方文化的全部历史；再次，麦克卢汉的媒介理论也是教育和媒介研究方面的典范，教育被看成一种媒介行为；最后，麦克卢汉的"全球村"引发出来的概念，其类

---

① MERZEAU L. Penser la médiation[M]//Régis Debray et la médiologie. Brill, 2007: 31.supporting material base: surface on which traces are inscribed. trace: any setting down of a record or recording. The minimal object of archiving. Régis Debray. Media Manifestos. London: Verso Books, 1996: 177.
② MERZEAU L. Penser la médiation[M]//Régis Debray et la médiologie. Brill, 2007
③ SPOIDEN S. Les Rendez-vous Manques: De Lamediologie en Amerique[M]//Régis Debray et la médiologie. Amsterdam; New York: Rodopi, 2007: 89-100.
④ SPOIDEN S. Medio/media–introduction[M]//Régis Debray et la médiologie. Amsterdam; New York: Rodopi, 2007: 7-11.

似于"巴别塔"（Tower of Babel）的国际社会建设方案。① 德国媒介学者班哈德·希格特（Bernhard Siegert）指出了这种研究与法国媒介研究的差别："德国的媒介理论把焦点从意义表达转移到表达的条件，从词义转向构建意义的外部物质条件。因此，媒介不仅是哲学和文化的另类参照框架，而且克服了法国理论对话语的聚焦，把媒介研究从哲学或考古学维度转向了它的历史技术维度……聚焦于意义构建的物质性和技术性让德国的媒介学学者把福柯的'历史先验'转变成了'技术先验'（technical a priori），把福柯的'档案'指向了媒介技术。"② 于是，当法国的媒介学在摆脱纯"指称幻觉"（referential illusion）而表达和技术支撑整合时，德国的媒介研究则专心于"技术先验"中不同媒介的技术现象学体验。换句话，如果说法国的媒介学主要体现着法国记忆技术哲学和福柯系谱学的统合，那么英语日耳曼传统的媒介研究则具有媒介现象学和福柯考古学品质——其中媒介考古学（以及媒介"变体学"（variant-ology））便是其代表。

4. 法国媒介学的中介化伦理观

媒介学倡导一种媒介学技术或中介化伦理（médio-éthique）。在媒介学那里，中介化既不是中性的也不是被动的，它关注中介化对被运输"讯息"（messages）的影响（effets）、对广义文化的影响（宗教、政治、经济、艺术等）。③ 在传统的文化和技术对立论中，人长期以来所经历的人化过程（hominisation）是一个异化的外化过程，社会被技术变得非人性化。该过程并没有以主体的人为中心，而且借助剥夺和中心偏移（excentrations）来外化和扩大我们能力，这是一个仍在进行的非人性（an-humain）过程。媒介学没有把这种异化的过程归咎于技术，而是认为没有什么比技术（technique）更为人性，而且只有在这种条件下借助"意识形而上学"（la conscience）向"环境物理学"（physique du milieu）的转换我们才有可能让非人性的人化（hominisation）变得具有人文特征（humaniser）。④ 也就是，让作为联系基础设施的工具、支撑和设备（appareils）与场所（lieux）、团体（corps）和机构联系起来。⑤

在媒介学视角下，就文化的生活生产而言，德布雷希望媒介学能成为生态学（l'écologie）之于生物学（biologie）那样的东西，按照生物学伦理的模样成为一种中介

---

① FRIESEN N. Marshalling McLuhan for Media Theory[J]. ESC: English Studies in Canada, 2010, 36（2）: 5-9.
② SIEGERT B. Cultural Techniques: Or the End of the Intellectual Postwar Era in German Media Theory[J]. Theory, Culture & Society, 2013, 30（6）: 50.
③ REDACTION L. Qu'est-ce que la médiologie?[EB/OL].（2015-11-17）[2022-07-23]. https://www.mediologie.org/qu-est-ce-que-la-mediologie-26.
④ DEBRAY R. Introduction à la médiologie[M]. Paris: PUF, 2000: 215.
⑤ MERZEAU L. Penser la médiation[M]//Régis Debray et la médiologie. Amsterdam. New York: Rodopi, 2007: 30.

化伦理。德布雷并不是想把一种中介化伦理和政治道德方案联系在一起,而是希望媒介学在自己的伦理实践中能像生态学那样来分析系统的不同元素间的关系;他认为媒介学既不是去"推动某个信仰"也不是"谴责某个坏人",而纯粹是呼吁一种技术和传承政策以及一种超越政治的公民参与,如"对公民媒介学"的提议。①

5. 法国媒介学的历史时间观

法国媒介学关注的是象征效用（efficacité symbolique）如何隐藏在抽象的观念与技术手段的结合之中——具体地,如何隐藏在观念和与地理场所、组织和机构相联系的技术工具的构合中。在媒介学的知识意图下,媒介学把人类的历史或时间性（temporalité）解析为两种历史的结合：一种是人与人关系的历史,构成了文化史;另一种是人与物关系的历史,构成了技术史。"第一种是可逆反的强度（intensité）,一种不分前后的重复空间;第二种是一种累积延伸,一种发明和发现的开放空间。艺术、宗教、神话和政治属于第一个领域;科学与技术属于第二个……我们与物的关系由人来做中介,我们与他人的关系需要物来做中介。"②媒介学在单纯的思想史（或心态史）和技术史之外开辟了一种构合二者的开放历史视角,强调社会存在和文化传承是文化和技术合力的结果。除此之外,媒介学的中介化过程还经历着两个时间性,纵向维度上的"传承时间性"和横向维度上的"传播时间性"。"传承时间性"是一种传统的系谱学（有别于福柯系谱学）延续线性关系,在这里时间的组织特征表现为"垂直性"（verticalité）,体现着过去、当下和未来的线性关系,人类社会就存在于这种时间的连续性之中;"传播时间性"则体现着另一种非系谱学的、非线性的、非导向的时间性,具有非连续性特征,其主要维度是当下。③"时间性"体现着人类行为的历史逻辑,媒介学的"时间性"观念凸显了媒介学与传播学或媒介研究的差异。

6. 媒介学的"现代神话"效用

"现代神话"是法国思想家罗兰·巴特（Roland Barthes）创造的话语分析理论,其符号学指称（signification）逻辑表现为历史的自然化,换句话,"真理"的历史性让位于人工性。媒介学的"真理"效用使其具有了"现代神话"特征。媒介学没有沉溺于对"真理"的界定,而是用"有效/无效"（performant/non performant）的规范性话语

---

① SPOIDEN S. Medio/media–introduction[M]//Régis Debray et la médiologie. Amsterdam；New York：Rodopi, 2007：7-11.
② DEBRAY R. Cours de médiologie générale[M]. Paris：Gallimard, 1991：9-40.
③ MOSER W. Transmettre et communiquer：chassés-croisés conceptuels à partir de Régis Debray ["Transmettre/Transmitting", no5 printemps 2005][J]. Intermédialités：histoire et théorie des arts, des lettres et des techniques/Intermediality：History and Theory of the Arts, Literature and Technologies, 2012（20）：73-87, 85.

替代"真实/虚假"（vrai/faux）的命题区分。一个"观念"有效力不是因为它是真实的，而是因为它被当作是"真实的"。① 在媒介学视角下，"真理"的界定从认识论转向了方法论，这时的"真理"如福柯所说："指一套程序，该程序能够在每个时刻让每个人发表被看作是'真实的'东西（或真理）。"② 观念被置于中介化过程之中并借助制度机构而具有了立法的力量。也就是，"观念本身没有说服的力量，它们需要技术和制度力量介入社会并改变社会，一种观念把大众付诸运动、改变权力领域的平衡并引入某种行为的能力不依赖于它的真理价值"。③ 这在某种意义上解释了"载体（support）的迁移就是权力的颠覆"④ 的观点。这为后真理政治学提供了一个独特的媒介学思路。

7. 法国媒介学范式的现实意义

法国媒介学不仅让我们看到一种技术史和文化史相结合的史学观念，而且为我们提供了分析观念的象征效用路径。尤其在全球化的当下，德布雷丰富了马克思主义的经济基础与上层建筑互动论。在媒介学处，观念不仅具有了物质力量，而且被传承的讯息因中介化而发生了改变和修正。马克思曾详细地描写：当一种观念占据了大众的心理，它就成为一种物质力量。⑤ 与马克思、阿尔都塞和葛兰西的"观念具有影响力"的阐释不同，德布雷创新性地从讯息转向了媒介，把媒介构思为传承的技术和文化载体，它们构建了象征的效力。他借助"宗教性"运作机制揭示了信仰的不可压抑的塑造力量以及中介化在政治上的必要性，而且面对信仰的力量，"真理"概念有了新的认识视域。这使我们看到，"宏大思想"的传承内容不是一成不变的，这为宏大"思想"或"学说"的全球—地方化过程及其物质化力量的发挥提供了新的阐释依据。

思考题

1. 法国的媒介学研究和英语日耳曼传统的"媒介研究"有什么差别？
2. 媒介学产生的"历史先验"有哪些？
3. 媒介学三个系统及其相互关系是什么？
4. 媒介学视角下能被看作"中介化"的技术载体有哪些特征？
5. 如何理解"传播"和"传承"？
6. 什么是"媒介域"？

---

① DEBRAY R. Critique de la Raison politique ou L'inconscient religieux[M]. Paris：Gallimard，1981：69.
② FOUCAULT M. Dits et écrits（1976-1979）[M]. Ⅲ，Paris：Gallimard，1994：407.
③ DEBRAY R. Critique de la raison politique ou l'inconscient religieux[M]. Paris：Gallimard，1981：117.
④ DEBRAY R. Introduction à la médiologie[M]. Paris：PUF，2000：47.
⑤ MARX K. Cridique du droit poufique hegélién[M]. Paris：Editions Sociales，1975：205.

7. 什么是"中介化伦理观"?

拓展阅读

1. DEBRAY R. Cours de médiologie générale[M]. Paris：Gallimard，1991.

2. DEBRAY R. Histoire des quatre M[J]. Cahiers de médiologie，1998（06）：8.

3. DEBRAY R. Introduction à la médiologie[M]. Paris：PUF，2000.

4. DEBRAY R. Transmitir[M]. Buenos Aires：Manantial，1997：153-165.

5. MERZEAU L. Ceci ne tuera pas cela[J]. Les Cahiers de médiologie，1998（06）：31.

6. MERZEAU L. Penser la médiation[M]//Régis Debray et la médiologie. Brill，2007.

7. 德布雷.普通媒介学教程[M].陈卫星，王杨，译.北京：清华大学出版社，2014.

8. 朱振明.媒介学中的系谱学迹线——试析德布雷的方法论[J].新闻与传播评论.2019，72（3）：87-97.

（朱振明）

第四章　德国媒介研究：从法兰克福学派到基特勒

本章概述

20世纪60年代末，法兰克福学派衰落，麦克卢汉的思想开始被德国学术界接受。正是在这样的背景下，以基特勒为代表的德国媒介研究融合了技术哲学、麦克卢汉及法国后现代哲学思想而宣告诞生。这一跨学科领域以诠释学、语言学、历史学为核心路径，集中讨论"知识的中介条件是什么"这一问题。作为开创者和代表性学者，基特勒认为"媒介决定了我们的处境"，从媒介本体论的角度强调媒介物质性对于信息存储、处理与传输的重要影响；也提出"媒介网络"的概念来分析人与技术的关系，虽然人的绝对主体性已开始消融，但基于关系本体论，技术需要在与人组成的媒介网络中才能发挥作用。克莱默尔则以"信使模型"诠释媒介性概念，人与技术处于更平等的位置，为人工智能时代伦理研究提供了全新视角。

关键词

知识的中介条件；媒介本体论；后人类视角；媒介决定我们的处境；媒介网络；信使模型；人际/性合模式；媒介的中介功能

德国媒介理论及其所建立的研究范式，源自德国媒介学者弗里德里希·基特勒的媒介研究。在这之前，在德国学术界占有主导地位的仍然是法兰克福学派及其所代表的批判性研究。然而，法兰克福学派为何会突然间没落？麦克卢汉的媒介思想为什么从20世纪80年代开始受到德国媒介研究领域学者的关注？从法兰克福学派衰落到以基特勒为代表的德国媒介研究创立，这中间发生了什么？在整个思想脉络体系之下，又产生了何种转向？以至于在这样的一个学术真空期，北美的英尼斯学派，包括麦克卢汉等人的媒介思想，以及法国的后现代思想，均进入德国媒介研究的视野中。这些思想融合德国技术哲学的传统，在国际媒介研究领域中不断受到关注，乃至成为当下媒介技术研究中具有较强影响力的理论。因此，在阐述基特勒的研究及德国媒介理论之前，需要先梳理清楚这一段学术发展历程。法兰克福学派对技术的批判性研究，与德国技术哲学、法国后现代思想，以及麦克卢汉的思想，共构成了德国媒介研究的四大重要思想来源。

第一节 从法兰克福学派到基特勒

在理论上，法兰克福学派主要承袭的是传统的德国古典主义哲学，如黑格尔和马克思的批判思想，并在后期融入了弗洛伊德的精神分析学视角。其研究主要是关注对资本主义的批判，尤其是资本主义的社会中，大众传播媒介对社会、政治、经济方面的作用是什么。法兰克福学派源自1924年在美因河畔的法兰克福大学成立的法兰克福社会学研究所。第一次世界大战之后，德国陷入了自我的反思之中：德国社会学研究如何发展自己？未来的路在哪里？当时社会上存在众多左派思想分支，但法兰克福学派的学者们想要创立的是以正统的马克思主义为导向的社会学研究所。

霍克海默是法兰克福学派的开山鼻祖式的人物。在霍克海默之前，社会学研究所所长的人选充满了争议。一战之后的德国社会具有多元而复杂的背景，当时充斥着各派政见，各种政治学理论范式以及关于国家发展的意见。1924年到1930年，社会学研究所对于自身的理论范式等问题争议不断。然而在1930年霍克海默担任了研究所的所长之后，法兰克福学派明确了稳固的研究方向，即社会哲学。同时他们也确立了核心研究视角——社会批判理论，并将其作为社会哲学的理论基础。霍克海默之后，1958年西奥多·阿多诺（Theodor Adorno）接任所长一职。这两位便成为法兰克福学派的第一代代表性学者。

在社会哲学的研究方向建立后，又如何建立一个具有影响力的，同时有着比较明确而成熟、系统的思想脉络的学派？魏格豪斯所著的《法兰克福学派史》[①]认为：建立一个明确的学派，创造一种学术的范式，一个制度性的框架，一般都需要有一个机构——即法兰克福社会学研究所，另外就是一个卡里斯玛（charisma）型的领导。霍克海默的学术体系和本人都非常具有魅力。这样一位领袖能够将法兰克福学派带入大众

---

① 魏格豪斯.法兰克福学派史[M].孟登迎，赵文，刘凯，译.上海人民出版社，2010.

的视野。同时他有一部宣言叫作《社会哲学的现状与社会学研究所的使命》,为法兰克福大学社会学研究所以及法兰克福学派的研究范式做了明确的规定。同时还建立了一个新的研究范式——批判性理论。①

法兰克福学派创办了《社会研究学刊》(*Zeitschrift für Sozialforschung*)来专门发表社会哲学相关的理论研究。法兰克福学派第一代核心的领导人中,七位都在里面发表过重要的研究理论。所以在建构一个学术的学派的时候,从机构到人物,到理论范式的建构以及学术刊物,都是非常重要的。在霍克海默看来,真正的理论是批判性的,而不是实证性的。这句话也为前期的法兰克福学派的研究一锤定音,即法兰克福学派明确地针对实证研究进行批判,且批判的对象主要是当时非常盛行的科学主义或者是技术理性。

法兰克福学派由四代代表性学者组成,第一代是广为人知的霍克海默,他制定了整个学术范式的发展,并以传统理论与批判理论作为主要的研究视角,为法兰克福学派奠定了理论的经验研究和社会批判相结合的思路。在霍克海默之后,第一代学者还包括马尔库塞,以及对音乐研究颇有造诣的阿多诺。阿多诺和霍克海默合著的《启蒙辩证法》中提出的文化工业的概念,也成为德国媒介研究中的重要概念。所以法兰克福学派的批判理论融合在之后的德国媒介研究中。

法兰克福学派批判当时科学至上或者科学主义的精神,以及工具理性。工具理性作为技术理性的重要代表思想,其功效在于运用和操作,体现在精神生活方面就是创造了一种工业文化。法兰克福学派认为广播、电影,或者报刊以及后来的广告紧紧地控制着人们的心理和感受。在法兰克福学派看来,这样的文化工业具有操作性和压力性,因为它是"文化的生产"而非"文化的产生"。"生产(production)"的过程磨灭了人的主动性,并受到商业价值的支配。所以在工业社会背景之下,文化是在技术的操纵之下被大规模地生产出来的。原来的文化是自己自发而生的,具有创造性或者独一无二的,然而今天被生产出来的文化是高度复制性的、单一的,它的目的是获得利润。一切成果也都是预先计划好的,以经得起市场竞争的考验。这非常符合第二次工业革命以来的大规模、机械性、可复制化的操作的特点,符合薄利多销这个大众时代的消费特点。

另外一个重要人物就是本雅明,他的研究主要在文学评论和哲学方面,早年一直游离在社会学研究所之外的,主要的工作是为《社会研究学刊》撰写论文。1937年之

---

① 虽然这里叫作批判理论,但批判理论不仅仅指法兰克福学派。只是因为法兰克福学派有着明确的研究范式,并且相关研究被译成英文之后,以及多位代表性学者由于二战原因到了美国之后,在英语学术界引起了非常大的关注。所以很多人误将批判学派等同于法兰克福学派。批判学派的理论资源非常丰富,例如葛兰西等人的政治经济学理论范式都可以归入这一类。

后,本雅明被聘为社会学研究所的固定成员。因为他和阿多诺交往比较多,阿多诺在音乐方面的研究也影响了本雅明。但本雅明的理论,包括他对技术的理解和我们所了解的法兰克福学派有所区别,他的整体思路或者研究的路径和霍克海默、阿多诺也都有所不同。

第二代的代表人物中,最具影响力的是哈贝马斯,其代表作为《公共领域的结构转型》一书,但他真正为批判理论奠定框架式的研究是从《认识和兴趣》一书开始的。哈贝马斯最初进入社会学研究所时主要是追随霍克海默、阿多诺的研究方向,这个时期的著述包括《理论与实践》《迈向理性社会》《认识和兴趣》等,都是20世纪五六十年代的作品。在70年代之后,哈贝马斯离开了社会学研究所,其个人研究兴趣也发生了转向,从分析语言行为发展到"交往行为理论"。1981年,哈贝马斯离开法兰克福社会学研究所去了德国南部慕尼黑附近的马普所,并发表了《交往行动理论》,以此呼应了他19年前所著的《公共领域的结构转型》一书。通过交往行动理论,哈贝马斯试图解释现代资本主义国家的公共领域如何能够实现,以及公共意见如何形成的机制。而公共领域是一个规范式的概念(Normative theory),所以哈贝马斯建构的这个理论十分理想化,理性沟通能够实现需要符合四个不同的条件,包括行为得体、互相之间能够理解、态度真诚、互相之间尊重等。因而公共领域是一个应然层面的理论,而不是实然层面的理论。

法兰克福第二代代表人物还有恩岑斯贝格,他在文化工业的基础上提出"意识工业(Bewusstseins-Indrustrie)"的概念,认为文化工业通过媒介形成了对认知的控制。

第三代代表人物是法兰克福大学的霍奈特,他发表了非常重要的纲领性文章《关于社会学研究所的未来》。这篇文章也在思考法兰克福学派衰弱了之后社会学研究所应该何去何从。

而到第四代时,学者们已经分散在法兰克福大学各个系但是像佛斯特、尼森这样的学者的影响已经慢慢衰弱了,他们甚至与法兰克福学派第二代学者之间也有非常多的理论范式的分歧。

法兰克福学派发展中间经历了一个非常重要的时间点,即二战之前纳粹的上台。20世纪30年代,法西斯上台执政之后,支持左派马克思主义思想的社会学研究所被迫迁到了日内瓦。1938年时,霍克海默已经带着阿多诺及其夫人到了美国加州等地访学了一段时间,他们认为那里的学术氛围、社会氛围都适合社会学研究所的发展。此后研究所先后从属于哥伦比亚大学和加利福尼亚大学。此时他们也开始反思纳粹上台的原因,也开始从对法西斯的研究出发对现代的资本主义文明进行系统批判。1939年,整个研究所正式迁到了美国。二战结束后,德国的学术界进入了相对而言比较稳定的时代,霍克海默和阿多诺回到了法兰克福,美国和德国的相关研究机构资助他们重建了社会学研究所。回归的重要原因，就是霍克海默认为在美国没有家的感觉，而且批判理论的精细表达只能通过德语来实现。但是，马尔库塞却留在美国并开始游离于社会学研究所之外。他一开始为政府工作，分析相关的社会话题等，后来因为在美国找到教职就没有回到德国。

法兰克福学派在20世纪50年代回归之后，有着非常重要的新发展。然而到60年代末时两个重要事件发生了：一是德国的学生运动；二是学派发展到60年代末70年代之后，尤其到了第二代之后，在很多学术观点上不断产生分歧。研究的范围和引进的范式越来越多，关注的话题也越来越多元，导致学派已经不像阿多诺或者霍克海默的时代那样具有明确的理论范式。多元因素融入之后导致研究兴趣和研究范式的都开始走向分歧。

此外，冷战时期的社会学研究所还不得不面临思想立场上的尴尬。法兰克福地处当时的美国占领区，因而霍克海默和阿多诺在教学时，需要对批判理论的马克思主义根源进行隐瞒。大概从1965年开始，大学生们不再愿意接受霍克海默的理论了，他们认为霍克海默的理论只是将批判理论中的马克思主义成分裹上了一层糖衣喂给学生。这时候的学生也接触了更多的思想，不太愿意去接受在一战时期兴起的激进左派思想。法兰克福学派开始进入衰落状态。

更为重要的是相关重要人物的去世——1969年阿多诺去世，1973年霍克海默也去世了。在第一代核心人物相继离开之后，随之而来的是德国社会理论的真空。后继者开始思考，社会学研究所应该何去何从。社会学研究所自回归以来，也开始关注二战之后西德的社会，很多话题和当时西德社会的发展，或德国社会的重建联系起来。研究所也开始关注就业问题、工业社会学研究等问题，并加入民主化进程的讨论中。但正是对这些当下热点话题的关注，使得兰克福学派的社会学研究所和其他社会研究机构已经难以区分了。其学科建制和当年霍克海默所设计的那一套已经发生了巨大转向——他们更多的关注现实，其特色慢慢在消失。

第一代领导人的相继离世、学生运动的影响以及第二代代表人物的出走，让法兰克福学派的衰落不断加速。魏格豪斯曾一针见血地指出法兰克福学派是"在理论多产中没落"的，在第一代时研究的视角就已经有所分化，当时留在美国的马尔库塞结合对美国社会的思考也发展出了自己的批判理论，但整个学派的范式还保持统一；到第二代的时候，研究的视角、研究的对象、融入的范式都更加多元化了，所以产生了更多分化。

法兰克福学派的理论真空期在20世纪70年代末、80年代初到来，这时候麦克卢汉的思想进驻德国学术界。其实，早年在60年代时麦克卢汉的思想就已经被介绍到德国了，但是并没有产生任何影响，因为当时法兰克福学派太过强大。也正是借助着法兰克福学派的衰落,麦克卢汉才有机会重新回到德国的学术视野里来。在融合麦克卢汉与英尼斯学派其他学者的思想,以及法国的后现代哲学思想之后,德国媒介研究才有了今天的基础。

第二节　德国媒介研究的兴起

德国媒介研究的部分理论源自批判学派。阿多诺和霍克海默的《启蒙辩证法》已经开始关注广播、电视、电影和报刊广告,并进行文化工业的批判研究,这影响了后面的媒介研究。媒介研究的学术路径也与新闻传播学的差异甚大,在根源上也具有诠释学、语言学和文学批评等背景,并将精神分析学引入结构主义、符号学、历史学视角的研究中,比如基特勒有很多从历史的视角来分析媒介的论述。这里要厘清的是,传播学在德国的语境下,专门指的是以美国为代表的以量化研究范式为主的学派,这与媒介研究存在本质区别。

阿多诺和霍克海默批判意识形态对文化工业的控制。他们认为文化工业通过意识形态进行控制,从而进行统治,成为这种资本主义合法化的统治手段。而霍克海默和阿多诺对麦克卢汉持批判态度,认为他那句经典的"媒介即信息",仅仅是资产阶级试图向我们传播一些东西,但也没有什么其他可以再说的了(has nothing more to say)。麦克卢汉的理论受到了重击,尽管他在20世纪五六十年代是风靡北美的传奇人物,但是在德国非常不被重视。另外的重击来自恩岑斯贝格,他说麦克卢汉等同于江湖骗子,没有能力进行任何的理论建构。于是在法兰克福学派的重击之下,尽管60年代末的时候,麦克卢汉的思想被引介到德国,但到了80年代法兰克福学派的理论真空期,麦克卢汉的理论才慢慢热起来。

基特勒的媒介理论,就是在这样的背景下发展起来。基特勒在法兰克福学派的理论处于"真空"的时候,引进了法国后现代理论和大西洋彼岸英尼斯学派的观点,并与麦克卢汉进行对话。在这样的环境下,媒介研究慢慢地形成和发展起来。1972年,柏林工业大学的弗雷德里希·基尼里教授设立了媒介研究学科,但该学科当时并没有非常明确的划分,它更多的是与电影工业等相关的研究。到了80年代的时候,德国科学与人文委员会提出了"文化学的媒介性研究"(kulturwissenschaftliche Medalitätsforschung)。文化学更多从哲学和历史的视角来看整个社会的发展和变迁,这区别于英国伯明翰学派对当代文化的关注。"文化学的"这个定语也奠定了德国媒介研究的主要范式,这也意味着诠释学、语言学和历史学是其核心路径。

虽然德国科学与人文委员会特地将媒介研究的范畴列在新闻学和传播学领域,以及电影和电视研究之外的领域，但它的边界是非常不清晰的，因为它是一个跨学科领域。基特勒的重要继承人克劳斯·皮亚斯（Claus Pias）专门提出一个问题：如何来定义媒介研究？这是一个跨学科的领域，但是所有媒介研究的范围可以集中到一个问题上，那就是讨论"知识的中介条件"是什么。这个话题已经被多个学科和领域所讨论，媒介研究所强调的"Medium"和中介存在密切关系，因为媒介研究的重点是讨论中介性的问题。媒介研究虽然涉及多个领域，但在德国的大学或研究机构中已具有建制化的特征，形成了一个成体系的理论系统、研究方法与范式，并成立了相关研究机构。2013 年，以"媒介研究"命名的相关机构和学科，在德国达到了 50 多个。同时，它涵盖多学科领域，其理论前景广阔，生命力活跃。

媒介研究下属领域不断更新，国内比较关注的媒介技术变迁和媒介考古，以及与恩岑斯贝格的认知工业高度相关的认知科学/心理学都是媒介研究所关注的话题，包括人工智能技术和认知科学的融合、机器人的意识主体性等问题。媒介研究和其他学科的不断融合，使得其很难被完全放在一个明确边界或范畴中。可以说，媒介研究具有非常浓重的德国哲学与文化学的传统，关注大众媒介、公共传播、媒体美学、媒介史等丰富的话题，研究对象也不断变化丰富：最早关注的是电影，后来还纳入了声音研究、流行音乐研究、电影、广播电视乃至 DVD、书写、电脑等各种媒介形式，例如，它还包括了近年来讨论颇多的游戏研究、移动媒体等，而其中涉及技术的话题里就会讨论到媒介哲学、媒介人类学、媒介社会学、媒介心理学、媒介教育学等内容。它也纳入了媒介发展理论（如维纳的《自主性技术》），以及关系到整个媒介技术变迁与媒介生态学的理论，将历史学、语言学囊括其中。在西比尔·克莱默尔（Sybille Krämer）那里，媒介或中介还包括货币、金钱乃至病毒。这些与我们熟悉的大众传播学，或者新闻传播学体系有着鲜明差别。

2008 年德国媒介研究会（Gesellschaft für Medienwissenschaft）将媒介研究核心领域在横向上分为三大块：社会、技术、文化，在纵向上又融合了媒介理论、媒介史和媒体美学。虽然媒介研究边界不清晰，但其关注的核心内容都可以划归为这三个部分。社会部分包括以拉图尔（Bruno Latour）等人为代表的行动者网络理论，还有话语分析、性别理论、批判理论、媒介经济学、媒介心理学、媒介政治学、媒介法、符号学以及以卢曼（Niklas Luhmann）为代表的系统论。技术板块包括了网络理论（network theory）、媒介考古学与技术起源（technogenesis）[①]，以及广泛意义上的媒介技术研究（如印刷术、电视、电脑等）；文化层面的研究包括文化研究、媒介人类学、媒介哲学、

[①] 技术起源认为人类物种是通过与各种工具和技术的共同进化来定义的；或者说，内在的主观性总是被外在的技术所影响。技术起源，或者说人类和技术的共同进化，实际上和人类物种一样古老。

精神分析文化理论（Psychoanalytic cultural theory）等。（表4-1）

表4-1 媒介研究的三大核心领域及核心理论与方法[①]

	媒介理论及方法	媒介史的理论与方法	媒体美学的理论与方法
社会	行动者网络理论	媒介体系和公共领域的历史	美学形式与社会结构
	解构主义	媒介的功能和结构的历史	流行文化、大众文化等
	话语分析	媒介制度史	视觉传播
	性别理论	媒介"编程"（programming）史	形式与类型理论（Theory of form and genre，特别是针对电影和广播的）
	传播理论的建构主义		
	批判理论		
	媒介经济学		
	媒介心理学		
	媒介政治学		
	媒介法		
	符号学		
	系统论		
技术	网络理论	媒介储存、传递和播放（broadcasting）的历史，以及单个媒介技术：印刷、摄影、电影、广播、电视、计算机、互联网；信息技术的历史	生产与接受美学（认知的条件）
	媒介考古学与技术起源（technogenesis）		媒介技术的形式美学，对媒介间性（intermediality）和交互性（interactivity）的研究
	广义媒介技术		
文化	文化研究	个体媒介的形式和内容的历史：印刷、图像、电影、电视、广播、计算机、互联网	媒体艺术、媒介哲学、个体媒介形式的美学；摄影、声音、电影、文本、视觉文化、基于一般和个体媒介理论的美学"游戏研究、视觉传播、媒介间形式"
	媒介人类学		
	媒介哲学	跨媒介和媒介间的类型、形式和话语	
	文化心理分析理论		
	个体化媒介理论		

在法兰克福学派的真空期产生之后，德国媒介研究融合了多学科背景而发展起来，也逐渐产生了多位具有代表性的学者，如第一代人物主要有三位：基特勒、傅拉瑟、

[①] 资料来源：SCHRÖTER J. Disciplining Media Studies：An Expanding Field and Its（Self-）Definition，Norman Friessen（eds.）Media Transatlantic：development in Media and Communication Studies，2016，Springer，S.29-50，hier 35-36。

恩岑斯贝克。基特勒是德国学派的重要奠基人。首先，基特勒是第一个在作品中融入"麦克卢汉元素"的学者：在法兰克福学派的传统失去曾经的辉煌后，麦克卢汉的一系列著作为媒介研究引入了新的研究方法、研究对象和研究主题。其次，基特勒带来了媒介研究范式和研究对象的转变。原来法兰克福学派更多是从高雅文化的视角出发，去批判所谓的通俗文化或者是大众文化。基特勒带来了一种从文本分析到文化分析的转向，包括摒弃了原来以高雅文化为标准的批判视角，融合了文化研究中对日常大众文化的关注。20世纪90年代之后，相关流派的理论显示出生命力。基特勒的后继者（基特勒三青年）所开辟的理论范式，如克劳斯·皮亚斯的"控制论"、贝恩哈德·西格特（Bernhard Siegert）的"文化技艺理论"（culture techniques）、沃尔夫冈·恩斯特（Wolfgang Ernst）的"媒介考古学"，都是由基特勒所触发的学术研究领域。此外，克拉考尔、克莱默尔等人也作为德国媒介理论第二代代表性学者，在国际学界具有较大影响力。

2010年前后，由于基特勒在英美学界"热"起来之后，麦克卢汉又进入了另外一种热门境况。麦克卢汉其实在20世纪五六十年代"热"过后，80年代也"热"了一阵，再到后来由于基特勒思想的火热，让麦克卢汉又开始被英美学界所关注。数字智能媒介时代，媒介研究慢慢地体现出强大的影响力，包括科学技术哲学在内，它们共同揭示出传播学整体的一种发展趋势。

在理论真空期，基特勒接受了麦克卢汉的思想，他又把福柯、拉康等来自法国后现代的思想融合起来，讨论传播物质性并以此分析媒介技术、制度框架和身体政权，以及与数学符号、字母和音乐符号等标记系统。总体来说，影响基特勒的人主要有海德格尔（Martin Heidegger）、黑格尔（Georg Wilhelm Friedrich Hegel）、尼采（Friedrich Wilhelm Nietzsche）、拉康（Jacques Lacan）、福柯、图灵（Alan Mathison Turing）、麦克卢汉和维利利奥（Paul Virilio）等。基特勒基于留声机、电影和打字机等物质载体出发开展媒介研究，奠定了媒介研究的物质性视角，改变了原来人和物之间的关系，改写了人与作为"物"的媒介的关系。基特勒同时还比较关注技术的物质结构及其对文化带来的影响，但这一点他与麦克卢汉的观点很不一样，他重点关注的不仅仅是媒介本身，还有媒介的物质性特征。基特勒融合了黑格尔和海德格尔的德国技术哲学观，摒弃了以人的身体为核心的人文主义传统，也反对法兰克福学派严重忽略技术条件而过度强调人文学和人类传统的观点。

第三节　基特勒的媒介思想

弗里德里希·基特勒（1943-2011）是德国媒介研究的开创者和最具代表性的学者之一，被誉为"数字时代的德里达"。基特勒在20世纪80年代开始流行的媒体理论新方法——"技术媒体"（technische Medien）研究中具有影响力。在对媒介技术进行历史分析和文化分析时，基特勒看到了技术的自主性，因此不同意麦克卢汉将媒体解读为"人的延伸"。从20世纪90年代起，他的研究开始受到英语学界的关注，从而也成为除了麦克卢汉和梅洛维茨之外的一位重要的媒介理论学者。

麦克卢汉和基特勒的研究颇为相似。二人都谈论技术，书写风格相似：都是文学领域的学者，作品充满文学特征；都因对自身学科产生不满而转向研究媒介技术；在学术路径上，都讨论了香农信息论，都从历史视角研究媒介。但二人也有重要的不同点。

第一，对感官的认知不同。这可以延续到具身性的话题。"基特勒认为没有必要将所有媒介都挤向人类感觉器官的瓶颈"，麦克卢汉则聚焦人类感官，"一个特定媒介的技术特质以某种可预测的方式影响着感官比例，进而对个体以及知觉进行了改造"。[1]

第二，技术决定论的立场不同。"在基特勒更加微妙的解释中，技术决定论的面向是不存在的……基特勒预设了一个偶然得多的技术与理念体系间的关联。"媒介技术的变迁产生对话语的重要影响，"从话语网络1800到话语网络1900的转变被认为是由媒介导致的。在处理数据的新型技术手段到来之时，文化的上层建筑都被颠覆了"。[2] 准确地说，基特勒是技术视角，而不是技术决定论。

第三，二者对于传播符号究竟在多大程度上可以准确地传递讯息的看法不一。麦克卢汉提出"媒介即讯息"来强调渠道或媒介在塑造传播内容中所起的重要作用，因此传播技术以及基于媒介技术的媒介形式远比对内容的理解更为重要。[3] 技术决定着讯息传递的深度和广度，编码者和解码者皆受其影响。在这一机械化的传播过程中，人在狭义意义上的主体性也就消失了，媒介成为人的延伸。[4] 麦克卢汉由于受到当时主流的结构主义理的影响，以《理解媒介》为代表的中期研究在很大程度上是围绕着"身体（人）—技术：媒介—社会（人的复合体）"这样的二元对立的"元结构"进行理论

---

[1] 温斯洛普-扬. 基特勒论媒介[M]. 张昱辰，译. 北京：中国传媒大学出版社，2019：147-148.
[2] 温斯洛普-扬. 基特勒论媒介[M]. 张昱辰，译. 北京：中国传媒大学出版社，2019：146-148.
[3] GANE N. Radical Post-humanism: Friedrich Kittler and the Primacy of Technology[J]. Theory, Culture & Society, 2005, 22（3）：25-41.
[4] 麦克卢汉. 理解媒介：论人的延伸[M]. 何道宽，译. 南京：译林出版社，2003：33.

叙事，强调媒介的形式、形式的结构，以及形式在元结构意义上的更迭与扩充。而与麦克卢汉在《理解媒介：论人的延伸》一书中的核心观点所不同的是，基特勒认为传播渠道仅仅是物质技术，因此其自身并不具备任何意义，因而也谈不上任何"理解"，更为重要的是媒介发展过程中的历史条件和传播结构，认为"媒介决定了我们的处境"[1]。这句话可以从以下两个层面来具体理解。

1. 历史条件

基特勒主张将媒介分析放到历史情境中，通过对处于后一历史阶段的媒介的使用来分析前一阶段的媒介。在基特勒看来，特定时代的主导性媒介所塑造的环境决定着人们的想象。例如，古希腊时代的人们通过在蜡版上面书写传信进行交流，这和20世纪电影出现之后，人们所形成对世界的认知是完全不同的。[2] 媒介与人所共同缔造的环境媒介首先作为一种被感知的外在知识经验被主体所认知和接受，主体又从现实中存在的媒介形式去想象灵魂（认知）的存在。[3] 在文字书写的时代，思维是线性、逻辑且抽象的，只有那些符合逻辑的非噪声的内容能够被文字所记录下来，人们依靠文字来想象世界。然而，20世纪电影[4]的发明彻底改变了人们理解世界的方式。图像还原了事件发生的场景，更多的内容被记录下来。更重要的是通过剪辑，电影能够创造一个与现实世界完全不同的场景，因而电影也被认为是造梦的工厂。想象的世界得以在电影中呈现，人们因此也能看到一个完全不属于现实存在的场景。

基特勒认为所有的书写形式都属于象征符号世界（symbolic universe），取代字母符号的是模拟信号（analog），电影和留声机就是这项技术的典型代表。在模拟信号和光学技术媒介之后到来的是数字化技术和计算机。这些技术媒介可以选择、存储和制造物理真实性。借用拉康对象征符号（symbolic）和真实（real）两个概念的区分，基特勒认为在书写时代，人们能够记录的东西只能是已经存在于象征符号世界中的，也就是说事物本身具有"记号的本质"（nature of a sign）。但是当模拟信号技术取代了书写的垄断地位之后，人们记录的是"特殊的符号"，这已经超越了符号世界而成为一种对本质的记录，人们可以记录本质本身。技术媒介允许人们精确地选择、存储和生产那些不符合语法规则的事情，而在之前这些独特的、偶然的、混乱的内容是无法通过符号来记录的。随着电子媒介技术的发展，人们超越了意义符号的世界而进入了拉康

---

[1] KITTLER F A. Gramophone, Film, Typewriter. Stanford[M]. CA: Stanford University Press, 1999: XXXIX
[2] 基特勒在《留声机 电影 打字机》中使用德语"Geist"一词，中文译本译为"灵魂"，但这是比较偏向于文学的表达手法，"Geist"一词也有精神和认知的意思，这里为了不造成理解偏差，保留认知这一层面的意思。
[3] 郭小安，赵海明. 媒介的演替与人的"主体性"递归：基特勒的媒介本体论思想及审思[J]. 国际新闻界，2021，43（6）：38-54.
[4] 在基特勒的著作中，电影主要指默片，更多集中在视觉而非声音的表达。

所认为的真实的世界。

2. 媒介 / 传播的物质性（materiality of communication）

文字之所以能够被称为文字，或文字之所以存在，是因为已经有了某种可以储存文字的媒介，因此传播的结构：媒介 / 传播的物质性非常重要。"作为声学系统的留声机、作为光学系统的电影和作为书写系统的打字机，统一并改造了信息的存储、计算和传输系统，也就把身体与灵魂剥离出来，并在时间上改写了历史秩序。"①基特勒从媒介本体论的角度，强调媒介的物质性特征对于信息的存储、处理和传输的重要影响，媒介的结构、质地影响着内容的传播。基特勒的媒介理论更加关注技术的物质结构及其对文化带来的影响，这和麦克卢汉所强调的技术对讯息传播带来的影响不同。

> 人们所能留下的就是媒体储存和交换的信息。重要的已不是信息，也不是在技术时代为所谓灵魂配备的信息或者内容，而是（严格按照麦克卢汉的话来说）它们的电路，是感知的图示。②

基特勒融合了黑格尔和海德格尔的德国技术哲学观，摒弃了以人的身体为核心的人文主义传统，转而强调媒介物质性，反对法兰克福学派严重忽略了技术条件而过度强调人文学和人类的传统，从而也开辟出了一条具有后人类视角的媒介研究路径。这里强调的传播的物质性指传播过程中物质载体的特征。德布雷认为，媒介包括符号、语言体系、物质载体。③信息的物质载体可以是显示屏，是书写的纸张表面。原来人们更多关注传播效果，内容决定效果，但是今天人们渐渐发现传播的物质载体同样影响传播效果。比如物质载体会影响恐怖片的效果，试想恐怖电影《午夜凶铃》中的经典场景，假如贞子不是从又厚又大的模拟信号电视机里爬出来，而是从电脑屏、手机屏、投影大屏幕或者数字高清显示器里爬出来，传播效果将有何不同？手机屏幕太缺乏震撼力；笔记本电脑屏幕太薄，容纳度有限似乎装不了什么东西；投影仪的大屏幕也太薄，基本的使用情境又具有公共性特征，是多人分享的，因此不可能造成恐怖效果；而数字高清电视信号稳定，与之相比模拟信号的电视信号不太稳定，时常会有雪花点，加上电视机有厚度，人们不知道里面是什么，既充满神秘感也容易制造恐怖效果。

基特勒关于传播的物质性的看法，也改变了传统人文主义中对人与技术关系的看法，将技术因素提到与人同等重要的角度来看待。无论是书写、印刷，还是打字机、留声机和电脑，这些技术媒介都使得信息、话语和语言在空间得以"处理，传输，存

---

① 章戈浩，张磊. 物是人非与睹物思人：媒体与文化分析的物质性转向[J]. 全球传媒学刊，2019，6（2）：103-115.
② 基特勒. 留声机 电影 打字机[M]. 邢春丽，译. 上海：复旦大学出版社，2017：2.
③ 德布雷. 媒介学宣言[M]. 黄春柳，译. 南京：南京大学出版社，2016：13.

储"，从而使得信息、话语和语言在时空中成了"不朽的东西"①。在这个过程中，技术媒介从来不是单独的媒介，而是诸多媒介形成的网络。例如，"图书馆是被称为书的存储媒介的存储媒介"②，扩大来说，古登堡式印刷机、书、运输售卖系统、书箱、家庭书架或图书馆（甚至是制造这些技术媒介的其他技术媒介和工具），共同组成了一个技术媒介网络。正是这种网络使得《话语网络 1800/1900》中的"1800"时代，能够形成一种以"母亲"为特征的话语网络（discourse networks，德语原文为 Aufschreibesysteme，意为铭刻系统）。

基特勒一生中反复阐述的一个重要思路，即无论是从某些特定时代的话语网络来看，还是从雅典已降的长时段历史来看，技术媒介网络都对社会沟通与运行、知识与话语的生产与存储产生决定性影响。例如，基特勒以哲学书写为例，指出羊皮纸代替莎草纸，古登堡印刷机代替手写，不但对哲学的形式，还对哲学的内容产生了系统性的影响。而媒介技术对于艺术和生活的影响，基特勒曾经这样说："因此，技术装置可以从所谓的艺术家的眼睛和手中分离出来，形成那些绝对自主的领域——光学媒体技术，它们环绕着我们，甚至决定着我们今天的生活。"③

这句话也呼应了上文提到的"媒介决定我们的处境"。在上述基本观点的基础上，基特勒的确主张在人与技术共同构成的媒介网络里，技术本身体现出了自主性，而人的主体性的绝对性在很大程度上早已经消融。例如，在作为技术媒介的计算机里面：

> 一个简单的反馈圈——信息机器就超越了人类，即它们所谓的发明者。计算机本身变成了主体。如果预先编写的条件不存在，数据处理可根据编好指令的惯例照常进行，但如果某个中间结果可以实现条件，那么程序本身就可以决定其后的指令，即它的未来。④

不仅如此，在对"媒介网络"概念做出了系统诠释的《德古拉的遗产》一书中，基特勒直率到有些令人不适地指出，在机械技术媒介出现之后（如留声机和打字机），人本身"就是机器话语处理的配件和工具的主体"。⑤ 因而，在一代代的媒介技术迭代过程中，每一种新技术出现，都会引起社会层面的"恐慌"、忧虑和批评。在《留声机 打字机 电影》一书的前言中，基特勒带有一丝怜悯地写道："在技术媒介刚刚兴起之时，其革新曾经引起极度的恐慌"，这种过往的"惊恐情绪"，"就成了我们现代对未来充满恐慌的真实写照"。⑥

---

① KITTLER F. Draculas Vermächtnis: Technische Schriften[M]. Reclam, 1993: 11.
② KITTLER F. Towards an Ontology of Media. Theory[J]. Culture & Society, 2009, (26): 2-3, 23-31.
③ KITTLER F. Optical Media[M]. Polity, 2010: 19.
④ 基特勒. 留声机 电影 打字机[M]. 邢春丽, 译. 上海: 复旦大学出版社, 2017: 299.
⑤ KITTLER F. Draculas Vermächtnis: Technische Schriften[M]. Reclam, 1993: 57.
⑥ KITTLER F. Draculas Vermächtnis: Technische Schriften[M]. Reclam, 1993: 2.

但是基特勒并不单纯地认为媒介是作为一种限制性的"外部性"来"决定人的处境",从而使得人的主体性被压制甚至处于奴役之中,而是采取了一种非常典型的"后人类主义"的叙事视角。在他的论述之中,物质意义上媒介网络(比如由录音机、耳机以及打字机组成的课程记录的媒介网络)占据了叙事的主线。在这样的媒介网络中,人本身并不是媒介网络的主角,而更多是信息和媒介的传送、记录和保管者,一种"机器话语处理的配件和工具的主体"。

基特勒强调人与技术处于一种"共在"的视角,他从关系本体论出发,强调技术、媒介与身体的融汇对于个体和群体存在情境的塑造性作用。他始终认为媒介技术在不断发展的过程中与人融合成一个运作网络,也将"所谓的人分裂成生理结构和信息技术"。① 例如,数字媒介技术通过声光电等多媒体形式,将原本在书写时代被分割开来的不同感官领域整合在一起,替代了人的中枢神经系统,也"模糊了人与机器之间的界限"。② 通过技术的更新迭代,"人和它的模拟者联合起来了",机器通过不断学习来改进自身程序,以不断贴合人的需求,也因此变得更加智能化。③ 因此,媒介技术的物质性能够部分消融人的主体性,但是从本体论的角度来看,人、物、媒介技术关联本身就处在一种关系网络之中。在基特勒的媒介本体论中,技术并非唯一的决定因素,而需要在与人组成的媒介网络之中才能发挥作用。

第四节　其他主要代表人物与思想

基特勒之后,德国媒介理论逐渐发展起来,作为德国媒介理论的第一代学者,与之齐名的有维兰·傅拉瑟。基特勒的三位门生——"基特勒三青年",作为德国媒介理论第二代代表人物的克劳斯·皮亚斯、贝恩哈德·西格特、沃尔夫冈·恩斯特也分别发展了"控制论"(Kybernetik)、"文化技艺"理论④和"媒介考古学"⑤等核心理念。此外,西比尔·克莱默尔也在大量的英文刊物中发表了关于基特勒媒介思想研究的论文,并且结合认知心理学发展出了一个不同于基特勒的媒介哲学观,成为继基特勒之后又一位重要的德国媒介学者。由于上述学者的思想在本书后面的章节有所涉及,在此主要介绍克莱默尔的媒介思想。

---

① 基特勒.留声机　电影　打字机[M].邢春丽,译.上海:复旦大学出版社,2017:17.
② 基特勒.留声机　电影　打字机[M].邢春丽,译.上海:复旦大学出版社,2017:54-55.
③ 基特勒.留声机　电影　打字机[M].邢春丽,译.上海:复旦大学出版社,2017:18.
④ 详见本书第四部分第十三章。
⑤ 详见本书第七部分第二十三章。

第四章 德国媒介研究：从法兰克福学派到基特勒

克莱默尔 1980 年在德国马尔堡大学获得博士学位，其博士学位论文《技术、社会与自然：三者关系的试论证》（*Technik, Gesellschaft und Natur: Versuch über ihren Zusammenhang*）奠定了她对技术研究的兴趣。1984 年她加入了"人与技术"（Mensch und Teschink）研究小组和德国工程协会（Verein der Deutscher Ingenieure）人工智能委员会。1989 年起克莱默尔开始成为柏林自由大学哲学系理论哲学教授，并于 1991 年出版了她的教授资格论文《计算理性：十七世纪的运算与理性主义》（*Berechenbare vernunft: Kalkül und Rationalisums in 17. Jahrhundert*）。从这本书开始，她尝试着放弃之前媒介研究将技术作为先决条件，并且形塑和决定媒介进程的思想，转而关注媒介的中介功能。此后克莱默尔对媒介的思考不断推陈出新，1998 年出版的《传媒、计算机、实在性：真实性表象和新传媒》（*Medien, Computer, Realität: Wirklichkeitsvorstellungen und Neue Medien*）[1] 开创了与德国传统的媒介研究所不同的研究视角。

克莱默尔媒介思想的一个核心概念就是"信使模型"。这里的信使借用了古罗马神话中赫耳墨斯（Hermes）的形象，他是在边界之间不断穿行的旅行者之神，与伊里斯共同担当神界与人界之间的信使，同时也是亡灵的摆渡神，帮助死去的灵魂到达冥界。另一个理解克莱默尔媒介哲学的理论是"媒介性"（Medialität），在德语语境中这个词与人的认知有关，指精神世界的信息通过媒介被感知（wahrgenommen）和理解。早期的信使扮演着媒介的角色，媒介使信息"能够被感知"（Wahrnehmbarmachen）和"被看到"（Erscheinenlassen），所以克莱默尔认为媒介即感知。[2]

克莱默尔重新建构了一个与之前德国媒介研究所理解的媒介完全不同的概念。在她看来，日常生活中我们可以听到铃发出响声，但是却无法看到声波的震动；我们阅读的不是文字而是故事。这些例子都说明，媒介其实是不可听见、不可看见的。它在传播过程中起到中介功能，而只有当这个功能运行不良时，媒介才会显现出来。在传播过程中，不仅语言被物质化了，连演说者也被物质化了。语言以声音、书写和手势的形式，提供一种通往物质的外部之路。语言通过媒介的中介作用才能存在，通过媒介与语言使用者的身体相联系。

她将传播划分为两种模式，一种是技术/邮递模式（technical/postal model），另一种则是人际/性合模式（personal/erotic model）。从技术/邮递模式来看，传播是在空间和物理距离间建立联系。传播在双方间进行，但是他们发出不同的声音，他们之间的差异性和距离无法消除。传播是对称性的、间接的，媒介则代表了传播过程中非常必要的先决条件。而人际/性合模式则强调互动和对话，双方的距离和差异都在传播中

---

[1] 克莱默尔. 传媒. 计算机. 实在性：真实性表象和新传媒[M]. 孙和平，译. 北京：中国社会科学出版社，2008.
[2] KRÄMER S. Medium, Messenger, Transmission. An Approach to Media Philosophy[M]. Amsterdam：Amsterdam University Press，2015.

消除了。克莱默尔在这里采用一种反讽的手法，使用"性合"一词是为了说明两者在传播中相互理解、融合，原本条件相异的个体实现了共时性和统一。^① 传播是一种社会互动或者对话形式，其目的在于促进社会交流、理解和建构社群。因此，根据人际/性合模式，传播是对称的且互惠的过程，传播的目的是通过互动将多元意见转化为同质化的意见，将不同的个体转换为具有共同认知的群体，最终形成代表不同个体的一致的声音。这一场景描述了交流的主体间性（inter-subjectivity），没有解决不了的分歧，没有理解也就没有沟通。哈贝马斯在描述公共领域概念的时候，也将传播看成是在不同的人们之间消除差异的过程。意见不同的群体通过在公共平台上进行表达后，不同的意见最终融合为一个主流意见，彼此间能够彻底地理解，共同发言的目标也是为了达成共识，这正好符合人际/性合传播模式。

这两种模式都有一个前提，即交流的双方存在差异。^② 在技术/邮递模式中，信息的发出者和接收者之间存在空间和时间上的距离。而人际/性合原则试图通过建立认同来消除个体内部已经存在的差异。在不同的传播模式中，媒介所起到的作用也是不一样的。前一个模式中的媒介是必不可少的，它处于传者和受者之间，没有媒介的话信息是无法传递的，但媒介并没有消除传受二者之间的距离，而是在二者之间建立起联系；在后一个模式里，媒介处于外围并且是可以忽略的工具，它们是通向他者的中介，信息穿过中介的时候并不会发生扭曲，这种作用类似窗户的透明玻璃面。对话关系的建立消除了距离，并且让交流双方得以互相理解。因而当双方通过对话不断消除差异且慢慢融合的时候，留给中介或者媒介的空间自然也就消失了。

需要明确的是，克莱默尔在这里对两种传播模式进行区分，为的是突出技术/邮递模式，因为这种模式强调了媒介不可或缺地位和作用，信使模型正是这种传播模式的代表。正因为媒介的作用不可消除，媒介性才能实现。然而，虽然技术/邮递的与人际/性合的传播模式旨在进一步解释香农和哈贝马斯对传播的理解，但是就分析人们在传播的时候发生了什么的理论模式上看，技术/邮递的传播模式解释力是不够的。在克莱默尔看来，她并不想强调对话在传播中不可替代的优先角色，也不想将互动性作为传播中的优先原则。她只是尝试着提供一种不同于前人注重技术的视角，从一种浪漫主义的角度来观察和理解传播过程。她用信使的功能来比喻媒介在传播过程中所起到的中介作用。信使作为传递者，他们只是复述或者记录信息来源者所要传递的内容，然后传递给传播对象。信使受雇于信息来源者，自身不对内容负责，只作为中介。从

---

① KRÄMER S. Medium, Messenger, Transmission. An Approach to Media Philosophy[M]. Amsterdam: Amsterdam University Press, 2015: 21-23.

② KRÄMER S. Medium, Messenger, Transmission. An Approach to Media Philosophy[M]. Amsterdam: Amsterdam University Press, 2015: 22.

某种意义上说，信使就是信息来源者的一种延伸。① 在这一点上，克莱默尔的媒介理论更加突出一种"去人类主体性"的媒介观，这和基特勒所强调的"媒介决定了我们的处境"完全不同。在基特勒看来，媒介具有自主性，而且是文化历史有机运行的原因。但需要注意的是，正因为在技术/邮递传播模式下媒介是无法消除的，这就为交流双方之间的连接和融合产生了一定阻碍。通常在传递过程中，我们希望降低干扰的影响。然而传播的物质越是技术的、不透明的，传播中的对话看上去就越容易被扭曲。

　　媒介、信使和传递（Übertragung）三个概念是诠释媒介性的重要内容。相比于技术的决定作用，媒介性这一概念的解释力更强，因为它代表了所有社会和物质系统交换形式的基础。媒介的形式多种多样，在克莱默尔看来，天使、病毒、货币、翻译者、精神分析学家、目击者，乃至地图都可以被看作媒介，它们在建立沟通纽带的同时还保存了沟通者之间的多样性。信使模型为人们能够深入观察一个存在多元个体的社群提供了一种特别的理论视角，个体之间因为存在空间距离而产生了差异，但这也为实现统一和主体间性提供了可能。根据媒介性理论，所有传播其实都是传递行为，大众传播作为人类传播形式中固有的一种维度，同样也属于技术/邮递模式。克莱默尔所理解的媒介更多关注交流者之间的互动而非纯技术层面，信使模型更加强调传递过程和第三个存在（thirdness），而不是技术装置。从上述的分析中我们可以看出，克莱默尔的信使模型完全不同于麦克卢汉的媒介理论所强调的媒介技术所带来的重要影响，也和伯明翰学派的关注媒介内容的文化研究截然不同，同样与基特勒的媒介物质性本体论有着重大的区别。

　　但是和基特勒一样，克莱默尔承认传播的物质性。但她同时也受到认知科学的影响，将基特勒所强调的媒介本体的物质性发展为传播的物质性，即认为媒介与人的知觉之间存在一种互动关系，媒介是处于所有社会和物质系统中的一个活跃的中介。在这里人与技术之间处在一个更为平等的位置，互相联系且缺一不可，形成了一种去中心化的关系。尤其她在分析媒介的中介功能的时候，十分强调技术的透明度，这也为人工智能时代的伦理研究提供了一个全新的视角。人工智能时代，算法和媒介技术所带来的黑匣子降低了媒介的透明度，这将会增加传播的噪声，信息的准确度也会降低，也更加便于幕后黑手操纵。因此，克莱默尔也提出当媒介形态从书写平面变为数字网络的时候，人类有可能需要进行一场"数字启蒙"。②

---

① ENNS A. Introduction: The Media Philosophy Of Sybille Krämer[M/OL]// Medium, Messenger, Transmission: An Approach to Media Philosophy, Amsterdam: Amsterdam University Press, 2015: 9-18.
② 克莱默尔，吴余劲，叶倩等.作为文化技术的媒介：从书写平面到数字接口[J].全球传媒学刊, 2019, 6（1）: 18-27.

思考题

1. 德国媒介研究是如何发展起来的？与法兰克福学派有哪些关联？
2. 德国媒介研究主要包含哪些领域？
3. 基特勒和麦克卢汉的媒介思想有什么差别？
4. 克莱默尔和基特勒的媒介思想之间存在什么关联或者差异？
5. 克莱默尔提出的两种传播模型分别是什么？
6. 如何理解基特勒说的"媒介决定我们的处境"？

拓展阅读

1. ENNS A. Introduction: The Media Philosophy of Sybille Krämer[M/OL]// Medium, Messenger, Transmission: An Approach to Media Philosophy, Amsterdam: Amsterdam University Press, 2015: 9-18.

2. 基特勒. 留声机 电影 打字机[M]. 邢春丽, 译. 上海: 复旦大学出版社, 2017.

3. 温斯洛普-扬. 基特勒论媒介[M]. 张昱辰, 译. 北京: 中国传媒大学出版社, 2019.

4. 吴璟薇, 曾国华, 吴余劲. 人类、技术与媒介主体性——麦克卢汉、基特勒与克莱默尔媒介理论评析[J]. 全球传媒学刊, 2019, 6 (1): 3-17.

5. 张昱辰. 媒介与文明的辩证法: "话语网络"与基特勒的媒介物质主义理论[J]. 国际新闻界, 2016, 38 (1): 76-87.

（吴璟薇）

第二部分

媒介元理论

第五章 媒介

本章概述

随着媒介技术快速迭代，媒介形式正变得越来越复杂多样，因此理解媒介需要回到起点，回到身体主体性的介入，并摒弃作为既定实体的静态媒介观念，从理解作为物质的媒介转向理解作为视角的媒介，将研究中心从对象实体转向居间运作过程、媒介共有的"媒介性"。计算机将先前所有媒介表征和互动复制、整合于单一的软硬件物质平台，成为新技术条件下衍生一切媒介的元媒介，可编程性则构成了它的本真媒介性。媒介不再只是决定人类的境况，它以特定的居间调节重组人类世界运作的底层逻辑和文化形式，从而成为人类境况本身。

关键词

身体；居间；媒介性；元媒介

随着媒介的技术更迭，新的媒介一方面扮演着能够感知原有媒介创造的"旧环境"的反环境角色，使人注意到先前占据主导地位的技术媒介所营造环境的"基本的规则、普遍的结构和总体的模式"[1]；另一方面又制造着新的技术无意识，建构人类新的经验，但新的技术逻辑却又完全沉入行动者的意识之下。德布雷认为，由人类精神所设计和制造的机器装备本身也有一种精神，这一精神不仅与人类的精神不同，且能在未经人类同意和知情的情况下制造和设计"强加给我们的世界：空间、时间和城市"[2]。特别

---

[1] 麦克卢汉, 秦格龙. 麦克卢汉精粹[M]. 何道宽, 译. 南京：南京大学出版社, 2000：515.
[2] 德布雷. 普通媒介学教程[M]. 陈卫星, 王杨, 译. 北京：清华大学出版社, 2014：81-82.

是近年来智慧城市和脑机接口技术不断发展,技术早已接管了一切,人类自由"是由技术构成,技术性是它前提"①的技术哲学话语开始直接从字面意思上得到彰显。而当技术作用于人或人以技术在世界之中存在时,一切就如彼得斯所说的那样了:"媒介是我们'存有'的基础设施,是我们行动和存有的栖居之地和凭借之物"。②裹挟着传播力量的媒介网络如同环境一样包裹着人类,同时也是人类的本原构成。理解媒介成为事关人类命运的一项核心议题,所以学者们不厌其烦地一次又一次地回到麦克卢汉那里,尝试为当下的人类境况做出令人信服的解释。但学者们通过不断地回溯,也逐渐意识到,作为我们已知的最早出现的媒介理论,《理解媒介》并没有如其名字那般为我们做出关于媒介的完整解读,而是提出了"理解媒介"这一任务,需要我们去解决如关于"媒介定义""媒介性""技术决定论"等③问题。

第一节　理解媒介:回到起点和终点

　　媒介研究常将以麦克卢汉为首的媒介环境学派称为"(媒介)技术决定论者",认为他们在秉持媒介技术是社会发展的基本动力的同时,忽视了包括政治、经济、文化等多元因素对社会历史变化的影响。这里暂且不论媒介技术之于社会发展的关系,笔者认为所谓的"技术决定论"或"媒介技术决定论",更重要的是其中的媒介与技术关系的论点。媒介环境学派给后续媒介研究带来的深刻影响在于"一切技术都是媒介,一切技术都是环境,一切技术都是文化",④反之亦然。但在这一技术逻辑导向的媒介生态变革趋势下,越来越多的学者认为,人类本身需要作为一种媒介主体被认知,如"人是终极媒介状态,是真正的超媒介,也是未来生物媒介的主体"⑤"在移动网络时代,人成了最初和最终的媒介"⑥等。似乎解开人类作为一种媒介的秘密,就可以做到真正地理解媒介。由此而来的问题是,人类是一种媒介吗?在何种意义上作为媒介而存在?当然,要回答这些问题,需要先解决何为人类的问题,并且必须选择一个能够满足"最初和最终"需求的人类定义。

　　身体成为少有的能够定义人类的恒量。布莱恩·S.特纳(Bryan S.Turner)称"身体"是人类显见和突出的现象,"他们有身体并且他们是身体",身体的具现即自我的

---

① 斯蒂格勒.意外地哲学思考:与埃利·杜灵访谈[M].许煜,译.上海:上海社会科学院出版社,2018:72.
② 彼得斯.奇云:媒介即存有[M].邓建国,译.上海:复旦大学出版社,2020:17.
③ 黄旦.延伸:麦克卢汉的"身体"——重新理解媒介[J].新闻记者,2022,468(2):3-13.
④ 何道宽.媒介环境学辨析[J].国际新闻界,2007(1):46-49.
⑤ 张顺军.人媒关系:媒体融合的新问题——以我国报业媒体融合为例[J].编辑之友,2020(1):30-35.
⑥ 孙玮.城市传播的研究进路及理论创新[J].现代传播(中国传媒大学学报),2018,40(12):29-40.

显示。① 所以在克劳斯·布鲁恩·延森（Klaus Bruhn Jensen）那里，人的身体是第一维度的媒介，其"不仅将现实与可能的世界具象化（externalize），而且赋予我们每个人彼此交流与传播的能力，以实现思考和工具性目的"。② 从作为传递信息的载体、手段的狭义媒介视角而言，人类身体无疑是自我表演、自我表达的"原初性媒介"③或"前技术媒介"，特别是在近现代媒介技术普及之前，身体动作、表情和口语等身体语言是信息传递的基本手段。同时，人类也是借由身体来感知、接收和存储信息的。人的身体成为"兼备生产性与接收性的传播媒介"。④ 在这一视角中，"身体媒介"主要是指"媒介以生物学意义上的身体即肉体的形式存在"，传播则是"双方肉体在场"的传播。⑤ 但这显然并不足以阐释现象学者所说的"身体是在世存有的媒介物"的丰富内涵。梅洛－庞蒂认为，身体是世界的枢纽，是人类生存于世并参与这个世界的经验载体。具体而言，"拥有一个身体，对一个生物来说就是介入一个确定的环境，参与某些计划和继续置身其中"。⑥ 特纳以嘴巴为例，指出人类是通过嘴巴来占有世界，"嘴是我们与母亲保持接触的最初的社会纽带，是说话及发音的器官，是消耗以及动物暴力的器官"。⑦ 可以说身体既是环境（自然的一部分）又是自我的中介（文化的一部分）——"决定性地处于世界的自然秩序和世界的文化安排结果的人类结合点上"，⑧身体成为结转和改变人与世界、自然与社会关系的"中介环节"。克里斯·希林（Chris Shilling）则是从"社会行动总是具身性"的肉身实在论（corporeal realism）出发，将身体看作"社会之构成过程中的多维媒介"。⑨ 作为不可化约为社会范畴的本体，身体是"社会的源泉，社会之结构的定位场所"，⑩社会通过人类的具身性实践成为实在的突生层面，反之人类也是经身体接受政治、经济和文化的结构性影响以将自己定位于具体的社会形态之中。

由此观之，无论是作为接收信息的中介、表达的载体，还是作为参与世界、结构社会的手段，人的身体都无疑是一种媒介。但吊诡的是，以"身体"作为思考媒介出发点的麦克卢汉，却从不将身体视为一种媒介。在麦克卢汉那里，媒介只是指"人的延伸"，这在他与师友往来的信件中表现得尤为明显。如在他写给沃尔特·翁神父的信

---

① 特纳. 身体与社会[M]. 马海良，赵国新，译. 沈阳：春风文艺出版社，2000.
② 延森. 媒介融合：网络传播、大众传播和人际传播的三重维度[M]. 刘君，译. 上海：复旦大学出版社，2012：69.
③ 余艳青. 作为原初性媒介的身体[J]. 现代传播，2015，37（1）：167-168.
④ 延森. 媒介融合：网络传播、大众传播和人际传播的三重维度[M]. 刘君，译. 上海：复旦大学出版社，2012：69.
⑤ 刘明洋，王鸿坤. 从"身体媒介"到"类身体媒介"的媒介伦理变迁[J]. 新闻记者，2019（5）：75-85.
⑥ 庞蒂. 知觉现象学[M]. 姜志辉，译. 北京：商务印书馆，2001：116.
⑦ 特纳. 身体与社会[M]. 马海良，赵国新，译. 沈阳：春风文艺出版社，2000.
⑧ 特纳. 身体与社会[M]. 马海良，赵国新，译. 沈阳：春风文艺出版社，2000：99.
⑨ SHILING C. The body in culture, technology and society[M]. New York: Sage, 2004: 199.
⑩ 希林. 文化、技术与社会中的身体[M]. 李康，译. 北京：北京大学出版社，2011：216.

件中,麦克卢汉指明"一切技术是感觉器官和官能的分离——难道不是吗?难道不是分离的封闭系统——用一种变形的力量重新进入我们的感知了吗?我的一切媒介研究都以这个假设为前提"。[1] 从这一信件中也可以看出,尽管麦克卢汉不将身体视为媒介,但身体却是"释放媒介动量的触发机制"。[2] 身体始终是媒介一切中介(mediation)行为发生的场所,如马克·汉森所说,媒介之所以是媒介,其首要特征就是与人类审美经验(视觉、听觉、触觉等)存在接口。[3] 换言之,技术的起源和发展是人类肢体功能向外延伸的过程,而技术要想成为媒介就必须重新回归身体。只有通过身体主体性的介入,技术才能成为媒介并作为身体经验的构建者介入世界之中,进而人与媒介能够在存在论意义上彼此赋予本质。

由此观之,身体既是一种永远正在行进的、形成中的媒介,同时也是人类知识与经验最根本的媒介,是当下及后续一切形式的媒介发挥中介作用的原型参照。在这其中,没有技术决定论,也没有媒介工具论,人与媒介总是处于一种"作用与反作用的'交互生成'的关系之中"。[4] 这一认识论前提的修正在人类愈发成为媒介技术的延伸的今天具有重大意义,为逐渐沉沦于以技术逻辑导向进行媒介生态变革探索的媒介研究者们提供了理解媒介的原初性起点。因为身体一直横贯于传播实践中,只不过是受限于主流传播研究范式(包括大众传播研究和以麦克卢汉为代表的机械身体观),身体之维是缺位的和被排斥的。身体理应作为我们对媒介进行理解、实践和中介的起点和终点,当下以人类生活为中心的媒介变得愈发朝向具身化就是一例实证。保罗·维利里奥(Paul Viritio)在一次采访中指出,人类正在经历继早期交通和传播技术革命之后的"第三次现代化浪潮",这是一场"移植革命"(the revolution of transplantations),前两次革命的军事科学帝国主义的力量正在被引入人体,如今的人类不再是依据"化学"而是"技术"来进行自我维持。[5] 提出"新新媒介"概念的莱文森也认为,"新新媒介"的下一个演化阶段,既不是"后"新新媒介,也不是"新"新新媒介,"而是新新媒介的'超级版',也就是新新媒介的'仿生版'",它将会被置入耳孔、镶嵌至牙齿。[6] 人类的人工性和技术性将从存在论意义上直接具现到现实世界,身体与媒介在理论和实践意义上都须臾不可分离。

---

[1] 莫利纳罗,等.麦克卢汉书简[M].何道宽,译.北京:中国人民大学出版社,2005:327.
[2] 刘婷,张卓.身体-媒介/技术:麦克卢汉思想被忽视的维度[J].新闻与传播研究,2018,25(05):46-68,126-127.
[3] 汉森.新媒介[M].//米歇尔,汉森.媒介研究批评术语集[M].肖腊梅,胡晓华,译.南京:南京大学出版社,2019:146.
[4] 芮必峰,孙爽.从离身到具身——媒介技术的生存论转向[J].国际新闻界,2020,42(05):7-17.
[5] DERIAN D J. Interview with Paul Virilio[EB/OL].[2022-10-23]. https://nideffer.net/proj/SPEED/1.4/articles/derderian./html.
[6] 莱文森.新新媒介[M].何道宽,译.上海:复旦大学出版社,2011.

第二节 媒介角度：medium、media 与 mediation

施拉姆作为传播学的集大成者，其对媒介和大众媒介有着清晰的定义。在施拉姆看来，所谓媒介就是"插入传播过程用以扩大并延伸信息传送的机器／机构（machines）"或者是"旨在加速并拓展信息交换的一种社会机构"，大众传播媒介不过是媒介之中的后来者，"传播信息的距离更远，速度更快而已"。①可以看出，施拉姆的媒介定义中吸收了部分麦克卢汉的观点，只不过是将后者所说的人的延伸、心理或官能的延伸凝结为人的传播能力得到延伸。尽管施拉姆在《传播学概论》"传播媒介：大众传播渠道与人际传播渠道"一章邻近结尾处特辟一节介绍麦克卢汉的学说，但其对麦克卢汉关于"媒介即讯息"的论断并不以为然，认为讯息传播的效果要远大于媒介所带来的影响，所以在章节结论中指明"最终更为有用的是把传播渠道和途径当作社会里络绎不绝的信息流"，大众媒介也理应视作组织机构而非技术或物质性机器来考察。②信息传播过程所依赖的处于外围的载体、外壳或包装遭到大众传播研究的摒弃，后者从字面意义上将媒介视为纯粹的讯息，媒介本身的物质性和技术逻辑自此隐而不见。

媒介研究的关注点则与施拉姆的观点恰恰相反，在建构了媒介学的德布雷看来，没有媒介／中介（medium）的信息、符号或观念是不存在的，所谓的媒介分析就是"授予交流载体一定的职能，使其从属于其功能"，如学校之于教育、博物馆之于展览。③德布雷也坦言承认他所从事的是一门关于"媒介化"（mediation，也译作调节、中介行为）的学问，"媒介学与20世纪六七十年代市场上兴起的'大众媒体学'没有任何关系"。④大众传播所致力的大众媒体不过是媒介化当中一种特殊的、后来的和具有侵略性的延伸。那何谓"媒介化"呢？德布雷认为，媒介是指"使符号具有效力的途径与工具"。⑤而这种"使……具有效力"正是媒介分析的焦点，也就是"媒介化"，通过媒介化，一个观念可以成为物质力量。

"mediation"在其拉丁语词源中意指"处于中间，介入两者之间"，"ion"则是表

---

① SCHRAMM, WILBUR, WILLIAM E, Porter. Men, Women, Messages, and Media: Understanding Human Communication[M]// SCHRAMM, WILLIAM E. Porter. 2nd ed. New York: Harper & Row, 1982: 122.
② 施拉姆，波特.传播学概论.2版[M].何道宽，译.北京：中国人民大学出版社，2010：130.
③ 德布雷.媒介学引论[M].刘文玲，译.北京：中国传媒大学出版社，2013：10.
④ 德布雷.普通媒介学教程[M].陈卫星，王杨，译.北京：清华大学出版社，2014：3.
⑤ 德布雷.媒介学宣言[M].黄春柳，译.南京：南京大学出版社，2016：7.

明这是一个过程，即"媒体或中介介入两个或多个事物或现实间的过程"。①总结起来就是彼得斯所说的"'媒介'（media）即'使它物成为可能的中间之物'"。②如果说麦克卢汉的"一切技术都是媒介"带来了一种泛媒介思想，住宅、衣服、轮子都成了媒介，那么德布雷、彼得斯等人的媒介观念则使其更进一步——"世上的一切都是信息，什么都可以成为传播载体"。③当然二人也各有补充解释道，并不是说像海洋、火或者天空这样的自然元素就自然而然地成为媒介了，而是说只有它们能以某种特定方式或特定技艺（techniques）对某一特定物种发挥作用时才能成为媒介。④或者说当某一物质、技术或机构"作为感觉的介质和社交性的模具"⑤出现时才可以以媒介学的方法对其进行媒介分析。简单而言，只有发挥"媒介化"作用的"物"才是媒介。

此外，在大众传播研究同媒介研究关于媒介概念的辩论中还有一个值得注意的现象，就是"媒介"（medium）同"媒体"（media）的区分。这点无论是在施拉姆还是麦克卢汉那里都没有做出说明，在他们著作的中文译本中，除却"medium"本身被译作媒介外，即便是在"mass"作为限定词的情况下，"media"也常在"媒体""媒介"间交叉使用，偶尔也译作"传媒"以统率"媒体"和"媒介"两种不同的内涵。在郭建斌教授于"媒体人类学"微信公众号发起的关于"'媒体'与'媒介'，到底有何区别？"的讨论中，基本可以总结出两种区分，但其共同点是都并不认为"medium"和"media"的单复数区分能够表明它们的本质区别。第一种区分基本延续了大众传播媒介分析的观点。"媒介"被理解为"最广泛意义上充当传输中介的一切物质，也可以指信息得以传递的任何手段。"强调媒介的物质性，如今的城市、二维码、外卖快递员等都可以被视为媒介。而"媒体"则被定义为"发挥着信息传播、宣传、社会整合、娱乐、教育等功能的技术媒介"的总称，以及"围绕这些技术媒介形成的机构和组织。"⑥从中文语义上看，媒体成了为"媒""介"（两者意思相近）所限定的制度性安排，具有明显的组织属性和社会面向。也就是说，媒体的运行依赖于媒介，不存在没有媒介的媒体，但媒介却可以脱离"体"的制度性安排单独发挥作用。⑦第二种区分是依据德布雷、彼得斯和黄旦等为代表的聚焦于媒介原初意涵的媒介研究学者们的观点，将媒介介绍为"一个结转关系和改变关系的'中介环节'，着眼于媒介的居

---

① 德布雷.媒介学引论[M].刘文玲，译.北京：中国传媒大学出版社，2013：112.
② 彼得斯.奇云：媒介即存有[M].邓建国，译.上海：复旦大学出版社，2020，中文版前言.
③ 德布雷.普通媒介学教程[M].陈卫星，王杨，译.北京：清华大学出版社，2014：7.
④ 彼得斯.奇云：媒介即存有[M].邓建国，译.上海：复旦大学出版社，2020：57.
⑤ 德布雷.普通媒介学教程[M].陈卫星，王杨，译.北京：清华大学出版社，2014：4.
⑥ 对谈 | "媒体"与"媒介"的区别笔谈[N/OL].2021-10-31[2022-02-28]，https://mp.weixin.qq.com/s/HZGq3t6a8sXPSo4CjUQkkA.
⑦ 对谈 | "媒体"与"媒介"的区别笔谈三[N/OL].2021-11-11[2022-02-28]，https://mp.weixin.qq.com/s/pWDWo4HngA8BLOYWJHo1PA.

间位置以及关系连接,以及这个连接的过程所带来的关系型构和态势改变。"凡是体现出这一居间位置和关系结转功能的事物都可从媒介的视角加以理解,包括自然媒介和技术媒介。而在媒体的定义中,则是尝试将德布雷的"媒介域"(médiasphère,也译作媒介圈)中"域"(sphère)嫁接到媒体的"体"中,媒介域是指"具有时间和空间特性的传承和运输的技术社会领域",[①]而媒体则是"经由媒介连接而型构出的一个特定的媒介化时空"。[②]媒体谓之媒介性(mediality)的组织,而媒介则只有型构出媒体才能称为媒介。

"media"也好,"medium"也罢,当我们选择用"媒介"而非技术、工具等概念来描述某一事物时,我们就进入了一种"媒介角度","由对事物和技术做经验性收集的媒介转向一种作为理解角度的媒介"。[③]媒介成为人类在此世界之中存在的本体论和认识论,构成了我们理解世界和参与世界的信念,也是人类自我的验证。站在一种媒介角度,我们就摆脱了媒介研究技术运用的单一维度,将研究中心从作为对象实体的媒介转变成作为居间运作过程的媒介,这一居间运作即媒介共有的、根本的"媒介性"特征。"凡有媒介,就有发生,就有事件,就有变动,就有新的进展",[④]在面对百年未有之大变局的新兴数字媒介时代,理解数字媒介就成为事关人类命运的时代命题。

第三节 朝向数字媒介本体论

基特勒将其称为"媒介科学"(media sciences)的研究领域的诞生归功于现代信息技术的胜利。媒介科学的研究对象"利用的是比人类感知更为快速的物理程序,完全按照现代数学编码公式而运作",原型机是1936年出现的图灵通用机(universal discrete machine,简称图灵机)——标志着"所有数字技术之原则的诞生"。[⑤]而今的"新媒体""新媒介"都可以被视为数字技术汇聚、合成的结果,所以也可称之为"数字媒介"。但这其中值得注意的是,数字技术只是现代技术媒介诞生的前提,在这里并不能直接运用麦克卢汉所说的"一切技术都是媒介"而将数字技术等同于数字媒介。这点从作为对象整体的图灵机1936年就诞生了,而"新媒介"则直至20世纪90年代中期才得到界定。如莱文森就认为,新媒介是互联网而不是图灵机的产物,"互联网诞

[①] 德布雷.媒介学引论[M].刘文玲,译.北京:中国传媒大学出版社,2013:31.
[②] 德布雷.媒介学引论[M].刘文玲,译.北京:中国传媒大学出版社,2013:31.
[③] 米歇尔,汉森.媒介研究批评术语集[M].肖腊梅,胡晓华,译.南京:南京大学出版社,2019:11.
[④] 黄旦.理解媒介的威力——重识媒介与历史[J].探索与争鸣,2022(01):142-148+180.
[⑤] 基特勒.传播媒介史绪论[M]//周宪,陶东风.文化研究(第13辑),北京:社会科学出版社,2013.

生之前的一切媒介都是旧媒介（old media）"。①而互联网的前身"阿帕网"本就是为了便于研究人员之间的内部交流而发明的，②是作为一种媒介技术、社交媒介出现的。所以不是计算机一开始就是一种媒介，而是为了人类传播的需要或者有旧媒介的嵌入才使其成为一种媒介。

延森将计算机描述为"元媒介"（meta-media），因为其将先前所有媒介表征与互动复制和整合于单一的软硬件物质平台上。"元媒介"是媒介的媒介，如果从此意义上而言，联系麦克卢汉所说的"每一种旧媒介都是另一种新媒介的内容"，那似乎每一种具备新颖性的媒介都成了元媒介。但元媒介绝不应被简单地理解为是"替代和整合下一级媒介的媒介"，③如延森所说，元媒介是"针对新的数字媒介的特定概念，它涉及了新兴数字媒介对于旧的模拟媒介技术和机构的整合"。④所以元媒介不仅是简单地囊括了先前所有的媒介形态，更重要的是它能够重塑自身成为任一其整合的媒介形态，⑤并且再现相应的具体传播实践。如智能手机可以兼做电话、电视等，实现一对一、一对多的传播实践，这是以往的"新媒介"在融合既有的"旧媒介"时所不具备的。

以计算机为具体形态的元媒介涉及了媒介的层级概念，列夫·马诺维奇（Lev Manovich）将新媒体划分为"文化层面"（媒介表面）和"计算机层面"（底层代码），人类用户的媒介使用往往只涉及文化层面，这也是人们通常会将电脑、智能手机、平板电脑等智能终端视为媒介的直接原因。但马诺维奇认为"新媒体可能看起来像媒体，但这只是表面现象"。⑥换言之，计算机的出现使得人类历史上首次出现了"媒介的技术基础设施不再与其表面特征具有同源性"这一新奇状况。⑦技术与媒介之间不再像麦克卢汉所理解的那样，是一体和等同的，而是产生了一种分离，数字技术不再是人类身体的直接延伸。一方面，在人类的一切感知觉和其所借此体验的世界之间将始终存在一种逻辑间距，人类用户只是间接地与支撑着媒介形态的计算机处理发生关系。媒介只是计算机网络的"代理人"，保证计算机仍旧能与人类经验之间建立接口/界面（interface），使其继续充当媒介的角色。另一方面，如果说计算机是一种媒介，那么其作为媒介的中介作用不再是发生于人的身体之上，而是对其所融合的媒介形式的中介

---

① 莱文森.新新媒介[M].何道宽,译.上海：复旦大学出版社,2011：译者前言.
② ARPAnet: The World's First Internet[N/OL]//2018-09-24[2022-03-02].https://www.thoughtco.com/arpanet-the-worlds-first-internet-4072558.
③ 赵星植.论元媒介时代的符号传播及其特性[J].四川大学学报（哲学社会科学版）,2017（03）：82-88.
④ 延森.媒介融合：网络传播、大众传播和人际传播的三重维度[M].刘君,译.上海：复旦大学出版社,2012：105.
⑤ 胡易容.帕洛阿尔托学派及其"元传播"思想谱系：从神经控制论到符号语用论[J].国际新闻界,2017,39（08）：38-53.
⑥ 马诺维奇.新媒体的语言[M].车琳,译.贵阳：贵州人民出版社,2020：46-47.
⑦ 汉森.新媒介[M]//米歇尔,汉森.媒介研究批评术语集.肖腊梅,胡晓华,译.南京：南京大学出版社,2019：142.

以及对后者中介作用的中介，通过数理逻辑对量化一切的软性数据进行处理。

由此来看，人类似乎不可避免地要步入一个技术决定论的世界。马诺维奇将计算机的媒介化描述为"可编程性"，一种"计算本体论"。① 如今人类确实正在步入"可编程世界"，媒介不再是决定人类的境况，因为现实已然是由数字媒介本身所构成——它以特定的数字逻辑在全球范围内重组人类文化形式，成为人类世界运转的底层逻辑。但也恰是因为可编程性是数字媒介的本真媒介性，所以它作为媒介将始终处于可被中介调节的状态。正如有些学者所指明的，执行中介功能的媒介本身也是被中介的结果，媒介事实上是"通过个人主体性、集体行为、技术能力之间的三向交流构建而成的"。② 所以在人类身体主体性的中介参与下，技术决定论将会始终存疑，重要的是我们需要拥有一种媒介角度，理解媒介、介入媒介、通达世界。

具体而言，我们首先需要将身体看作理解媒介和媒介演变的起点和终点，它构成了技术向媒介状态转变的中介。换言之，身体是媒介魔力的触发机制，越过身体的媒介根本就不存在，理解媒介更是无从谈起。其次，媒介是居间运作的，它总是通过介入人与人、人与世界、人与技术之间来充当媒介的。也就是说，人总是借由媒介来与他者建立关系和在世界之中的，相比于技术，媒介才是指向人类本体论的存在。最后，在数字媒介时代，硬件、软件都是存在的。人类不应再满足于做一个受众、用户，而是成为"开发者"（developer）。我们不应再被动等待技术演化出与人类审美经验相接洽的界面，而应主动利用其物理可计算性和可编程性构建与技术装置的共主体性的人机交互界面，使技术始终朝向成为媒介的方向发展——以使人性得到更多的表达和使人类通向更为多元异质的新世界。

思考题

1. 媒介和媒体存在什么区别？如何理解"媒介化"？
2. 如何理解"身体媒介"？为什么将身体称为"原型媒介"？
3. 什么叫作"元媒介"？

拓展阅读

1. 米歇尔，汉森. 媒介研究批评术语集[M]. 肖腊梅，胡晓华，译. 南京：南京大学出版社，2019.
2. 特纳. 身体与社会[M]. 马海良，赵国新，译. 沈阳：春风文艺出版社，2000.

---

① 马诺维奇. 新媒体的语言[M]. 车琳，译. 贵阳：贵州人民出版社，2020：47.
② 汉森. 新媒介[M]// 米歇尔，汉森. 媒介研究批评术语集，肖腊梅、胡晓华，译. 南京：南京大学出版社，2019：7.

3. 黄旦. 理解媒介的威力——重识媒介与历史[J]. 探索与争鸣, 2022（01）: 142-148+180.

4. 希林. 文化、技术与社会中的身体[M]. 李康, 译. 北京: 北京大学出版社, 2011.

5. 海姆. 从界面到网络空间——虚拟实在的形而上学[M]. 金吾伦, 刘钢, 译. 上海: 上海科技教育出版社, 2000.

（王金礼）

第六章 媒介本体论

本章概述

媒介本体论体现了传播研究追问"媒介为何"的努力。它从媒介的居间性和背景性出发,追问媒介的生成性特征,并以此重新解释社会关系的运作和社会世界的形成。媒介强大的行动力体现在媒介通过可供性的实现生成了自身所中介的两端,以可见性的方式实现了对所生成的事物的选择,同时以具身性的方式隐藏了自身的技术体系和运作规则。而这一切的先决条件是媒介的生成性,即媒介将一切人与物都转化为媒介,从而生成了它所通达的世界。可供性、可见性、具身性和生成性所构成的媒介性,在回应世界创生制的同时回应了媒介如何成其所是的问题,因而构成了媒介本体论的内涵。

关键词

媒介;媒介物;居间性;背景性;媒介性;可供性;可见性;具身性;生成性

媒介本体论是在媒介技术作用日益凸显、传播理论范式转型的背景下,以媒介为中心进行的存在论思考。媒介本体论不再将媒介视作内容的载体或传播的管道,而是从媒介的居间性和背景性出发,追问媒介的联结性和生成性,重新理解关系的运作和世界的生成。媒介本体论反对天然主体的存在以及主客体二元关系,也反对将主体作为分析世界的中心和起点,它指向一种非表征主义的认识论。在这种媒介本体论和认识论的指引下,传播学兴起了媒介考古学、媒介地理学、媒介社会学以及媒介政治经济学批判等诸多分支研究。

第一节　媒介性问题的提出

媒介本体论脱胎于传播学对媒介入射角的思考浪潮。在这之前，长期支配传播学主流视角的是效果研究取向。自西方大众传播理论创立以来，传播研究始终缺乏建立本体论的野心，媒介在传统西方传播理论中的地位亦非常有限。在主客体二元论的基础之上，媒介被理解为单纯的信道和传播的工具，传播的重点则被放在主体的传播行为和内容的传播效果之上。在这种效果研究的范式之下，媒介被客观化和透明化，主要作用只是充当内容文本的载体，大众传媒也被理解为信息生产和发布的上层建筑，产生的只是一些功能性的社会效果，比如信息传递功能或娱乐功能，其影响社会的行动力非常有限。在大众传播理论创立后的近一个世纪，除麦克卢汉等极少数学者外，大多数传播学者都只是将媒介看作一条透明中立的传播渠道，或者干脆看作一个实体性的组织。

然而，近十年来，人工智能互联网媒介的异军突起改变了人们对传播学基本问题的反思，前述西方传播理论体系遭受了前所未有的质疑。西方传播学高度关注新闻内容的表征，并以此为起点建立了以传播效果为核心的社会心理学理论体系，媒介本身在这套学说中是无足挂齿的。随着通信和互联网基础设施日臻完善，与之相关的各种技术以多种多样的方式嵌入、组织和型构着人们的日常生活，媒介成了关涉人的存在而不是只有功能和载体的面向。可以说，媒介已经构成了人的存在方式，人们的生活被置于这些互联网基础设施的座驾之上，媒介具有了前所未有的生成性和型构社会的行动力，其重要性和力量的彰显使研究者们不得不正视被内容长期掩盖的媒介界面及其背后的基础设施技术体系。在此背景下，传播学不得不去反思既往对媒介是否存有误解，媒介入射角的提出和构建便也顺理成章。事实上，媒介入射角的提出可被视为一次传播理论范式的转型，它不仅是为纠正传播研究重内容、重效果而忽视媒介的偏向，更是为以媒介为抓手探索传播研究的根本，组织并形成自己的领域。[1] 媒介本体论是媒介视角下的存在论思考，为激发传播学的学科想象力、将传播理论发展成一种看待世界的独特方法提供了可能。

媒介本体论的前提是把媒介视作一种积极的行动者和组织者，而非主客体二元论和身心二元论中表征事物以供主体判断、表征身体以供心灵判断的实体的、静默的、客观的工具。新媒体时代，媒介行动力的彰显使传播研究者意识到，媒介不仅是一种

---

[1] 黄旦.听音闻道识媒介——写在"媒介道说"译丛出版之际[J].新闻记者，2019（9）.

表征或实体，更是一种非表征的抽象存在，其本质不在于媒介实体本身，而是像是空间、时间、关系或者权力那样，并非实存，只是一种看待世界的视角。因此，研究者开始接受作为隐喻的"媒介"观念。作为一种隐喻，媒介的居间性特质得以拨云见日。

居间，意味着关系的生成。媒介通过"居间"的方式将自己所联结的元素转化为媒介物，并建立它们之间的关系，从而生成了某种向度的世界。当媒介征用媒介物而成为媒介技术体系时，它已经将与之关联的元素转化或者同化为自己的组成部分，从而创造出一个可见的世界。从这个意义上讲，媒介本身就是我们看到的世界，只是在这个世界中，处于"居间"的媒介物通常是透明不见的。可以看到，"居间"本身是具有行动性的，这就让研究者开始质疑曾经占有绝对统治地位的西方存在论（即主客体二元论）的合法性：到底是否存在着天然的主体和客体，还是说主体和客体本身都是被生成出来的？如果是前者，那么这个天然的主体是什么？如果是后者，那么这种生成性的力量是什么，它为什么能把主客体的关系生成出来，这种力量所构成的存在论又该如何理解？在对这些问题的不断追问中，媒介本体论被设想出来：它反对天然主体的存在以及主客体二元关系，也反对将主体作为分析世界的中心和起点，而是以媒介的"居间"为起点，强调媒介的联结性和生成性，媒介生成了以某种方式运作的世界。

媒介的居间性指向了一种全新的传播认识论。在媒介运用的具体实践中，必然有人或物处于"居间"的位置，从而成为这一"居间"位置的代理，这便是媒介物。任何人和物都可以充当媒介物，但前提是它必须在某种意义上能代理居间性，事实上，媒介的居间性之所以能够转化为世界的生成性，与媒介物的代理有关。处于不同"居间"位置的代理人或代理物之间的耦合，构成了整个世界。可以说，媒介与媒介物的关系就类似于存在与存在者之间的关系，研究者需要通过媒介物去理解媒介，但任何媒介物都不能完全呈现居间性的媒介。不同的媒介物，通过其生成性所形成的媒介生态，都有其独特的偏向。在近年来兴起的媒介物质性视角之下，不同媒介物在代理"居间"时形成了何种媒介生态、生成了何种社会关系，物与人的主客体间性乃至多重物质间的客体间性是什么样，都成了研究问题。

虽然媒介物已经成为许多研究者通达和思索媒介的起点，但许多媒介研究并没有建构一种全新思考媒介的方式，没有以清晰的媒介思维建立"媒介"，以致研究中只有各种具体的媒介物，媒介却消失不见。这就提醒我们，对媒介物的研究与对媒介自身性质的思考密不可分，脱离后者就会抑制前者的理论深度和哲学潜质。对媒介物的研究以媒介本体论指导下的认识论为视角，作为一种非表征主义的媒介认识论，具有一个重要前提：研究对象是媒介物而非一般的技术物，这也就意味着要将媒介与技术进行区分。因此，是否具有媒介性，便成了媒介物区别于技术物的关键标准，媒介物的媒介性是什么亦是媒介本体论建构所要回答的基本问题和首要问题。在具体分析媒介性是什么以及如何发挥作用之前，我们需要先廓清当代最典型的媒介物——基础设施媒介。

媒介物的再发现与基础设施媒介在现下社会的扩张和扎根密切相关。过去，大众传媒作为媒介物被遮蔽，主要是因为大众传媒在现实生活中主要扮演着内容生产者和发布者的角色，在资本运营和技术创新的领域也扮演着极其边缘化的角色，它在技术和经济领域没有什么决定性的影响力。然而，今天的新媒体技术公司则与大众传媒完全不同，它们代表着当下计算机技术发展的主流，也代表着数字经济最活跃的生产力。它们来到这个世界，很快地变成了这个世界的经济基础，也将这个世界纳入它的思维方式中，可以说整个世界都在新媒体的平台上重新建构。新媒体以这样的方式闯入世界，并成为一切事物的技术载体。它以网上购物、网约车、共享单车、地图软件、二维码等方式重构着社会的业态和生活方式。对于传媒业而言，它以移动通信技术和平台操作系统为技术基础，成了媒介的媒介——即元媒介。于是，我们不得不承认，互联网、5G通信技术等元素已经像水、电、天然气、汽车、公共交通工具一样成了我们这个社会的基础设施。

对于基础设施媒介而言，数字技术是其成为媒介的"元媒介"。在控制论大行其道之前，数字不是技术，而是一种解释世界的语言。控制论则引入二进制数学，在它的宇宙中，只有存在与不存在，于是世界的一切就如基特勒所说，都能够使用通用的二进制媒介进行编码、传输和存储。所有事物的复杂性消失了，取而代之的是0和1的二元世界。数字已经从诠释世界的技术变成了复制和创造世界的技术，变成了世界的行动者、创造者，甚至完全穿透了现实世界和虚拟世界的边界，让它们连接在一起不可分割。因此，数字技术成为基础设施的基础设施。在数字技术之上成长起来的基础设施媒介，是一种特殊的媒介物，它所拥有的组织和构建社会的力量，不仅体现在作为"物"嵌入社会各个场域并发挥着背景性作用，还体现在可以通过界面通达人的精神世界和观念世界。媒介将精神世界和物质世界连接在一起，使人聚焦于界面所营造的时空和内容而全然无知界面背后的支撑性物质体系。也就是说，基础设施媒介给世界制造和堆砌大量"可见"景观的同时，自身却在界面背后变得"不可见"了。

对基础设施媒介的分析已经让我们认识到媒介强大的行动力。媒介物到底是什么，为何能够有这样建构世界的力量？媒介物有何特点，其所蕴含的媒介性是什么？媒介又何以能成为媒介，媒介和技术的根本区别有哪些？媒介建构世界的方式是什么，同人与世界达成了何种关系？关于这些问题，下文将从可供性、可见性、具身性以及生成性四个维度去深入探讨。

第二节 作为媒介性的可供性

进入21世纪,"可供性"(Affordance)这个概念开始引发传播学界的关注。最早对这个观念感兴趣的学者多来自传播研究的结构功能主义范式。[①②③]这种对"可供性"的移花接木,在新媒体研究领域也产生了有趣的拼贴效果。而且,在吉布森本人那里,"可供性"也确实没有彻底摆脱一般生态学和功能主义的传统气质,所以这种结构功能主义的表述也不能说完全没有合理性和合法性。不过,结构功能主义的机械唯物论总是以磨灭想象力为代价,换取更为明晰的表达。而当我们进一步探究那些关注技术物或媒介物的存在问题的思想家时,发现可供性似乎没有这么简单,可供性似乎是我们理解媒介是什么的重要视角之一。于是问题出现了,从存在的层面,可供性对于理解媒介环境和传播研究意味着什么?

最早系统关注到"可供性"在"存在论"层面意义的学者是拉图尔。他指出"可供性"内涵可以这样理解:"除了'决定'和充当'人类行为的背景'之外,事物还可能授权、允许、提供(afford)、鼓励、允许、建议、影响、阻碍、使能、禁止等。"[④]这种反对主客体二元论的思想,在很大程度上强调了物体系的能动性,似乎为解释非人行动者提供了非常重要的理论支持,而且可供性还有益于揭示大卫·布鲁尔(David Bloor)那种把物看作是"构成物"的观点的片面性。最早一批将可供性引入科学知识社会学的学者还有伊安·赫胥比(Ian Hutchby),他申明引入可供性理论是为了"调和建构论(constructivism)和实在论(realism)的对立两极",开辟"第三条道路",这一点可能与拉图尔的出发点很像,拉图尔不支持布鲁尔的建构论,也想避免实在论,他同样也想走"第三条道路"。

然而,吉布森(James J. Gibson)的"可供性"是否像布鲁诺·拉图尔(Bruno Latour)理解的那样,能够解决行动者网络理论面临的阐释困境呢?或者换句话说,拉图尔的"第三条道路"的设想与"可供性"所描摹的"第三条道路"的愿景是不是一

---

① TREEM J W, LEONARDI P M. Social Media Use in Organizations: Exploring the Affordances of Visibility, Editability,Persistence,and Association[J]. Annals of the International Communication Association, 2013, 36 (1): 143-189.
② MAJCHRZAK A, FARAJ S, KANE G C, et al. The Contradictory Influence of Social Media Affordances on Online Communal Knowledge Sharing[J]. Journal of Computer-Mediated Communication, 2013, 19 (1): 38-55.
③ SCHROCK A R. Communicative Affordances of Mobile Media: Portability, Availability, Locatability, and Multimediality[J]. International Journal of Communication, 2013, 9 (1): 1229-1246.
④ LATOUR B. Reassembling the Social: An Introduction to Actor-network Theory[M]. Oxford: Oxford University Press, 2005.

回事呢？事实上，拉图尔与布鲁尔在科学社会学语境中的争执，显然与吉布森生态心理学的语境相距甚远。

吉布森是在动物与环境的二元关系中涉及可供性的，见于他 1966 年的著作《作为知觉系统的感觉》(*The Senses Considered as Perceptual System*) 和 1979 年出版的《视知觉的生态学方法》(*The Ecological Approach to the Visual Perception*)。吉布森想强调可供性是环境与主体互动的产物，是二者共同作用的结果。他想用可供性来规避属性决定论或目的决定论，走出主客二元对立，走出主观唯心和机械唯物的二极化，但又不能毫无忌惮地说，可供性就是环境和有机体联结或互动本身，是这种联结和互动过程中的全新产物。这种反对二元论的决心在吉布森本人矛盾的表达中引发了人们的困惑，在生态心理学内部引发了一场关于"可供性究竟是环境属性还是关系属性"的本体论争论。[①]

可以看到，拉图尔所理解的"非人行动者"和吉布森的"可供性"之间既有联系，又有差异。拉图尔邀请"可供性"为自身的本体论站台，然而"可供性"强调的却是物（环境）的意义在实践者行动中的实现，这从某种意义上讲是对非人行动者和所谓转译黑箱的当头一棒。行动者网络理论的视野中并不存在一个等待实现的先在的"可供性"，在行动者网络理论的思路下，可供性不是在技术的属性和人的能动性之间的交互中显现的，而是在异质集合中，由人类行动者与非人行动者持续不断的多重内部行动所生成的。同时，也没有稳定不变的可供性，每一个行动者的加入、退出、改变，每一条关系的扭曲、折叠、反转都会导致异质集合的变动，可供性也在这个过程中不断建立、丧失、重建、崩溃。[②] 因此，可供性和行动者网络理论虽然都反对主客体二元论，但二者的思路完全不同，可供性借助"动物－环境"相互依存的天然联系绕过了二元论的争执，但当这种联系不再天然存在的时候，主客体之间的本质分离还是暴露无遗。而行动者网络理论直接消除了主客体的差异性，在异质网络中没有人与物，只有行动者。

但这两种思想能够走到一起，源于生成本体论[③]的召唤。这种本体论把存在看作是人与物共同作用下的生成过程，不先验地划分人类和非人类、主要和次要、社会和物质。生成本体论的世界是一个开放性和异质性 (heterogeneity) 的现实世界，而不是一个封闭性和同一性的抽象世界。而当下数字媒体的实践恰恰最大限度地体现了传播的生成本体论特性，于是，可供性便不可避免地与探寻媒介本体论的努力联系在了一起。

---

① STOFFREGEN T A. Affordances as Properties of the Animal-Environment System[J]. Ecological Psychology, 2003, 15 (2): 115-134.
② SHARMA D, SAHA B, SARKAR U K. Affordance Lost, Affordance Regained, and Affordance Surrendered [C]// Working Conference on Information Systems & Organizations, 2016: 73-89.
③ WHITEHEAD A N. Process and Reality: An Essay in Cosmology. NY: The Free Press, 1978.

伴随着数字媒介技术的发展，尤其是媒介物质性体系的迅速扩张，媒介已经成为当今社会的基础设施。它已经完全不同于人们在大众传媒时代对媒介的理解，它不再仅仅是信息传播的渠道，而是一种组织和生成社会的平台。与之相对应，社会越来越被理解为一种以媒介为起点，中介化与被中介化的整体存在。以媒介为起点的社会存在方式使研究者普遍看到了从生成本体论的角度来理解媒介本体论的可能性。本体论对于一个学科的发展意义非凡，没有本体论的学科往往只有自身的研究对象但却没有自身独特的视角。关于这一点，身处传播学科中的研究者有着深刻的体会。在媒介本体论的语境下，几乎所有研究者都能以这样的方式提问从而形成独特的传播视角，比如：媒介物何以可能建构世界以及可能建构一个什么样的世界？本人关注的研究对象和研究问题被置于何种媒介物体系之中，又受到何种媒介逻辑的支配？

然而，就像思考什么是物向本体论时，人们总是要追问物是什么，物性是什么，物是一种什么样的存在一样，思考媒介本体论同样需要追问媒介物是什么，媒介性是什么。媒介不是传统意义上的主体，只是当它有足够强大的力量成为一种组织和安排社会关系的逻辑时，它才会出现行动者和类主体的特征。媒介也不是寻常的物，它甚至不是寻常的技术物。作为媒介的物并不一定是技术物，也可以是表征物，作为技术的媒介也未必见得扮演媒介的角色或展现媒介性，甚至很多技术物被用以阻碍信息传播的发生从而展现出一种"反媒介性"。虽说万物皆媒，但实际上物只有当其实现媒介的可供性时才成为媒介。这一点，延森看得非常清楚："并非所有事物都能成为传播的物质界面。问题在于：为什么某些物质的可供性，而非其他物质的可供性，演化成了媒介。"① 所以媒介性也自然不完全等同于一般意义上的物质性。因此，要回答是什么赋予了媒介建构存在的能力，要围绕媒介的建构生成本体论是一件非常困难的事。行动者网络理论和"可供性"理论所遇到的各种批判就说明了这一点。也许，要说明什么是媒介性，什么是传播的生成本体论，首先需要说明的就是什么是媒介。

从个体之间的微观交流，到机构之间的中观互动，再到整个社会的宏观变迁，今天的媒介无所不在，无所不能，不断创造和呈现着新的时空和新的存在方式。正如索尼娅·利文斯通②所宣告的那样，"所有事物媒介化"（the mediation of everything）的时代已经到来。在这个过程中，可以看到媒介物的独有特征，就是将不同的元素组合在一起，并且将其他的元素转化为媒介。而且，有且只有如此，技术物或表征物才成为媒介。就像彼得斯诗意地书写的那样："船将海洋转化为了天然的媒介……如果没有

---

① 延森. 媒介融合：网络传播，大众传播和人际传播的三重维度[M]. 刘君，译. 上海：复旦大学出版社，2019：82.
② LIVINGSTONE S. On the Mediation of Everything: ICA Presidential Address 2008[J]. Journal of Communication, 2009, 59 (1): 1-18.

船,大海将只是一个'物自体'而无法出现于人类认识的地平线。"① 在这里,媒介就是可供性,可供性就是媒介。媒介让两个或两个以上不相干或不相遇的元素互为介质时,突然改变了这些元素本身并改变了它们在人观念中的存在方式,使之与过去产生断裂。媒介只能是在连接其他元素,并让其他元素互为介质的时候,才成其为媒介,而媒介的生成,便是可供性的实现或者呈现。正如马修·福勒所说:"能供性并非一个对象'本身'所有,而是它与其他元素进行组合时所可能之生成。"② 也就是说,表征物和技术物只有当其呈现或实现可供性时才成其为媒介,而表征物和技术物只有成其为媒介物时才具有可供性。而与之相对应,在媒介物的语境里,"可供性"并不是元素或环境既有的属性,而是由于媒介的联结,在两个及以上本无关联的元素中制造的一种全新的存在方式。而且,这种生成具有巨大的不确定性,甚至是一种突变,并不严格受制于元素本身的属性。这与动物和环境的关系完全不同。

由此可见,传播语境中的"可供性"既服从于吉布森为了克服主客体二元论而创造出这个概念的初衷,又必须超越生态心理学的语境。当我们不打算强调"可供性"原本那种先在性而强调它的生成性时,"可供性"因而成为媒介之所以为媒介的前提,成为媒介性的第一定律。

第三节 作为媒介性的可见性

"可见性"(visibility)在成为阐释媒介性的起点之前,早被文学、艺术学和哲学所征用。不过,用法颇为不同。如果归纳起来,二者最大的不同就在于,文学和艺术学强调各种文本应当在受众的脑海中被转化为形象可感的画面,而哲学则强调可见性是一种认识论,即如何透过现象"看到"本质。

较之可供性,传播学对可见性的收编更强调工具性,缺少理论化的视野,远没有达到认识论的层面。在功能主义者看来,媒介是为传递信息而存在的工具,使内容可见是它先于传播的、连 5W 理论都不屑于讨论的基础功能。在传统媒体主导的时代,可见性并不足以引发激烈的讨论,直到平台媒体的兴起,在媒体上被他人看见或使他人被看见,才作为一种把持权力的社会资源得到广泛的关注。将可见性定义为反映社会认可的指标或可供利用的社会资源,恰恰说明了传播学者从来没有真正思考和发现过可见性的问题,仅仅把它当成媒介技术的可供性延伸出的形式之一。然而,当我们

---

① 彼得斯.奇云:媒介即存有[M].邓建国,译.上海:复旦大学出版社,2020:125.
② 福勒.媒介生态学:艺术与技术文化中的物质能量[M].麦颠,译.上海:上海社会科学出版社,2019.

跳出功能主义视角，回到媒介本体论层面，不禁想要追问：看见本身究竟意味着什么？媒介为何一定会使事物可见？在前文中我们提出，可供性赋予了媒介建构存在的能力，它将人与物相连接，在它们相触的那一刻改变了各自原有的特质。现在，我们要进一步明确，人与物的连接之所以能实现，离不开可见性的作用机制，可见性是媒介实现可供性的唯一方式，可供性又为可见性的前提。在这里，可见性包含了以下两个方面：（1）物只有转化为能够被认识的形态，才能得以呈现；（2）人只有在意识中感知到物的呈现，才能把握物的存在。传播活动中的可见性并非是被动地反映人对事物的观念，而是一边将事物拉近人的视线，一边推动人看见可见之物。如此一来，媒介才能实现连接的潜能，在彼此分隔的人与物之间建立交流沟通的桥梁。

在《奇云：媒介即存有》一书中，彼得斯追溯到媒介（medium）一词的源头，他发现，13世纪的经院哲学家在翻译亚里士多德的视觉（vision）概念时，引入介质（medium）一词来建立眼睛的"看"与可见物之间的联系。在亚里士多德那里，这个"透明的"就是视觉本身，视觉"使人的眼睛具备了一种能在其所看到的物体之间形成联系的能力。"① 经院哲学家对亚氏提出的"中间物"产生了更为浓厚的兴趣，他们认为，眼睛与所见之物的远距离接触，值得用一个独立的介质（medium）概念加以解释。也就是说，早在13世纪就有了媒介本体论的苗头，7个世纪之后，麦克卢汉毫无新意地重复了一遍"媒介是人的延伸"。他们都意识到了人的视觉之有限性，"看"除非通过某种媒介，否则难以实现。在这里，我们不认为媒介可以等同于斯蒂格勒的"代具"或阿奎那（Thomas Aquinas）的"介质"，因为在媒介本体论看来，这两者皆保留了媒介的工具性意涵，指向的仍然是作为研究对象的媒介。将媒介理解为被动的中间物的后果是，在论及可见性问题时，传播学者总是兴奋地直扑媒介背后那个他们以为存在的组织者。殊不知，媒介本身就具备了强大的组织力量，将不可见的"质料"转变为可见的"形式"，正是媒介实现可供性的方式。而对于经由媒介所中介的"形式"来说，如果没有可见性的生产，它也就失去了存在的基础。媒介不单单是可见世界的影像，更是世界得以可见的基础设施，这也是彼得斯所说的媒介的"描述"和"建构"双重功能。

20世纪以来，法国结构主义与存在主义现象学，都在各自的立场上讨论过可见性问题，以此构成了批判科学主义的两条进路。福柯认为，可见性是认识论的问题，科学以可见性为生产机制，主导了人的认知结构，可见性指向某种知识的构型；梅洛-庞蒂则认为，可见性是存在论的问题，试图把视觉恢复到与其他感觉相交织的存在状态，从而指出，科学以知识的可见性抹杀了存在的不可见性，可见性决定了存在的状

---

① 彼得斯.奇云：媒介即存有[M].邓建国，译.上海：复旦大学出版社，2020：55.

态。从视觉与主体性的关系出发,他们都将可见性作为核心命题,但破题的思路大相径庭:福柯关注的是可见性的符号表征能力,梅洛-庞蒂则强调可见性与意识感觉相勾连。事实上,他们真正的交锋并不在于对可见性的理解,而是在于如何重塑人之主体性。然而,他们只记得观看的主体,却忘记了媒介为观看的前提,更不会想到媒介以何种方式介入事物的呈现以及人的感知方式之中。他们都没有注意到媒介在观看活动中让自身进入了隐蔽的状态,导致人们过分相信了观看的主体性。因此,在可见性理论化的道路上,结构主义与现象学提出的两种思考方式,只有通过解除媒介的隐蔽、回到媒介本体的视角下,才能得以统合。

福柯指出,可见性意味着权力以知识的形式被呈现,因而,科学认识论的问题就是可见性的问题,科学使知识获得可见的形式,从而实现对认知秩序的安排。在福柯这里,可见性背后必然有权力的捕获,可见性不可能通达真正的理性,只能说明当下支配理性的某种外化的形态。一方面,他点明了笛卡尔再现观的致命缺陷:眼睛与所见之物之间的认知关系是被科学技术所异化的,"看"通过对这层关系的利用,看似反映、实则安排了事物得以可见的秩序,让认知的异化获得了宰制性的力量。虽然,福柯以坚定的反人本主义立场明确了权力技术对人的支配,但他没有领悟到技术与人的切近性,对技术的判断总是指向外在性而非中介化,始终无法摆脱认识论的局限。另一方面,他超越了功能主义的应用属性,反拨了科学认识论对主客体关系的再现。他试图阐明,可见性不是相似性的问题,不是复制和再现的问题,而是转化和生产的问题。物并非自然地呈现在人的面前,而是在人与物关系中生成了某种可以被看到的形态。认识世界的过程中,他把握到了可见性对可见之物有一种强大的重塑能力。

为了重建知觉的主体,梅洛-庞蒂则强调感知先于认知。在他看来,结构主义完全沉陷于认识论的泥淖,他们坚信可见性通达可知性,给出的答案跳不出认知的真与假、理性与非理性的对立。他打破了结构主义埋下的"看"与"知"相等同的预设,将"看"与"知"都归于意识的能力,可见性即意识的状态,指向的是,人如何在可见世界中意识到存在本身。梅洛-庞蒂力图将可见性还原到生产性权力介入之前,他提出,在可见性沾染认识论的色彩之前,首先要回答的问题是"我如何相信、意识到我看见了所见之物",而非"我如何看见了所见之物"。"看见"是在我们脑海里形成的意识,而非视觉的产物。因此,必须回答的是,是什么建构了我们对"看见"的感知。在这里,媒介本体论需要摒弃梅洛-庞蒂走入意识先验论的倾向。海德格尔对于存在之中介性的参悟再次帮助到我们,他明言,现代技术以整体性的方式逼迫人以技术性的思考模式来感知和认识世界,技术系统的本质框定了人与事物的联系。[①] 梅洛-

---

① 贡克尔,泰勒.海德格尔论媒介[M].吴江,译.北京:中国传媒大学出版社,2019.

庞蒂并没有意识到媒介的他异性力量，可见性原本指向不可见性所栖居的诗意空间，被压缩到了现代技术系统预设的模式之中。那么，既然媒介已经具备了介入人的意识活动的能力，我们怎么能不关注它是怎样使我们"看见"这个世界的呢？

福柯与梅洛－庞蒂在可见性问题上缺少达成共识的基础，无论将可见性放进认知的领域还是感觉的领域，都反映出他们对于人之主体性的坚持。问题在于，他们都没有正视托马斯·阿奎那将介质引入视觉概念时给予我们的暗示：人的视觉能力本身并不足以形成"看"的行为。他们忘记了"看"是一个中介化的过程。于是，结构主义给视觉套上了过于沉重的枷锁，现象学又给视觉戴上了美学和神学的光环，因而，他们难以在处理笛卡尔式观看的问题上找到一个合适的尺度：福柯让"看"与被"看"陷入绝对的对立，梅洛－庞蒂又让"看"变得过于松散，以致消融了与对象物的边界。在这一点上，斯蒂格勒直截了当地揭开了主体主义的遮羞布，并以此作为技术哲学的起点："人是依赖代具的存在且不具任何特长。"① 媒介本体论要求的是，从"媒介之研究"（media studies）走向"研究之媒介"（media of study），打破人与媒介相对立和对抗的僵局，理解人与媒介存在于互相嵌入的格局之中。

受到二元论的深刻影响，传播学界对可见性的讨论从未跳出功能主义的窠臼，因而无法真正地理解媒介本体论意义上的可见性。我们不关心内容，也不关心议程设置和引导舆论意义上的"可见性"。就媒介性而言，可见性指的是媒介只能呈现其可以呈现的存在向面，而因此导致存在的其他向面被遮蔽。这种可见与不可见并不是人为的，更不是主观和刻意的，而是内容呈现的时间顺序和空间的结构，呈现的时长和速度，生产和制作流程，技术与感知的相互作用等一系列媒介的技术偏向导致的后果。也正是因为如此，存在本身因为媒介而不能向人敞开，我们可以看到的存在物，只是媒介可以表现出来的那一部分，这导致"真理"被可看见的"事实"所取代。"真理之所以隐匿，不是因为它被努力掩盖了，而恰恰是因为——颇为矛盾的是——它被过度丰富的正确性替代了。"② 而这些被媒介大量堆砌起来的"景观"，通常比真实还要真实。所以，媒介以其可见性代替了存在，以其堆砌的景观代替了本质，并因而建构了以媒介为起点的可见性世界。不仅如此，"可见性"还意味着媒介可以表征和呈现不可见的体验。当下的AR和VR的实践就充分地说明了这一点，媒介技术通过对感官的重新组织，将并不存在的世界真实化，而这种技术实践在好莱坞的造梦时代就已经不是新闻。

媒介使被联结的双方和多方生成了多种存在方式，这就是可供性，然而可见性则消灭了可供性的不确定性。可供性是由媒介的可见性所决定的。可供性强调，媒介生

---

① 斯蒂格勒.技术与时间：2.迷失方向[M].赵和平，印螺，译.江苏：译林出版社，2010：2.
② 贡克尔，泰勒.海德格尔论媒介[M].吴江，译.北京：中国传媒大学出版社，2019：74.

成于"在连接其他元素,并让其他元素互为介质的时候",并且"生成一种全新的存在方式"。① 可供性的实现,依赖于可见性的呈现,但呈现的后果,既是显现了某种可供性,又是消灭了可供性的最可贵品质——生成性和不确定性。只有把握住可供性如何通过可见性得以实现,才能理解为什么媒介在存在与存在者之间永远扮演的是解蔽与遮蔽二元统一的角色。

第四节　作为媒介性的具身性

当前关于具身性问题的讨论多源自认知科学和现象学两个领域:前者是为理解人的身体在日常情境认知中的作用,探究具身体验如何影响认知行为;后者为克服笛卡尔以降的身心二元论困境,将统一了灵与肉的身体作为考察人与世界关系的根本出发点。然而,在传播研究领域,具身性长期以来并未受到重视。究其原因,主要是以美国大众传播研究为主导的传播学科,往往更看重内容而非形式,聚焦信息传递、文本交流等精神交往层面所传达的意义,而非身体实践、媒介技术等物质性维度的基础作用。伴随媒介物质性体系的扩张,近些年来,媒介物本身的作用开始显现,传播研究以现象学一脉的具身理论为源泉,将对具身性的讨论提上议程。

现象学发展出具身理论并非一蹴而就,而是和西方哲学长期以来对身体的忽视息息相关。身体与技术一样,在很长一段时间是欧洲哲学观念中的二等公民。自苏格拉底和柏拉图将理念世界与生活世界二分,开启了对心灵的崇尚和对身体的贬低以来,身体长期被排斥在西方思想界对精神、意识、理念的探讨之外。人的精神理性被赋予优先性和优越性,而肉身则仅仅作为纯粹的灵魂容器或行动的肉身载体而存在。笛卡尔"我思故我在"的论断则将这种抽空身体本质的身心二元论发展到了极点。他把人与世界的连接归功于人的理智与物自体之间的理解关系而非感知关系,拒斥了对身体和感官的探究。在这之后,福柯、戈夫曼、特纳等许多学者试图从多元视角改观身体被贬抑的现状,但他们还是将身体视为社会建构的产物,并未涉及对身体本身的存在论分析。与之不同的是,梅洛-庞蒂将身体视为在基础性意义上关乎人之存在的元素,由此扭转了传统研究中身体的缺席,为具身性理论的发展创造可能。

梅洛-庞蒂将其老师胡塞尔的先验意识现象学改造为生存现象学,通过对知觉的意向性的分析赋予了身体以存在论的地位。身体在他这里是人知觉世界的中介,能够建立起人与世界的根本关联,而不是作为意识主体之经验对象的客体。位于物质和精

---

① 胡翼青,马新瑶.作为媒介性的可供性:基于媒介本体论的考察[J].新闻记者,2022(1).

神、主体与客体、自我经验与他人经验交汇处的中间地带的身体，既非经验主体也非经验对象，而是在人的经验过程中作为中介而隐匿自身，以致人们往往将知觉到的事物直接当作意识的对象，产生意识世界和物质世界二分的错觉，而忽略了不可见的身体在人对世界的意向活动中是最基础的连接者这一事实。而人既需要经由身体知觉通达世界，又无法在知觉过程中体察到身体的悖论，为具身性的不可见表征及其与可见性之间的辩证统一奠定了基调。

唐·伊德（Don Inde）将思考重点定位到梅洛-庞蒂有关技术中介的论述中，借梅洛-庞蒂所举的"盲人的手杖"等例子，他指出技术在人的知觉活动中扮演着重要角色，从而从具身性的知觉维度走向技术维度。唐·伊德认为人但凡生活于尘世，便无可逃离同技术共生的命运，具身关系是人与技术最基础的关系。在具身关系中，技术具有足够高的透明度，能在使用过程中融入人的知觉体验，以"抽身而去"的方式存在于人的中介化行动之中。①不过，技术又不是完全透明的，而是将其内在偏向注入中介身体知觉的过程中。眼镜之于视觉、助听器之于知觉、盲人的手杖之于触觉皆如此。

不论是梅洛-庞蒂的身体现象学还是唐·伊德自诩的后现象学，都围绕具身展开了颠覆传统的思考。然而二人却都未摆脱主客体二元论的阴影，前者语境里的世界依然是被主体所知觉到的那个对象世界，身体的含混性是梅洛-庞蒂继承于二元论的局限；后者对技术具身的研究又过于实用主义，无法从本体论上对技术具身何以可能以及为何可能作出回答，更不用说去考虑技术具身和媒介具身之异同的问题。而深刻影响唐·伊德技术具身观点的海德格尔则为上述问题提供了更为明晰的思路。

海德格尔在分析工具的操作实践时，一方面将工具和其具体使用情境结合，认为物质化的工具在人经验世界的过程中，通过"抽身而去"实现本身的上手（ready-to-hand），从而不可见。另一方面，海德格尔也强调只有工具的损坏，才能让我们认识到工具是和具体情境密切相关的，此时的工具作为在手（present-at-hand）的对象获得了可见性。到此，技术物的可见与不可见作为一对辩证统一的关系已然为媒介本体论的思考打开了大门。海德格尔认为作为用具的物实际上存在于相互关联的事物所构成的整体之中，人在与用具打交道时会卷入这种整体关系，此时的物即成了上手的工具。通常情况下，我们其实难以明确意识到上手工具的存在，这是以不可见为前提条件的。而工具能够被察觉从而可见，则出现在其失灵或者缺位的状况下，按照贡克尔（David J. Gunkel）等人的总结，此时的媒介具身性已然消失，媒介显现出了显著性

---

① 伊德. 技术与生活世界——从伊甸园到尘世[M]. 韩连庆, 译. 北京：北京大学出版社, 2012.

（conspicuousness）、突兀性（obtrusiveness）和无可回避性（obstinacy）。① 换言之，媒介具身性即为其处于上手状态时的不可见性，而我们所能察觉到的技术具身性恰恰是工具处于在手状态时的可见性，这种上手和在手的辩证关系激发了具身性暗含的不可见性和可见性之间的张力。

无独有偶，当代德国媒介学者克莱默尔的论述也表达了媒介具身性的意涵，她认为媒介的目的在于使被中介的东西呈现在人们面前，媒介作为第三方将可见的、可感知的符号信息提供给我们，自己却以中介者的形象回撤（self-retraction）到自身的物质性之后，并且不参与到内容的生产中来，媒介自身便在呈现的同时不可见了。② 一般情况下，媒介无法让人体会到其中介性的作用，而一旦当人意识到媒介作为中介的存在时，也就是媒介无法再正常发挥中介作用的时候。克莱默尔对媒介显现的解释与海德格尔对工具损坏的论述形成呼应，他们都认为只有当媒介的功能运行不畅时，我们才会在失调与干扰中意识到媒介的存在。

当我们发现媒介正是以隐藏自身的方式让世界变得自然而然，使人不容易看出世界被媒介所建构这一事实的时候，通过具身性来理解和阐释媒介本体论的新路径便得以开启。媒介通过对元素的连接，使主体与客体、自然与世界共同生成在我们的观念中，当我们将媒介理解为如此积极的行动者时，为什么我们却很少直观地感受到媒介的存在，更无法直观地感受到媒介的力量？为什么世界的运作总是看上去像是主体改造和征服客体的过程，媒介的力量体现在何处？为什么我们看见"媒介"的时候，看到的其实只是媒介的内容？

媒介有时确实无形无相，中介之物，本身就很难被感知，这当然是问题的一个方面。麦克卢汉就认为电是一种"无形无相"且没有内容的纯粹媒介，基特勒认同这种观点，他认为电的出现改变了一切，建造出一个全新的铭刻体系。然而，作为媒介的电，从来不是孤军作战，在它组织起来的媒介技术物体系中，仍然可以找到中介物的痕迹。即使是5G这样无形无相的媒介基础设施，我们仍然能够通过机站捕捉到它的有形向面。所以，人们不是看不到媒介，是媒介使人们看不到它。一方面，媒介极度高调，它通过对可见物的堆砌制造了大量的文本和影像，让人感觉内容铺天盖地，让人置身于拟像的世界中，让人感觉到无处不在的景观的压迫性和爆炸性；但另一方面，对人而言，媒介本身就此消失在了这些景观之中。这种相反相成的辩证法，使媒介隐身得非常彻底，只剩下被内容召唤出来的主体。这是一种用可见性堆砌来制造不可见性，也就是具身性的障眼法。

---

① 贡克尔，泰勒. 海德格尔论媒介[M]. 吴江，译. 北京：中国传媒大学出版社，2019：127-129.
② KRÄMER S. Medium, Messenger, Transmission. An Approach to Media Philosophy[M]. Amsterdam：Amsterdam University Press，2015.

如果可以将媒介分为以物质性为核心的基础设施媒介和以可见性为核心的媒介界面，它们各自的透明化方式亦有差异。基础设施媒介往往是庞大的技术体系，有着巨大的机器外形和各种分支机构，但总是退居在看不见的幕后，扮演着后勤型媒介（logistical media）的角色。彼得斯指出，后勤型媒介作为当今社会的基础设施具有"能让人忘记其存在"的特征，"基础设施在大多数情况下都静默无言，低调回避。这似乎也是媒介的一贯表现和一般品质——为了彰显别的人或事而将自己遮蔽隐藏起来"。[①] 媒介界面则诱导人们将全部注意力放到界面所设定的内在意义空间中，通过提供内容而完成使人卷入其中的任务。这里的内容不只是文本信息，还是媒介内在的时间和空间的体现。媒介能够连接、转换和生产时空，将可见的场景带到前台，使人们自如切换于不同场景展开行动。经由媒介所呈现的内容，我们能够通达全新的实体或虚拟空间，也能够感受到其中包含的过去、现在和未来，媒介在内容的掩护下使得传播得以可能，内容则为媒介具身性的实现冲锋陷阵。可见的内容同不可见的媒介形成里应外合，共同充当着人类日常生活得以绵延的引擎。而这种自身内含时空也能建构外在时空的特性，也是媒介能够区别于事物、工具抑或普通技术的根本要义。

不可见的媒介在当今社会已然充当着组织起整个社会的基础性角色，我们居于其中的世界乃至我们自身都是被媒介所生成和形塑的，而人们之所以连这一点都看不出来，是因为媒介性的后果。因此，传播的具身性讨论的只是内容代替了身体的可见性，而被遮蔽的媒介的具身性恰恰是挥之不去的主体视角和实在现成的思维方式所无法看到的。媒介的具身性意味着可见性与不可见性之间的拉扯和转换，前者是媒介通过内容制造的错觉，后者是媒介被遮蔽的原因。可见性和不可见性的反复纠缠，造成了如此吊诡的现代性逻辑：一方面经由庞大媒介技术体系中介的传播无处不在，另一方面人们却怎么也"看不到"媒介技术本身。这相辅相成的辩证关系，使媒介技术体系本身成为我们这个时代的幽灵。

第五节　作为媒介性的生成性

关于可供性、可见性以及具身性的讨论，已经说明媒介具有强大的行动力。这种行动力既体现在媒介通过可供性的实现生成了自身所中介的两端，也体现在它以可见性的方式对所生成的事物的选择。与此同时，媒介还能出色地隐藏自身的技术体系和运作规则，使人们通常无视其行动力。那么，媒介是以什么方式来达成这种行动力的？

---

① 彼得斯.奇云：媒介即存有[M].邓建国，译.上海：复旦大学出版社，2020：39.

从居间位置到建构世界，媒介经历了怎样的转化过程？媒介的生成性旨在解答这些问题，而麦克卢汉则是溯源生成性的第一起点。

得益于麦克卢汉的贡献，媒介第一次摆脱了内容的阴影，从习焉不察的背景性、附属性角色转而被凸显、关注，直至发展出方兴未艾的媒介研究。他的重要思想"媒介即人的延伸"所牵引出的延伸论（extension theory）渊源颇深。将技术确立为独立哲学领域的德国学者恩斯特·卡普（Ernst Kapp）早就认为，技术是器官的投影，技术义肢不能与身体完全分开，而人类的尺度在无意间决定了技术的方向。后来的阿诺德·盖伦（Arnold Gehlen）以及芒福德，也都或多或少将对机器和技术的考察落诸人体。不同的是，无论是盖伦还是芒福德，虽然都关注技术与人体的关系，但落脚点都是在作用于人类心灵与文明的技术，媒介从未成为他们的核心关切，却唯有麦克卢汉创新性地为技术对人的延伸赋予了媒介视角。对于"何为媒介"这一问题，麦克卢汉指出，"一切媒介都是人的延伸，它们对人及其环境都产生了深刻而持久的影响。这样的延伸是器官、感官或曰功能的强化和放大"。[1] 也就是说，麦克卢汉是在以人为标准来界定媒介，一种技术或物要想成为媒介，其前提就是它要能够延伸人体，并且这种延伸将对个人和社会带来重要影响。麦克卢汉在暗示，是人把技术转化为媒介，而媒介具有行动力。人们通过使用某些技术来感知和体验世界，并且认知自己与世界的关系。技术就在此刻成为媒介，成为我们经验现实世界的前提条件，并塑造了我们以何种方式经验现实世界，没有技术的中介，世界对于我们来说将是不可通达的。

然而，尽管对前人学者有所超越，浓厚的人类中心主义倾向还是为麦克卢汉的理论埋下了危险的伏笔。对于过度聚焦人体及其感官比例的麦克卢汉来说，技术不仅是人体机能的延伸，更是人类意图的延伸。这种倾向甚至令麦克卢汉常常陷入功能主义的陷阱，而功能主义的背后，实质上预设了技术与人分属两个根本对立的本体论类别，两者之间构成一对主客二元关系，人确立了技术演化的逻辑与旨归，技术作为对历史文化或人体感官产生影响的"环境"始终外在于人，包裹着人。两者通过类比以满足需求的方式相互作用，却没能建立起本质联系。但麦克卢汉的意义在于，"媒介是人体的延伸"这个命题，将媒介的生成性问题呈现在我们面前，构成了媒介生成性的第一重含义——人不仅可以经由媒介通达世界，还可以将各种技术物转化为媒介。通过人的转化，媒介具有了一种行动力，不仅成为人们感知、认识和改造世界的前提，而且成了"活生生的力量旋涡"。[2] 麦克卢汉的发现恰似多米诺骨牌的第一击，在这之后，媒介研究迅速衍生出一系列连锁反应。

---

[1] 麦克卢汉，秦格龙.麦克卢汉精粹[M].何道宽，译.南京：南京大学出版社，2000.
[2] 麦克卢汉.麦克卢汉序言[M]//伊尼斯.帝国与传播.何道宽，译.北京：中国人民大学出版社，2003：1.

延伸论往往在面对现代技术体系对人强大的反作用等现象时阐释力疲弱，部分原因是延伸论忽视了技术的自主性问题。诺伯特·维纳（Norbert Wiener）所提出的"控制论"（cybernetics）作为一个重要理论节点，通过"信息"概念弥合了有机体与机器之间的鸿沟，将机器视为一种与外界保持开放交互的有机性生成。在该视角下，机器就如同有机体一般具有面对环境变化进行自我调节、自主创生的能力，这就有效地克服了自然与技术之间自亚里士多德以来长期存在的二元对立。法国哲学家吉尔伯特·西蒙东（Gilbert Simondon）批判性发展了这一研究思路。他提出"具体化"（concretization）以说明技术物通过发展进化，已无限趋近于生存能力强、稳定完善的自然物。① 技术物的具体化，其实质在于技术系统的自我适应、调节与发明，因此也就时时彰显出技术类似有机生物的强大繁殖力与自主性。进一步深入，作为整体的技术物之所以能表现为一个高度自主的系统，归根结底在于建构关系的能力，后者为具体化过程提供着源源不断的动力。究其根本，具体化过程的发生，源于技术系统将物转化为自己的媒介——以作为元素的技术物为中介，对内部关系进行调节，向外部环境保持开放并与之耦合，甚至能够对外部环境加以改造利用，将其转变为兼具自然性与技术性、处于内外部之间的缔合环境（associated milieu），被整合进自己的功能当中。简言之，技术物既自我生成，同时又生成缔合环境。

对于西蒙东而言，技术物并不先于关系而存在，相反，关系是技术物发生的前提。正是经由对关系性的聚焦，西蒙东迈出了关键一步，他将技术物从人的意向中打捞出来，在技术物的个体和种系发生学中赋予其内在的生命与力量，论证技术物的意向源自它将其他物转化为媒介并用以自我生成的能力。在此意义上，技术物不再是服务于主体的手段与工具，不再是被动和惰性的，它作为涌现集合中的一部分表现出了明显的有机性与媒介性。西蒙东所要建立的机器学其实是一种凸显媒介性要旨的理论，重点在于一种技术物如何被转化为另一种技术物的媒介，也即技术物之间如何从属、并置，继而串联、交往，达成要素组合的跳跃与突生，实现环境的耦合，最终导向一个庞大机器体系的持续生成。因此，经由西蒙东的努力，我们可以明确媒介生成性的第二重含义——技术系统使系统内的技术物互为媒介，表现出了高度的自主性与自创生性。相较于延伸论，西蒙东进一步突破了人类中心主义。然而，囿于他所探讨的技术物发生在工业时代，这些工业物所处理的环境只涉及机器与操作者的组合，他虽然看到了机器经由人的中介才得以运作，却没有看到人对机器的"干预"和"中介"过程，实际也是机器将人转化为媒介的过程，而这一点才恰恰切中了人机关系之要害。计算机的出现，则为媒介技术议题中如何安置人提供了颇有见地的解决方案。

---

① SIMONDON G. On the Mode of Existence of Technical Objects[M]. Minneapolis: Univocal Publishing, 2017.

饱览信息时代重大技术变革的基特勒，认为没必要像麦克卢汉那样将所有媒介都挤向人类感觉器官的瓶颈。站在反人本主义立场的他，认为打字机、留声机和电影这三种分别传输文字、声音与光学数据流的媒介形态打破了书写媒介的垄断地位，并且改变了人的记忆、思维与存在方式，最终导致了主体的消亡。而数字时代的降临则使得人与技术之间的最后一抹温情也不复存在，在数字技术的作用下，留声机、电影与打字机三种媒介所传递数据流的分化被统合起来，①媒介之间的差异将按照传输频率与比特格式化约为同一，任何媒介都将被转化为数字代码的一般编码系统。由此，基特勒所定义的"技术媒介"就其本质而言便是具有存储、模拟、处理信息等功能的技术设备，他所梳理的传播媒介史也是依据这一线索写就的"媒介的科学史"。②在此意义上，可以说基特勒的媒介本体论是一种典型的生成本体论，他是从数学关系而非内容、意义入手来重新编制这个世界。

立足于数字技术强大的生成性，基特勒反转了麦克卢汉"媒介即人的延伸"这一命题，人被置换到客体的位置之上，成为媒介的延伸。在远离感官问题的层面，既然"从书写或运算到成像或发声，任何东西都能够使用通用的二进制媒介进行编码、传输和存储"，③那么人也可以被转化、编码为由 0 和 1 组成，从而接入机器体系的端口之中，成为二进制的媒介，成为为庞大的数字网络添砖加瓦的节点之一，成为"会走路和说话的记忆机器"。④这种观点看似离经叛道，其实无非是对控制论的演绎。在运用信息作为一种"普遍语言"进行反馈、控制这一机制层面，有机体与机器是同构的，它们都是拥有自动控制能力的复杂系统，都可以依据数理逻辑，用二进制加以表达和讨论。这种思维方式十分接近拉图尔在处理人与非人行动者时的对称性原则，类似于后人类主义将人处理为一种可编码的装置。

如今，随着二进制以其快速读写、远程传输数据的能力迅速席卷世界，它对人的数字化处理正在各类生活场景当中普遍上演，并且具有相当程度的强制效力，这愈加证实了基特勒的观点。毫不夸张地说，数字化已经成为个体开展实践的绝对前提，反之则是现代社会的全面排斥。而被数字技术纳入也暗含巨大代价，它意味着数字技术对生活世界的深度殖民。只要保证数据与主体实现动态、重复性的生产与索引，数据流源源不断地汇入技术系统，形成一个实时更新的永续循环，系统便能够实现稳定的运行，步入持续的自创生阶段，技术体系由此得以自我生成。沿着基特勒的思路继续深化便可发现，互联网的基础设施化，正是始于人的中介作用，无论是技术研发还是

---

① 基特勒. 留声机 电影 打字机[M]. 邢春丽, 译. 上海：复旦大学出版社，2017.
② 基特勒，黄淑贞. 传播媒介史绪论[J]. 文化研究，2013（01）：235-254.
③ 基特勒，胡菊兰. 走向媒介本体论[J]. 江西社会科学，2010（04）：249-254.
④ 温斯洛普－扬. 基特勒论媒介[M]. 张昱辰, 译. 北京：中国传媒大学出版社，2019：85.

普通用户使用行为，人都在无限延伸着二进制的世界。通过人的中介，人机方可交互共生，二进制才能自我复制，二进制所缔造的虚拟世界得以与现实世界建立起联系，进而创造场景，生成实践，这便是媒介生成性的第三重含义——技术将人转化为了媒介。

人将技术转化为媒介，技术将技术转化为媒介，技术将人转化为媒介。它们相互生成，互为媒介，并因此生成了整个世界。这一点正是媒介性的要义所在。媒介的生成性体现为媒介将一切人与物都转化为媒介而建构了这个世界，这个生成的过程就是一个同化的过程。媒介之所以通过中介可以建构出一个世界，只是因为它可以将一切都转化为媒介。这是媒介何以成为行动者的前提，也是可供性、可见性和具身性成立的先决条件。当然，生成性的进程是非常复杂的，以上所排开的三个层面更多是为述清三者步步深入的递进关系，本意是为强调，媒介并非人或技术（物）的某种固有属性或本质特征，而是一系列关系性活动的起点，是带来组合与驱力的未知变量。

生成性的视角以媒介为抓手，彻底打破了人类中心主义与主客体二元论，打破媒介作为信息传播工具的刻板观点，揭示出媒介作为中介者建构存在的重要意义——媒介之外无他物，在媒介没有成其为媒介之前，人不成其为人，社会也不成其为社会。如此，生成性就在回应世界创制机制的同时回应了媒介如何成其所是这个问题，生成性也就成为本体论层面的媒介性之一。

思考题

1. 媒介本体论的前提和起点是什么？
2. 媒介本体论为什么为何要研究媒介性？
3. 如何理解媒介性的四个维度及它们之间的关系？
4. 媒介如何同技术进行区分？

拓展阅读

1. 胡翼青，姚文苑. 重新理解媒介：论界面、内容、物质的三位一体[J]. 新闻与写作，2022（8）.
2. 麦克卢汉. 理解媒介：论人的延伸[M]. 何道宽，译. 南京：译林出版社，2019.
3. 彼得斯·奇云：媒介即存有[M]. 邓建国，译. 上海：复旦大学出版社，2020.

（胡翼青 等[①]）

---

① 南京大学新闻传播学院博士生马新瑶、王沐之，硕士生赵婷婷对本文亦有贡献。

第三部分
媒介特性

第七章 媒介物质性

本章概述

"物质性"研究是近五十年来跨越全球多个语言、多个人文社会学科的重要学术思潮。这个思潮试图超越之前"简化主义"的物质主义研究以及过度关注文本和意义的"上层建筑"研究，整合了丰富的、多种脉络的研究传统。传播与媒介物质性研究与其他学科的物质性研究高度交叉，体现出丰富层次、繁复内容、高度理论异质性的特征。现有的各种研究具有非常强的原创性、启发性和解释力，但同时也可能蕴含着理论和实践意义上的双重风险。要解决这种风险，需要理论上的双向反思：一方面进入更为底层的哲学追问，另一方面引入新的视角或者概念，来推动对于物质性研究底层概念的基准性研究。而这恰恰可能召唤着非西方学术界（包括中文学术界）的底层概念参与理论拓展。

关键词

物质性；物质文化研究；物的本体论；媒介本体论；媒介考古学；行动者网络；新物质主义；媒介特性分析；软件研究

"物质性"研究指的是以物为中心的研究，是自20世纪70年代后期以来逐步发展起来的一种跨语际、跨学科、全球性的一种学术思潮和研究路径。这种路径在研究取向上，一方面试图超越所谓还原主义的"机械物质主义"研究思路，即在20世纪初一直到60年代后期曾在西方各种语言的学界中普遍存在的，过度强调经济基础、物质基础的一种研究取向；另一方面，它也试图摆脱以"文本""内容""文化"和"意识形态"为中心的部分结构主义与后结构主义的研究倾向，从而转向以"物"为中心或者出发点,来重新进行关于世界运行、社会生活和个体境况的理论建构探索和社会介入实践探索。

"物质性"研究由于其显而易见的跨学科性,具有多元的理论源流和导向。一般认为,除了早期的以物为中心的档案式叙事(例如各种事实与想象掺杂的各地风物食货志、山川地理志、金石学与文物收藏、横贯欧亚大陆的炼金术技术档案等)和各种朴素或经典的哲学唯物主义之外,还有几个重要的学术基础。例如,现象学、形而上学、实践主义、过程哲学、自然主义、有机哲学、结构主义与后结构主义等都是这个多元话题的重要理论资源。而在最近一二十年间,人文学科与社会科学的多个学科都在讨论的"物质文化转向""物质性转向""物的转向""本体论转向",则是这些理论资源结合各个具体的学科的主要议题、理论和方法之后,所激发出的研究热潮。

这种以物质性(materiality)为中心的研究取向,虽然20世纪70年代已经发轫于人类学、社会学、文化研究等学科,但真正进入传播与媒介研究领域已经是21世纪第一个十年的后期,相对较晚。由于"媒介"概念特有的"中间性"和"中介"指向,以及传播概念的广泛包含性,使得媒介与传播的物质性研究在很大程度上与大多数人文社会科学的分支领域都有所关联,甚至部分更早的物质性研究著述可以直接纳入媒介与传播的物质性研究之中。例如,从物的中介性角度来解读,从齐美尔的货币媒介[1]到西敏司对于"糖"在全球化过程中的中介角色的深入分析[2],都可以纳入这个范畴之中。本章尝试概述多个语种的学术界中关于媒介、技术与物质性的理论建构与实践,并在此基础上总结媒介与传播物质性研究的学术渊源、主要理论与方法论路径,以及各个学术路径之间互动关系,以简要勾勒这些理论与实践的学术演进脉络。

第一节 物质文化研究:物的消失、发现与再隐匿

物质文化研究是"物质性"研究范畴内的第一个全球性的分支领域,也是"物质性"这个研究领域的名称来源。这个分支领域成形于20世纪80年代早期的人类学、社会学、艺术史和文化研究等学科之中。二战以后,人文社会科学界被高度发展的物质文化现象所冲击,并深感当时学界主流的社会理论和文化理论对理解那时的社会物质文化状况是不够的,例如在丹尼尔·米勒(Daniel Miller)看来,尽管物质文化在现代社会非常显著,但是它们"一直没有被学术界关注到,还依然是现代社会的中心现

---

[1] 齐美尔.货币哲学[M].许泽民,译.贵阳:贵州人民出版社,贵州出版集团,2019.
[2] 西敏司.甜与权力[M].王超,朱健刚,译.北京:商务印书馆,2010.

象中最不被理解的部分"。① 这激发了部分人类学家和社会学家,在传统的社会理论和文化理论的基础上,尝试去融汇结构主义和后结构主义关于物的解析和符号化、现象学的"物性"研究、以布罗代尔为代表的物质文化史、西方马克思主义左派对于消费社会和商品文化的批判,以及基于"实践"(praxis)(如情境主义、实践论和文化唯物主义)、主体性与权力、意识形态与霸权、世界体系和(后)殖民主义的批判性理论等等各种理论资源,从而形成了一种将理论反思与社会介入实践相结合的学术思路,并迅速在多个学科范围内激发了一大批的案例性和理论总结性的著述。

这种后来经常被称为"物质文化"转向的研究热潮,其论述的主要方向是:一方面强调物在塑造社会文化与日常生活的基础性地位,另一方面则强调物的社会文化属性。其中,西敏司的《甜与权力》②、卜正民《维梅尔的帽子》③等案例性研究,以及由丹尼尔·米勒④⑤⑥与阿尔荣·阿帕杜莱(Arjun Appadurai)⑦⑧⑨分别完成的两个系列性的理论总结,在很大程度上可以看作是这个研究分支领域的代表性著述。同时,如果是从广义的"中介""间性"等角度来理解媒介(而不是将媒介理解为报纸、广播电视、互联网等"大众媒介"或"数字媒介"),以及从广义的"交流""交通""连接"等角度来理解传播(而不是将之看作信息的传递或者"意义"的仪式性建构过程),那么相当一部分的物质文化研究都在和媒介与传播研究相关。这些物质文化研究既从"中介"的角度对媒介和媒介物的概念进行扩展,也对传统媒介物质性及其周边关联的媒介物进行探讨,产生了汗牛充栋的研究成果。其中,迈克·布莱恩·谢法(Michael Brian Schiffer)对于便携收音机的研究⑩,约翰·厄里(John Urry)对于影视周边产品的商品化、影视地理空间的旅游化的研究《游客的凝视》⑪、斯科特·拉什(Scott Lash)和西莉亚·卢瑞对于全球文化工业的七个"产品"对象进行全"生命历程"的分析⑫,都是其中引用率较高、富有影响力的重要作品。

"物质文化"研究作为"物质性"研究的起始性和命名性研究领域,近乎完美地体

---

① MILLER D. Material Cultures[M]. London:University of Chicago Press,1998:217.
② 西敏司. 甜与权力[M]. 王超,朱健刚,译. 北京:商务印书馆,2010.
③ 卜正民. 维梅尔的帽子:从一幅画看全球化贸易的兴起[M]. 上海:文汇出版社出版,2010.
④ MILLER D. Material Cultures[M]. London:University of Chicago Press,1998.
⑤ MILLER D. Material Culture and Mass Consumption[M]. Oxford:Basil Blackwell,1987.
⑥ MILLER D. Materiality[M]. Durham:Duke University Press,2005.
⑦ APPADURAI A. The Social Life of Things:Commodities in Cultural Perspective[M]. Cambridge:Cambridge University Press,1986.
⑧ 阿帕杜莱. 消散的现代性:全球化的文化维度[M]. 刘冉,译. 上海:三联书店,2012.
⑨ 阿帕杜莱. 全球化[M]. 韩许高,王珺,程毅,高薪,译. 南京:江苏人民出版社,2016.
⑩ SCHIFFER M B. The Portable Radio in American Life[M]. Tucson:The University of Arizona Press,1992.
⑪ 厄里,拉森. 游客的凝视(第三版)[M]. 上海:上海世纪出版股份有限公司,2016.
⑫ 拉什,卢瑞. 全球文化工业:物的媒介化[M]. 要新乐,译. 北京:社会科学文献出版社,2010.

现了20世纪70年代以来后现代主义关于各类"性"(如历史性、时间性等)的研究旨趣,即更多强调个体物、特定物在社会历史、文化情境以及物质体系关系中的重要意义,而更少关注(虽然并不截然否认)一般意义上的"物性"或"物质"基础性。这种研究旨趣当时被看作是还原主义的"机械物质主义"以及泛文本化的"文本主义"的反动,有效地将"物"为中心或者以"物"为起点的研究视野向纵深推进了一大步。但物质文化研究本身所具有的理论性倾向,仍然引起了众多批评。批评者认为,大多数的物质文化研究,虽然其出发点在于重新强调"物"的中心性或者本体论意义上的存在性(例如丹尼尔·米勒),但是在实际研究中仍然会高度强调物的社会文化属性,从而使得哪怕在以媒介物为中心的研究中,"物"本身仍然被视作一种文化的产物。更严重的是,这种文化产物是在文化网络、符号象征体系之中存在并与其他"物"和人发生关联的。因而,"物"的本体论在总体上有再次隐没的危险。出于对这种研究取向的不满,以及其他学科研究路径的内在发展,非物质文化研究取向的媒介和传播研究者将目光更多凝聚在物的实在本体论,以及更加哲学化的反实在论和关系本体论、技术哲学和宇宙哲学等领域。

第二节 物的本体论与媒介本体论:实在、观念与关系

物/客体的本体问题是思想界一个长期追问的问题,其中马丁·海德格尔是最近几十年比较引人注目的一位。在媒介和传播相关的研究领域中,关于海德格尔的物性理论研究可以简要地分为两个的相互关联的方向:其中一个方向将海德格尔的物性沉思与其早期关于语言和中介的阐述关联起来,讨论中介/媒介的物化以及中介/媒介的工具性(虽然这和海德格尔的本意并不总是一致);第二个方向与海德格尔对技术的批判性沉思相关,尤其以《物》[1]与《技术的追问》[2]这两篇海德格尔后期作品为代表。在这两篇作品中,海德格尔将"物的追问"与"技术的追问"综合起来,阐明人作为"主体"只是本体意义上的关联网络中的一部分,而物在其中同样具有一种关系性的本体论特征,以此来超越传统的主体/客体二分和形式/质料二分,重构物和技术的本体论。

在受海德格尔在物和技术追问影响的众多媒介研究者中,弗里德里希·基特勒是最为典型的一位。他所有的研究都在某种程度上是对海德格尔技术沉思的一种阐释。

---

[1] HEDEGGER. M., HOFSTADTER, A. The Thing[M]. In Poetry, Language, Thought: Translations and Introduction[M]. New York: Harper and Row, 1975: 163-184.
[2] 海德格尔. 技术的追问[M]// 吴国盛. 技术哲学经典读本. 上海:上海交通大学出版社, 2008.

他的主要观点可以通过《迈向媒介本体论》①一文来管中窥豹。在这篇文章中，基特勒提出，从海德格尔的关系性物性和技术本质出发，可以发现"技术媒介"——例如从手写到印刷的书写技术到计算机，都具有同一种本体论特征，即作为"处理，传输，存储"数据和信息的网络。而这种特征可以在"技术媒介的整个递归历史中寻找到"。②在这个过程中，技术媒介从来都不是单独的媒介，而是由诸多媒介形成的网络，例如，"图书馆是被称为书的存储媒介的存储媒介"。③扩大来说，"被称为书的存储媒介"，如古登堡式印刷机、书、运输售卖系统、书箱、家庭书架或图书馆（甚至是制造这些技术媒介的其他技术媒介和工具），共同组成了一个技术媒介网络。

吉尔伯特·西蒙东《论技术物的存在方式》④存在相似的论述。他认为技术物本身的各种技术成分、个体本身、组合和其所处的外在"缔合环境"（associated milieu）所形成的网络关系，是技术物具体的存在方式。许煜的《论数码物的存在》⑤正是建立在海德格尔和西蒙东二者的理论之上，对一种数字时代媒介本体论构建的一种尝试，可以说是数字时代最为重要的本体论建构之一。许煜试图通过对数码时代的形式性分析，将本体和本体论的概念进行区分与重组，推导出"数码物本质上是由计算机本体（computational ontologies）形式化的数据"的关系性本体特征，并通过"客体间性"概念来深化西蒙东"缔合环境"的物性本体论的解释力。

被认为属于"新物质主义"（详见后文）的主要推动者之一的布鲁诺·拉图尔则提出另外一种弥补方式。拉图尔认为，20世纪盛行的"唯物主义/物质主义"（materialism）实际上是一种观念论意义上的唯物主义（即观念论意义上的物质主义），这种唯物主义用抽象的"对象"或者"物性"掩盖了物和物的关系所具有的广泛丰富性和网络相关性，或者说用"知识"替代了物的存在运动本身。在拉图尔看来，海德格尔的物性理论完全是观念论意义上的，他的优势在于为研究设定了一个正确的方向，即从网络化的关系来理解物。只是问题在于，海德格尔低估了物与物之间的巨大差别，尤其是传统技术物和现代高度复杂的技术物之间的区别，因而归根结底是一种"薄"的物的描述。拉图尔吸收了这个问题领域中另一个重要的思想资源——阿尔弗莱德·诺斯·怀特海（Alfred North Whitehead）的过程哲学。在《过程与实在》中，怀特海通过将世界描述为过程，主张从关系-过程着手分析实在，提出实在的"聚合"与"生成"过程才是理解实在的存在的关键。拉图尔在很大程度上受到了海德格尔和怀特

---

① KITTLER F. Towards an Ontology of Media[J]. Theory, Culture & Society, 2009, 26(2-3): 23-31.
② KITTLER F. Towards an Ontology of Media[J]. Theory, Culture & Society, 2009, 26(2-3): 23-31.
③ KITTLER F. Towards an Ontology of Media[J]. Theory, Culture & Society, 2009, 26(2-3): 30.
④ SIMONDON G. On the Mode of Existence of Technical Objects[M]. Minneapolis: Univocal Publishing, 2017.
⑤ 许煜. 论数码物的存在[M]. 上海: 上海人民出版社, 2019.

海的双重启发，他和他的理论同行发展出的行动者网络理论（Actor-Network Theory，ANT），主张从实践过程的角度来探究物的组合与聚合的复杂网络关系，并且在此基础上提出以行动者网络理论的关系本体论来对抗观念论的物质本体论，并认为这种路径是实现"厚"的物的描述、"挽救"物质主义/唯物主义的重要路径。

上述的简短叙述勾勒了几种富有影响力的物的本体论之间的关联脉络，以及这些理论对媒介本体论和物质性研究的影响。当然，这种简要的叙述只是高度简化后的示例性分析，假如要列一个物的本体论或者物质性研究的理论和学者清单的话，那可以更长更复杂，它们相互交叉的脉络关系更是复杂多样。但这条示例性的脉络却指明了20世纪以来物的本体论建构的一个非常明显的特点，那就是以不同的方式来构建一种跨越主体、客体二分法的网络关系，并在这种网络关系的基础上来构建基于形式的关系本体论或者基于实践的关系本体论（比如拉图尔的 ANT 理论），并在延伸之后被用来构建媒介和传播的本体论。

第三节　媒介物质性研究分支领域举例

晚近被认为是"正式"的媒介与传播物质性研究，在很大程度上是上述多种物质性研究脉络与媒介研究、传播研究在主要议题、理论和方法的混合与交叉。下文将以几个常见的媒介物质性研究的分支领域为例，来展示其丰富的层次与繁复的内容。

一、基特勒、媒介考古学与文化技艺研究

"媒介考古学"可以说是过去一二十年的媒介与物质性研究中，最有活力和影响力的分支之一（关于"媒介考古学"的研究详见第二十三章）。媒介考古学自身是一个具有强烈异质性的体系，一般认为它至少包括了三个子系。首先，沃尔夫冈·恩斯特以及其他早期"基特勒青年"在很大程度上延续并且扩展了早期和中期基特勒的研究思路，即在综合福柯和拉康等法国后结构主义理论以及德国以海德格尔为代表的存在论技术思想的基础上，开展对基于人创技术媒介的考古学研究。这一支媒介考古学致力于"挖掘"作为技术与物质的媒介如何"决定了人的处境"[①]。西格弗里德·齐林斯基（Siegfrid Zielinski）则代表了媒介考古学的第二种取向。"媒介考古学"一词的第一

---

① KITTLER F. Optical Media.（Trans. Anthony Enns）. Cambridge，UK：Polity Press. 1999：1.

次正式提出，据称也是来自齐林斯基2002年出版的《媒体考古学》一书[①]。与第一种类型的媒介考古学相比，齐林斯基在反实在论的道路上走得更远，他提出要以"类考古学"的方式研究包括人造物技术媒介、生物体、自然宇宙在内的多种多样的媒介"变体"（variants），并以变体学（variantology）的方法来探究各种变体之间多面向、宇宙观层面上的关系（《变体学——艺术、科学与技术之间的深层时间关系》）[②]。第三种分支则和"电影考古学"联系在一起，出现的时间可以追溯到20世纪早期和中期一些关于电影的技术媒介史的著述，但是数量并不多见。随后与基特勒的中期研究差不多同时，电影考古学先是出现在与知识考古学密切相关的早期电影话语形式的研究中，随后又进入电影技术-感知技术以及强调电影技术物质基础的新媒介史研究之中。[③]

最近十来年中，媒介考古学的上述三个子系既各自按照内在逻辑发展又相互交叉，并在发展过程中吸纳其他的理论和方法论资源，从而呈现出更加纷繁复杂的研究取向。例如，第一种和第二种思路的交叉，激励了一大批媒介考古学研究者致力于旧媒介与"死媒介"（dead media）的研究。在一段时间内，这种研究取向甚至成为"媒介考古学"的代言性研究取向。而齐林斯基所开创的对于媒介"变体"的研究，则启发了大量对于异质性媒介的研究。例如媒介考古学二代学者尤西·帕里卡（Jussi Parikka）所开展的对于病毒、昆虫、废弃物等新物质主义"变体"的研究[④⑤⑥]，以及埃里克·克鲁腾伯格（Eric Kluitenberg）对于虚构媒介（imaginary media）的研究[⑦]，都可以看作是这种异质性媒介研究的典型尝试。第三个分支则不但激发了研究系列的深入，还在晚近一二十年激发了"物质"本体的电影和影像创作、生产与研究。

二、行动者网络理论、物的能动性以及社会物质性

另一种在媒介与传播物质性研究（尤其是数字时代的媒介与传播研究）中极有影响力的路径是布鲁诺·拉图尔和他的理论同行者们（"巴黎学派"）的网络行动者理论。

[①] 齐林斯基. 媒体考古学[M]. 震华, 译. 北京：商务印书馆, 2006.
[②] ZIELINSKI S, WAGNERMARIA, SM, CUSTANCE, G (eds.). Variantology: On Deep Time Relations of Arts, Sciences, and Technologies. Köln: W. König, 2005-2011.
[③] ELSAESSER T. Film History as Media Archaeology: Tracking digital cinema[M]. Amsterdam, NL: Amsterdam University Press, 2016.
[④] PARIKKA J. New Materialism as Media Theory: Medianatures and Dirty Matter[J]. Communication and Critical/Cultural Studies, 2012, 9(1), 5.
[⑤] PARIKKA J. Digital Contagions: A Media Archaeology of Computer Viruses[M]. New York: Peter Lang, 2007.
[⑥] PARIKKA J. Insect Media: An Archaeology of Animals and Technology[M]. Minneapolis, MN: University of Minnesota Press, 2010.
[⑦] KLUITENBERG E. Book of Imaginary Media: Excavating the Dream of the Ultimate Communication Medium[M]. Rotterdam, NL: NAi Publishers, 2006.

行动者网络理论的基本的观点在于：世界是一种不断生成的网络，在其中，人和非人都是具有能动性的行动者，人的行动者（actor）和非人的行动体（actant）一起构成多元的节点，并通过实践和行动构成不断生成变动的联系（associations），这种联系既是"网络"（Net-Work）也是行动网（Working-Net），即 Net（网络）与 work（行动）的一体连接[1]。这种关系主义本体论最有理论魅力的一点，是它确认物质行动者和人一样具有对称的能动性，从而具有强大的理论和研究激发能力，使它迅速跨越了拉图尔本人所在的社会学和人类学领域，形成了广泛的理论和实践影响。例如，在新物质主义的理论建构领域，简·贝奈特（Jane Benett）在《活力之物》一书中构建了生机物质主义（vibrant materialism）[2]，探讨了电流、污染物、赛博格、垃圾等非人行动者的能动性和活力。而奥利考斯基（Wanda J. Orlikowski）以及其他一些研究者则试图缓和这种实践的关系本体论的激进性，从而提出了"社会物质性"（social materiality）这种折中的概念[3]，并由于其折中性而获得众多关注和引用。

行动者网络理论在媒介与传播研究的影响虽然来得略有点晚，但是同样也很广泛。这一理论在一定程度上已经内嵌了"媒介"理论，它的"转译"（translation）概念指明了数量众多的行动者和行动体（actant）在信息、权力和关系等诸多层面的中介性（mediation）。从这种中介性出发可以阐明重要的媒介理论问题，同时，行动者网络理论也可以与话语分析、媒介生产方面的研究融合后产生出色的理论洞见。在 2014 年之后，很多研究者会本能地引用一小段行动者网络理论来说明"物"在媒介和传播过程中的参与，哪怕整篇文章或者章节的主体观点与行动者网络理论毫无关系，甚至与之冲突。时至今日行动者网络理论在媒介与传播领域已经激发出数量惊人的研究文献。当然，除去上文中提及的"装点式"研究，行动者网络理论在许多领域还是生产出了许多富有洞见的研究成果。例如对计算机和数码设备的硬件基础、互联网基础设施以及其他"物"的能动性的研究，互联网与数字媒介的技术和物质构架与互联网人群在构建人和物的各种行动网络聚合（assemblages）的对称性能动性，以及对于人机交互、人工智能、科技伦理层面的关系本体论思考。就理论的应用广泛性和扩展性来说，行动者网络理论可能是物质性研究整体图景中最为引人注目的一种理论。

然而，行动者网络理论对于媒介与传播研究创新究竟起到了多大的作用，学界还是有不少疑虑。德国媒介研究学者卢伦兹·恩格尔（Lorenz Engell）和贝恩哈德·西格

---

[1] LATOUR B. Reassembling the Social. An Introduction to Actor Network Theory[M]. Oxford: Oxford University Press, 2005.
[2] BENNETT J. Vibrant Matter: A Political Ecology of Things[M]. Durham NC: Duke University Press, 2010.
[3] LEONARDI P M, BARLEY S R. Materiality and Change: Challenges to Building Better Theory about Technology and Organizing[J]. Information and Organization, 2008, 18(3): 159-176.

特就认为，截至当时行动者网络理论还没有在媒介与传播研究领域带来"令人惊喜的理论融合"①。除此之外，"社会物质性"概念所代表的折中性，反而可能与行动者网络理论在跨越主客体理论上的努力背道而驰，它的广泛应用可能预示着它应用前景至少将部分地步入物质文化研究的旧辙之中。

三、机制/装置，媒介特性分析与软件研究

在广义物质性研究领域中，还有数量众多的分支领域存在。其中除了更加激进的物质本体取向的研究（如宇宙论视野下的媒介与传播研究），也有其他的研究策略通过反实在论的方式，来构建人/社会和物之间具有存在论意味的实践关系模式。这些研究与"社会物质性"研究取向类似的机制/装置（dispositif）理论，以及一系列的具有实践导向特性的社会和文化理论的分析视角相关。例如，在马克·柯忒（Mark Coté）的解读中，米歇尔·福柯、吉尔·德勒兹/菲力克斯·瓜塔里的机制/装置（dispositif）同时作为理论视野和方法论，具有在关系本体意义上统合人类行动者和物质基础的方法论意义。正是通过这种视野，柯忒解析了社交大数据的物质性基础的中心性②。这个角度也是对安东尼·吉登斯（Anthony Giddens）的社会机制（social institution）概念的媒介化解析，在看到结构化过程（structuration）理论在调和主体和客体、个人和社会的二元分割的同时③，进一步强化社会机制中"资源"的物质性特征，也提供了一种具有不同理论适应性和解释力的物质性分析视角。

凯瑟琳·海勒斯（N. Katherine Hayles）提出的媒介特性分析（Media Specific Analysis，MSA）则是另外一种实践导向的物质性分析视角。海勒斯将媒介特性分析看作是一种实践导向的社会批判系统。其中文本是一种"实体化物质"（instantiated matters），这强调它的实体而不是符号或者文字特性，而物质性（materiality）则被重新概念化为"文本的物理特征和它的符号化策略之间的相互作用，这种相互作用从一开始就与实体和符号交缠在一起"④。对媒介的分析从而也变成了对实体、符号、符号化策略以及阅读过程的关系性批判分析系统。同时，马修·富勒（Matthew Fuller）⑤等

---

① ENGELL L, SIEGERT B. Editorial. Zeitschrift für Kultur-und Medienforschung[J]. SchwerpunktANT und die Medien, 2013, (2): 5-10.

② COTÉ M. Data motility: The Materiality of Big Social Data[J]. Cultural Studies Review, 2014, 20(1): 121-149.

③ 吉登斯. 现代性与自我认同：现代晚期的自我社会[M]. 赵旭东，方文，译. 北京：三联书店，1998.

④ HAYLES N K. Paint is flat, code is deep: the importance of media-specific analysis[J]. Poetics today, 2004, 25(1): 67-90, here 67.

⑤ FULLER M. It Looks Like You're Writting a Letter[M] //FULLER M. Behind the Blip: Essays on the Culture of Software. New York: Automedcia, 2003: 137-165.

研究者还将这种分析扩展到软件研究之中，提出对"作为媒介特性分析物件的软件"研究，关注软件（例如微软 Word 文字处理系统）如何通过连接物质系统和使用者的文本实践，来塑造文本生产及文本体验。富勒随后将这种思路整合到他的《媒介生态学：艺术与技术文化中的物质能量》（2019/2005）一书中，从而使他的媒介生态学与尼尔·波兹曼的媒介理论与方法论都存在重大区别。而列夫·马诺维奇（Lev Manowich）的《软件掌控一切》①则通过"深度混编性"（Deep Remixability）的视角，讨论了不同的物理物质和电子媒介，以及不同媒介内嵌的特定技术、技能和工具如何通过软件混合在一起。正是因为有了软件，电脑才真正意义上变成了"元媒介"（metamedia）。如此，媒介特性分析和软件研究形成了一个相互关联的物质性实践体系。

上述机制/装置、媒介特性分析和软件研究，作为微观分析系列视角的示例呈现出与前述宏大视野不同的分析朝向，并且部分弥补了上文中以实践导向的关系本体论在"数量"上的相对欠缺。然而，这个示例也说明，微观系列的物质性研究可能和"社会物质性"物质文化研究具有类似的难点，即如何不在研究视角的扩散过程中逐渐强化"社会"与"文化"的决定作用，而将关注的焦点放在以实践为导向的关系本体论之上。

第四节 小结

本章首先讨论了以物为中心与物的社会性交缠的物质文化研究、基于形式的关系本体论以及基于实践的关系本体论三种典型的本体论路径的最简化基础观点，指出它们之所以可以统归在"物质性研究"的框架之下，在于它们在跨越主客体区分，凸显物的中心性、主体性和本体论地位。然而，物质文化研究在高度扩展之后，对于文化性、社会性的强调，又在一定程度上导致了"物"的本体再次隐没的风险。这种风险加快了其他关于物的本体论探讨的进一步演化，特别是在最近一二十年里，推动了基于形式的关系本体论以及基于实践的关系本体论的完善和扩展。随后，本章以几个常见的媒介物质性的分支领域为例，来展示媒介物质性研究的丰富层次与繁复内容，并探讨高度的理论异质性在带来理论活力和创造力的同时，可能同时蕴含着理论和实践意义上的风险。当然，要解决这种风险，除了在物质性研究的基准性概念的讨论之外，理论上的双向反思也很重要：一方面可以进入更为底层的哲学追问，尝试用更为基础的概念或者视角来统合这些歧义；另一方可以引入新的视角或者概念，来推动对于物质性研究底层概念的基准性（而不是规范性）研究。而这恰恰可能召唤着非西方学术

---

① MANOVICH L. Software Takes Command[M]. New York：Bloomsbury Academic，2013.

界（包括中文学术界）的底层概念参与理论拓展。

最近一二十年，中文学界中对媒介与传播物质性的引介和研究已经颇有进展。无论是对国外重要著述的译介，还是对这些理论视野在研究中的具体应用，在港澳台地区都取得了显著的进展。其中，在物质文化研究领域，无论是译介还是本地研究都有较为丰厚的积累；而在基特勒研究、媒介考古学、行动者网络理论视野下的媒介与传播研究等领域中的进展非常迅速[①]；包括新物质主义、媒介特性分析、软件研究和媒介生态学等其他分支领域和理论导向的引介和研究也取得明显进展。在部分领域，如香港学者许煜在数码物本体论[②]、有机哲学[③]和宇宙哲学[④]方面的系列探讨，已然在全球物质性研究图景中处于引领地位。然而，正如章戈浩、张磊[⑤]、许煜[⑥]都试图揭示的，在跨越主客体区分的有机性哲学、"物人合一"思想层面，中国哲学有着丰富和深厚的思想资源。这些资源目前并未得到充分而审慎的思考，亟须国内外理论界基于当下存在情境对其进行再次诠释，并结合全球理论进展进行理论重构。重申媒介概念本身，并重审媒介中的物和物质性，或许将开启更为多元、更具理论潜力的研究视角和研究领域。

思考题

1. "物质性"研究为什么被认为和本体论有关？
2. 什么是媒介与传播视野下的"物质性"研究？

拓展阅读

1. MILLER D. Materiality[M]. Durham：Duke University Press，2005.
2. 许煜. 论数码物的存在[M]. 上海：上海人民出版社，2019.
3. 章戈浩，张磊. 物是人非与睹物思人：媒体与文化分析的物质性转向[J]. 全球传媒学刊，2019，（02），103-115.

（曾国华）

[①] 相关研究如：张昱辰. 媒介文明的辩证法："话语网恪"与基特勒的媒介物质主义理论[J]. 国际新闻界，2016，（1）：76-87. 吴璟薇，曾国华，吴宗劲. 人类、技术与媒介主体性—麦克卢汉. 基特勒与克莱默尔媒介理论评析[J]. 全球传媒学刊，2019，（1）：3-17. 施畅. 视旧如新：媒介考古学的兴起及其问题意识[J]. 新闻与传播研究，2019，（7）：33-53. 车致新. 媒介技术话语的谱系—基特勒思想研究[M]. 北京：北京大学出版社，2019. 戴宇辰. "物"也是城市中的行动者吗？理解城市传播分析的物质性维度[J]. 新闻与传播研究，2020，（3）：54-67.
[②] 许煜. 论数码物的存在[M]. 李婉楠，译. 上海：上海人民出版社，2019
[③] 许煜. 递归与偶然[M]. 苏子滢，译. 上海：华东师范大学出版社，2020.
[④] 许煜. 艺术与宇宙技术[M]. 苏子滢，译. 上海：华东师范大学出版社，2022.
[⑤] 章戈诺，张磊. 物是人非与睹物思人：媒体与文化分析的物质性转向[J]. 全球传媒学刊，2019，（02）：103-115.
[⑥] 许煜. 递归与偶然[M]. 苏子滢，译. 上海：华东师范大学出版社，2020.

第八章　移动性

本章概述

　　以往三种对待移动的态度——安栖主义、功能主义和新自由主义——共同之处在于将移动和非移动、移动和地方对立起来。这种二元对立的观点受到越来越多的质疑，相关反思带来"新移动范式"，关注"移动的政治"而非"流动的胜利"，"移动力"成为核心概念。现代传播技术与移动的关系一直是传播学研究的一个核心话题，关于城中村中电视的案例说明，应当摆脱内容和文本局限，并结合不同社会群体现实境况和人们的日常媒介实践加以具体分析。

关键词

　　恋地情结；安栖主义；流动；移动；新移动范式；移动力；移动的政治；移动私藏悖论

　　移动，简单来说，就是人与物从一个地方到另一个地方的运动。它在我们的日常生活中几乎无处不在，大到探月飞行、跨国贸易，小到上班通勤、生鲜配送。移动的主体既可以是人，也可以是物和信息；移动的范围可以跨越大陆，也可局限在弹丸之地；移动的场所可以发生在实体空间，也可以出现在想象和虚拟的世界。移动如此普遍又多样地存在于现实世界，以至于人们常常将它们视作理所当然。正如乔治·齐美尔在《桥与门——齐美尔随笔集》中指出的，人类有一种联结的意志与渴望，人会为了联结而移动，桥梁、道路等因此而产生。[①]

---

① 齐美尔.桥与门：齐美尔随笔集[M].涯鸿,译.上海：上海三联书店,1991.

虽然移动对人类生活的意义不言而喻，传统社会科学对它的态度却比较尴尬。经典的人类学、社会学和地理学向来强调地方和地方感是人类生存和文化身份的根基，人应该扎根于土地并对其生活的地方保持段义孚所说的"恋地情结"（Topophilia）①。移动与安居总是作为一对相反的概念出现。安居代表着稳定、正常和主流，它是成熟社区和发达社会应该有的样子。而移动则象征着不稳定、另类和边缘，属于游牧和少数族群。世界的秩序被分隔成一个个界限分明的单位，人的文化身份强烈依赖其所生活的空间位置，"人—地方—文化"之间的对应关系被牢牢绑定。②这种重视空间稳定性的思维根深蒂固，并常常带有强烈的情感色彩、道德秩序和政治动机，让人难以质疑，形成一种"安栖主义形而上学"（sedentarist metaphysics）。③"历史书总是从定居的视角出发，并尽可能以某个统一的国家机构的名义，即使谈论的是游牧民族。"④

当然，这并不是说过去的社会科学不研究移动，只不过，即使研究移动也是将它作为定居的对立面来研究，目标是如何通过市场和技术的手段打破地域局限，实现人、信息、商品在更大范围内的快速移动，以"用时间消灭空间"的方式维持资本主义生产方式的运转。移动约等于速度和效率，移动研究被市场和技术同化了。经济学给出的药方是发展市场，地理学力推改善交通，而传播学则笃信信息传输的作用。它们的共同之处是将移动当作目标和功能，其思考主要是在"降低移动成本、提高移动效率"的单一维度上展开，对"谁的移动？""为什么移动？""为什么要这样移动？"这样的问题少做价值追问。在相当长的时间内，这种功能主义的范式左右着社会科学关于移动的想象。

20世纪90年代开始，在全球化浪潮的和新技术的推动下，移动研究在西方出现了一个高潮，各门学科都表现出对移民和流散族群以及各种跨区域跨文化现象的强烈兴趣。⑤这一时期的移动研究在很大程度上是在全球化和新自由主义的框架下展开的，其特点是将移动等同于流动。流动（liquidity 或 fluidity）主要是由后现代主义学者提出的概念，用以描述相比之前的现代社会而言晚期资本主义社会所表现出的个体化和反结构化特点⑥⑦。冷战的结束和新自由主义思潮的得势，给人一种全球化进程凯歌高奏的幻想。人、信息、资本、商品的去疆界化流动和杂交成为时代的优先，传统的地方

---

① 段义孚.恋地情结[M].北京：商务印书馆，2019.
② RELPH E. Place and Placelessness[M]. London：Pion Limited，1976.
③ MALKKI L. National Geographic：The Rooting of Peoples and the Territorialization of National Identity Among Scholars and Refugees[M]// The Cultural Geography Reader. London：Routledge，2008：287-294.
④ FELIX G, GUATTARI D. A Thousand Plateaus：Capitalism and Schizophrenia[J]. Trans. by MASSUMI B. University of Minnesota，Minneapolis，1987：23.
⑤ BRAH A. Cartographies of Diaspora：Contesting Identities[M]. London：Routledge，1996.
⑥ 利奥塔.后现代状况[M].岛子，译.长沙：湖南美术出版社，1996.
⑦ 鲍曼.流动的现代性[M].欧阳景根，译.北京：中国人民大学出版社，2018.

性因素被视作狭隘和反动,它们必须为全球化让路。卫星广播、互联网等新技术的涌现更是让脱域从反常变为常态,每个人以符号和影像的方式生活在"想象的邻里"和"液态的空间"中①,"一切坚固的东西都烟消云散"②。曼纽尔·卡斯特尔将这个时代称为"网络社会"。在这里,"地方"的意义被"流动空间"(space of flows)所取代。③ 大卫·哈维也表达过类似的"激进",他认为过分地强调地方的内生性特征纯属多愁善感,地方差异的产生不过是资本积累过程中的不均衡发展的结果,它终将随着全球资本的流动与运作而逐渐淡化。④

在这种"流动必胜"的叙事下,移动经常被看作流动的等价物,这虽然让它获得了更多的合法性和学术关注,但两个概念的混为一谈也给移动研究造成了许多误导。⑤ 首先,当我们将全球化和流动看作一种趋势时,会产生观察的偏差,眼里看到的只有移动,对各种非移动现象和排除在移动之外的人与事视而不见;其次,当我们用流动的话语去理解移动时,会产生价值的偏差,将移动等同于自由和进步,认为移动天然地优于非移动;最后,这也会导致一种历史的短视,过分夸大现代科技和市场经济对移动性的作用。如果考虑到当下不同地域和文化间的交往的确比以往更加频繁和便利,我们也许可以用"流动"和"液态"来描述当下的生活。但是,移动绝对不是当代社会的专利,更不能将移动与所谓的"移动技术"画上等号⑥。移动作为世界运转的规律和人类在世存有的方式,普遍存在于自然界和人类社会,在不同的各种历史时期和社会形态中有着不同方式的移动,也产生了不同的有关移动的技术、文化和制度安排。狭隘地将"移动"等同于后现代性中的"流动",会让我们用今天的技术标准和文化价值去评判其他时代,失去在更大的历史和文化场景中展开对移动的理解和想象。

总结以往三种对待移动的态度——安栖主义、功能主义和新自由主义,虽然它们对移动的态度褒贬不一,但共同之处在于将移动和非移动、移动和地方对立起来。这种二元对立的观点受到越来越多的质疑。社会学家约翰·厄里(John Urry)从基础设施的角度提醒我们,任何形式的移动都离不开具有高度稳定性的机构和基础设施的支撑。所以移动和非移动从来是相伴而生的。⑦ 女性主义学者也对新自由主义话语下关于移动的过度浪漫化叙事提出挑战。她们指出,全球化理论假定"所有人都是同一个后

---

① APPADURAI A. Modernity at Large: Cultural Dimensions of Globalization[M]. Minneapolis: University of Minnesota Press, 1996.
② 伯曼. 一切坚固的东西都烟消云散[M]. 张辑,徐大建,译. 北京:商务印书馆,2003.
③ 卡斯特尔. 网络社会的崛起[M]. 夏铸九,译. 北京:社会科学文献出版社,2000.
④ HARVEY D. From Space to Place and Back Again: Reflections on the Condition of Postmodernity[M]//Mapping the futures. London: Routledge, 2012: 17-44.
⑤ 朱璇,解佳,江泓源. 移动性抑或流动性?——翻译、沿革和解析[J]. 旅游学刊,2017,32(10):104-114.
⑥ Cresswell T. Mobilities II: still[J]. Progress in Human Geography, 2012, 36(5): 646.
⑦ URRY J. Mobilities[M]. London: Polity, 2007: 12.

现代世界里相同的旅行者"①，关于流动自由的话语企图抹平关于流动的社会文化差异，而事实上不同性别、阶级和文化属性的人们在对流动性的认知和实践上存在着明显的差异，一部分人的移动总是以另一部分人的定着为条件的，反之亦然。②③ 脱离地方以及基于地方的各种历史文化因素和权力关系来谈流动，不是过于武断就是过于天真的。与此同时，人文主义传统下固定、僵化和内生性的地方概念也开始受到质疑。现象地理学家大卫·西蒙（David Seamon）很早就用"地方芭蕾"（place ballet）的概念告诉我们不存在一个先验和本质的地方性，任何地方都是在人们充满着运动和交往的生活实践中日复一日操演的结果。④ 在批判哈维消极的地方理论的基础上，多琳·马茜（Daren Massey）提出"全球地方感"⑤（a global sense of place）的概念。她认为，地方从来就不是一个僵化和一成不变的体系，每个地方的独特性并不来自封闭的内生性特质，而在于每个地方都是广泛的社会关系的独特混合的焦点。因此"地方"从未完成，而总是处于"形成"之中。以这种"全球地方感"看待地方，移动成了地方的构成要素和维持地方特性的动力机制而不是一种威胁。

这些反思共同化解了移动和非移动、移动和定居之间的对立，由此带来了社会科学中的"新移动范式"（the new mobilities paradigm）⑥。这一范式中的移动是复数的，代表着以移动为范式。"建立一种由运动、变化而驱动的社会科学"⑦。它在剖析流动性的社会意义时，既考虑各种跨界和流动现象，又不回避与之相伴随的各种非流动力量。它从片面地强调移动的重要性转而思考"移动"和"非移动"之间的共存和互构的关系，提倡在研究运动和加速的同时，也要关注停顿、等待、滞留等非移动和减速现象。它直面与移动性相关的各种话语、实践和基础设施背后的权力关系，以及这种权力关系是如何在某些方面加速移动而在另一些方面阻碍移动、加固稳定。简言之，它关注的是"移动的政治"而不是"流动的胜利"。"移动力"（motility）成为这一研究范式中的一个核心概念。它是指社会行动者所拥有的决定和控制自身和他人流动性的一种资本和能力。⑧ 人们使用这种资本来决定自己或他人是否流动、向哪里流动和如何流动。

---

① ANG I. On Not Speaking Chinese: Living between Asia and the West[M]. London: Routledge, 2001: 24.
② WOLFF J. On the Road Again: Metaphors of Travel in Cultural Criticism[J]. Cultural Studies, 1993, 7 (2): 224-239.
③ SKEGGS B. Class, Self, Culture[M]. London: Routledge, 2004.
④ SEAMMON D. A Geography of the Lifeworld: Movement, Rest, and Encounter[M]. New York: St. Martin's Press, 1979.
⑤ MASSEY D. A Global Sense of Place[M]// The Cultural Geography Reader. London: Routledge, 2008: 269-275.
⑥ SHELLER M, URRY J. The New Mobilities Paradigm[J]. Environment and Planning A, 2006, 38 (2): 207-226.
⑦ URRY J. Mobilities[M]. London: Polity, 2007.
⑧ KAUFMANN V, BERGMAN M M, JOYE D. Motility: Mobility as Capital[J]. International Journal of Urban and Regional Research, 2004, 28 (4): 745-756.

它既独立存在又与其他形态的资本（经济的、社会的和文化的）相互转换，以不均等的方式被不同的社会群体所生产和占有。仅凭移动的状态并不能说明一个人或群体在社会上所拥有的自由，有时恰恰说明他们资源的匮乏和相对劣势的地位。平台经济中的骑手就是一个再好不过的例子，他们虽然高度移动，却被困在系统中，受到平台算法的残酷剥削①，是一种典型的"定着在移动中"。②顺着这一逻辑，所谓"移动的政治"实质上就是围绕着流动力的生产和分配所展开的政治、经济、文化和空间的斗争，它事关移动和非移动是如何被定义和控制的，以及它们在特定的社会和政治环境下如何被创造出来又是以何种方式强加给不同社会主体的。

现代传播技术与移动的关系一直是传播学研究的一个核心话题。人类移动经验的媒介化趋势已经是一个不争的事实。③虽然大多数媒介技术发明的动机都是为了促进信息传播，而信息的通达往往被认为是有利于移动的，但是仔细观察媒介在日常生活中的使用就会发现，媒介与移动的关系其实非常吊诡，它们常常在促进移动的同时产生新的非移动。最早指明这种关系的是英国文化学者雷蒙·威廉姆斯（Raymond Williams），他从电视的家庭收视现象中提出了"移动私藏悖论"（the paradox of mobile privatization）。④所谓"移动私藏悖论"，是指人们在家庭收看电视的过程中同时体验两种相互矛盾的影响。一方面，电视的节目内容通过声音和画面将人们带离家庭，了解外部世界，参与公共事务之中，这无疑增加了观众的移动性；另一方面，收视行为又让观众成为沙发上的土豆，更加足不出户。人们越是依赖电视获取信息，就越不愿意离开沙发和客厅。电视传播看似降低了公众参与公共事务的门槛，但也让他们对公共事务的态度更多地受到媒介内容的影响。最典型的例子是20世纪60年代电视新闻有关越南战争的报道对美国公众产生的影响，电视节目而不是战争本身决定了公共的态度，反过来又影响到战争的走向。有学者因此将越南战争称作"客厅战争"。⑤社会学家理查德·桑内特（Richard Sennett）也对电视对移动性的影响持批判的态度。⑥他认为电视的传播方式推行的是一种"亲密的暴政"，它让人们的社会交往退缩到家庭，加速了现代社会"公共人的衰落"。约翰·厄里则认为大众媒介通过不断传播着关于他者和远方的影像，在很大程度上符号化地满足了"游客的凝视"，以至于人们不必长途

---

① 孙萍."算法逻辑"下的数字劳动：一项对平台经济下外卖送餐员的研究[J].思想战线，2019，45（6）：50.
② JACKSON E. Fixed in Mobility: Young Homeless People and the City. International Journal of Urban and Regional Research[J]. 2012, 6（4）: 725–741.
③ KEIGHTLEY E, READING A. Mediated Mobilities[J]. Media, Culture & Society, 2014, 36（3）: 285-301.
④ WILLIAMS R. Television: Technology and Cultural Form（2 Edition）[M]. London: Routledge, 1990: 19.
⑤ ANG I. Living Room Wars: Rethinking Media Audiences for a Postmodern World[M]. London: Routledge, 1996.
⑥ 桑内特.公共人的衰落[M].李继宏，译.上海：上海译文出版社，2008.

旅行就可以享受异域风情,他甚至认为这将会导致晚期资本主义时代"旅游的终结"[①]。

以手机为代表的移动媒介出现后,这个问题变得更为复杂。手机的便携性让媒介的使用更加不受地域的局限,特别是搭载上电子地图和搜索引擎之后,它可以通过各种应用程序嵌入交通、支付、餐饮、购物等不同的生活场景之中,这无疑让人们的出行更加方便,个体也获得了更多的选择。但这并没有减少媒介对人和移动性的操纵。大众传播时代的沙发客变成了手机时代的低头族,更加精细的信息推送和定制服务在满足人们个性化需求的同时也将个人包裹在孤立的信息"茧房"之中,对他者和陌生人更加漠不关心。各种定位媒体一边帮助人们实现数字导航,一边也在加速移动的数据化和资产化,方便对移动的跟踪和监视。[②]的确,移动从来没有像现在这样便捷,但权力对移动的控制、对人们身份的管理也从来没有像现在这样高效、隐秘和无孔不入[③]。当然,用户也在利用技术的两面性实现个人的目的。他们一方面利用媒介冲破各种社会边界对文化身份的管制,实现更大范围的移动,另一方面则发展出各种所谓的"慢媒介实践",通过回归纸张、书籍、胶片等传统媒介,以传统技术之"慢"对抗数字技术之"快",比如手账在数字原住民中的流行[④]。只不过,这种抵抗未必能让他们逃离数字和媒介的逻辑。

> ⊃ **案例与运用**
>
> ### 城中村中电视的物质性与移动的政治
>
> 有关媒介的移动与非移动之争,并不能通过对媒介或移动的某种本质性的讨论来解决,而是应该结合不同社会群体的现实境况和人们在日常生活中的媒介实践加以具体分析,而且应该摆脱媒介内容和文本的局限,从媒介的物质性和空间性上看到更多的复杂性。按照威廉姆斯的"移动私藏悖论"(the paradox of mobile privatization)[⑤],电视的移动和非移动似乎是按照内容和媒介来划分的:只有虚拟的声音和画面才能帮助人们实现想象的移动,而作为器物的电视机则只能将人们锚定在一个地方。这一分析放在西方中产阶级家庭的语境中似乎是成立的,但并不能反映电视与移动的关系的全部。2008 年一项对中国城中村农村移民家庭的实证研究就挑战了这种"物质—非流动、非物质—流动"的两分法。研究将新移动范

---

① URRY J. Mobilities[M]. London:Polity,2007:100.
② 孙玮. 媒介导航的数字化生存[J]. 国际新闻界,2021,43(11):6-22.
③ CRESSWELL T. On the Move:Mobility in the Modern Western World[M]. London:Routledge,2006.
④ 袁艳."慢"从何来?——数字时代的手帐及其再中介化[J]. 国际新闻界,2021,43(03):19-39.
⑤ WILLIAMS R. Television:Technology and Cultural Form[M]. Psychology Press,2003.

式和媒介物质性研究相结合，从电视机的购买、摆放方式和有线电视连线这三个方面观察作为器物的电视机在农村移民家庭中的使用方式。研究发现，电视机物质上的非便携性使得拥有电视机成为一个家庭在某个地方定居的象征，面对城市的制度性排斥，作为"外来者"的农村移民通过购买二手电视的方式创造性地使用这一象征资源，拥有一台二手电视，既让他们暂时获得"安居"的感觉，又不妨碍他们可能被迫面临的搬迁，创造出一个定居和迁徙之间的阈限性空间。结合城中村的住房条件和农村移民的生活方式，电视机在家庭中的摆放方式也与人们通常想象的有所不同，它不是通过某个固定的位置（比如客厅的电视墙），而是通过嵌入家庭其他器物和人们的日常生活节奏来为人们提供在家的安全感，由此产生的是公共与私人、工作与休闲空间之间的流动而不是隔离。农村移民家庭在电视机使用上的能动性还表现在对城市有线电视网的改造，面对城市有线电视网对他们的排斥，农村移民家庭通过主动与专家系统协商和私下的联网改造来争取自己的媒介进入权，这一微观层面的抵抗也成为他们争取城市权利和移动自由的有效工具。这一个案很好地揭示了电视的物质性中所蕴藏的"流动力"（motility）。通过对物的操演，作为电视用户的农村移民获得了一份协商社会归属和边界的资源，以自下而上的方式参与到城市移动的政治之中。①

思考题

1. 什么是"新移动范式"？
2. 如何理解"移动力"
3. 请举例分析"移动私藏悖论"？

拓展阅读

1. BRAH A. Cartographies of Diaspora: Contesting Identities[M]. London: Routledge, 1996.

2. CRESSWELL T. On the Move: Mobility in the Modern Western World[M]. London: Routledge, 2006.

3. SEAMON D. A Geography of the Lifeworld: Movement, Rest, and Encounter[M]. New York: St. Martin's Press, 1979.

---

① 袁艳. 电视的物质性与流动的政治——来自两个城中村的媒介地理学观察[J]. 新闻与传播研究, 2016, 23（06）: 92-104, 128.

4. URRY J. Mobilities[M]. London：Polity，2007.

5. WILLIAMS R. Television：Technology and Cultural Form（2 Edition）[M]. London：Routledge，1990.

6. 袁艳.“慢”从何来？——数字时代的手帐及其再中介化[J].国际新闻界，2021，43（03）.

7. 袁艳.电视的物质性与流动的政治——来自两个城中村的媒介地理学观察[J].新闻与传播研究，2016（6）.

（袁　艳）

第九章　媒介时间性

本章概述

媒介时间性是面对社会加速、人类时间工具与媒介终端日益融合、时间管理精细度带来新时间体验这三重现实而展开的思考，因而是值得关注的生存境况，需要从哲学的现象学和生存论、媒介技术哲学两个方向的理论展开剖析。媒介与时间工具融合后，数字/算法化和网络化成为当代媒介时间性的两个关键。在这种生存境况中，人们在数字技术的调适下体验着时间。但媒介可操控时间轴线，也为撼动"时间之矢"提供了可能，普通人的心智活动中，拓扑时间随时被践行着。袁艳对"手账"这一慢媒介的思考展现了媒介时间性的技术逻辑以及生存于其中的可能性。

关键词

媒介时间性；社会加速；现象学；媒介技术哲学；时间轴操控；拓扑时间；慢媒介

所谓媒介时间性（media temporality），指的是一种生存境况，它既不是外在于人的自然存在或物理存在，也不仅仅是人对于时间的主观认识，而是现代文明中借助工具而跨越了主客观阈限的时间处境。能够跨越主客观阈限的，唯有信息之物——媒介。媒介与时间工具融合后，数字/算法化和网络化也就成为当代媒介时间性的两个关键。在这种生存境况中，人们在数字技术的调适下体验着时间。

媒介时间性是面对三重现实而展开的思考。第一重现实是人类社会的"加速"。正如德国社会学家哈特穆特·罗萨（Hartmut Rosa）所言，现代性的经验就是加速的经验。所谓加速，指的是"单位时间内数量的增长（逻辑上，等同于某一数量所耗用的时间的减少）"。[①] 社会加速并非单一的过程，而是包括三个维度：科技加速、社会变迁的加速、生活节奏的加速。在科技驱动下，通信工具、交通工具及其基础设施的建设带来了典型的加速景象。人在一生中，结婚和离婚的次数都在增多，更换工作的次数也在增多。在每一天的日常生活中，我们似乎也是匆忙地从一个地点赶到另一个地点，从一件事转向另一件事。

第二重现实是人类的时间工具日益与媒介终端相融合。卞冬磊等指出，人类时间观念经历了自然时间和时钟时间之后，进入媒介时间的阶段，自然时间是循环的，时钟时间是线性的，而媒介时间是点状的"分子云"状态，三者分别对应着农业社会、工业社会和信息社会。[②③] 一个典型的表现是，当代人越来越多地用手机作为守时工具，而非功能单一的机械手表，抑或通过抬头看天来判断时间。这使人们的守时行为与信息获取行为杂糅在一起。早在电视时代，人们就曾通过电视节目播出的时间来形成日常生活的安排，而在互联网时代，电脑和手机的使用深深嵌入日常的工作、生活、娱乐和睡眠的时间管理之中。

第三重现实是时间管理的精细度带来新的时间经验。正如乔纳森·克拉里（Johnathan Crary）指出，后资本主义时期的工作不可避免地走向"24/7"，正在利用各种技术，力图造成无眠的工人与消费者。[④] 中国互联网企业中普遍存在的"996"现象正是这一趋势的体现。更普遍的现象，则是人们对于"碎片化"时间的过度关注，以及由此而来的时间管理技术的发展。互联网短视频与手游的兴盛，正是在塑造与争夺碎片化时间下形成的产物，与此同时，教导和帮助人们"科学管理"时间的 App、方法和陪伴式工具也不断诞生。时间并非真正走向更科学、更细致的管理，而是走向一种无序化，与社会的焦虑心态日益整合。

媒介时间性，因此是一种值得关注的生存境况。要理解它，需要从两个方向的理论展开剖析。

一是哲学的现象学和生存论。海德格尔首先区别了原始时间和流俗时间，前者是存在论生存论上的时间，而后者是人们在被遮蔽状态下形成的时间概念。因此，时间性（temporality）是存在论上的时间，是此在的时间。海德格尔进一步将时间性分成

[①] ROSA H. Social Acceleration: A New Theory of Modernity[J]. Columbia University Press, 2013: 65.
[②] 卞冬磊, 张稀颖. 媒介时间的来临——对传播媒介塑造的时间观念之起源、形成与特征的研究[J]. 新闻与传播研究, 2006（01）: 32-44+95.
[③] 卞冬磊. 再论媒介时间: 电子媒介时间观之存在、影响与反思[J]. 新闻与传播研究, 2010, 17（01）: 50-55, 111.
[④] 克拉里. 24/7: 晚期资本主义与睡眠的终结[M]. 北京: 中信出版社, 2015: 7.

日常性、历史性和时间内状态三个维度，以此展现原始的与流俗的、客观的与主观的、公共的与个体的等众多丰富面向。① 这一丰富性就扎根于人的生存之中，然而现代性统一这一切，更将之进行遮蔽。我们失去了明敞状态，只能模糊地让自己消散在非我的时间状态之中。这种状态，以社会加速为直接的体验。

二是媒介技术哲学。基特勒通过"时间轴线操控"（time axis manipulation）提醒我们，从字母符号到模拟媒介，再到计算机和数据处理系统，媒介越来越有能力操控时间轴线。② 电影可以使废墟还原为一道墙，使香肠还原成待屠宰的猪，而留声机可以倒序播放音乐。但与计算机比起来，声光媒介对时间轴的操纵可谓望尘莫及。图灵的思想使通过空间变换来影响时间成为可能，傅里叶变换则提供了数学上的武器。实际上，在基特勒于1990年写作《真实时间分析，时间轴线操控》这篇文章时，更多讨论的是原理，而计算机和数字媒介系统还远未展示出其操控时间的所有威力。如今这种时间操控的成果比比皆是。例如，章戈浩指出，BBS的主题式排列与主题/回复的嵌套结构就打破了时间的自然序列，使非即时的交流成为可能。③ 我们会发现，协同编辑软件提供了多手联弹式的共同创作机会，而视频网站的弹幕交流也牷平了时间线上的同步性/异步性差异。克莱默尔的阐释是，技术媒介接管了人类感知，从此，媒介与人类的理智与情感再不相干。④ 媒介时间性的处境，意味着在时间尺度上，人不再重要，或者说人对自然的感受已不再重要，这就在时间尺度上将人与自然剥离了。

这种媒介时间性是一种存在处境，而社会加速是它的表面领会。媒介时间性将人的时间感受从自然剥离开来，将人与时间测量计算背后的一整套技术系统隔离开来。从这个角度讲，现代人生活在非人、非自然、非真实的时间之中，不能控制它的技术、算法和媒介。时间对人来说，就是不良时间、无序的时间了。

既然媒介可以操控时间轴线，也就为撼动"时间之矢"提供了一丝可能。在普通人的心智中，线性时间难以颠覆，但也正是在普通人的心智活动中，拓扑时间随时被践行着，它包括被记忆带回到过往，在沉迷于玩游戏时"忘记了时间"，或者通过想象在网文里穿越与重生。死仅有一个坐标，活着却有无数维度。

人们渴望"与时俱进"，却总不免有"时不我待"之叹。在媒介时间性概念的基础上，我们更应该思考的是，时间的权力归属究竟在哪里。基特勒模仿海德格尔提问："计算机，而非人，如何称呼'测量'？"他直引海德格尔的话来回答："发出命令。"下

---

① 海德格尔. 存在与时间（修订译本）[M]. 上海：三联书店，2014：380.
② KITTLER F. Real time analysis, time axis manipulation[J]. Cultural Politics, 2017, 13（1）：1-18.
③ 章戈浩. 数字流散的物质性：声援梁彼得游行微信使用中的文化技术[J]. 新闻春秋，2016（04）：52-56.
④ KRÄMER S. The Cultural Techniques of Time Axis Manipulation On Friedrich Kittler's Conception of Media[J/OL]// Theory, Culture & Society, 2006, 23（7-8）：93-109.

一个问题就是:"谁发出了命令呢?"[①] 这需要一个哲学上的回答,一个建立在政治经济分析上的哲学的回答。

> ⊃ **案例与运用**
>
> **手账中的媒介时间**
>
> 　　移动互联网和智能手机的应用日趋普及,也带来了"连接"的社会压力。与之相应,一种新的潮流开始探讨"慢媒介"与"断联"的可能性。例如,"慢直播"的形式,以长时间的固定镜头取消蒙太奇带来的戏剧化,对准看似一成不变的自然界或日常生活;有些曾沉迷于互联网世界的青年人开始尝试"断网"或者"远离智能手机";还有人采用"手账"的形式来重塑自己的生活。
>
> 　　袁艳聚焦于"手账"这种慢媒介,思考它"慢从何来"。她对五个知名手账品牌进行产品分析,在互联网的社交媒体中采集大量相关文本进行讨论,并访谈了10名手账爱好者,使用"再中介化"理论展开讨论。[②]
>
> 　　通常,人们会觉得,放弃"先进"的智能设备,回归"从前"的纸张、笔与书写,是一种怀旧的行为,由此产生了"慢"——或者说减速。但是,袁艳发现,使用手账的青年群体并不是力图回归传统,或者反抗数字文化,而是将手账塑造成一个新旧交织的媒介组合。这个媒介组合分成三层,一是核心层——笔和纸,二是中间层——个人手机、电脑和打印机,三是外围层——社交媒体。袁艳进一步使用列夫·曼诺维奇(Lev Manovich)的"新媒体语言"进行分析,认为手账的设计和实际操作中蕴含着数字化编码和模块化管理两个典型的新媒体语言。因此,她指出:"这种融合多种技术、连接个人与群体、打通虚拟和实在的组合结构,自然从媒介属性上让手账与传统日记拉开了距离。"换言之,手账并不是传统媒介的简单延展,而是一种融合了新技术与新理念的新旧交织的媒体,是典型的"再中介化"。
>
> 　　再中介化中蕴含着双重逻辑。一重是直接化,力图让纸张透明或不可见,仅仅扮演讯息的载体。另一重是超中介化,则保留着纸张的物质性,以及伴随着的折、叠、剪、拼、贴等技艺。通过异质空间的叠加并置、多重感官体验,以及文化身份的他者化,手账实现了"再中介化",并带来"慢"的感觉,但实质上仍然与当前的数字文化异曲同工,嵌入整体的社会加速进程之中。

---

① KITTLER F. Real Time Analysis, Time Axis Manipulation[J]. Cultural Politics, 2017, 13(1): 1-18.
② 袁艳. "慢"从何来?——数字时代的手账及其再中介化[J]. 国际新闻界, 2021, 43(03): 19-39.

> 这项研究细致审视了一项媒介物品（及其操作）的物质性，考察了它的"慢"与"快"、"旧"与"新"的辩证状态，也展现了媒介时间性的技术逻辑以及生存于其中的可能性。

思考题

1. "时间"（time）与"时间性"（temporality）有何差异？
2. 在互联网世界中，时间状况，以及人们在时间中生存的状况，有什么新的表现？
3. 如何利用媒介工具来"改变"时间？

拓展文献

1. 张磊. 社会减速与媒介时间性[J]. 全球传媒学刊，2020，7（02）.
2. KITTLER F. Real Time Analysis, Time Axis Manipulation[J]. Cultural Politics, 2017, 13（1）.
3. 乔纳森·克拉里. 24/7：晚期资本主义与睡眠的终结[M]. 北京：中信出版社，2015.
4. 袁艳. "慢"从何来？——数字时代的手帐及其再中介化[J]. 国际新闻界，2021，43（03）.

（张　磊）

第四部分

媒介与技术

第十章　互联网基础设施

本章概述

将互联网视为基础设施，意味着它们已经成为构建与组织社会的物质系统，实现公共利益和制度安排的重要方式。互联网基础设施主要可以从层叠化的角度分为三类：其一，硬基础设施；其二，软基础设施；其三，平台化的基础设施。而在学理上，可以从两个理论维度来认识和理解互联网基础设施。贵州大数据中心、中美围绕 5G 技术标准的博弈这两个案例中，话语建构与技术实践一起内嵌于特定的社会语境中并产生重要影响。

关键词

基础设施；新基建；基础设施化的平台；互联网基础设施；层叠化；技术实践；话语建构

一个没有互联网的世界是无法想象的，它已经成为互联网运营商以可承受的价格向其所有潜在用户所提供的社会公共服务[1]，就像生活用水、电力资源以及通勤网络一样，互联网已经演进成为一种大型的技术系统，并与所在国家的社会与经济发展形成历史性的互构与转化。[2] 伴随现代性城市一同兴起的大众媒介，以及当下数字媒介技术及其应用设备的文化普及与制度安排，尤其是移动互联终端以及各类大型数据库系统

---

[1] OUGHTON E. Policy Options for Digital Infrastructure Strategies: A Simulation Model for Broadband Universal Service in Africa[J]. Telemastics and Informatics, 2023(76): 1-21.
[2] FLENSBURG S, Lai S. Networks of Power: Analysing the Evolution of the Danish Internet Infrastructure[J]. Internet Histories, 2020(1): 1-22.

所构建的异质性传播网络，已经深深嵌入城市基础设施系统与日常生活，并成为其不可或缺的构成部分。

2020年4月中下旬，国家发改委在其新闻发布会上对"新型基础设施"（以下简称"新基建"）具体内容进行了明确界定，让这个预热了近一年半的新提法落了地。在这场新闻发布会上，"新基建"被概括为信息基础设施、融合基础设施与创新基础设施等三个方面。其中首先被提及的信息基础设施是指以5G、物联网、工业互联网、卫星互联网为代表的通信网络基础设施，以人工智能、云计算、区块链为代表的新技术基础设施，以数据中心、智能计算中心为代表的算力基础设施。在此之前，从地方政府到国内投资界对"新基建"的讨论与实践已经徐徐展开。

显然，"新基建"涉及的多个细分领域都是以互联网为运作基础的社会技术体系。如今，这些社会技术体系已然或即将成为人们日常生活与传播实践的基本构成，它们可以被统称为互联网基础设施（internet infrastructure）。那么，将数据中心、云计算、5G、人工智能等互联网技术应用视为基础设施意味着什么？我们该怎样理解作为基础设施的互联网？首先，将互联网视为基础设施，意味着它们已经成为构建与组织社会的物质系统（material systems）。互联网基础设施与电力、邮政、交通以及城市管道等其他基础设施一样，都是人类所构建并被广泛共享的物质资源，这些物质资源"是建成的网络，是能够使其他物质（货物、人或思想）得以流动的物质"。[①] 其次，作为一种社会存在，互联网基础设施构成并形塑着人们的栖居环境，是实现公共利益和制度安排的重要方式。[②] 在这个意义上，互联网基础设施与其他形式的基础设施一样，是表征现代性并形塑社会变迁的重要物质力量。[③]

当前，互联网科技巨头（譬如谷歌、腾讯、亚马逊以及脸书）正在从信息服务的数字化平台成长为一种向全球扩张的、纵跨社会网络、购物以及搜索引擎的互联网基础设施。[④] 通过全球高度互联的数字基础设施，互联网巨头们以前所未有的方式嵌入社会与经济结构，并由此构建起一个再中心化的、日益扩张的平台社会（platform society），而各类互联网平台在参与重组世界政治经济秩序的同时不可避免地塑造着在地化的政治与意识形态，互联网基础设施的地缘政治在一定程度上决定着国家与市场

---

① 拉金. 基础设施的政治与诗学[J]. 陈荣钢, 译. 人类学年鉴, 2013（42）：327-343.
② ANAND N, GUPTA A, APPEL H. The Promise of Infrastructure[M]. Duke University Press, 2018.
③ EDWARDS P N. Infrastructure and Modernity: Force, Time, and Social Organization in the History of[J]. Modernity and technology, 2003：185.
④ PLANTIN J C, PUNATHAMBEKAR A. Digital Media Infrastructures: Pipes, Platforms, and Politics[J]. Media, Culture & Society, 2019：163-174.

权力的分配方式①。在新自由主义的全球化浪潮中，互联网科技公司牵头的万维网建设除了带来无限商机，"越洋电缆的登录之处，成为处理巨量资料的节点，海底电缆也复制了既存的地缘政治矛盾与社会权力冲突"②。而斯塔罗谢尔斯基（Starosielski）对环太平洋海底电缆的研究专著《海底网络》（the undersea network）也向我们昭示了这些深藏太平洋海底的神秘网络对于全球数字化传播实践的物质支撑，以及社会多元主体围绕海底电缆的物质性（物理材料、技术标准、行业组织、环境影响）等方面展开的协商、竞争与冲突。③

就普通用户日常生活的组织方式而言，以社交媒体、城市通勤、地图定位、共享经济等互联网服务正在或者已经通过"平台化"（platformization）的过程来展现它们作为一种社会基础设施的潜力和目标④，各类互联网基础设施得以全方位地构建我们的生活体验与传播实践。普兰廷（Plantin）等人据此提出"平台化的基础设施"（platformization of infrastructure）与"基础设施化的平台"（infrastructuralization of platforms），这种将平台与基础设施融合的理论视角，一方面将基础设施的物质性问题带入对互联网平台的媒介研究中；另一方面强化了互联网基础设施在平台化层面对日常生活与传播实践的重构、使动和框限⑤。在中国，以阿里巴巴为代表的数字平台已经成为一种整合社会经济与文化发展的互联网基础设施，"它的平台化通过技术、商业、话语机制和中国数字资本主义合流而实现，特别是中国小资产者和多元参与者（地方政府、风险投资、企业公司、数字劳工）的紧密结合促使阿里巴巴能够在小资本主义和贡赋国家的张力中快速生根发芽"⑥，而这区别于西方世界主流的互联网基础设施的平台化进程。

综上所述，互联网基础设施主要可以从层叠化（layered）的角度分为三类：其一，硬基础设施；其二，软基础设施；其三，平台化的基础设施。

在学理上，可以从两个理论维度来认识和理解互联网基础设施：其一，互联网基础设施的技术实践；其二，围绕互联网基础设施的话语建构。（如表10-1）

---

① DIJCK J VAN, POELL T, WAAL M de. The Platform Society: Public Values in a Connective World[M]. Oxford: Oxford University Press, 2018.
② 唐士哲.海底云端：因特网的基础设施探问[J].新闻学研究, 2020 (145).
③ STAROISELSKI N. The Undersea Network[M]. Durham: Duke University Press, 2015.
④ PLANTIN J C, DE SETA G. WeChat as Infrastructure: The Techno-nationalist Shaping of Chinese Digital Platforms[J]. Chinese Journal of Communication, 2019, 12 (3): 257-273.
⑤ PLANTIA J., et al. Infrastructure Studies Meet Platform Studies in The Age of Google and Facebook[J]. New Media & Society, 2018, 20 (11): 293-310.
⑥ 管泽旭，张琳.阿里巴巴的进化史与小资本主义的平台化：对本土语境平台化的考察[J].国际新闻界, 2020, 42 (02): 28-49.

表 10-1 互联网基础设施层叠化分类

类型	理论维度	互联网基础设施的多维面向	整体特征
硬互联网基础设施服务器、数据中心、海底电缆、网络基站等	互联网基础设施的技术实践	互联网软硬件技术设备的分布和普及	生产互联网基础设施的可见性（visiablity）
		多元主体对互联网的设计、制造与使用	
软互联网基础设施互联网协议（http/urls/html）、互联网技术标准（数据压缩标准、音视频格式、5G协议）等		维持互联网正常运作的社会机制	
	互联网基础设施的话语建构	互联网基础设施的制度安排	维系互联网基础设施价值和意义的稳定性（stability）
		互联网基础设施的知识生产	
平台型互联网基础设施亚马逊、谷歌、腾讯、阿里巴巴、百度、美团、滴滴等		互联网基础设施的利益竞争	
		互联网基础设施的价值维系	

一方面，互联网基础设施的技术实践构成我们对互联网物质性的基本感知。它涉及三个部分，其一，网络基站、服务器、数据中心、互联网协议、互联网接入与输出的终端设备在地理环境中的分布和普及；其二，普通用户、程序工程师、互联网公司、企业、媒体、社会组织等多元主体对互联网基础设施的设计、制造与使用；其三，政策规制、行业标准、能源供给等维持互联网基础设施正常运作的社会机制。三个部分扭结在一起，形成互联网基础设施的技术实践网络。而且，这个网络具有明显的层叠化特征。[1][2]这意味着，互联网基础设施的技术实践网络在不同的社会主体那里处于不同的层级，且具有不同程度的"可见性"（visibility），但其在普通用户那里保持着最大限度的"透明性"（transparency）[3][4]，它们在用户的使用过程中始终处于背景层次，直到互联网基础设施出现故障（disrupted）时，人们才会感受到它们的巨大影响[5]，并在政府的通告与新闻媒体的报道中看见和关注它们。互联网基础设施具有的"透明性"和"物质性"特征，以一种看起来矛盾的方式共存于人们的日常媒介使用与传播实践中。

另一方面，互联网基础设施的话语建构是指互联网基础设施并非某种中立的或者自然化的技术系统，它们本身需要接入特定的社会文化语境，不同主体对互联网基础设施的言说和规制始终会被各种话语所建构、修改与维系。但需要注意的是，这里的

---

[1] LANGLOIS G. Networks and Layers: Technocultural Encodings of the World Wide Web[J]. Canadian Journal of Communication, 2006, 30（4）: 565-584.

[2] GILLESPIE T, BOCZKOWSKI P J, FOOT K A（eds.）. Media Technologies: Essays on Communication, Materiality, and Society[M]. MIT Press, 2014.

[3] 伊德. 技术与生活世界：从伊甸园到尘世[M]. 北京：北京大学出版社，2012.

[4] PARKS L, STAROSIELSKI. Signal Traffic: Critical Studies of Media Infrastructures[M]. Urbana: University of Illinois Press, 2015.

[5] GRAHAM S. Disrupted Cities: When Infrastructure Fails[M]. London: Routledge, 2010.

"话语建构"并不是社会建构主义范式意义上的内涵,即它不是从主观意图对于社会现实的建构视角出发,而是以互联网基础设施的媒介物质性为前提,强调"客观现实并非纯粹是基于'软性的'社会建构,而是与建构活动中所遭遇的'硬性的'物紧密相关。……传播的物质性分析意味着对物质性与社会性如何交织的分析"。① 具体而言,互联网基础设施不仅包括互联网输入/输出终端、数据库、网络基站、海底电缆、大型服务器、超算中心等物质性的技术实践,还包括与这些物质性技术实践相关联的互联网公司、政府机构、技术组织、新闻媒体等不同社会主体围绕互联网基础设施的制度安排、知识型构、意义生产、利益竞争以及价值维系等方面所建构的各种话语。② 可以说,媒介物质性实践过程中的话语建构具有相当的稳定性,它们持续主导着我们关于互联网基础设施的想象与理解,互联网基础设施的话语建构与其技术实践一道内嵌于特定的社会语境并产生重要影响。

○ 案例与运用

互联网基础设施的物质性实践与贵州大数据中心

从 2014 年开始,腾讯、百度以及苹果等互联网巨头纷纷将数据中心规划建在贵州省的山区地带。这些数据中心的集中分布形成一条长达 30km 的数据中心走廊。2015 年 8 月 31 日,国务院印发《关于促进大数据发展行动纲要的通知》,提出注重对现有数据中心及服务器资源的改造利用,建设绿色环保、低成本、高效率、基于云计算的大数据基础设施和区域性、行业性数据汇聚平台……开展区域试点,推进贵州等大数据综合试验区建设,促进区域大数据基础设施的整合和数据资源的汇聚应用。值得注意的是,贵州是公报中唯一被提及的省份和地域,而且节能环保是贵州成为综合试验区的重要考量。2018 年 5 月 31 日,贵州省大数据发展领导小组办公室,在其印发的《贵州省数据中心绿色化专项行动方案》中将新建数据中心能效值(PUE)低于 1.4 列为首要目标,已建数据中心能效值高于 1.8 的降低 8%。PUE 是评价数据中心能源效率的指标,PUE= 数据中心总设备能耗/IT设备能耗,这个比值基准为 2,越接近 1 表明能效水平越好。上述从中央到地方对数据中心效能值的规定,关系到互联网基础设施日常运作的两大成本,一是电力,二是散热,而这两大成本都与自然环境和能源供应相关,这是互联网基础设施构

---

① 戴宇辰."物"也是城市中的行动者吗?——理解城市传播分析的物质性维度[J].新闻与传播研究,2020,27(03):54-67,127.
② PARKS L, STAROSIELSKI N. Signal Traffic: Critical Studies of Media Infrastructures [M]. Urbana: University of Illinois Press, 2015: 5-13.

建技术实践网络的物质性基础。

  2013年,富士康率先把自己的数据中心建在贵州山区的隧道中,官方资料显示,这一数据中心有效运用喀斯特地形,于山与山之间的垭口,以简易的方式建立类隧道式数据中心,不但加强了风力,且有效运用季风及烟囱效应排放热气,从而形成动态自然冷却技术为数据中心制冷。富士康绿色隧道数据中心负责人黄清白在接受央视纪录片《创新中国》采访时也谈到这一点:"风会特别地强,对准了季风的方向,现在外面的温度有可能到达27摄氏度,但是隧道里面基本上是在20摄氏度以下。一般来说,全世界要做节能环保的数据中心通常是落在高纬度的地区。所以说,我们在低纬度地区建设一个完全没有空调的数据中心的确是一种挑战。"大型数据中心对贵州自然冷源的利用让这一互联网基础设施在外观上似乎保持着与自然环境本身一样的开放性,"没有紧闭的大门,没有厚厚的保温墙,听不到冷却塔的轰鸣,甚至见不到一台空调。服务器散发的热气,从顶端的排热孔自然排出,任何物理降温措施都不再有必要"。在这之后,2018年4月28日和29日,被称为"山洞鹅厂"的腾讯贵安七星湖数据中心的施工现场首次呈现在公众面前,在百米的小山间(所)开凿出的5条山洞是即将用于储存腾讯上百万台服务器的特殊仓库。贵阳凉爽的气候,结合山洞洞体和岩层物理特性,其气流组织特点,会将外部自然冷源源源不断地送入洞内,而不影响洞内设备稳定,给腾讯数据中心的绿色节能带来了极大的想象空间。

  此外,数据中心在实体空间中的位置选择本身即凸显了互联网基础设施对时空关系的依赖。也就是说,互联网数据的传输并非想象中的瞬时和虚拟,它们需要在密布于实体城市中的交换机和网络节点之间来回穿梭,数据在服务器中的响应速度(包括访问、上传、下载的速度)直接影响网民对云端存储的体验,而响应速度的首要影响因素就是空间距离。苹果iCloud在2018年2月28日将其云端数据委托给云上贵州大数据产业发展有限公司(以下简称"云上贵州")负责运维,并为此投资10亿美元,这一迁移行动结束了国内苹果iCloud用户需要通过位于国外的云端服务器来存储和访问自己的数据。2017年7月12日,在官方对外发布的《贵州省人民政府与苹果公司iCloud战略合作框架协议》中,双方即同意由"云上贵州"作为苹果公司在中国大陆iCloud业务唯一牌照合作伙伴。出席该协议签署仪式的苹果公司副总裁丽萨·杰克逊在答记者问时谈道:"这一新的合作关系将通过减少延迟和可靠性改善中国iCloud用户的体验。"[①]苹果在2018年1月以弹

[①] 国新办.贵州举行苹果公司iCloud战略框架《协议》发布会[EB/OL].(2017-07-12)[2022-07-26].
http://www.scio.gov.cn/xwfbh/gssxwfbh/xwfbh/guizhou/Document/1558278/1558278.htm.

窗形式给其中国用户手机发送的《有关 iCloud（中国）的重要通知》中也提到，此举将有助于我们继续提升 iCloud 服务的速度和可靠性。其实早在 2014 年 8 月，苹果就开始将其中国用户的部分数据存储在中国电信的服务器上，苹果对此的回应亦是将数据中心建在用户尽可能近的地区，意味着 iCloud 存储的数据将拥有更快的运行速度。相较此前，苹果用户的数据中心均位于美国，中国用户的数据生产与存储需要在世界范围内多个城市节点以及海底电缆之间频繁穿梭，而且数据的跨国和跨洋旅行需要在数以万计的网络节点中"借路"，在此过程中，一次访问所造成的响应延迟甚至传输失败使得通常处于背景层次的互联网基础设施的铭刻物质性"显现"在用户面前。

对苹果（中国）的用户数据交由国内数据中心运维这一技术实践的理解，值得在特定的社会语境中进行更加本地化的分析。成立于 2014 年 11 月的"云上贵州"数据中心具有国内互联网公司提供技术支持、贵州省大数据管理局注资的双重背景。当年 4 月，阿里巴巴派遣百名技术人员进入贵州，免费为"云上贵州"搭建系统。2018 年 11 月，"云上贵州"完成股权变更，公司大股东从省经信委变为省国资委，国有股东持股比例 100%。由此可见，"云上贵州"是地地道道的中国本土数据公司，这一点呼应了 2017 年 6 月 1 日由中央网信办颁布施行的《网络安全法》第三十七条"关键信息基础设施的运营者在中华人民共和国境内运营中收集和产生的个人信息和重要数据应当在境内存储"。而且，在苹果发送给用户《有关 iCloud（中国）的重要通知》中，在解释数据转移有助于提升速度的同时提到"遵守中国法规"。因此，国内有媒体将苹果此次的数据迁移解读为跨国企业的让步和妥协。2016 年苹果总裁库克访华期间，曾到访贵阳，并与贵州省委完成首次会面，当时《网络安全法》征求意见稿出台不到两个月（《第一财经》，2019 年 2 月 25 日）。此后，双方经历艰难谈判，其中苹果对是否将"云上贵州"作为其在国内的唯一合作伙伴犹豫不决，"云上贵州公司坚称，运营这么大的项目，如无排他性，将面临巨大风险。最终，经过反复磋商，苹果妥协了"（《科技日报》，2018 年 1 月 17 日）。

贵州数据中心走廊这一个案在技术实践层面生产了互联网基础设施的可见性。"云端"作为一种对虚拟空间的存储想象被拉回具体的物质性层面，比特在硬盘轨道上的铭刻、数十万台服务器对外界温度和散热效率的依赖意味着互联网在海量数据的生产、存储以及流动过程中所需的能源支撑以及庞大的物质空间。互联网基础设施的物质性使得那些被非物质主义倾向一再强化的虚拟传播网络被"看见"。互联网基础设施的这种"可见性"所产生的重要影响在于，它在技术实践和话语建构的双重向度上形塑了互联网公司、国家机构、当地政府以及能源公司之间的互动与规制逻辑。

中国华为与美国高通围绕 5G 技术标准的竞争与博弈

近年来,华为与高通围绕 5G 技术标准的定义在全球范围内发起的竞争与博弈,是分析互联网基础设施技术实践与话语建构的典型个案。而政府、媒体以及互联网公司等不同社会主体所参与的这一仍在持续之中的媒介物质性实践,更凸显了互联网基础设施的政治经济学维度。

2017 年 2 月 22 日,华为与高通在同一天宣布完成 5G 移动端到基站之间的连接测试,这是一个至关重要的移动通信标准。但是在澎湃新闻 22 日下午 3 点左右所发的另外一篇稿子里,开展 5G 互操作性测试的中国企业只有中兴和中国移动两家,华为不在其中①。当天晚些时候,华为通过"中国 5G 推进组"对外发布消息称,华为基于所构建的北京怀柔外场测试环境,率先开展了 5G 新空口(即移动端到基站之间的连接协议)技术的相关测试。"中国 5G 推进组"的官网显示,该推进组于 2013 年 2 月由工业和信息化部、国家发展和改革委员会、科学技术部联合推动成立,其主要成员包括华为、中国信息通信研究院、中国移动、中国电信、中国联通、北京邮电大学、大唐电信、中兴、欧珀以及维沃,推进组的组织架构中设立有 5G 承载工作组和 5G 试验工作组。由此可见,我国对 5G 标准的试验和制定是由国内多家互联网公司、国有电信部门以及相关政府机构共同参与的技术实践。

中国官方选择与高通在同一天宣布 5G 外测成功的消息,意图显而易见。澎湃发布的报道证明了这一点,"两年前,华为高调推出 5G 新空口技术 F-OFDM 与 SCMA,若最终能成为 5G 新空口标准,则将掌握更大话语权。移动通信的标准之争是各大企业利益的博弈,高通、华为等借助标准制定来争取更大话语权。其背后更深一层则影响到国家利益"。② 相比之下,政府主管部门在谈及华为 5G 技术标准方面的重要进展时,往往将其置于多边协作的话语框架中来评价,"5G 的发展,我想华为在里面扮演着很重要的角色,但(我)更想说的是,它是全球产业的集体智慧的结晶……前期中国在 5G 领域和各国包括美国企业在内开展了良好的交流与合作"。③

华为在接受外媒采访时,也倾向于在话语建构层面淡化两家互联网产品制造

---

① 澎湃新闻.高通中兴中移动将开展 5G 互操作性测试,加速 5G 标准出台[EB/OL].(2017-02-22)[2022-07-22].https://www.thepaper.cn/newsDetail_forward_1624329_1.
② 澎湃新闻.高通华为争锋 5G 标准:同日宣布完成新空口规范下的 5G 连接[EB/OL].(2017-02-23)[2022-07-22].https://www.thepaper.cn/newsDetail_forward_1624784.
③ 中国政府网.国务院政策例行吹风会[EB/OL].(2019-05-21)[2022-07-22].http://www.gov.cn/xinwen/2019zccfh/32/index.htm.

企业之间的激烈竞争。2019年7月18日，任正非在接受意大利《晚邮报》采访时，从市场规则的角度提到了华为与高通的竞争，并将这种"竞争"的范围解释为二者在进入国内而非国际5G市场时需要遵守的准入秩序，"5G独立组网全世界只有华为一家做好了，中国招标法规定，必须有三家公司做好了才能开始招标，所以，中国只有从明年才能开始独立组网的5G SA。我们在等待高通的进步"。①而在谈到5G标准的垄断问题时，任正非以技术标准的社会价值淡化了标准垄断的市场利益，"世界5G标准只有一个，如果出现两个标准，另一个标准的地方，你怎么能进得去呢？……世界标准只有一个，所有人都要互联互通，不互联互通的产品是没有价值的"。②他在接受《纽约时报》专栏作家托马斯·弗里德曼的采访时，被问及华为与高通之间的竞争是否会受到其他方面的影响，任正非从自由市场的角度正面回答了这个问题，"不会，这是企业自主权问题。没有5G有6G，没有6G有7G，未来道路很宽广"。③

此外，技术民族主义的话语建构与技术实践伴随着互联网基础设施的言说和建设，这是研究中国语境下媒介物质性实践的一个重要考量。首先，国内主流媒体会主动将华为应对竞争的方式隐喻为民族精神，"华为早在十几年前就有预判，并为如何极限生存作了长期艰苦和充分的准备。备用方案的启用，显示出其居安思危的战略远见、未雨绸缪的底线思维，以及坚忍不拔、攻坚克难的奋斗豪情……中国企业如此，中国和中华民族也是如此"。④而华为所遭遇的困难也被等同为中国社会的困难，"美方的断供会对华为业务产生一定影响，但那些影响是有限的，具体有限到什么范围取决于华为的未雨绸缪，也与华为的对策和中国社会与它共克时艰的动员程度有关。"⑤其次，相关政策文件以及国有电信部门也在积极寻求华为的5G技术标准在国内落地。2020年工信部印发《关于推动5G加快发展的通知》，其中提到将支持基础电信企业以5G独立组网（SA）为目标，控制非独立组网（NSA）建设规模。而这里所说的"5G独立组网"目前只有华为掌握该技

---

① 心声社区.任正非接受《纽约时报》专栏作家托马斯·弗里德曼采访纪要[EB/OL]. （2019-09-09）[2022-07-22].http://xinsheng.huawei.com/cn/index.php?app=forum&mod=Detail&act=index&id=4433165&p=1&pid=43614751#p43614751.
② 心声社区.任正非接受《南华早报》采访纪要[EB/OL]. （2020-03-24）[2022-07-22].http://xinsheng.huawei.com/cn/index.php?app=forum&mod=Detail&act=index&id=4710807&search_result=1.
③ 心声社区.任正非接受《纽约时报》专栏作家托马斯·弗里德曼采访纪要[EB/OL]. （2019-09-09）[2022-07-22].http://xinsheng.huawei.com/cn/index.php?app=forum&mod=Detail&act=index&id=4433165&p=1&pid=43614751#p43614751.
④ 中央人民广播电视总台.华为绝地反击 中国居安思危[EB/OL]. （2019-05-19）[2022-07-22].http://news.cctv.com/ 2019/05/19/ARTInEoB6RMhgZjhwtKO1tW5190519.shtml.
⑤ 环球时报.如果弱到一招就死，华为安能引领5G[EB/OL]. （2019-05-20）[2022-07-22]. https://opinion.huanqiu.com/article/9CaKrnKkCrV.

术标准。而且，三大运营商在获得 5G 商业运营牌照不久之后就相继宣布从 2020 年 1 月 1 日起，NSA 模式的手机将不再被允许入网，采用 SA 模式作为 5G 网络统一标准。这意味着，搭载高通骁龙芯片（该芯片只支持 NSA 模式）的手机将无法在 2020 年之后接入中国 5G 移动互联网，而华为手机搭载的巴龙芯片则同时支持 NSA 和 SA 两种组网模式。

通过上述对互联网公司的技术实践、新闻媒体报道框架以及政策文件的简单分析，不难发现，5G 技术标准作为互联网基础设施的数字物质性，它的定义和竞争不仅仅取决于互联网公司的技术实践，企业主体、新闻媒体以及政府机构围绕这一技术实践所进行的话语建构同样形塑着 5G 技术标准嵌入民族国家以及市场空间的方式。这种定义和竞争所蕴含的政治经济学意味在于技术民族主义与市场利益的双重博弈。

思考题

1. 如何理解互联网基础设施的媒介物质性？
2. 互联网基础设施如何实现可见与不可见的辩证？

拓展阅读

1. GILLESPIE T, BOCZKOWSKI P J, FOOT K A. Media Technologies: Essays on Communication, Materiality, and Society[M]. MIT Press, 2014.

2. GRAHAM S. Disrupted cities: When Infrastructure Fails[M]. London: Routledge, 2010.

3. LANGLOIS G. Networks and Layers: Technocultural Encodings of the World Wide Web[J]. Canadian Journal of Communication, 2006, 30（4）: 565-584.

4. PARKS L, STAROSIELSKI. Signal Traffic: Critical Studies of Media Infrastructures[M]. Urbana: University of Illinois Press, 2015.

5. 伊德. 技术与生活世界：从伊甸园到尘世[M]. 北京：北京大学出版社，2012.

6. 张磊，贾文斌. 互联网基础设施研究：元概念、路径与理论框架[J]. 中国社会科学院研究生院学报，2021（05）.

（刘海龙　束开荣）

第十一章 装置/部署

本章概述

装置理论诞生于电影研究领域。鲍德里透视了装置操纵观众经验的具体机制，指出不是人在操控装置，而是装置本身决定了人将其自身经验与装置匹配，并且让人误以为在和装置互动的过程中占据了主导地位。20 世纪 70 年代后，包括阿甘本、德勒兹等不同理论家对此发展出更多元的阐述。电影装置失灵的案例中，只有装置崩溃时，其本身才能被看到，这意味着作为媒介的"装置"总是充当背景。

关键词

设备；部署；装置理论；媒介特异性；主体化；亵渎；装配/集合体

装置理论（apparatus theory）于 20 世纪 70 年代诞生于电影研究领域，法国牙科医生、小说家和电影学者让-路易·鲍德里（Jean-Louis Baudry）最先撰写了两篇文章，一篇是 1970 年发表于《电影手册》的《电影：基础装置制造的意识形态效果》（*Cinéma: effets idéologiques produits par l'appareil de base*），另一篇为 1975 年发表于《交流》杂志的《部署》（*Le Dispositif*）。值得注意的是，鲍德里在这两篇论文中使用了不同的术语指代电影装置，他用 appreil（设备）一词来指涉电影摄影机+电影放映机的二元组合，同时用 dispositif（部署）一词来指涉电影放映机+电影银幕+黑暗影厅的三元组合。

通常来说，鲍德里使用的 appreil 对应的是今天的 device，指向的是一个媒介机器的物质性回路；但 dispositif 一词源于福柯，指向的是包含空间和文化在内的更复杂系统。依靠这两个术语，鲍德里阐述了电影装置运转的两种机制，并且由此造就一系列不同的意识形态效果：首先，是摄影机＋放映机的综合体，它们对观众而言通常是不可见的，因为这个过程有两个隐藏的操作——摄影机将现实转化为一系列缺少光线和运动的照片，而放映机通过重新引入光线和运动将其转化为银幕上近乎相同的现实影像——但观众不曾意识到这里存在装置的双重转化，仅仅将银幕上的画面视为"物质世界的复原"，就此而言，观众就成了幻觉的受害者，因为他们将现实的"再现"（representation）误认为对现实的直接感知；其次，是电影装置创造了一个"先验主体"，而观众潜在地认同这个主体——电影装置在此可以追溯到中世纪暗箱（Camera Obsura）模型，因为暗箱假定了一个位于透视线汇聚点上的观察主体——摄影机是无实体且无所不在的，因此创造的是一个"全知全能"的观察主体，而观众的视点自然就与摄影机的视点等同，电影的观看意识由此产生，但观众再次受到了欺骗，以为自己是这一观察的绝对源头；最后，电影装置复原了柏拉图的"洞穴"或拉康的"镜子前的婴儿"，因而给出的是"真理"的错觉或者"自我"的错觉。

按照弗朗西斯科·卡塞蒂（Francesco Casetti）的说法，鲍德里以电影装置为例，提供了一个"装置"运作非常综合的版本，因为他将装置的技术部分进行系统考量，并且与当时的意识形态批评（最典型的是阿尔都塞的"意识形态的国家机器"一文对鲍德里有直接的影响）、精神分析理论结合在一起，透视了装置操纵观众经验的具体机制。严格来说，鲍德里的论点是：不是人在操控装置，而是装置本身决定了人将其自身经验与装置匹配，并且让人误以为在和装置互动的过程中占据了主导地位。

装置理论自1970年开始成为电影理论中的"显学"，不同的理论家都在这一路径上发展出更多元的阐述。法国哲学家、电影理论家克里斯蒂安·麦茨就在《想象的能指》（1977）明确将镜像认同、窥淫癖、恋物癖等"症状"归因于装置的驱动力，因为自我被呈现为一个镜像，因而与本真的自我相分离，麦茨在这个基础上认为装置实为"精神机器"（psychic machine）与"技术机器"（technological machine）叠合而生的更复杂配置。麦茨所讨论的"装置"是由一系列复杂组分构成的，而且没有任何一个组分能处在决定性的位置，因而装置中充满了内部对抗，它作为一个系统也与外界保有持续性的沟通。

20世纪80年代，英美地区出版了两本"装置理论"的论文集，分别是特瑞莎·德·劳雷和斯蒂芬·海斯主编的《电影装置》（1980）以及菲利普·罗森主编的《叙事、装置、意识形态》（1986）。这两部作品在收集鲍德里及其之后十余年装置理论文献的基础上，也进一步将"装置"推向电影研究之外更普遍的媒介技术和文化领域。在这方面，乔纳森·克拉里的《观察者的技术》与罗莎琳德·克劳斯的《北海航行：后媒介时代的艺术》都可以视作与装置理论的密切对话，其中克拉里指出装置不仅是科学发现的汇合点，也是社会话语和实践的汇合点，它们彼此构成一个极其宽泛的网络，而"透视视觉"到"立体视觉"（或者更宽泛意义的视觉光学到生理光学）的发展都是装置转换和重组的结果。克劳斯注重的是不同媒介之间的差异，即"媒介特异性"（media specificity），这种媒介特异性是由不同媒介自身的装置生产出来的——但克劳斯随之表明，一种媒介产品可以调用其他部署的机制，创造出更复杂的作品，进而穿透媒介特异性。这些论点的基础都在于：装置不是固定的、单向的，而是具备相应的复杂性和灵活性的。

1996年，大卫·波德维尔与诺埃尔·卡罗尔主编的《后理论：重建电影研究》出版，标志着二人向所有"宏大理论"宣战，装置理论也在其列，因此它也必须自我革新。与此同时，哲学界重启了对"装置"的兴趣，意大利哲学家吉奥乔·阿甘本在2006年出版的《什么是部署？》（*Che cos'è un dispisitivo?*）一书完成了对福柯"部署"这一术语的重释，同时也探究了该词的起源。按照阿甘本的考据，Dispositio是对希腊词语oikonomia（安济）的拉丁文翻译，指的是上帝根据他的救赎计划来"管理"世界的方式，描述的是上帝的"操作行为"。就此，阿甘本将"部署"定义为"一套实践、知识体系、措施和机构，旨在以一种声称有用的方式来管理、治理、控制和引导人类的行为、举止和思想"。值得一提的是，阿甘本的这本小书在英语学界被翻译为《什么是装置？》（*What is Apparatus?*），也就意味着按照英语学界的思辨传统，"装置"和"部署"被视为是等义的，不过是英文和法文对同一概念的表达。

阿甘本的装置理论，认定装置是"主体化"过程中的制导机制，即一旦我们进入装置的领域，就被分配了一个精确的轮廓——一种身份，一个自我——这不可避免将我们分类，但也为我们开辟了一个行动领域。所有的部署——包括生产系统、国家机器和科学定律，以及电脑和手机等媒介类型，总会导致建构一种主体性，它定义个人并构成其所有行动与经验的出发点。当代的各种智能家居、互联网设备从根本上都是"装置"，因为它们给每个人提供了不同的主体性或者身份伪装。但与此同时，装置也构成了一种"褫夺"，产生了反向的"去主体化"过程，也就意味着人在和装置的互动中会失去自我，成为电话本上的一串号码或者网络社区中的虚拟ID。倘若装置成了人类的"陷阱"，人类又该何去何从？

阿甘本给出的答案是"亵渎"（profanation）。亵渎意味着通过将物品放入特殊维度献祭（consecration）之后，再将其归还常规用途。对于装置而言，亵渎容许解放设备所捕获和持有的东西，然后再次使其为我们所掌控。这一"场景"或许是今天人类与装置共存的准确描述：主体不能自由行动（因为其行动由装置决定），但也存在着一些主体"自救"的方法，它包括诸类亵渎的实践，如嬉皮、游戏、另类，等等。其前提就拒绝对装置进行"正确使用"（因为这意味着绝对的被动）。阿甘本从装置理论出发，进一步发展出一种"亵渎理论"，这在《渎神》等作品中进行了进延展思考。

法国哲学家吉尔·德勒兹同样撰写过装置理论的文章，而且采用了和阿甘本一样的标题："什么是部署？"，这篇文章收录于《两种癫狂的体制：文本与访谈（1975-1995）》。该文的书写时间比阿甘本早了大约十年左右，思路也各不相同，德勒兹提出了两点看法：第一，部署是"由不同性质的线构成的一个团状物、一个多线性的全体"，这些线"并不包围或缠绕其中的每个同质性系统如客体、主体和语言等，而是沿着某些方向，跟随着那些总在失衡的过程，时而靠近时而远离"，因此部署是动态变化的系统，特点是连续地变形和持续地生成；第二，虽然部署是异质性元素集合而成的，并且永远不会处于完美平衡状态，但它总是能够将所有不同的线集中在一个单独的设计中，而这反过来又会在工作动态的压力下发生变化——"因此，装置由可见的线、话语线、力线、主体线、断裂线构成，它们彼此交织在一起，其中一些线通过装配的变化甚至突变，增强或引出了其他的线。"

德勒兹的"装置理论"实际上最终通向了他的"装配/集合体"（assemblage）概念。装配/集合体这个术语也是德勒兹另一部作品《千高原》（与菲利克斯·加塔利合著）的核心概念，意味着"首先和首要的是将各种异质性的元素，如声音、姿势、位置等组合在一起"。德勒兹和加塔利使用的原始法文术语是 agencement，涵盖"安排"（arrangement）、"配备"（fitting）和"固定"（fixing）等意义。这一概念随后在媒介研究和艺术研究领域获得了生根发芽的肥沃土壤。

就学术传统而言，福柯、阿甘本与德勒兹在其原始著作中都使用了"部署"这个说法，但在英语学界常常被转译为"装置"，这中间或许存在某种细微的差别，但主要发生在语境和背景层面，"部署"相较于"装置"具有更为深层的哲学意义和人文背景内涵，但在指向具体媒介方面没有后者那么精确。2010年杰弗里·布索里尼（Jeffrey Bussolini）在《福柯研究》第10期发表了一篇"什么是部署？"的文章，在英文、法文和意大利文中对"装置"（apparatus/appareil/apparato）和"部署"（dispositive/dispositif/dispositivo）两个术语进行了细致的词源学考据，澄清了其共性和差异之处。最近对"装置/部署"问题进行系统研究的学者是瑞士洛桑大学的弗朗索瓦·阿尔贝拉（François Albera）与玛利亚·托塔哈达（Maria Tortajada）以及法国学者、前巴黎三大教授雷蒙·贝卢尔（Raymond Bellour）。前两位学者主编的论文集《电影部署》（*Ciné-dispositif*）论文集对部署问题进行了多个角度的重新论述；而贝卢尔的《部署的论战》（*La Querelle des dispositifs*）采取了极端的立场，也就是以部署之名重新严格界定各类艺术范畴，比如将博物馆、美术馆电影从"电影"类别中清除。

第十一章 装置/部署

> ◯ **案例与运用**
>
> **电影装置出错了？**
>
> 　　北野武的短片《美好的假日》描述了一位老人在乡间电影院看《坏孩子的天空》，突然，放映过程中事故频发，老人非常不爽，因为每一次放映都因为媒介事故：放映机卡住了、电影胶片着火了、影片直接跳到了结尾。
>
> 　　这是一次失败的电影观看，也是电影装置的失灵。装置的失灵取消了画面的内容，让装置或者承载影片内容的媒介变得可见——只有当装置崩溃时，我们才能看到装置本身。而当装置正常运行的时候，它自身则是"退隐"和不可见的，可见的仅仅是其呈递的"意识形态内容内容"。想象一下，我们看电影的时候，是不是意识不到放映机—银幕—数字硬盘（胶片）的存在？是不是连电影院本身也消失不见了呢？因为当这一系列的完整部署就位的时候，我们的注意力就只会集中在银幕上的"内容"。这里我们似乎可以联系到麦克卢汉的"媒介即讯息""一种媒介的内容总是另一种媒介"，这个说法带有递归的含义，不但是一种"无限能指链"，也暗示了一种"图形/背景"的游戏，即图形总是内容，媒介总是背景。因此，作为媒介的"装置"也总是充当背景。

思考题

1. 德勒兹和阿甘本的"装置理论"有何联系和差异？
2. "部署"和"装置"有何差别？

拓展阅读

1. AGAMBEN G. "What Is an Apparatus?" and Other Essays[M]. trans. David Kishik and Stefan Pedatella. Stanford：Stanford University Press，2009.

2. BELLOUR R. La querelle des dispositifs. Cinéma-Installations-，expositions[M]. Paris：POL，2012.

3. 黄兆杰. 装置作为一种电影形式方法：理论与阐释实践[J]. 电影艺术，2019（05）.

4. 福柯. 知识考古学[M]. 董树宝，译. 上海：三联书店，2021.

5. 博德里. 基本电影机器的意识形态效果[J]. 当代电影，1989（05）.

（韩晓强）

第十二章 技术图像

本章概述

技术图像是"装置"的产物。它始于摄影术，经过电影、电视媒介的不断跃迁，最终在互联网和便携屏幕时代成为一种绝对现象，既往话语媒介都不可避免要适应它的形式。上述可能性源于其流体和粒子状态，在这个意义上图像成了媒介，一个正在成形的世界，包含可能和偶然的元素，而不仅仅是"内容"。弗卢瑟一方面承认技术图像会让全民走向单一思维和反智的死胡同，另一方面，"预想"的能力又是抵抗其无原则操作的关键。作为技术图像的终极形式，弗卢瑟提到的技术图像对现实的褫夺，将会在元宇宙中得到彻底化。伴随技术进步，这一理论在今天仍然有待革新或更深入地挖掘。

关键词

技术图像；摄影图像；数字图像；装置；图像的谱系；流体和粒子状态；元宇宙

"技术图像"（Technical Image）作为一个专名，是捷克/巴西媒介哲学家维兰·弗卢瑟（Vilém Flusser）两部代表作《摄影哲学的思考》（*Für eine Philosophie der Fotografie*）以及《技术图像的宇宙》（*Ins Universum der technischen Bilder*）中的核心概念。这两本书最早的德文版本出版于1983年和1985年，这就意味着"技术图像"所指称的并非狭义的、基于像素的"数字图像"，而是一种与传统图像不同的构造物。技术图像是"装置"的产物，它始于摄影术，经过电影、电视媒介的不断跃迁，最终在互联网和便携屏幕时代成为一种绝对现象。

我们不妨先关注一下弗卢瑟围绕"图像"（image）和"文字"（writing）的二元论，正如麦克卢汉认为电力的出现宣告了谷腾堡银河的终结，弗卢瑟的图像也宣告了线性文字的终结。线性文字是历史的根基，它造就了通信社会，但弗卢瑟几乎是本着一种挑衅的姿态欢呼印刷品的终结与图像的来临，即图像媒介正在取代文字媒介——就这种历史更替来看，这种图像媒介始于摄影照片。摄影照片首先是技术生产的，它的阅读形式也与线性文本截然不同：阅读照片是瞬时的、不断绽出的（这一点也可参见罗兰·巴特在《明室》中的精彩分析），"在图片中，我们可能先得到信息，然后再试图去分解它……这种差异是时间性的差异，涉及过去、现在和将来"。在阅读文本时，读者有一种明显的方向性，会产生去往某个地方的感觉；而在阅读图像时，这种方向和运动感皆不明显，只有一种无处可去的凝视和冥想。

在1983年出版的《摄影哲学的思考》中，弗卢瑟建构了一套关于摄影媒介的现象学，而他的立足点，就是"技术图像"。摄影的图像是银盐的，更是由装置生产的，装置的介入意味着摄影不再是之前的手工图像，而是自动图像，但这种自动图像又是基于一种"计算的、实验的"思维方式。由此，技术图像不但意味着对书面文字的革命，也和早年的绘画图像分道扬镳——传统绘画是模仿性的，而照片则是一种计算模型。摄影的本质是影像—装置—程序—信息的回路。

摄影自然是技术图像的一个绝佳案例，通过系统论述摄影及摄影图像生产的原理，弗卢瑟怀疑了摄影从构思到生产再到发行/流通的每一个步骤，比如在谈到摄影的动作时，弗卢瑟指出这一动作首先是一种"现象学怀疑"，摄影者从诸多视角来怀疑和观察对象，但这种怀疑的数理逻辑又是被程序预先规定的。因此摄影者的动作既是反意识形态的，他会调整自己的摄影方案；但与此同时这一动作又是"程序的"，只能在这种程序之内行动——这会让我们想起诸多装置理论家的修正方案（如阿甘本），也就是装置是可以被当事者对抗的，弗卢瑟几乎用同样的口吻进行了表述，但这一表述比阿甘本早了20多年：

> "最优秀的"照片就是人的意图战胜了装置的程序，也就是装置服从人的意图的那些照片。不言而喻，"好"的照片的诞生，是人的精神战胜了程序。但是，在整个的摄影宇宙中，人们可以看到，程序如何始终把人的意图转向摄影的装置的功能。因此摄影批判的使命就必须是表明人如何竭力支配装置，而另一方面，装置则以把人的意图吸收到自身当中为目的。不过因为我们所讨论的原因，迄今还未达到这样的摄影批判。

就像所有技术性的图像一样，照片是被编码成情境（事物状态）的概念，既包括摄影者的概念，也包括已被程序化到装置中的概念……摄影者把他的概念编码成摄影的影像，为其他人提供信息，为他们生产出范式，由此在其他人的记忆中变得不朽。装置把它包含的程序化的概念编码成影像，以便让社会程序化，成为一个有利于装置逐步完善的反馈机制。

技术图像与工业革命大致始于同期，它是魔法的（magical），也是后历史的（post-historical），技术图像驱逐文字、驱逐史前图像，甚至驱逐这个世界的现实一类的论述，同样可见于居伊·德波及其学生让·鲍德里亚的诸多作品，并在《拟像与仿真》中达到一种极致书写。但与这些西方马克思主义的批评学者不同，弗卢瑟注重的是问题的辨析——在这方面，《摄影哲学的思考》是一个奠基工作，随后创作的《技术图像的宇宙》进一步呈现了技术图像的递进式思考，他以乌托邦式的口吻预见了数字图像首先取代文字，继而取代模拟图像（摄影、电视和电影）的进程。就"技术黑箱"（technical blackbox）而言，所讨论的箱体也很容易从照相机过渡到计算机，弗卢瑟已经明确觉察到计算机的程序潜力。

弗卢瑟在《技术图像的宇宙》中重整了图像的谱系，将其分为五个阶段：第一个阶段是"自然人"（Naturmensch）阶段，人的感觉与动物无异；第二个阶段是创造三维物件的时代；第三个阶段出现了传统图像，即绘画、素描、雕塑，它们以魔法－想象的方式建构了人与世界的关系；第四个阶段是文字和概念思考的世代；第五个阶段则是如今技术图像的世代，技术图像的"抽象化"直接导致了"可再现性"的丧失。这一历史区分，与法国媒介学者雷吉斯·德布雷在《图像的生与死》中划定的模式有着惊人的相似之处。但倘若对"第五阶段"继续细分，暂时忽略其中的摄影，我们还会发现"技术图像"在很大程度上与"屏幕"（screen）媒介相关，虽然英文中的screen同时具有屏风和屏幕的双重意涵，但正是这种隐秘的内部区分，决定了它们承载的是"传统图像"还是"技术图像"。

技术图像明显不可能是绘制在屏风上的图像，而是出现在银／屏幕上的图像，就此来说，屏幕与技术图像的耦合创造了整个媒介生态的转型：电影银幕、电视屏幕、计算机屏幕、手机屏幕上闪烁着各种各样的技术图像。这些银／屏幕质疑了信息有用论，让communication这一术语既往的意义（传播或交流）变得更为宽泛，让数据信息进入一种无意义乃至反智的状态，对应着弗卢瑟对技术黑箱的思考。屏幕的作用，在于拦截某些"数据信息"，令其在某个空间／位置显现，而且这些数据信息在展现完毕之后仍然可用（继续传播）。由此屏幕所应对的不再是单纯的传播，而是织造互联回路的纽带，一旦无数的电子屏幕彼此互联，就可以充当某种基础设施，在上面刮起"技术图像"的龙卷风。

这也证明技术图像既是可设计的，也是后期可塑的，既能改变环境，也能根据环境作即时调整。技术图像已经成为我们环境的绝对背景，这也是为何诸多媒介理论家探讨视频媒介对生活和世界的褫夺，法国电影学者雅克·奥蒙（Jacques Aumont）在

《电影还剩下些什么？》(*Que reste-t-il du cinéma?*)中感慨我们被各种闪烁的影像所包围，这一点恐怕人人能够感同身受。象形字、表情包的流行甚至让传统的文字和信息数据也变成了技术图像，证明既往的话语媒介都不可避免地要适应技术图像的形式，如此短视频宇宙的急剧膨胀就绝非偶然。我们的"数据丛林"，准确来说已经是"技术图像的丛林"，这就是为什么任何文本都不可避免地要向短视频转化——而短视频乃至VR和AIGC影像，可能才是目前技术图像的最新形式。

技术图像的流体和粒子状态，实现了上述的诸种可能性，即使在数字图像还未到来的时候，弗卢瑟仍然给出了预言："人们发现自己所处的世界不能被计算和解释：它已然分解成各种粒子——光子、量子、电磁粒子……甚至他们自己的意识、思想、欲望、价值也都分解为粒子，成为信息比特或者可被计算的集合。"但不能被计算和解释，并不意味着无法去"构成"和"追溯"，弗卢瑟继续写道："我们周围或内部的旋转粒子必须被集合到表面；它们必须能够被预想（envision）。"在这个意义上，图像才真正成了媒介——它一方面阻断了数据的旋风，另一方面将其重组为新的图像（即使是遵循预先编程的自动机制）；相比来说，传统的图像仅仅是"内容"，是洞穴、画布的那个表面信息。况且，二者之间还有一个显在的区别：传统图像是一个已然成形的世界，而技术图像是一个正在成形的世界，它包含着可能和偶然的元素。

"技术图像的生产发生在一个可能的领域：在它们自身之中，这些粒子什么都不是，但依靠它们事物有了偶然出现的可能性。"技术图像与我们的关系存在一个颇为值得玩味的方面，比如说它们对我们的有效性取决于它们出现的具体方式和具体位置，情境往往是决定性的，比如出现在我们日常休闲的时候或者我们工作的时候，出现在个人面前或者一群人面前。因为在某些情况下，我们需要其自然呈现以保证"客观性"，而在部分情况下，我们会主动对其进行操作，让其适应我们的需求，技术图像是"可操作性的图像"。

弗卢瑟对技术图像的理解也是双面的，一方面他承认受制于技术黑箱（即今天的计算机、大数据或算法），技术图像会让全民走向单一思维和反智的死胡同，就此来说毫无营养的短视频或者相关图像的泛滥就是证明；另一方面，"预想"或者"预想者"的能力，又是抵抗技术图像无原则操作的关键。"预想指的是从粒子宇宙返回具体宇宙的能力……通过技术图像我们能回到具体的经验、认知、价值和行动，并远离这些东西已经消失的抽象世界。"弗卢瑟既呈现了一种技术图像媒介的绝望生态，又能笔锋一转，赞叹预想者的绝对能力，声称人的自由和自主性最终能够逃离技术图像的魔爪，但这谈何容易——从目前越来越恶劣的媒介生态来看，诸多学者都认为弗卢瑟的想法过于天真，那种依靠人与人之间的横向交流再次打破人与技术黑箱的无限单向连接的念头，或许根本是一种幻想的、不切实际的哥白尼革命。

即使如此，考虑到弗卢瑟书写两部著作的历史节点及其绝对的前瞻性，这些论述至今也不显得过时。后期鲍德里亚发展出来的"拟像优先"概念以及斯蒂格勒的记忆外化和"后种系生成"概念也仿佛是在回应弗卢瑟当年的原始洞见。弗卢瑟至今仍然是一位被低估的媒介理论家和哲学家，而"技术图像"的理论和概念伴随着今天的技术进步，也仍然有待革新或更深入的挖掘。

> **⊃ 案例与运用**
>
> 元宇宙是个什么宇宙？
>
> 2021年，马克·扎克伯格将社交媒体脸书的公司改名为"Meta"，一方面是因为重建自身信誉的需求，另一方面是向当时大火的"元宇宙"（Metaverse）靠拢。元宇宙是一个"人造宇宙"，是一个"平行实境"，现实中可能发生或者不可能发生的，都可能在"元宇宙"中实现。我们有许多类似的再造游戏世界，如风靡一时的"第二人生"（Second life）与"动物森友会"（Animal Crossing），但这些世界都不算绝对意义上的元宇宙。元宇宙是三维的、感知等同的、沉浸式载入的，而非是"视觉投射的"。
>
> 元宇宙是数字时代的"内爆"，它需要物质设备的基建和算法的基础，但它呈现出来的世界表象则是"技术图像"，这是一个绝对意义上的"技术图像的宇宙"。元宇宙里的"人"靠什么活着？当然是靠技术图像活着。想一想过往电影中的那些世界，无论《电子游戏争霸战》《黑客帝国》《香草的天空》《移魂都市》《异次元骇客》，以及前几年的《头号玩家》，就不难理解为何元宇宙会成为技术图像的终极形式。进入技术图像的宇宙，就是进入元宇宙，弗卢瑟关于技术图像对现实的褫夺，将会在元宇宙中得到彻底化——以感觉而论现实与潜在（虚拟）完成了逆转，弗卢瑟的"预想家之无限能力"和"室内乐"形态的乌托邦环境也将会得以实现。

思考题

1. 如何以摄影为例理解"技术图像"的内涵？
2. 为什么技术图像是"可操作性的图像"？

> **拓展阅读**

1. FLUSSER V. Does Writing Have a Future?[M]. ROTH N A. Trans. Minneapolis：The University of Minnesota Press，2011.

2. 王伟. 从技术性图像到媒体知觉——弗鲁塞尔的媒介哲学[J]. 北京电影学院学报，2022（09）.

3. 弗卢塞尔. 技术图像的宇宙[M]. 李一君，译. 上海：复旦大学出版社，2021.

4. 弗卢塞尔. 摄影哲学的思考[M]. 毛卫东，丁君君，译. 北京：中国民族摄影艺术出版社，2017.

5. 袁艳. 织纹：技术图像的另一个宇宙[J]. 国际新闻界，2022，44（12）.

（韩晓强）

第十三章 文化技艺

本章概述

"文化技艺"这一复合词强调了自然与技术的协同作用,在被用于描述人与媒介的相互作用时,指一种产生我们所知的文化差异网络的操作。"文化"强调的是异质性,和其他群体的不同,所以话语网络最终形成的是与他者的不同;技艺强调的是培育性,从而也突出了人对技术、工艺和技巧的掌握;文化技艺的复合强调了自然与技术的协同作用,又暗示人们思考文化与技术和机械之间的关系。基特勒想用文化技艺取代原来对媒介的理解,能够更多地把关注点放在对语言或对媒介的操作过程中,而非媒介的实体或本体上。以此为视野,我们可以进行媒介考古分析、对话与网络分析等。

关键词

文化;技艺;本体论;操作;培育性;差异性;物质性

文化技艺(Kulturtechnik)作为基特勒的核心媒介理论,对技术如何影响个体、社会和文化都具有比较强的解释力,近年来在媒介研究领域备受关注。从词根上讲,文化技艺的概念在19世纪末期最早出现于农业工程技术领域,这是一项改造自然的"文化工程"。[1] 温斯洛普-扬也写过相关文章解释文化技艺,指"大规模的改造程序,如

---

[1] WINTHROP-YOUNG G. Cultural Techniques: Preliminary Remarks[J]. Theory, Culture & Society, 2013, 30(6): 3-19.

灌溉和排干可耕地，矫正河床或建造水库，它还包括水文大地测量学的研究和实践"。[①]在现代，该词汇的引申内容大大超过了其基本所指，但这一点并没有削弱词源本身的重要性。从语言学的角度，"文化技艺"（Kulturtechnik）一词属于复合词，其限制词Kultur为德语名词，可译作"文化"，虽然与英语名词culture不能直接等同翻译，但均可反推至拉丁语词cultura并追溯词源到colere（类tend，cultivate，意为照顾、耕作）。这其实启示我们：文化发轫于农业。但是，农业最初不只是播种和收割，而是制造和分区，即确定一块将被边界束缚的可耕地，这又最终导致了农耕地与自然土地之间的区别。时至今日，德语的"文化"一词除了"教化""修养"乃至"文明"的拓展意义，依然保留了拉丁语词的原始含义，还可用来指示菌类和其他微生物的培养、农林经济作物种植、水利疏通以及拓荒开垦的综合学问。

而构成"文化技艺"的基础词Technik来源于古希腊语τεχνικός（technikós），18世纪进入德语词汇，用来表述技术、工艺和技巧。这样的复合强调了自然与技术的协同作用[②]，既对传统的农业意义有所观照（地理决定论认为欧洲文明的发源地是温暖湿润的地中海地区，其文化根植于肥沃的土地），又暗示人们思考文化与技术和机械之间的关系。

"文化技艺"的概念后来被用来描述人与媒介之间的相互作用，是一种对我们所知的文化差异网络的操作，探讨文化技艺就是以严谨的概念来谈论操作，揭示语言、符号、写作、模型和隐喻的内涵，常被用来解释导致文化的一系列概念性和本体论变化的操作和差异。[③]《基特勒论媒介》一书把文化技艺视为操作，"是对我们所知的文化差异网络的操作"，"从哲学的角度来说，我们正从稳定的本体论走向可操作的本体论。我们谈论的不是主题和对象，而是操作。……谈论文化技艺就是试图以严谨的概念来谈论操作"。[④]这和本体论的变迁有关系，这时不再是本体论本身，而是本体论的操作。谈论文化技艺就是试图以严谨的概念来谈论操作，包括语言、文化本身是如何被操作的，在操作后如何形成文化差异网络。这涉及教育领域。之前谈到话语网络的构建和社会机构的建立，都和教育分不开。从教育领域延伸出去之后，广泛教育实践中两个根本性变化由此展示出来。

---

① WINTHROP-YOUNG G. Cultural Techniques: Preliminary Remarks[J]. Theory, Culture & Society, 2013, 30(6): 3-19.
② 伯纳德，盖根，刘宝. 基特勒尔之后——德国最新媒介理论的文化技术研究[J]. 南阳师范学院学报（社会科学版），2016, 15(2): 5-12.
③ WINTHROP-YOUNG G. The Kultur of Cultural Techniques: Conceptual Inertia and the Parasitic Materialities of Ontologization[J]. Cultural Politics, 2014, 10(3): 376-388.
④ 王继周. 文化技艺：德国文化与媒介研究前沿——对话媒介哲学家杰弗里·温斯洛普-扬[J]. 国际新闻界，2020, 42(5): 51-60.

首先，语言变成了"自然的"同质的媒介。在基特勒看来，语言是媒介。语言能够捕捉到诠释学上可以理解的意义，因为语言变成了操作后，语言背后就有很多可解释的操作过程。

其次，世界变成了一个意义无限的存在。基特勒讲到最小单位的所指，其分化可组合成无限可能。使这些变化得以实现的实践有时被基特勒称为文化技艺或半技术。我们能够操作它，能够使语言成为自然而然的媒介。为什么不使用媒介呢？基特勒研究者、英属哥伦比亚大学教授杰弗里·温斯洛普－扬（Geoffrey Winthrop-Young）认为，基特勒使用"文化技艺"或"半技术"之类的这些术语是因为"媒介"术语并没有涵盖他想做的一切。① 用文化技艺能够更多地把关注点放在对语言或对媒介的操作过程中，而非媒介的实体或本体上。以此为视野，可以进行媒介考古分析、对话与网络分析等。

这样，对文化技艺的分析就成为对语言操作的分析，语言成为媒介。包括书中举例的古希腊人尝试修改腓尼基字母表，让演说成为可能。基特勒认为，对符号系统的改编教会了古希腊人如何有意识地说话。"古希腊文字不仅是符号库，还是对语言的分析。"②

> 古希腊字母表分析的不是你听到了什么，而是你如何通过分类语言的基本构成要素来说话……写作不该被视作为了获取关于现有句法知识的尝试，而是为演说提供了模式，从而让可拆分的语言变成句法成分，其中最主要的成分就是后来成为哲学反思以及术语定义对象的单词……这一事实直接指向了基特勒的断言："直到媒介提供了模型和隐喻后，我们才对我们的感觉所了解。"③

语言形成了特殊的符号形式，对符号的操作形成了写作，在写作过程中，我们了解了背后的模型和隐喻；在操作过程中，我们知道了背后操作的变迁，就是对话语网络的分析的变迁。基特勒提出"文化技艺"的概念来分析处在不同社会背景下的技术。媒介作为文化技艺，可以让人们选择、存储和生产数据和信号。温斯洛普－扬在其关于文化与社会的专题研究中进一步论述的那样：文化技艺超越了文学研究、媒体理论和文化研究的范畴，并逐步进入了哲学和人类学的研究领域④。

自《话语网络 1800/1900》（*Discourse Networks 1800/1900*）之后，基特勒持续讨论了媒介的物质性技术、文化技艺与身体的关系网络，以及这种关系网络对社会、人群

---

① 王继周.文化技艺：德国文化与媒介研究前沿——对话媒介哲学家杰弗里·温斯洛普－扬[J].国际新闻界，2020，42（5）：51-60.
② 温斯洛普－扬.基特勒论媒介[M].张昱辰译.北京：中国传媒大学出版社，2019：105.
③ 温斯洛普－扬.基特勒论媒介[M].张昱辰译.北京：中国传媒大学出版社，2019：106.
④ WINTHROP-YOUNG G. The Kultur of cultural techniques: Conceptual inertia and the parasitic materialities of ontologization [J]. Cultural Politics, 2014, 10 (3): 376-388.

的"培育性"——人的具身操实现了"媒介技术与群体意义上的身体和心智技艺的综合",并产生了群体性的差异。① 西格特进一步将文化技艺看作是一种赋予操作以稳定性和适应性的"链条",通过将行动者、器物(artifacts)和技艺(techniques)三者串联起来,来探讨技术物如何在人与物构成的复杂的操作链中存在,并且其中所产生的"意义和现实"得以在操作联众存续。②

在20世纪70年代的德国媒介研究中,文化技艺概念被赋予了新的内涵。此时,这一概念通常与教育学理论相关,指的是阅读、写作、运算等基本技能。从80年代开始,该概念的内涵转而接近当下关注的"媒介胜任力"和"媒介素养",即掌握特定媒体生态下所必需的技巧和能力,例如观看电视需要知道每个开关按钮的功能,使用电脑等信息技术技能也被称为"文化技艺"。在曾经的农耕或水利灌溉工程实践中,人们需要建立一套基本的秩序——在德国媒介理论学者看来,这是一套将自然"文化化"的技术机制,人发挥着关键的作用,但其中起决定性作用的仍然是系统化、和谐化的"天人合一",即人与技术工具、社会制度的相互配合。后期开始将识记、读写、运算等视为文化技艺也是如此,这些行为不仅内化在主体的成长过程之中,更具备一套完整的、让个体选择、编排、处理和再生产知识的实践环节。德国媒介理论试图通过文化技艺的概念理解动态的实践过程,从而超越囿于静态对象或文本分析的研究方式。

在20世纪末,基特勒曾经做出这样的假设:任何不同"文化"形式与内容的范畴与逻辑之所以能够确立,都在于存在着一个"技术"上的先验——文化技艺实践总是先于文化技艺的概念化表达。对此,奥地利文化学、哲学家托马斯·马乔(Thomas Macho)也做过堪称经典化的解释和补充:人类学和民族志的第一手史料表明,文化技艺本身(例如写作、阅读、绘画、计数、制作音乐)总是比它们所产生的概念要古老。人们在将概念化的书写或字母概念化之前就进行了"书写"的行为;几千年过去了之后,图片和雕像才产生了"图像"的概念。直到今天,人们仍然在对音调或音符系统一无所知的情况下唱歌或做音乐;计数也早于"数字"的概念。可以肯定的是,大多数文化中都存在对数字进行计数或执行某些数学运算的操作,但是,往往并不一定由此衍生出数字的概念。③

文化技艺的范围如此之广,以至于读者很可能会发问:什么不是一种文化技艺?

---

① 曾国华.媒介与传播物质性研究:理论渊源、研究路径与分支领域[J].国际新闻界,2020,42(11):6-24.
② SIEGERT B. Cultural Techniques: Grids, Filters, Doors, and other Articulations of the Real[M]. Fordham Univ Press,2015,1-18.
③ MACHO T. Zeit und Zahl. Kalender-und Zeitrechnung als Kulturtechniken. In: KRAMER S, BREDEKAMP H(eds.). Bild – Schrift – Zahl[M]. München: Wilhelm Fink,2003:179-192.

文化技艺和最一般意义上的技巧或技术之间的区别是什么？来自德国魏玛（Weimar）、锡根（Siegen）以及吕讷堡（Lüneberg）的研究者从广义上定义文化技艺，认为一切可形式化的文化实践都可以纳入文化技艺的范围。①而马乔试图通过将这个词限制在一些象征性的技巧上，比如写作、阅读或绘画，从而允许自我参照的递归（self-referential recursions）：写作使人能够写关于写作的东西；绘画本身可以用绘画来描绘；电影可以放映其他电影。换句话说，文化技艺的定义是他们自我化的能力，它们是二级技术，相对于一级技术，如烹饪或耕地。②

贝恩哈德·西格特指出，马乔关于一阶和二阶技术之间的区别界定并不清楚。基于此，媒介哲学家们进一步提出了第三层次的文化技艺，并为此阶段找寻了一个关键隐喻：门（gatter）③。首先以烹饪为例，烹饪的自我参照递归的潜力似乎是有限的。毕竟，人如何用厨艺烹饪厨艺（How do you cook about cooking）？但是，一旦跟随结构主义人类学创始人、法国哲学家克洛德·列维－施特劳斯（Claude Lévi-Strauss）的思路，这样的"悖论"就会迎刃而解。施特劳斯代表作之一的《神话学》一共分为四卷本，第一本是《生食和熟食》，在该书中，施特劳斯试图以生的与煮熟的、新鲜的与腐败的、湿的与干的等对立的烹饪及感官特质建立一套严谨的逻辑架构。"生—熟"这个矛盾对立是一再出现的主题：前者属于自然的范畴，后者属于文化的范畴。这两个范畴的差异及变换以火的发现为指涉的焦点。第二本《从蜂蜜到烟灰》，施特劳斯进而论证神话思维能超越第一卷表明的经验层面，进到抽象概念的层面，即他所说的从"性质的逻辑"进到"形式的逻辑"，所运用的范畴则从可感觉性质的范畴——"生和熟、新鲜和腐烂、干和湿"——进到形式的范畴——"虚空和充实、容器和内容、内和外、包含和排除"④。

因此，当人们尝试将不同的烹饪技术（例如煮沸、煎炸、油焖、烟熏）融入产生意义的装置，并接受烹饪艺术"位于自然与文化之间"的前提，便可以感悟到烹饪是用来区分不同文化或部落领域材料和象征的技术，更重要的是，它具有确保食材与烹饪技术彼此连接的功能、实现了自然地理和文化版图之间的交换。由此可见，文化技艺研究不从某个已经完备的技术入手，而是从初期的、未臻成熟的技艺切入，强调工具、实践和符号的最初配置过程构成了一个特定技术文化系统的先验条件。

不同于烹饪融合和分割自然和文化领域的方式，门带来了开放，门创造了它们连

---

① 于成，徐生权. 德国媒介理论中的文化技艺概念[N]. 中国社会科学报，2019-05-28（006）.
② WINTHROP-YOUNG G. The Kultur of Cultural Techniques: Conceptual Inertia and the Parasitic Materialities of Ontologization[J]. Cultural Politics, 2014, 10（3）: 376-388.
③ SIEGERT B. Cultural Techniques: Grids, Filters, Doors, and other Articulations of the Real[M]. Fordham Univ Press, 2015.
④ LÉVI-STRAUSS C, WEIGHTMAN J. The Origin of Table Manners[M]. New York: Harper and Row, 1978.

接和分离的地方。门在人的空间和它之外的一切事物之间形成了联系，它超越了内部和外部的分离。门可以使我们进入和离开一个特定空间，它创造和维系了"内外之别"，但是，门本身既不在外面也不在里面，"内外之别"是由门的运作产生的一种突出特性。在这里，我们到达了文化技艺的第三个发展阶段上最复杂的概念中心，应该重点区分的是：在文化技艺的操作程序中是否产生了新的存在方式[①]，是否参与了它们所连接的领域和领主身份认同的概念化和本体化过程。

总结上述对文化技艺的分析，其特征主要体现在以下三个方面。

首先，文化强调的是异质性，和其他群体的不同，所以话语网络最终形成的是与他者的不同；技艺强调的是培育性，从而也突出了人对技术、工艺和技巧的掌握；文化技艺的复合强调了自然与技术的协同作用，又暗示人们思考文化与技术和机械之间的关系。

其次，基特勒想用文化技艺取代原来对媒介的理解，关注的不是媒介本体，而是对媒介的操作的关注。语言等同媒介，我们对语言的操作就是后来的话语网络的分析的操作，从中可以看到语言、模型、操作流程的分析。

最后，在20世纪90年代，随着数字媒介时代的到来，重新发掘麦克卢汉与基特勒等人的媒介理论贡献又逐渐成为焦点，德国媒介理论研究学者近年来重新发掘了"文化技艺"这一经典概念。几十年间，"文化技艺"时常被认为是德国文化理论与媒介研究中最有趣、最丰富的核心概念。

如果说德国基特勒式的媒介理论关注的是传播的物质性，那么对文化技艺的研究则着眼于本体论的物质性。如果基特勒的媒介理论代表着从唯物主义到物质性的转变，那么文化技艺的研究将符号建构的解构、再加工逐步扩展到象征性的实践中来。因此，它的影响范围远远超出了文化研究的一般范式。温斯洛普－扬指出，"文化技艺"的理论自信来自这样一种认识："它安全地栖息在不断变化的操作程式和行为组织中。"[②] 媒介考古学试图挖掘被湮没的"媒介"之意义，却在挖掘前现代"媒介"时遇到了方法论问题。在用现代术语分析前现代时，如何避免把现代的观念强加给前现代？有学者指出，比较容易被接受的做法是，在描述前现代时使用"文化技艺"术语。[③] 就像过去利用语言的变化无常而系统形成的语言学理论一样，文化技艺的方法论依赖于其产生的文化、社会环境的变化无常。"文化技艺"对媒介研究具有前瞻性的影响意义，它的兴起是"媒介"概念形迹可疑的迹象之一。也许，基特勒对"文化技艺"的情有独钟

[①] 于成，徐生权.德国媒介理论中的文化技艺概念[N].中国社会科学报，2019-05-28（006）.
[②] WINTHROP-YOUNG G. The Kultur of Cultural Techniques: Conceptual Inertia and the Parasitic Materialities of Ontologization[J]. Cultural Politics, 2014, 10（3）: 376-388.
[③] 于成.文化技艺"带来媒介考古学新发展[N].中国社会科学报，2020-04-01（007）.

也正说明了"媒介"这个术语并没有涵盖它本应收纳其中的广博的理论蓝图。①

> ⊃ **案例与运用**
>
> **文化技艺与中文打字机的使用**
>
> 　　文化技艺探讨技术如何与人的身体、技能以及社会文化相融合的过程,其中的含义"掌握新媒体生态所必需的技能和能力"包含着对打字机等新媒介技术的使用能力,并通过对新技术的使用来探讨操作,以及在操作链汇总所形成的文化。在机械时代以前,手写是人的自然本质与灵魂的延伸,字迹是人的本质和个性的彰显,人的思考与储存内容的过程,因而用手书写是人的本质所在。然而到了机器时代,身体进入一个不同的书写的操作链中,手的运动成为打字机键盘上的一个物体②,并同步参与到异变中。虽然机器媒介取代手写,但打字仍然离不开人的身体,是一项需要训练、熟练和专业知识的技能。作为操作者的人也需要接受机械的训练,而人的灵魂在机器的驯化中逐渐消失。
>
> 　　中文打字机是20世纪初中文书写实现机械化和现代化的重要媒介技术。不同于英文打字机的拼写式打字法,中文打字机需要以"字"为单位来进行操作,而常用的汉字就有两三千个,以盛行于20世纪80年代的"双鸽牌"打字机为例,其组装零件就多达六百多个。因而操作中文打字机这样的新技术,首先需要进行长期的特定技能培训,而且经过培训和考核之后才能上岗。中文打字机的操作体现出文化技艺的"培育性"特征。相比于英文打字机简洁的键盘,中文打字机的键盘通常拥有两千多个字,这都需要打字员进行熟悉地记下来。同时,字与字之间按照"联想"关系进行排列,这意味着由于打字内容不同,每个打字员的字盘或者每个单位的键盘差别极大,常用字放在上面的字盘,生僻字放在下面的字盘,待需要时候再单独取出。通常一位中文打字员需要进行三个月至半年的培训才能上岗,而且一开始打字速度也是非常慢的,需要不断进行调整以更好适应机器对人的要求。
>
> 　　操作中文打字机的过程需要身体与机器协同运作,调动多方面的感官,大脑、眼睛、耳朵和手都必须同时调动起来。这是一个通过机械操作来再造身体的过程,在前一个动作就要提前想好下一个动作,特别是在处理空白和行尾换行的时候。

---

① 王继周.文化技艺:德国文化与媒介研究前沿——对话媒介哲学家杰弗里·温斯洛普-扬[J].国际新闻界,2020,42(5):51-60.
② KRÄMER S. The Cultural Techniques of Time Axis Manipulation: On Friedrich Kittler's Conception of Media. Theory, Culture & Society, 2006, 23(7-8), 93-109.

打字过程主要通过人力转换为机械力，通过杠杆原理将打字员手指的力量转运到字符和纸张上。这要求打字员"准、稳"，下手要有力且干净利索，力道均匀，从而保证字迹清晰和整篇文章墨色均匀。打字的过程不仅仅调动手部力量，为了防止打错，打字员的眼睛也需要关注字盘上的字符是否准确后再下手打字，通过"看打"来协调眼、手、心。这便要求打字员能够"见字知位"，即看到要打的字，心中立即知晓其在字盘上的位置，并迅速将机身移到相应位置。在这个过程中，打字员通过不断的训练和实践，在操作中将身体与机器进行融合，使得身体成为技术的一部分。

经过培训后，可操作的打字机的打字员与其他群体形成了差异，特别是打字机和打字员所组成的打字室，渐渐形成了一个特殊的单位内部公文信息传输系统，这体现出文化技艺的"差异性"。"作为一种加速器，打字机促使写作、说话和出版紧密地联系起来。"① 在单位内部，基于打字机所成立的打字室使得内部出版系统得以建构，打字机的操作链也从"技术"渐渐转变为一种"组织"。相比于书写的个性化，通过打字机打印出来的文书字迹清晰、标准，按照发布机构的不同等级来使用不同的字号，甚至会根据发布内容而选用不同的纸张，从而也代表着机构的权威性和专业性，成为传递单位内部信息和机构文化的重要载体，以及连接单位内部的重要组织。

思考题

1. 如何理解"文化技艺"的内涵？其中的"文化"和"技艺"有何特定含义？

2. "文化技艺"的操作链如何构成？在操作技术的过程中，人如何调动身体，以及操作链如何形成一种文化的？

拓展阅读

1. KRÄMER S. The Cultural Techniques of Time Axis Manipulation：On Friedrich Kittler's Conception of Media. Theory，Culture & Society，2006，23（7-8），93-109.

2. SIEGERT B. Cultural Techniques：Grids，Filters，Doors，and other Articulations of the Real[M]. Fordham University Press，2015.

3. WINTHROP-YOUNG G. Cultural Techniques：Preliminary Remarks[J]. Theory，Culture & Society，2013，30（6）：3-19.

---

① 麦克卢汉. 理解媒介：论人的延伸[M]. 何道宽，译. 南京：译林出版社，2019：319-320.

4. WINTHROP-YOUNG G. The Kultur of Cultural Techniques: Conceptual Inertia and the Parasitic Materialities of Ontologization[J]. Cultural Politics, 2014, 10(3).

5. 王继周. 文化技艺：德国文化与媒介研究前沿——对话媒介哲学家杰弗里·温斯洛普-扬[J]. 国际新闻界, 2020, 42(5).

（吴璟薇　谢铠潘）

第五部分
媒介与身体

第十四章　具身传播

本章概述

　　具身性是对离身性身体观念的质疑和超越。本文讨论的具身性，试图跳出实体论与建构论的二元框架。身心关系的扭转并不意味着具身性在逻辑和事实上均是实体论的；在场与缺席这对二元范畴也并不是把握具身性中身体观念的要旨。具身认知在虚拟空间中仍然起作用，在智能时代还可能表现出新的形式。当前新传播技术语境下，具身传播以"网络化身体"这一全新形态呈现着媒介技术与身体实践之间的关系。

关键词

　　离身观念；具身性；知觉现象学；具身主体性；身心二元学说；网络化身体

　　新传媒技术语境下的身体问题之所以变得迫在眉睫，并不仅仅如约翰·彼得斯在其《对空言说》中对"人类试图通过媒介技术的进步以跨越身体障碍实现心灵交融"[①]这一永恒梦想的消解，也不仅仅源于"赛博朋克"运动[②]的开山鼻祖威廉·吉布森在

---

① 彼得斯.对空言说[M].邓建国，译.上海：上海译文出版社，2017.
② 有关赛博朋克（cyberpunk）形式的科幻小说或许可以追溯到菲利普·K.迪克（Philip K. Dick）于1968年出版的《仿生人会梦见电子羊吗？》（*Do Androids Dream of Electric Sheep ？*），根据这本小说改编成的科幻电影《银翼杀手》（*Blade Runner*）（1982年上映）以及《银翼杀手2049》（2017年上映）更为著名。

其《神经漫游者》（*Neuromancer*）①中对具身虚拟性（virtual embodiment）②的极力但不失可能性的吹捧③。作为一个刚刚进入传播研究视野的"新"话题，以人机关系为逻辑起点的传播与身体研究，技术尤其是媒介技术在建构传播中的身体观念时扮演何种角色？被技术捆绑的传播现象中的"身体"叙事，后者的地位究竟如何？技术的"嵌入"（embedded）会把我们对这个话题的探讨引向何方？

纵观整个传播研究史，身体问题在传播研究中几乎不受重视，"传播研究中的身体论者之所以稀少，其中一个重要原因在于大多数研究者有一个共识，传播是精神交往及互动，基本和身体无关。"④也就是说，"去身体化（也作离身性）的趋势早已出现在大众传播中，这正是主流传播学一个未经检视的基本预设。主流传播学在主要立足于大众传播媒介的传播实践上，将身体视为必须被克服的障碍"。⑤

然而，传播研究及其背后所抱持的离身观念在当下所遭遇的困境是双重的。一方面，既有的传播理论对新传媒技术及其传播实践的解释力颇为不足，围绕大众传播是否已经终结与媒介传播（media communication）兴起的学术争鸣一度热闹非凡。⑥⑦另一方面，由技术所激发的身体参与（可穿戴设备的日新月异、虚拟现实场景中的人机互动以及无所不在的移动交互界面等），即具身性（embodiment）非但没有因其对离身（disembodiment）观念的强调而消退，反而在形式意义上获得了某种程度的重要性。

那么，什么是具身性呢？具身性（embodiment）作为一种观念被系统论述，最早源自法国哲学家梅洛－庞蒂的知觉现象学，并集中体现在其具身主体性（embodied subjectivity）这一概念中，这个概念对我们理解作为一种观念的具身性很有帮助。它被用来克服笛卡尔的身心二元学说在认识论上的困境，灵魂和身体的结合并不是两种外在的东西即一个是客体，另一个是主体之间的随意决定来保证的。灵魂和身体的结合

---

① 吉布森.神经漫游者.Denovo，译.南京：江苏凤凰文艺出版社，2013.
② 所谓具身虚拟性，是指将信息具身化为自由流动的、去语境化的、可量化的实体（entity），并且暗示一种潜在的等级制度：信息占据主导地位，物质基质则次要得多，它意味着彻底抛弃曾经作为信息载体的物质基质，譬如身体、媒介技术的物质结构等。按照美国后人类研究的另类学者凯瑟琳·海勒斯（N. Katherine Hayles）在《我们何以成为后人类》（39页）中的理解，这里将虚拟的信息进行具身化的过程是借用我们通常意义上强调身体的在场（presence）或缺席（absence）的方式来定义信息作为一种"实体"的存在，只不过信息的存在方式不是在场或缺席，而是有序的模式（pattern）或无序的随机（random）。理论上，具身虚拟性与"离身心智"的关系分别对应于在技术实现与哲学思辨层面对"信息"或"心智"独立于物质基质或身体的思考。
③ 吉布森.神经漫游者[M].Denovo，译.南京：江苏凤凰文艺出版社，2013.
④ 刘海龙.传播中的身体问题与传播研究的未来[J].国际新闻界，2018，40（02）：37-46.
⑤ 孙玮.交流者的身体：传播与在场——意识主体、身体－主体、智能主体的演变[J].国际新闻界，2018，40（12）：83-103.
⑥ Chaflee, S H, & Metzger, M J. The end of mass communication? Mass Communication & Society, 2001, 4（4）：365-379.
⑦ Weimann, G, Weiss-Blatt, N, Mengisfu, G, Tregerman, u, u., & oren, R. Reevaluating. "The end of mass communication?" Mass Communication & Society, 2014, 17（6）：803-829.

每时每刻都在存在的运动中实现①。

在梅洛-庞蒂看来，人类的存在既非离身的心智也非复杂的机器，其主体性即在于作为活跃的生物以人类身体所特有的生理结构介入世界。他以具身的主体性整合并统一了人类经验的四重维度（对自我的经验、对客体的经验、对他者的经验以及意义赋予），而身体被放置于主体性得以显现的中心位置②，并且在时间的流逝中延展，灵魂和身体在行为中的结合，从生物存在到个人存在、从自然世界到文化世界的升华。由于我们体验的时间结构，既是可能的，也是不稳定的。每一个现在通过其最近过去和最近将来的界域逐渐把握整个可能的时间。③总之，身体是在世界上存在的媒介物，拥有一个身体，对于一个生物来说就是介入确定的环境，参与某些计划和继续置身于其中。④梅洛-庞蒂以具身的主体性作为核心概念所发展的知觉现象学是对笛卡尔身心二元论的直接回应与反驳，它要解决的问题是意识—身体—世界三者的关系问题，他以强调身体地位的方式，反思和重建身心关系，从具身的视角来看，人们对于世界的认识并非世界的"镜像"，而是身体构造和身体感觉运动系统塑造出来的⑤。

简而言之，人类的各种生活实践（比如情感、想法、社会关系、传播行为、规范等）体现在身体上，并在身体上具体化的一种状态。当人们在投入某活动时，人的身、心、物以及环境无分别地、自然而然地融为一体，以致力于对该活动的操持。具身既是我们的身体向周围世界的外化，也是周围世界向我们身体的内化。传播研究中所倡导的具身性至少包括两个维度，一是肯定身体在信息流动与接受过程中的物质论地位，二是强调身体观念在意义生产与维系中的基础作用⑥。

一、为什么要在传播研究中引入具身性

在传播研究中引入具身性主要基于两方面的原因。一方面，不同领域的学者围绕传播与身体问题的一些论述所展现的冲突和张力，已经较为深入地指向离身观念的学理困境，这是具身性得以进入传播与身体研究的理论空间。另一方面，身体观念在主流传播研究中的普遍缺席，为具身性作为概念资源反思传播研究以及形塑传播研究的身体观念提供了一个很好的切入点。

---

① 庞蒂.知觉现象学[M].姜志辉，译.北京：商务印书馆，2001：125.
② FUSAR-POLI P, STANGHELLINI G. Maurice Merleau-Ponty and the "embodied subjectivity"[J]. Medical Anthropology Quarterly, 2009, 23 (2): 91-93.
③ 庞蒂.知觉现象学[M].姜志辉，译.北京：商务印书馆，2001：119-120.
④ 庞蒂.知觉现象学[M].姜志辉，译.北京：商务印书馆，2001：116.
⑤ 叶浩生."具身"涵义的理论辨析[J].心理学报，2014，46（07）：1032-1042.
⑥ 刘海龙，束开荣.具身性与传播研究的身体观念——知觉现象学与认知科学的视角[J].兰州大学学报（社会科学版），2019，47（02）：80-89.

一般而言，离身性的哲学基础是笛卡尔的身心二元论，这个观念强调认知的过程仅发生于意识层面。认知科学家莱考夫（George Lakoff）与约翰逊（Mark Johnson）曾经对离身观念中的身心关系进行过较为精辟的批判论述，离身意味着心智内容、实际概念，并非主要由身体形塑（shaping），或任何重要的推理内容并非通过身体给定①。离身观念一度是人们思考传播与身体问题的主流视角，经过粗略的爬梳，在新传媒技术语境下思考传播与身体问题直接相关的理论遗产，至少包括以下六个面向上的内容，篇幅所限，下文只作简要铺陈。

表 14-1　传播研究理论遗产

理论脉络	主要概念	主要观点	离身-具身关系	代表人物
控制论及其三次发展浪潮	信息流	人机交互被简化为机器反馈与人类意识的信息流动，身体并不会成为交互的障碍	彻底离身 基于技术演进的逻辑，主张以离身心智或者以媒介技术为表征的场景来理解和建构传播中的身体观念	维纳、香农、冯·诺依曼
媒介考古	信息唯物主义	媒介机器作为身体的镜像，人类意识与身体退居次要地位		基特勒
后人类主义	赛博格 信息物质主义	人机边界彻底突破，但身体离不开物质世界	有限离身 坚守相对于信息、意识而言的物质基质的不可替代性，强调身体作为一个概念实体（entity）的主体性及其边界	唐娜·哈拉维、凯瑟琳·海勒
传播观念史	对话与撒播	由于身体的存在，天使般的"无障碍化"离身交流成为永恒的梦想		彼得斯
媒介研究	媒介是人的延伸	媒介是人类身体的技术假肢	有限离身 媒介成为身体感知的尺度，但仍然强调中枢神经系统的不可替代性	麦克卢汉
技术现象学	技术的具身	对技术或人工物的使用被融入身体实践经验中	具身 强调技术在现象学层面的物质性与嵌入性，来确认身体而非意识在生活世界中的重要性和实践性	唐·伊德

其一，控制论及其三次发展浪潮（1945—1960，1960—1980，1980至今）对传播与身体问题的关注是一以贯之的，将其称为一种思考传播与身体议题的"传统"或者范式并不为过。在控制论70多年的发展历程中，动态平衡（homeostasis）、反身性（reflexivity）、自创生系统（autopoiesis）等核心概念的更迭，人机边界的结构和范围

---

① 莱考夫，约翰逊. 肉身哲学：亲身心智及其向西方思想的挑战[M]. 刘宇清，译. 北京：北京大学出版社，2018：37.

被不断界定,从反馈回路(feedback loop)到将观察者(observer)纳入人机关系系统再到碳基(silicon-based)与硅基(carbon-based)生命形式的并置,但总的趋势是以信息流的方式定义身体与机械体的交互,这是实现跨介质传播的逻辑起点①。在控制论所倡导的人机关系中,对"信息流"的概念化意味着人类意识(被定义为信息流)与其物质基质(人类身体)的剥离,信息(流)和控制成为解释人机关系与传播现象的路径依赖。

其二,后人类主义阵营中有关身体问题的叙事至今尚处于激烈的争议中,但其从一个相当前沿的视角实现了与新传媒技术语境的对接。按照凯瑟琳·海勒的总结,人类的身体在后人类看来是我们要学会操控的假肢(artificial limb),利用另外的假肢来扩展或替代身体就变成了一个连续不断的过程②。此外,唐娜·哈拉维(Donna Haraway)将赛博格(cyborg)定义为机器和生物体的混合,它的出现意味着人机关系成为一场边界战争,虚构和社会现实之间的边界是一种视觉上的假象。③ 可以说,以哈拉维为代表的后人类主义是迄今为止将离身观念贯彻得最为彻底的人文社会思潮。但是,在后人类主义的阵营内部,上述两位学者之间存在重要分歧,海勒认为将心智与身体、软件或硬件剥离开来是错误的,因为意识和信息总是包含于某一物理媒介之中,她说"我的梦想是另一种形式的后人类,他们尽可能地体现各种信息技术的潜力,而不幻想无限的权力或者无形的永恒;承认并且宣扬:有限性是人的一种状态,人的生命扎根于复杂多样的物质世界,人的延续离不开物质世界"④。

其三,基特勒的媒介考古为我们追溯媒介技术与身体想象与形塑的问题提供了重要的媒介技术史视野。"人所能维持的就是媒介所能存储和传播的",⑤ 人类关于自身(包括身体)的认知和想象被整合进媒介发展的技术谱系中。基于特定媒介技术的机器世界作为"身体的镜像",使所谓的"人"分裂成生理结构和信息技术,⑥ 至此,围绕身体的想象和表述被媒介官能所包裹。基特勒就此提出"信息唯物主义"(information materialism),作为意识及其所依托的"身体"则退居其次,"媒介时代……模糊了人类和机器的定义……"⑦,"即使说人类身体仍将继续存在,它以及人性(humanness)这

---

① 海勒.我们何以成为后人类:文学、信息科学和控制论中的虚拟身体[M].刘宇清,译.北京:北京大学出版社,2017:66-111.
② 海勒.我们何以成为后人类:文学、信息科学和控制论中的虚拟身体[M].刘宇清,译.北京:北京大学出版社,2017:3-32.
③ 哈拉维.类人猿、赛博格和女人:自然的重塑[M].陈静,译.郑州:河南大学出版社,2016:315-319.
④ 海勒.我们何以成为后人类:文学、信息科学和控制论中的虚拟身体[M].刘宇清,译.北京:北京大学出版社,2017:7-8.
⑤ KITTLER F. Gramphone Film Typewritter. Standford[M].CA:Standford University Press,1999:XL.
⑥ 基特勒.留声机 电影 打字机[M].邢春丽,译.上海:复旦大学出版社,2017:16-17.
⑦ 盖恩,比尔.新媒介:关键概念[M].刘君,周竞男,译.上海:复旦大学出版社,2015:107.

个观念也将成为技术的结构或其效果,而非独立存在的能动力"。① 正是在这个意义上,他对离身性的强调要比麦克卢汉有过之而无不及。

其四,麦克卢汉的"媒介延伸论"关注了传播与身体问题,相当具有前瞻性,并且他的立场与基特勒的观点形成了较为明显的反差。"一切媒介在把经验转化为新形式的能力中,都是积极隐喻,它们是明白显豁的技术"②。在现实中,我们经由媒介把握和理解身体经验。在他看来,媒介技术与有机体的关系仅仅是一种延伸与被延伸的相对关系,"过去的一切技术(除言语之外)实际上都使人的某一部分肢体延伸,而电力媒介却可以说使我们的中枢神经系统实现了外化"③,如此一来的社会后果是身体必须借助媒介技术及其形态才能理解,身体逐渐让位于技术假肢。但他的立场终究不能够和基特勒的信息唯物主义以及后人类主义的离身叙事画等号,因为中枢神经系统在解释"任何发明或技术都是人体的延伸或自我截除"④的现象时始终处于核心的位置,中枢神经系统是麦克卢汉借以强调身体的地位,进而反对彻底离身的最后防线。

其五,彼得斯在《对空言说》中所展现的对话(dialogue)与撒播(dispersion)观念的对立交锋的背后,若隐若现地闪动着另外一条线索,即"传播中的身体观念,他在提出'在人类交流中人体在多大程度上可以保持缺席'这个问题后总结了人类传播观念中的身体问题史,为讨论传播中的身体问题提供了一个非常好的历史语境"⑤。但正如彼得斯所一再暗示的那样,虽然伴随着交流观念之现代性意涵的逐步确认,身体的地位在不断地下降和后退,但是"人类对技术如何影响人类的焦虑"⑥一直都存在,这个焦虑的缘起即媒介技术在推进"无障碍化"交流理想的同时,对前者怎样安放我们的身体充满矛盾,这正是彼得斯梳理传播中的身体观念问题史时所要揭示的东西,离身性就像一个幽灵盘桓在人类渴望实现天使般交流的永恒梦境中。

其六,在新传媒技术语境中讨论传播与身体的关系,技术本身被置于何种位置俨然是一个无法回避的问题。已经被简要论述过的五个面向均或多或少地涉及技术问题,但它在以唐·伊德为代表的技术现象学中近乎获得了存在论的地位。在伊德那里,技术总是"生活世界"(Lifeworld)的组成部分⑦,在实践中,具身(embodied)是我们参与这个生活世界的方式,在此过程中,技术表现为一种文化嵌入性(embeddedness)⑧,

---

① 盖恩,比尔.新媒介:关键概念[M].刘君,周竞男,译.上海:复旦大学出版社,2015:108.
② 麦克卢汉.理解媒介:论人的延伸[M].何道宽,译.南京:译林出版社,2011:85.
③ 麦克卢汉.理解媒介:论人的延伸[M].何道宽,译.南京:译林出版社,2011:280.
④ 麦克卢汉.理解媒介:论人的延伸[M].何道宽,译.南京:译林出版社,2011:61.
⑤ 刘海龙.传播中的身体问题与传播研究的未来[J].国际新闻界,2018,40(02):37-46.
⑥ 彼得斯.对空言说:传播的观念史[M].邓建国,译.上海:复旦大学出版社,2017:53.
⑦ 伊德.技术与生活世界:从伊甸园到尘世[M].韩连庆,译.北京:北京大学出版社,2012.
⑧ 伊德.让事物"说话":后现象学与技术科学[M].韩连庆,译.北京:北京出版社,2008:23.

即"具身关系（embodiment relations）是我们跟环境之间的关系，在这种关系中包含了物质化的技术或人工物，我们将它们融入我们身体的经验中。技术就像海德格尔所说的'抽身而去'，变成了我所说的准透明的"。①

不难发现，上述六个面向之间的观点分歧较大，而且各自阵营内部也有不同的立场。本文认为，这六个面向的核心观点可以粗略划分为四个脉络：（1）基于技术演进的逻辑，主张以离身心智或者以媒介技术为表征的场景来理解和建构传播中的身体观念；（2）坚守相对于信息、意识而言的物质基质的不可替代性，强调身体作为一个概念实体（entity）的主体性及其边界；（3）以麦克卢汉为代表的媒介延伸论，以人类身体为出发点去描述和分析媒介本身的社会影响，在学术立场上，麦克卢汉与第二个脉络更加接近，但是在研究路径方面显然更符合第一个脉络的风格；（4）以唐·伊德的观点为代表的技术哲学传统，通过强调技术在现象学层面的物质性与嵌入性，来确认身体而非意识在生活世界中的重要性和实践性。

二、具身传播及其身体观念之辨

基于上文的理论梳理，本文需要进一步厘清具身传播所倡导的身体观念。首先，离身性与具身性各自所包含的身体观念并非一对二元范畴，后者是对前者的质疑和超越。

自笛卡尔身心二元论肇始的哲学传统在谈论身体时的面向主要是形而上学的，由于"理性完全独立于身体机能之外，它不受知觉和身体运动的支配"②，身体仅仅是理性意识得以栖居的躯壳，甚至是非理性的物质表征，离身观念近乎没有为心智与身体关系的和解预留任何空间。相比之下，具身性为心智与身体及其与周遭世界的关系提供了全新视角，依前文的详述不难发现，这个视角在肯定"身体"之于存在论、物质论意义的同时，并未贬低心智在认识论层面的价值，而是为心智范畴与实在范畴之所以能够相适应，这一看似不言自明的自然化的认识过程提供了一种基于身体视角的解释。基于此，本文所提倡的具身性，承认作为物质基质的身体可能会对我们的观念、思想以及行为的形成过程产生更为基础，也更为复杂的影响，甚至意识本身相对身体于而言更像是一种伴随过程，而非身心二元论范式里所强调的罗各斯中心主义一类的绝对地位。

但是，身心关系的扭转并不意味着具身性在逻辑和事实上均是实体论的，因为日

---

① 伊德.让事物"说话"：后现象学与技术科学[M].韩连庆,译.北京：北京出版社,2008：23；55-56.
② 莱考夫,约翰逊.肉身哲学：亲身心智及其向西方思想的挑战[M].刘宇清,译.北京：北京大学出版社,2018：15-16.

常生活中确实存在很多无法用这里的具身观念去确认和还原的基本范畴，而且其中有些在人际交流中尤其普遍，比如怎样从身体视角去解释认知无意识？面对这样"一个彻底难以触及的、时刻概念化日常经验、抽象实体以及内隐知识的思维领域"①，从逻辑上讲，如果仅从具身立场去探寻证据，即使有身体在其中的分量也很可能只是建构论意义上的，由此想要借助"身体"彻底颠覆理性意识对人类主体性的解释机制多少都会显得力不从心。正是在这个意义上，本文讨论的具身观念试图跳出实体论与建构论的二元框架，以此为心智、身体与世界之关系的和解找到一条确实的研究路径，一个理想化的初衷是，从这里出发的传播与身体研究不必苦苦纠缠于各种哲学传统、阵营间先验与经验之辩的预设立场中。

其次，在场与缺席这对二元范畴并不是把握具身性中身体观念的要旨，当然它也就不一定具备批判和超越具身性的坚实基础。诚然，新技术导致身体与在场分离的状态下，我们不能以形而上学最古老的在场与缺席定义，来解释新媒体传播造就的新型"在场"和"缺席"的状态②，不过，纵使在场与缺席的界定已经发生质的变迁，我们在体验、言说和区分这些新型在场和缺席时，所使用的范畴、推理、概念系统以及主观经验，尤其是情感和记忆以及注意等过程在很大程度上都是具身的，某种程度上，我们别无选择。

一方面，范畴化不是纯粹的知识事件，而是出现在经验事实之后。宁可说，范畴形成与使用的就是经验的素材，它是身体和大脑的一部分不断进行的活动。神经生理学的建模研究表明，我们所说的"概念"，可以被理解为一种神经上的结构，它让我们在心智上描绘范畴并进行推理，譬如色彩概念、基本层次概念以及空间关系概念等，它们的抽象推理形式都不同程度地利用了身体的感觉运动系统，在我们的概念系统中，感觉运动系统的参与使概念系统与世界一直保持着密切的接触。③另一方面，虽然人类的主观经验异常丰富，但对之加以概念化、推想以及想象的方式却来自其他经验域，其中大部分是感觉运动域，而这一概念化的认知机制就是概念隐喻。通过对那些根植于日常生活中的主观经验与感觉运动经验进行匹配而习得的基本隐喻，形成得很早，并且随着身体实践在时间长河中的延展被不断强化，这些隐喻为主观经验提供了极其丰富的推理结构、意象与感觉，"我们拥有基本隐喻系统，就是因为我们拥有身体和大

---

① 莱考夫，约翰逊.肉身哲学：亲身心智及其向西方思想的挑战[M].刘宇清，译.北京：北京大学出版社，2018：12.
② 孙玮.交流者的身体：传播与在场——意识主体、身体-主体、智能主体的演变[J].国际新闻界，2018，40（12）：83-103.
③ 莱考夫，约翰逊.肉身哲学：亲身心智及其向西方思想的挑战[M].刘宇清，译.北京：北京大学出版社，2018：12.

脑，还因为我们栖息于我们生活的这个世界上"。[①]

如是观之，新传媒技术对人类身体的调适、嵌入与重塑，乃至对"在场"与"缺席"的再定义，都摆脱不了具身范畴、概念系统以及主观经验对它们进行的体验、言说和区分。根据唐·伊德的技术观，技术对身体的嵌入将是准透明的，无所不在也难以察觉，即具身的技术。[②] 新传媒技术之所以是具身的，正是因为技术在驱动自身（看上去是这样，但实际上技术的应用及其社会后果，其第一推动力依旧是人类）对人类心智、身体与世界的日常交互进行模拟、仿真甚至于再造，这个过程仍要以具身性为其经验基础，因为目前我们基本上还无法把握也很难想象游离于特定范畴、概念系统以及主观经验之外的新型主体。

三、国内具身传播研究的总体趋势

自具身概念被引入国内传播学界以来，具身传播研究快速兴起（芮必峰，昂振，2021；谢卓潇，2021；付若岚，2021；芮必峰，孙爽，2020；於春，2020；杜丹，2020；彭兰，2019；刘海龙，束开荣，2019；谭雪芳，2019；何志荣，2019；孙玮，2018；刘婷，2018）。这些研究较为充分地论述了具身传播的技术实践及其理论价值。当前的技术具身，意味着技术已经融入我们的身体经验中，它不能被理解为外在于身体的工具，新传播技术的鲜明特点就是，技术越来越透明化，越来越深地嵌入人类的身体，越来越全方位地融入我们的身体经验[③]。而媒介技术环境已经成为我们习以为常的"生活世界"，一系列作为背景的媒介技术从整体上与我们的身体感觉发生交接，我们总是具身于手机、电脑以及各种长久以来被我们忽视的无内容的媒介，如无线网络和电，在实践中，具身不是简单的技术或情感加诸身体，而是人在某一活动中达到一种与周围环境相融的物我合一。技术具身从某种意义上说是对上述物我两忘境界的强化，具身传播所指向的人与传播技术之间的关系既表现为技术具身于人，同时人也具身于技术，这种人与技术双向一体的"背景关系"体现了技术环境对人的调节以及人对技术环境的依赖，可见"背景关系"是更深层次的沉浸式具身，背景式技术环境在身体感觉中抽身而去，由此可见，传播不是两个心灵的非物质接触，而是身、心和物

[①] 莱考夫，约翰逊.肉身哲学：亲身心智及其向西方思想的挑战[M].刘宇清，译.北京：北京大学出版社，2018：15-16.

[②] 孙玮.交流者的身体：传播与在场——意识主体、身体-主体、智能主体的演变[J].国际新闻界，2018，40（12）：83-103.

[③] 孙玮.交流者的身体：传播与在场——意识主体、身体-主体、智能主体的演变[J].国际新闻界，2018，40（12）：83-103.

质技术的高度融合。① 而且即使是肉身，也并没有在虚拟空间的探索中完全消失。人们进入虚拟空间，首先依赖人与机器的交互，这包括与硬件的交互、与设计界面及软件的交互等，而人的身体动作仍是交互的基础。人对机器的反应模式，仍然会沿袭具身认知的一些模式，具身认知在虚拟空间中也仍然起作用，在智能时代还可能表现出新的形式。②

具体来看，首先，在移动互联网语境下，具身传播实践被进一步凸显。移动中的身体成为实时信息交互的"锚"，虚拟与现实空间的互动体验相伴相生。现有研究认为，媒体设备作为终端，根据使用者的地点、运动和社会语境等信息（具体包括移动状态、实时位置、信息搜索指令、先前媒体记录、个人信息等）生成一个或者多个移动界面。移动界面将空间移动、身体的移动体验、技术平台特征这三者的结合加以具象化，人们与移动界面的交互是一种具身化（embodied）空间生产。经由网络中介的身体移动和移动的身体不只是我们重新发现或关注虚拟身体与肉身存在。具身移动传播也让我们重新审视网络传播中在场/不在场、移动/不移动，以及"线上—线下"这些看似二元的现象，如今传播技术被重新嵌入空间移动中，人与人，人与地方的连接变得复杂，空间移动中的身体成了"线上—线下"之间的连接点，这体现在文化层面，也表现为具身化经验层面，即具身化、嵌入性和日常化的互联网实践。更重要的是，移动身体除了成为连接点，也造成线上—线下之间的张力，"线上"与"线下"实践相互牵扯③。

其次，在更为前沿探索的虚拟现实（VR）技术实践中，媒介（即可穿戴设备的传感器）与身体之间的关系突破虚拟与真实的壁垒，模糊并混杂着身体感知与技术感知的边界。在体验上，身体和可穿戴设备构成一个"身体—技术"系统，设备将用户感知系统置入计算机的反馈系统之中：用户身体动作以影像的方式反映在计算机屏幕上，当用户头转动的时候，计算机显示也相应地改变，让用户产生"第一人称"的感觉，同时耳机创造出三维音效，而体感手柄则将身体运动传导到虚拟环境中参与叙事，设备"扩展"了身体眼、手、耳等的能力，此时的认知不像读报纸、看电视那样依赖理解与记忆，而是在身体感知与电磁回路中重新配置，并获得真实的知觉，这些知觉经身体自身系统整合，提供"置身于其间"的空间感，让用户产生"在屏幕里"（in the screen）的幻觉，此时"化身可以说存在也可能说不存在"，因为化身与肉身、现实物

---

① 芮必峰，孙爽.从离身到具身——媒介技术的生存论转向[J].国际新闻界，2020，42（05）：7-17.
② 彭兰.智能时代人的数字化生存——可分离的"虚拟实体"、"数字化元件"与不会消失的"具身性"[J].新闻记者，2019（12）：4-12.
③ 谢卓潇.身体作为移动媒介——跨境代购中的具身传播实践和身体问题[J].国际新闻界，2021，43（03）：40-57.

理世界与虚拟世界叠加在一起,实现了"在场"和"不在场"的统一。由此,技术不再是感官的延伸,而是世界"得以呈现并为主体所感知的中介",即身体与技术作为一个整体系统感知并认识世界①。

> **案例与运用**
>
> **网络化身体**
>
> 　　在当前的新传播技术语境下,具身充分地体现为身体及其数据化被全方位地嵌入并整合进互联网络的技术逻辑中,具身传播以一种全新的样态——网络化身体——呈现着媒介技术与身体实践之间的关系。网络时代的信息搜索主要由互联网计算机通过算法获取,但网络数据并非无所不有,线下的人体感官和大脑记忆提供和补充了网络所不具有的数据。②
>
> 　　以人肉搜索为例,中国最早的网络人肉搜索案例"铜须门事件"(2006)和"高跟鞋虐猫事件"(2006),都是通过网民对图片中人物和地点要素的人工识别获得线索发现事主。而更有名的恐怕是周正龙拍摄野生华南虎的事件(2007)中当支持者与反对者两方意见僵持不下时,一名网友提供了自己家客厅虎画的照片,补充了网络虎照数据的缺失。在这些事件中真实的人充当了图像、信息识别终端与数据库的功能,搜索者的身体被整合进了网络。
>
> 　　另一方面,人肉搜索也指通过挖掘个人的现实痕迹与数字足迹(digital trace/footprint,包括网络账号、平台实名身份、互联网协议地址、地理位置、网络图文发帖中的线索等),从而推断出"人肉"信息(包括真实身份、住址、工作、亲友和线下生活等),令其成为网络暴力的对象。这也把被搜索者的身体整合进了网络。因此,从以上两方面来看,与其把"人肉搜索"视作网络行为,不如说这是直指互联网所具身化的真人、真事和真实场景的实践。
>
> 　　再以"送外卖"为例,在送餐的快递骑手那里,身体的连接与位置数据生产则是他们从业的基本前提。骑手必须具备能够通过GPS定位、蓝牙等记录身体轨迹的智能手机才能从业,并且为了保证在工作过程中不断开连接,电动车的电池能够给智能手机供电(充电宝会妨碍骑手行动)。智能手机作为骑手与网络的接口,必须通过手机架与作为骑手身体延伸的电动车(含电池)连接在一起,从而

---

① 谭雪芳.图形化身、数字孪生与具身性在场:身体-技术关系模式下的传播新视野[J].现代传播(中国传媒大学学报),2019,41(08):64-70,79.
② 刘海龙,谢卓潇,束开荣.网络化身体:病毒与补丁[J].新闻大学,2021(05):40-55,122-123.

完成网络对身体的收编。接入网络的骑手身体源源不断地生产位置数据与行动轨迹数据、签到信息（自我报告）、订单完成情况信息，成为网络"补丁"，提供网络不具有的数据。这些信息对网络至关重要，平台会反过来对其进行监控。例如，刷机的智能手机可以伪造地理信息，因此平台如果自动检测到骑手的手机越狱，就会限制骑手接单或者短暂封号令其整改。另一个平台无法控制的是提前点送达（"提点"）。这个签到功能主要依靠骑手自我报告，被平台严令禁止，并通过位置信息和订户确认加以交叉检验。

平台之所以强调身体数据的准确性，是因为系统会根据骑手身体生产的这些数据，计算出预计送达时间（ETA）、热力图等，结合派单算法，反过来对身体的移动轨迹进行严格规训。2020年引起社会热议的《外卖骑手，困在系统里》一文描述的快递骑手的困境正是他们的身体成为网络"代臂"后，人也被一并作为物质零件被剥夺基本权利的后果。可是讽刺的是，正是这些网络化身体作为系统"补丁"生产的数据强化了"数字泰勒工作制"，人被彻底抽象为物质身体，成为网络中可与其他物质相替换的组成部分。在今日劳动力成本不高的条件下，大量快递、网约车司机、人工客服（语音的或者在线的）、播音员、生产线工人、数据标记员、网络审核员、网评员、游戏代练等职业均处于这一状态。

由此可见，"网络化身体"展示了一种与互联网技术关联的另类方式，即被整合进互联网技术运作体系的身体与具身传播。"网络化身体"是指被接入网络，成为网络延伸的身体。"网络化"的身体强调物质性层面，关注互联网技术运作逻辑与身体的物质性（即肉身）和传播的具身性（即身体在场）之间相互作用。身体作为人的基础设施与网络具有相同物质基础，可作为网络扩展硬件的一部分与网络联结。至少在目前状态下，许多网络信息的输入要依靠身体物理功能（手指运动、声音、行动轨迹等）。所以身体成了人与网络可连接性的基础。互联网滥觞时人们便期待，远距离电脑中介的传播隐去了交流者的身体，从而"灵魂"的相遇和沟通不再受身体所处时空羁绊。人们也畅想，机器之手能够取代大多数的人工劳动，使经济活动和信息传播更为畅通高效。但是在当前中国互联网社会的特定情境中，我们看到相反的现象：不是网络媒介在替代人的身体功能，反而是人的身体在成为网络的一部分。

思考题

1. 如何理解传播研究中的具身性维度？
2. 新传媒技术语境中，技术、传播与身体是什么关系？

> **拓展阅读**

1. 海勒.我们何以成为后人类：文学、信息科学和控制论中的虚拟身体[M].刘宇清,译.北京：北京大学出版社,2017.

2. 刘海龙,束开荣.具身性与传播研究的身体观念——知觉现象学与认知科学的视角[J].兰州大学学报（社会科学版）,2019,47（02）.

3. 刘海龙,谢卓潇,束开荣.网络化身体：病毒与补丁[J].新闻大学,2021（05）.

4. 莱考夫,约翰逊.肉身哲学：亲身心智及其向西方思想的挑战[M].刘宇清,译.北京：北京大学出版社,2018.

5. 芮必峰,孙爽.从离身到具身——媒介技术的生存论转向[J].国际新闻界,2020,42（05）.

6. 孙玮.交流者的身体：传播与在场——意识主体、身体-主体、智能主体的演变[J].国际新闻界,2018,40（12）.

7. 伊德.让事物"说话"：后现象学与技术科学[M].韩连庆,译.北京：北京出版社,2008.

（刘海龙　束开荣）

第十五章 姿态

本章概述

作为跨学科概念，对"姿态"的讨论最先存在于电影理论中。法国后结构主义哲学家们在 20 世纪 60 年代进一步跟进相关讨论。70 年代以来，理论界进行重新评估，姿态的减弱被视为资本主义现代性的重要特征。对这一概念最系统的梳理来自维兰·傅拉瑟。他将姿态定义为"身体或与身体相连的工具的动作""对意义的特定形式的表达，是做出姿态者与世界的特定关系"，认为姿态现象学应当是对人类传播现象研究的基础。姿态超越了机械模式，是情感的一种编码，但只有在它们本身反过来具有情感时才是有效的。

关键词

姿态；"姿态工厂"项目；姿态转向；傅拉瑟；阿甘本

姿态（gesture）是一个跨学科的概念，早在 1900 年，哲学家亨利-柏格森（Henri Bergson）用症状学的术语将姿态定义为"态度、动作甚至语言，通过它们，一种精神状态毫无目的或利益地向外表达，除了一种内在的瘙痒之外，没有其他原因"。[1]

当然对于姿态最持续的讨论存在于电影理论中。早期的电影导演与理论家谢尔盖-爱森斯坦（Sergei M. Eisenstein）就曾将姿态提升到基本美学范畴的地位。在他的蒙太奇理论中，蒙太奇的基础建立在两个核心要素上："辩证法"和"人的表现力"。

---

[1] BERGSON H. Laughter: An Essay on the Meaning of the Comic[M].trans. Clousley Brereton and Fred Rothwell. New York: Macmillan, 1914, 143.

后者概括了爱森斯坦的长期信念，即将姿态或身体运动视为一种基本的力量，赋予艺术作品结构，并塑造观众的体验。姿态决定了艺术作品的构成核心，它是作者身体意图的印记，也是观众体验的触发器——导演试图通过对多种媒体的分析来证实这一观点。为了在电影和其他艺术之间建立联系，爱森斯坦将姿态置于审美统一的中心。与他同一时代的电影理论家贝拉-巴拉兹（Béla Balázs）虽然和他存在诸多理论争执，却在《看得见的人》（1924）中宣称"在电影中，基本材料，它的诗意物质，是可见的姿态"①。批判理论家西奥多-阿多诺（Theodor Wiesengrund Adorno）在 *Minima Moralia*（1951）中描述了技术如何制约我们的姿态，以及它们的功能如何使我们的动作"精确而粗暴"，同时也限制了我们的自由。②

法国后结构主义哲学家们在20世纪60年代进一步跟进了相关的讨论。朱莉娅·克里斯蒂娃（Julia Kristeva）在1968年的一篇文章中便质疑了结构语言学和人类学的观念，认为它们往往在与语言符号的类比中分析身体的表达③。这种方法将姿态作为一项规则，视为一种多余的或低于口头语言的传播工具。自柏拉图以来的西方哲学传统将声音作为思想的主要传达者，而将姿态降为图像的点缀。克里斯蒂娃将学术注意力转移到姿态符号的条件上，她以后结构主义的方式认为，姿态符号在意义从具体作者传递到具体对象的目的论框架之外。克里斯蒂娃提议将姿态首先视为一种肉体实践，一种过程。"姿态，比起语音话语或视觉图像，可以作为一种花费意义上的活动来研究，一种先于生产的生产力，因此也先于传播闭环中的重要性的表征。"④姿态是使符号的构成成为可能的工作；因此，它超越了符号。姿态不代表符号，而是指出、示范或指示，从而将主体、对象和实践纳入一个语义领域⑤。对克里斯蒂娃来说，姿态主要是"指示性的、关系性的、[和]空的"，它类似于语法上的回指（anaphora）原则，作为一个占位符，指向一个句法的前因或后果。更重要的是，"理念—词语，符号—符号"的二分法并不适用于身体行为⑥。姿态拒绝被分解成离散的单位，类似于结构语言学中的音素或语素。对克里斯蒂娃来说，这一特性强调了它与口头语言的根本区别。克里斯蒂娃将姿态非个体化，并将社会文化制度的运作置于首位。

---

① BALÁZS B. Early Film Theory: Visible Man and the Spirit of Film [M]. New York: Oxford, 2010.
② ADORNO T. Minima Moralia. ReÓections From Damaged Life [M]. New York, London, 2005.
③ KRISTEVA J. Gesture: Practice or Communication?[C]. In The Body Reader. Social Aspects of the Human Body, edited by Ted Polhemus. New York: Penguin, 1978: 264-284.
④ KRISTEVA J. Gesture: Practice or Communication?[C]. In The Body Reader. Social Aspects of the Human Body, edited by Ted Polhemus. New York: Penguin, 1978: 264-284.
⑤ KRISTEVA J. Gesture: Practice or Communication?[C]. In The Body Reader. Social Aspects of the Human Body, edited by Ted Polhemus. New York: Penguin, 1978: 269.
⑥ KRISTEVA J. Gesture: Practice or communication?[C]. In The Body Reader. Social Aspects of the Human Body, edited by Ted Polhemus. New York: Penguin, 1978: 269.

自20世纪70年代以来，理论界明显在对姿态进行重新评估。姿态性的减弱是资本主义现代性的一个重要特征。在1977年的《公众人物的堕落》中，理查德·塞内特（Richard Sennett）批评了资本主义时代姿态的萎缩，指出当动作开始被视为揭示个人真实自我的症状特征，而不是一个共同的姿态词汇的实例时，姿态性就被削弱了[1]。工业革命与资产阶级习惯的发展同时进行，这种习惯限制了早期的主体性形式。由于工作变得重复并受制于效率的指令，公众的自我表现经历了一场变革，并被剥夺了许多戏剧性。塞内特有效地将这一现象解释为真正的姿态不再作为由文化编码而成的符号，而仅成为单纯的症状。

俄罗斯学者奥克萨娜·布尔加科娃（Oksana Bulgakowa）则启动了"姿态工厂"项目，在2005年的专著 *Fabrika zhestov* 中她一方面以莫斯的人类学概念"身体技术"为基础，另一方面以福柯对身体规训的批判为基础，对文化上特殊的和普遍的身体代码进行了广泛的研究。她不关注象征性或标志性的姿态，而是关注"不重要的"身体动作：人们走路、坐、躺、站、喝水、移动、相互交流（交谈、调情、接吻）的方式。这种习惯性的、平庸的姿态和半意识的身体姿态通常被排除在偶像学的研究之外，但它们建立了我们日常经验的基础。正是通过这种"无足轻重"的姿态，我们可以以一种可触摸的方式来感知符号化的过程。通过电影，这些预示可以实现它们的潜力，展开成标志，在这个过程中，获得社会的特殊审美和伦理价值。虽然现实生活中的身体组合和屏幕上的身体组合之间总是存在着差距，但这两种模式不断地相互作用和干扰，形成新的身体规范，并使旧的规范变形。

当代电影理论中的"姿态转向"主要是由乔治-阿甘本（Giorgio Agamben）在一系列作品中的反复反思引发的，特别是在他1992年的文章《姿态笔记》（*Note sul gesto / Notes on Gesture*）[2]中。姿态是阿甘本著作中的关键概念之一，它超越了电影，延伸到艺术、语言、文学和伦理学。在这些多重背景下工作，他对姿态的观点进行了建模和重构，但从未提供一个统一的定义。对于他将姿态视为"纯粹的实践"的概念，一个关键的影响是瓦尔特-本雅明（Walter Bedix Schoerflies Berjamin）在 *Zur Kritik der Gewalt*（1921）和他关于技术和媒介性的其他作品中提出的"纯粹的手段"的概念。"姿态是生活与艺术、行为与权力、一般与特殊、文本与执行之间的交叉点的名称。它是一个从个人传记的背景中减去的生活时刻，也是一个从美学的中立性中减去的艺术

---

[1] SENNET R, The Fall of Public Man[M]. Cambridge: Cambridge University Press, 1974: 104.
[2] AGAMBEN G. Kommerell, or On Gesture[C]. In Potentialities Collected Essays in Philosophy. Stanford University, 1999: 77-85.

时刻：它是纯粹的实践。"①他在《姿态笔记》和 1990 年的《对奇观社会的评论》②一文中，强调无声是说话的另一面，姿态是我们的人类状况——"无言地居住在语言之中"③。"姿态的特征也就在于，在姿势中，什么也没有被生产，什么也没有被表演（姿态既不生产什么也不表演什么，不做出任何行动），相反，某种东西在姿态中持续并得到支持。""姿态是媒介性的展示：它是使手段本身可见的过程。它允许人类在媒介中的存在（being-in-a-medium）显露。"④

而对姿态做出最系统的梳理的莫过于巴西籍的捷克学者维兰·傅拉瑟（Vilem Flusser）。他在 1991 年出版了名为《姿态》的专著，他将姿态定义为"身体或与身体相连的工具的动作，对其作出因果解释是不够的"。"无论什么姿态，都是对意义的特定形式的表达，是做出姿态者与世界的特定的关系。"在他的心目中，对于姿态的研究，或者说姿态现象学应当是对于人类传播现象研究的基础。因此，他一方面试图建立一个整体的姿态研究的框架，另一方面也研究了诸如劳作、书写、绘画、吸烟等具体的姿态。

他将身体姿态分为四类：(1) 传播式姿态：指向他者的姿态；(2) 工作式姿态：指向物的姿态；(3) 冷漠式状态：什么也不指向的姿态；(4) 仪式式姿态：指回自身的姿态。对工作姿态而言，研究的重点在于关于姿态与指向物之间的辩证关系，面对不同的物时，人的姿态如何加以调适。⑤不同的姿势表达或言明了不同媒介经验，⑥因为姿态是对心理状态的外在化，而印刷文字、摄影、电影、录像等技术图像媒介极大提高了外在化的可见性、规模、程度和速度。

在他的观念中姿态超越了机械模式，福特主义试图以效率的名义将人类运动（至少在生产领域）降低到这种模式。只有当一个编码的元素进入因果联系，当一个运动变得不仅仅是内在强迫力或外在力量的非自愿表达时，它才成为姿态。那么，姿态是一种"象征性的表述"，指的是"理性之外的东西"。这种非理性的东西影响着观察者，它是情感，观察者被触动了。"如果我接受情感是一种转化为姿态的心理状态，我的主要兴趣就不再是心理状态，而是姿态的效果。"对傅拉瑟来说，姿态因此是情感的一种编码。然而，姿态只有在它们本身反过来具有情感时才是有效的。

---

① AGAMBEN G. Kommerell, or On Gesture[C]. In Potentialities Collected Essays in Philosophy. Stanford University, 1999: 80.
② AGAMBEN G. Kommerell, or On Gesture[C]. In Potentialities Collected Essays in Philosophy. Stanford University, 1999: 77-85.
③ AGAMBEN G. Kommerell, or On Gesture[C]. In Potentialities. Collected Essays in Philosophy. Stanford University Press, 2000: 77-85.
④ AGAMBEN G. Kommerell, or On Gesture[C]. In Potentialities. Collected Essays in Philosophy. Stanford University Press, 2000: 77-85.
⑤ FLUSSER V. Gestures [M]. London: Minneapolis, 2014.
⑥ FLUSSER V. Gestures [M]. London: Minneapolis, 2014.

○ 案例与运用

徐亚萍在发表于《国际新闻界》的《运动图像的操作化：对触屏视频流装置及其姿势现象的考古》一文中，将智能手机触屏硬件和应用软件所实现的视频流，视为一种参与造就了"后"感知模式危机及转型的计算机媒介问题，并在媒介考古学和姿势现象学的框架内为"刷视频"这种新的观看症状提供了一种理解路径。为了说明触控图像机具的媒介特性，文章考察了数字触屏装置与"前电影"光学装置、经典电影装置的关系，分析了"刷视频"姿势的动作模态和标准意图，并追溯了触控技术的历史。触屏视频流的视觉生产基于硬件和软件的可供性与手部智能的互动关系，这种触控图像是一种基于身体连续性的操作图像，彰显了信息表面与屏幕边框之间的冲突。智能手机视频流的观看以个人拥有的移动联网能力以及对屏幕的触摸动作为基础。借助流媒体网络实时数据传输技术，手指与直角长方形操作显示界面/屏幕的交互，创造不断更新和演替的连续图像，从而形成视频流。手指和触敏硬件之间的用户界面构成一种准物质层，视频流屏幕的使用依赖手尤其是手指的生理心理自主性，因此"刷视频"的观看快感不仅来自对窥阴癖的满足、演替图像对视觉好奇感的持续激发，也来自直接施力于物体的侵略快感、身体连续性的"惯性滚动"，即依靠身体对于上滑刷新、下滑重播等动作语汇的重述。操作触屏的身体与用户界面设计的共同进化，强化了用户输入动作和数字页面脉冲会随着时间的增长而不断增强的倾向。曾经施加于鼠标滚轮的触摸惯行，转换为触屏的直接动作，后者用不同模态的输入姿势来与计算机交流。重复的手部输入，造成手指和手掌的肿胀酸痛，在临床上被诊断为重复性过度劳累损伤（RSI），引起了大众对新的媒介依赖的恐慌。

▍思考题

1. 身体姿态如何分类？
2. 请举例说明人在使用媒介时不同姿势所体现出的媒介经验。

▍拓展阅读

1. NAPPI C, PETTMAN D. Metagestures[M]. Punctumbooks, 2019.
2. FLUSSER V. Gestures[M]. London：Minneapolis, 2014.

（章戈浩）

第六部分

媒介与未来

第十六章　后人类媒介

本章概述

后人类媒介是后人类主义视角下的媒介。它不再认为媒介仅仅是人类使用的信息传播工具，而是强调整个生命系统中蕴含着丰富的信息传播行为、技艺和过程。媒介绝不仅仅是人类采用的东西。无论是物质性媒介、动物媒介、真菌与植物媒介，还是彼得斯的"元素媒介"，都极大地挑战和动摇了人的主体性地位，形成后人类媒介的新聚集。

关键词

后人类；后人类媒介；物质性媒介；动物媒介；真菌与植物媒介；元素媒介

随着现代社会的种种问题浮现，针对人类中心主义的反思悄然兴起。同时，随着人工智能技术的日益发展，人类的生命状态与生存状态也产生了令人瞩目的变化。在这两个趋势的带动下，后人类（posthuman）思潮席卷了自然科学和人文社科的众多领域。媒介研究也不例外。虽然"后人类媒介"还不是一个得到广泛共识的概念，但已有众多的相关讨论和经验研究为它提供了支撑。

后人类媒介（posthuman media）是突破了人类中心主义视角后对媒介的泛化界定。它不再认为媒介仅仅是人类使用的信息传播工具，而是强调整个生命系统中蕴含着丰富的信息传播行为、技艺和过程，其中的工具与渠道都可视为媒介。确切地说，后人类媒介是后人类主义视角下的媒介。

后人类主义起源于对"大写的人"的反思。人类被认为是万物之长，是"万物的尺度",人类的价值、需求、行为成为地球运转的核心部分。不过,这种默认的迷思需要从三个角度来进行质疑。第一,从地质学上来说,人类的历史在地球漫长的历史中只是一个片段和瞬间。约在46亿年前,地球就诞生了。早在35亿年前,地球上就有了生命。约300万—200万年前,人类的先祖南方古猿生活在如今的非洲大陆上。随后,才逐渐出现了早期人类,出现了直立行走的猿人,出现了早期智人(以20万—30万年前的尼安德特人为代表)。人类的历史与地球的历史相比,短暂得令人震惊。第二,与人类的短暂历史不相称,人类活动给地球造成的影响却大得惊人。荷兰大气化学家、诺贝尔化学奖得主保罗·克鲁岑(Paul Crutzen)于2002年在《自然》上发表"人类地质学"一文,指出:"在过去的三个世纪里,人类对全球环境的影响不断升级。由于人为的二氧化碳排放,全球气候可能在未来几千年内严重偏离自然行为。将'人类世'(Anthropocene)一词赋予目前这个在许多方面由人类主导的地质时代似乎是合适的,它为'全新世'——过去10—12个千年的温暖期做了补充。"[1] 如今,地质学上的"人类世"通常以20世纪中期为起点,一个象征事件是原子弹的爆炸及核能的广泛利用,它对地质层和大气层造成了巨大的影响。人类世的概念与其说是对人类强大力量的一曲赞歌,不如说,它恰恰展现了人类在短期内对地球造成的不可磨灭的损害,由此引发持续性的、跨学科的反思。第三,人类并非一成不变,而是始终处于"生成"(becoming)的过程。相比于地球上的其他生命,人类的强大力量往往来自对技术工具的应用。如今随着新技术的发展,尤其是人工智能技术的发展,人类不仅能够对地球施加更大的影响,而且也不断改变着自身,与此同时,也带来了新的挑战。生命形态发生变化,人的主体性也不可能一成不变。在这三方面的综合作用下,人类中心主义遭遇了普遍的质疑,"后人类"成为反思过去与想象未来的新入口。

科幻作品与科技发展的虚实相映,推动了后人类思潮的延展。对科技(technology)的反思为后人类思想注入了强心剂。凯瑟琳·海勒认为计算机智能和虚拟技术的发展使人的身体与生命产生了分离、重组与新生。[2] 而罗伯特·派珀瑞(Robert Pepperell)认为人类成为数据的新集合。[3] 在后人类基础上,非人类(non-human, inhuman)、外人类(other-than-human)、转人类(transhuman)、超人类(metahuman)等概念也不断涌现。当论及未来状况时,后人类及相关概念往往体现为三个方面,一是人体与技术的有机融合,二是从碳基生命向硅基生命的过渡,三是对人类主体性、

---

[1] PAUL C. Geology of Mankind[J]. Nature, 2002, 415(3).
[2] 海勒. 我们何以成为后人类:文学、信息科学和控制论中的虚拟身体[M]. 刘宇清,译. 北京:北京大学出版社,2017:4.
[3] PEPPERELL R. The Posthuman Condition: Consciousness beyond the brain[M]. Chicago: Intellect books, 1995: 173.

人性及人文主义的重估。

对于传播与媒介研究而言,后人类媒介(posthuman media)的概念有可能带来全新的思索。这一概念强调,在后人类主义的旗帜下,应当重新思考媒介这一核心概念的内涵和外延。万物均可以成为信息的中介,构成了万物网络,拉图尔的行动者网络理论(ANT)将物与人的地位等同,也将物质性本身作为媒介连接的基础性关系。① 布拉伊多蒂(Rosi Braidotti)认为物质性成为连接万物网络的基本媒介。她说:"物质既不是文化的对立面,也不是技术中介的对立面,而是与它们形成了连续体的关系。"②

当后人类打开思想的桎梏,我们会发现,媒介绝不仅仅是人类采用的东西。动物也有自己的传播行为,它们本身也可以成为媒介,帕瑞卡的昆虫媒介、弗卢瑟的幽灵蛸、哈拉维的伴侣物种,都带来新的媒介想象。

罗安清对松茸的人类学研究揭示了真菌在经济和文化关系中的关键地位。实际上,真菌与树根共同形成的菌丝网络被称为"树维网"(wood-wide-web,一译"木联网"),与互联网在多个层面上有异曲同工之处。③ 真菌的性质与互联网及智能媒介有很多相似之处:它们都是分布式生存的;它们的繁殖或者说增殖是无性和有性结合的;它们彼此连接,既互相争夺又互惠共生;它们是有智能的,能够处理信息、传递信息,并且开展跨物种交流。此处的目的并非要寻找一种技术的真菌仿生学,而是从中找到生存论的参照依据。一方面,真菌在地下蔓延,形成了既是单数也是复数的丛生生命。以异质性打破同一性,以不可预知的方式生长。它们彼此连接,也连接了真菌与植物、地上与地下、有机和无机、生与死。这正是德勒兹和加塔利所说的"根茎",也正是"媒介"应有之义。

甚至,非有机体也可能具有媒介的特质。空气是声波传送的介质,(Horn)认为气本身也是媒介,④ 而章戈浩通过对中国思想传统的回顾指出,抽象化的气蕴含着对于媒介的重新定义,当它与水结合,就成为彼得斯所说的"奇云",这也是云存储和云计算的隐喻之来源⑤。

无论是物质性媒介、动物媒介、真菌与植物媒介,还是元素媒介,都极大地挑战和动摇了人的主体性地位,形成后人类媒介的新的聚集。

---

① LATOUR B. On Recalling Ant[J]. The Sociological Review,1999,47(1_suppl):15-25.
② BRAIDOTTI R. The Posthuman[M]. Polity Press,2013:35.
③ 罗安清. 末日松茸:资本主义废墟上的生活可能[M]. 上海:华东师范大学出版社,2020:165.
④ HORN E. Air as Medium[J]. Grey Room,2018,73:6-25.
⑤ 章戈浩. 作为想像性媒介的气——一种去人类的媒介人类学实践[C]//第一届媒介人类学研究论坛,昆明,2021-07-04.

> **案例与运用**

自然与元素媒介

约翰·杜海姆·彼得斯（John Durham Peters）在2015年出版了 *The Marvelous Clouds: Towards a Philosophy of Elemental Media*，2020年被译为中文出版，定名为《奇云：媒介即存有》。虽然中译本书名去掉了"元素媒介"（Elemental media）一词，但"元素媒介"的概念是彼得斯在这本书中努力发展的一个重要理论标签。

在书的开篇，他说："现在是我们提出一种媒介哲学的时候了：任何媒介哲学都是建立在一种自然哲学基础之上的。媒介并不只是各种各样的信息终端，它们同时也是各种各样的代理物，各自代表着不同的秩序。"① 在重新审视媒介和自然的基础上，他将媒介视为基础设施、环境和"居中状态"，形成了元素媒介的理念。全书分为七章，第一章是彼得斯对自己媒介思想的概述，其余六章分别探讨了不同的媒介。第二章讨论了作为媒介的海洋，第三章讨论了作为媒介的火，第四章讨论了第一类天空媒介即光，第五章讨论了第二类天空媒介即时机，第六章讨论了人的身体和书写系统，第七章分析的是互联网企业谷歌，但是把它称为以太式的媒介。

以"海洋媒介"为例：彼得斯说，"海洋一直被视为一种媒介，只不过它在其使用者看来是透明而不可见的"。② 他分析了鲸鱼的传播行为，其视觉行为在海洋中很微弱，但是声音传导能力大大增强了，这就使得在海洋中的感觉比率与陆地相比大有不同。人类对于鲸鱼（包括海豚）的认知，一方面通过小说和幻想，另一方面通过科学技术的研究与模仿展开，将它们纳入人类文明之中，却忽略了基于不同物质性的传播技艺的不同。他还论及了吸血鬼乌贼和家猫，将关于动物的技术哲学与性别政治结合起来。在这一章最后，彼得斯分析了船这种工具和航海这种技艺。他说："媒介的概念因此是两栖的，它时而属于有机物，时而属于人造物。……如果我们将各种生物的身体视为一种装置和一种界面——换句话说，视之为一种媒介——那么动物学就是供我们进行比较性媒介研究的一本展开着的大书。"③ 通过将自然和技术并置在一起，彼得斯并不是要求我们把海洋这样的自然环境固化为媒介概念外延的一个必然组成部分，而是打开了思考媒介、传播、技术和生存的新的空间。

无论是海洋、陆地还是天空这样的环境，无论是航海术、火、历法、书写抑

---

① 彼得斯.奇云：媒介即存有[M].邓建国,译.上海：复旦大学出版社,2020：1.
② 彼得斯.奇云：媒介即存有[M].邓建国,译.上海：复旦大学出版社,2020：65.
③ 彼得斯.奇云：媒介即存有[M].邓建国,译.上海：复旦大学出版社,2020：126.

或谷歌搜索引擎这样的技术/技艺，都成为广义的"元素媒介"的组成部分。彼得斯强调元素媒介的基础设施性质（infrastructure）和后勤性质（logistical），从而重新定义了媒介，使它成为自然与文化两者拼接而形成的装置。

思考题

1. 如何理解"后人类"这一概念，以及它指称的生存状况？

2. 列出所有可能被纳入"后人类媒介"概念外延的事物，这对于我们重新思考"媒介"概念有什么重要意义？

拓展文献

1. 张磊."人类世"：概念考察与人文反思[N].中国社会科学报，2022-03-22（003）.

2. BRAIDOTTI R. The Posthuman[M]. Polity Press, 2013.

3. 罗安清.末日松茸：资本主义废墟上的生活可能[M].上海：华东师范大学出版社，2020.

4. 彼得斯.奇云：媒介即存有[M].邓建国，译.上海：复旦大学出版社，2020.

（张　磊）

第十七章 赛博格

本章概述

赛博格指的是机械体与有机体相结合而形成的生命复合体。哈拉维认为赛博格具有身份政治潜能,可以推动从家庭到国家的一系列革命。赛博格促使传播与媒介研究反思"传播""媒介""信息""连接"等基础性概念,拓展自己的想象力,从而打破固化的关系,走向新的解放。《好的通道,坏的通道》中残障者的例子展示了机械与有机生命复合体的生存状态,打破了象征性与物质性的界限。由此,我们可以思索人的"主体性"的问题。

关键词

赛博格;《赛博格宣言》;赛博格化;赛博人

赛博格(cyborg)指的是机械体与有机体相结合而形成的生命复合体。这个词源自"控制论"(cybernetics)和"生物体"(organism)的结合。

赛博格是科技发展的表现,也是对科技进行哲学反思的产物。在20世纪中叶之后,随着通信技术、计算机科技、医学、生物学等领域的发展,人的身体可以与机器进行日益紧密的连接。从越来越普及的假肢、心脏起搏器和器官移植,再到未来人工智能技术的脑机接口,甚至位处伦理争议地带的基因编辑,都昭示着"赛博格"正从科幻走入现实。

如何成为"赛博格"?我们可以从两位科学家出发来理解。这两位科学家都罹患了一种叫"肌萎缩侧索硬化"(Amyotrophic Lateral Sclerosis,缩写为ALS)的疾病,依靠机器来实现身体功能。一位是英国物理学家斯蒂芬·威廉·霍金(Stephen William

Hawking，1942—2018），他曾提出黑洞蒸发理论和霍金宇宙模型等，代表作为《时间简史》《果壳中的宇宙》等。他在 21 岁的时候被查出患有 ALS，后来逐渐全身瘫痪，失去了语言能力，只有三根手指能动。在他后期的人生中，主要依靠轮椅行动，依靠手指或脸颊肌肉控制语音合成器来发声交流。虽然从人工智能技术那里获益良多，但霍金对它持有审慎态度。在一次演讲中，霍金说："人工智能的创造成功将是人类历史上最大的事件。它也可能是最后的事件，除非我们学会如何避免风险。"[1] 另一位是英国机器人科学家彼得·斯考特-摩根（Peter Scott-Morgan，1957—2022），他因为患有 ALS 而失去了行动和语言的能力，但他决定通过技术来全面改造自己。他不仅通过高科技轮椅、视线跟踪系统和语音合成来交流，并且创造了一个虚拟形象。他称之为"彼得 2.0"，并于 2021 年出版了以此为标题的书籍。2020 年，英国电视第四频道以其为主人公拍摄了纪录片，片名为《彼得：人类赛博格》。[2] 与霍金相比，斯考特-摩根显然对人工智能持有更大的热情和向往。这两位科学家的状态，可以称为典型的"赛博格"状态。他们虽然没有像科幻小说中的人物一样，借助机械实现了超越人体的能力，但其存在形态体现了有机体与机械的有机结合。

这种状态并非只有极端案例。在中国，需要借助轮椅出行的老年人和残障人数以百万计，安装假肢的人群也不下十万人。早在 2011 年，心脏支架介入手术就达到了四十余万例。如果我们把"机械"拓展到所有的"技术工具"，那么，人类早已有之的眼镜、助听器与假牙，不也在某种程度上带来了赛博格状态吗？

赛博格这一概念诞生在 20 世纪 60 年代。1960 年，两位美国航空科学家曼弗雷德·柯里尼斯（Manfred Clynes）和内森·克拉恩（Nathan S. Kline）首次提出了赛博格一词。他们把诺伯特·维纳（Norbert Wiener）的控制论概念嫁接到"有机体"之上，描述了人的身体的新的变化。[3] 这种新的变化不仅仅意味着身体部件的替代和延伸，而且意味着生命形式的变化。

赛博格概念不仅是一种现象描述，更带来了哲学上的思考。它的重要思想推手是美国思想家唐娜·哈拉维。哈拉维的《赛博格宣言》超越了科技领域的探讨，从生命技术的政治与哲学视角展开讨论，认为赛博格打破了人与动物、人与机器、物理与非物理的界限，从而突破了传统二元对立的身份政治。哈拉维的"赛博格"诞生自特定的社会情境。1985 年，家用电脑在美国开始上市，美国国防部拨出 8,400 万美元经费

---

[1] Maya Oppenheim. Stephen Hawking：Artificial intelligence could be the greatest disaster in human history. The Independent[EB/OL].[2016-10-20]. https://www.independent.co.uk/news/people/stephen-hawking-artificial-intelligence-diaster-human-history-leverhulme-centre-cambridge-a7371106.html.
[2] Peter Scott-Morgan[EB/OL].[2013-10-15]. https://en.wikipedia.org/wiki/Peter_Scott-Morgan.
[3] CLYNES M E，KLINE N S. Cyborgs and space[J]. Astronautics，1960：24-27，74-76.

用于开发 C3I（Command-control-communication-intelligence，即命令－控制－交流－智能）系统，人工智能迎来一个新的繁荣时期。就是在这一年，哈拉维发表了《赛博格宣言》。她将赛博格定义为"一个控制论的有机体，一个机器与有机体的混合物，既是社会现实的造物，也是虚构的造物"。① 她在科学和技术理念、国家战略规划、航天工业和医药工业广告、媒介文本和科幻小说中提取出这一形象，结合马克思主义和女性主义批判，在控制信息学（Informatics of Domination）和家务经济（Homework Economy）的双重背景下，认为赛博格具有身份政治潜能，可以推动从家庭到国家的一系列革命。赛博格跨越了三个界限：一是人与动物的界限，二是有机体和机器的界限，三是实体与非实体的界限。

最典型的赛博格似乎出现于科幻小说和科幻电影中（如《阿丽塔：战斗天使》），但现实生活中，一个戴着心脏起搏器的人其实就是初级的赛博格了，而一个都市青年与宠物猫、四处游走的扫地机器人也就组成了一个赛博格家庭。同样，一个须臾无法离开自己的手机、头戴入耳式耳机、因为长期握鼠标而得了腱鞘炎的人，也与媒介物品之间没有那么牢不可破的界限。更重要的是，媒介本身就容纳了人的音容笑貌和生命故事，这就使得人工智能媒介物无论是在物质性的"相"上还是媒介性的"灵"上都与赛博格的概念有了呼应。

对于传播与媒介研究来说，赛博格促使我们反思"传播""媒介""信息""连接"等基础性概念。传播学传统上将人类传播（尤其是其中的大众传播）从自然中剥离出来，与非人类的传播活动相区隔，但跨界的赛博格挑战了这一默认的成规。麦克卢汉"媒介是人体的延伸"这一人们耳熟能详的论断，及与之相伴随的"媒介是人体的截肢"这一易被忽略的论断，都需要在可穿戴式智能设备的普及时代重新考量。

在中国，赛博格概念也激发了丰富的学术想象力。彭兰将新媒体用户称为"节点化、媒介化、赛博格化的人"。她指出，一方面是智能手机、可穿戴式设备和其他智能技术存在于人的身体上，另一方面是数据化技术、数字孪生、数字化生存使人形成了"虚拟实体"，带来了人的"赛博格化"。② 在中国媒体融合纵深发展的趋势下，孙玮提出，"赛博人"这一主体融合将重新改造人与社会的关系。③ 更重要的是，赛博格促使传播研究者将目光投向科技的社会关系，在新的劳动分工、性别关系和生命存在境况中思索传播与沟通的可能性。

赛博格，不仅带来新的媒介研究议题，它正是新的媒介本身。在智能媒介环境中，

---

① HARAWAY D J. A Cyborg Manifesto: Science, Technology, and Socialist-feminism in the Late Twentieth Century[M]// HARAWAY D J. The Haraway Reader. New York: Psychology Press, 2004: 7-45.
② 彭兰. 新媒体用户研究：节点化、媒介化、赛博格化的人[M]. 北京：中国人民大学出版社, 2020.
③ 孙玮. 赛博人：后人类时代的媒介融合[J]. 新闻记者, 2018（06）：4-11.

人与人工智能媒介物彼此相遇。我们应当认识到，人工智能媒介物既有独特的物性，也容纳了生命特质，在相与灵两个层面有了生命。它的拟人化挑战了人类独一无二的主体性，而它的非人性则促使我们反观人类与外界、人类内部之间的种种不平等。以赛博格形象为代表的后人类时代，并不是要抹杀人的存在，而是要求人类与自然、物质和世界重新界定彼此，探索共生的未来。这也就意味着，传播与媒介研究需要拓展自己的想象力，从而打破固化的关系，走向新的解放。

> ⊃ **案例与运用**
>
> 残障者与轮椅的行动者网络
>
> 1999年，因古恩·莫瑟（Ingunn Moser）和约翰·劳（John Law）发表了一篇关于残障人士的研究论文，题为《好的通道，坏的通道》（*Good Passages, Bad Passages*）。文中提及"赛博格"，虽然并非展开详细讨论，也并没有专注讨论"媒介"的问题，但这项研究能够为赛博格和媒介相关的研究带来巨大启发。
>
> 莫瑟和劳采用行动者网络（Actor-network approach）的理论路数，以一位残障者——化名为丽芙（Liv）——为主要案例，结合了人类学的深描手法和文学化的表述方式，阐释了一种独特的生存状态。
>
> 莫瑟是主要的调查者。她讲述了十个故事，准确地说是十个故事片段，从初次拜访丽芙，到观察她如何开门、控制轮椅、看电视、写电子邮件，再到她如何与自己的照顾者交流，以及试图搭乘火车出门而未果。在故事中也穿插着了理论思考，包括拓展（extension）、特定性（specificities）、自由裁量权（discretion）、连续性与非连续性（continuities and dis/continuities）等。一个基本的观察是，丽芙是有自己的独立性的。虽然她在某些方面失去了所谓正常性的身体功能，但通过各种装置实现了自由裁量权。"躯体—技术"结合而成的身体在物质性的世界中运行。然而这并不是畅通无阻的，丽芙仍然要等待她的照护者提供帮助，她的轮椅在火车站的阶梯前遇到了障碍。
>
> 这篇文章不仅展示了机械与有机生命复合体的生存状态，而且打破了象征性与物质性的界限。在谈到"自传"与记忆时，作者写道："自传是一种假体。它是人的延伸。或者说，人是自传的延伸。正如赛博格一样，它们部分相连，内部相关，并且彼此之间不可还原。"[①]由此，我们可以思索人的"主体性"（subjectivity）的问题。

---

① MOSER I, LAW J. Good passages, bad passages [J/OL]. The sociological review, 1999（47）：196-219.

思考题

1. 如何界定"赛博格"？
2. 如何理解赛博格概念给传播与媒介研究带来的启发？

拓展文献

1. HARAWAY D J. A Cyborg Manifesto: Science, Technology, and Socialist-feminism in the Late Twentieth Century[M]// HARAWAY D. The Haraway Reader. Psychology Press, 2004.

2. MOSER I, LAW J. Good Passages, Bad Passages[J]. The Sociological Review, 1999(47).

3. 孙玮. 赛博人：后人类时代的媒介融合[J]. 新闻记者, 2018(6).

（张　磊）

第十八章 后种系生成

本章概述

贝尔纳·斯蒂格勒提出"后种系生成"的概念，他指出物种的特性并非一开始就确定，而是后天逐渐生成的。这一概念阐明的是，人正是通过伴随技术的发展而获得了自身的属性，人类的起源是一种"技术起源"。马克·B.N.汉森在此基础上发展了"技术创生"的思想，认为第一次使用工具的时刻是通过前个体层级的非意识活动而发生的；另一方面，他指出斯蒂格勒见证了生命与技术转导性耦合的最深刻的维度，即"伴随着且始终伴随着风险，作为本质上技术性产物或者后种系生成的人类生命"。卡夫卡的写作便是作家与媒介技术共同进化的范例之一。

关键词

后种系生成；记忆的外化；技术起源；技术创生；第三记忆

在以博士论文修订出版的《技术与时间1：爱比米修斯的过失》中，法国哲学家贝尔纳·斯蒂格勒提出了"后种系生成"（epiphylogenesis）的概念。在这个新词的词根中，phylogenesis 是由古希腊语中的"phulon"（种）+"genese"（生成）构成，指的是生物学中一个种系的发育生成。根据这一模式，一个种系的一切特征都包含在原始胚胎中，并且凭借不同阶段的发育来展现其天性；epi 在古希腊语中则是"在……之上"或"在……之后"，意味着脱离 phylogenesis 的新模式：物种的特性并非一开始就确定的，而是后天逐渐生成的。斯蒂格勒创造这个新词，既表达了和一般生物进化不同的模式，也构成了对卢梭"自然人"的批评，"后种系生成"阐明的是人正是通过伴随技

"后种系生成"这一术语最早出现于《技术与时间1》第一部分第三章的开篇部分，具体论述则可参见第三章第12条"已经在此、相关差异、后种系生成"，按照他的解释，后种系生成指的是"生物生命领域之外发生的生物进化"，许煜等学者也将之翻译成"外生"或"后生"。斯蒂格勒在创造这个概念的过程中对法国人类学家安德烈·勒鲁瓦-古昂（André Leroi-Gourhan）的经典作品《姿势与言说》（Gesture and Speech）展开了重读。古昂认为人类在100万年前就达到了解剖学进化的上限，基础特征基本就位：直立的身姿、被解放的双手、使用的工具以及原始的语言。在这种生态环境中，人的大脑皮层展开到当时的最大范围，剩下的就只有大脑的开发。按照古昂的看法，是工具和技术的发展实现了随后的"大脑再造"，也同时造就了人类的媒介和文化，因为这容许记忆被"卸载"并存储于身体之外。古昂感兴趣的问题是"记忆的外化"，这种外化的记忆成为内在记忆的"假体延伸"（这一点也是对麦克卢汉身体延伸的补充）。就之前来说，内在记忆通常是以基因的形式存储于DNA中或者以神经脉冲的形式存储于神经系统中。

斯蒂格勒格外关注"第一次使用工具"的这个瞬间，将其视为人类进化史上的一个早期阈值时刻，即人类的起源是一种"技术起源"。在这个过程中，人类的第一批工具（如砍砸器、切削器）的模式化记忆首先停留在其物质痕迹，也就是工具本身上。人若要制造工具，必然要有所"规划"，需要一定的记忆，因此工具就充当了最初的"外化记忆"——人们可以依靠这些工具来进行仿造生产，如同一种模具。因此人类最早的技术记忆，就是如何制造砍砸器、切削器这些具有特殊形态的石头，而这些石头自然作为一种假体记忆（或外化记忆）存在于身体之外，成为一种参照体。斯蒂格勒认为工具的使用开启了人类的漫长进化过程，因为"大脑皮层的区域分化由工具来决定，正如工具由大脑皮层来决定"。按照媒介学者罗杰·库克（Roger Cook）的说法，作为记忆外化（或者更准确地说是记忆的外部媒介化）的工具不仅仅是人类与技术进化的第一个例子，也是作为其起源的"技术创生"（technogenesis），是技术创新开始塑造大脑皮层以及人类得以出现的"政变"（coup）。

"后种系生成"概念的确立，很大程度上是为了给"记忆外化"寻找一种不同于生物学的解释。斯蒂格勒认为个体的发展以三种记忆为基点，分别是遗传记忆、神经记忆（后生成性）、技术和语言的记忆（我们将技术和语言混合在"外化"过程之中），斯蒂格勒将其重命名为"遗传记忆、后生成记忆、后种系生成记忆"（也就是所谓的第一记忆、第二记忆和第三记忆），我们不妨看一下《技术与时间》第一卷中的原文表述：

> 后种系生成是一种归纳式积累，是（后）个体经验的动力和生成形态（后种

系生成），它标志着在有机体和它们的环境之间出现了一种新型的关系，这种关系同时也是一种新的物质类型：如果说个体是一种有机体（有机化的个体），那么在关于"谁"的问题上，它同环境（一般意义上的、有机和无机的物质）的关系是由一种有机化而又无机的物质为中介来实现的，这就是工具，它起着驯导（器具）的作用，它就是"什么"。正是在这个意义上，我们说："什么"在被"谁"发明的同时也发明了"谁"。

斯蒂格勒的"后种系生成"概念在很大程度上影响了媒介理论家马克·B.N.汉森，后者正是在这个基础上发展了"技术创生"的思想。但两人对待一个核心问题，即第一次工具使用如何作为人类与技术共同进化的起源时刻的论述中，存在着明显的差异。斯蒂格勒在此强调的是心理表征在外部物体中的核心作用，认为工具作为一种媒介，将会对心理过程进行复制和存档，用他自己的术语来说，就是作为"第三记忆"（tertiary memories）。然而汉森却认为，这一时刻（第一次使用工具）是通过前个体层级的非意识活动而发生的，"在更直接的技术媒介化中，环境敏感性是由生物共享的，这先于且独立于它们后来作为感知者、主体或意识的精神个体化"。

汉森于2006年发表于《理论、文化与社会》（Theory, Culture & Society）的《媒介理论》（Media Theory）一文呈现了对斯蒂格勒理论的继承和批驳。汉森肯定了斯蒂格勒对媒介理论的绝对贡献，他认同斯蒂格勒的观点，即最初的人类工具不仅仅是支持和延伸前人类生物构成中既有的生物力学系统的原始假体设备。通过我们所生产的工具对大脑（在功能和解剖学意义上）进行塑造，是人类出现的核心动力，甚至在整个人类进化过程中都是如此："假体不只是人体的延伸，也是作为人体的构成。"人类之所以成为有别于其他物种的类别，明显是由于其他生物都是在自然中进化，而人类则是属于"与技术共同进化"，即人类成为人类取决于"我们引入文化与技术创新，并不断适应它们的技术媒介化过程"。斯蒂格勒表示，只要坚持这一立场，就不可能将人类的进化与技术的进化分割开来，因为前者是内部和生物性的，后者是外部和物质性的，他的选择是将二者称为"技术-社会-文化分化"（technico-social-cultural differentiation）的统一过程的两个实例化形式。

汉森对斯蒂格勒的另一处异议出现在他另一篇文章《前个体潜能的工程：技术学、跨个体化与21世纪的媒介》（Engineering Pre-Individual Potentiality: Technics, Transindividuation, and 21st-Century Media），此处他认定有机体结构和技术系统之间的相似之处，并且指出神经可塑性和特定的"前个体原始功能"是文化进化中的重要因素："作为媒介化形式的前个体潜能的实现，技术对象为跨个体化行为提供了支持，并由此实现了人类进化的后种系生成维度。"汉森支持"技术分配"（technical distribution）原则，这一点似乎比斯蒂格勒更为激进。斯蒂格勒只是断言对技术对象的直接体验至少有可能成为有意识的心理活动的内容，但汉森则认为这些改变了人类的"具身反应"不曾进入有意识的思维，甚至不曾进入意识本身。

人类与技术的共同进化，从第一台蒸汽机诞生（1785 年）以来变得格外明显，并且从 1945 年开始进入一个绝对的加速期，麦克卢汉言及的"假体延伸"以及基特勒的"媒介决定了我们的境遇"都印证了后种系生成——即人类与技术共同进化的逻辑，互联网、新媒体塑造的新媒介生态对人的生活习惯、日常习性的影响近乎是革命性的，并且似乎在共同走向人类世的绝对危机。技术伴随着人类进化的同时也污染了生命的逻辑，这一点似乎已经是一种共识，但斯蒂格勒的极端观念认为技术是人类天性的"后种系生成"，因此属于一个从一开始就不可避免与生命、人类的现状相联系的概念。斯蒂格勒借此将媒介技术推向哲学的核心，同样是因为时代的媒介化已然呈现了其加速进化鲸吞蚕食的绝对现象——举凡全球，还有什么未能被"媒介化"的事物吗？形形色色的装置器具、各种各样的科学发明、人工生命与人机接口、现实与技术环境的逆转，这些还不够明确吗？

所以不难发现，为何斯蒂格勒能够成功诊断当代文化中存在的（勉强维系的）且不至于对未来失去希望的"象征的贫困"（symbolic misery）。汉森明确表示这是斯蒂格勒最让人激赏的一点，他脱离了法兰克福学派对"文化工业"的悲观语调，因为"他见证了人类技术创生概念的最深刻洞见，见证了生命与技术转导性耦合的最深刻的维度，这至少在我们当下令人眼花缭乱的技术发展时代与我们相关：这便是伴随着且始终伴随着风险，作为本质上技术性产物或者后种系生成的人类生命"。汉森的这种表达，更多可见于美国生态哲学家蒂莫西·莫顿（Timothy Morton）的"暗黑生态学"（dark ecology）思想，莫顿认为人类从创生开始就循环在一种"农业物流"（agrilogistics）的技术状态：人类从未现代过，而且人类从来都是"美索不达米亚人"。因为这一缘故，人类无须悲观，而是可以乐观地接受这种怪诞的发展，因为它本身就是人类自身的"暗黑生态"属性。

> ⊃ **案例与运用**
>
> **卡夫卡与电影的共同进化**
>
> 　　捷克作家弗兰兹·卡夫卡恐怕是 20 世纪全球最出色的作家之一，哪怕其两部长篇小说《城堡》和《审判》皆为残篇，他却以浓度极高的文本成了人格异化的极致书写者。卡夫卡的写作风格让人着迷，这本身必然是多年写作训练的产物，但最近的研究表明，卡夫卡的写作也受到当时正在发展的电影媒介的影响。

汉斯·齐施勒（Hanns Zischler）的《卡夫卡看电影》(*Kafka geht ins Kino*)、彼得-安德烈·阿尔特（Peter-André Alt）的《卡夫卡与电影》(*Kafka und der Film*)以及彼得曼和莱维特合编的论文集《媒介变形记：卡夫卡与运动影像》(*Mediamorphosis: Kafka and the Moving Image*)，都是研究卡夫卡与电影媒介关系的文本。按照相关学者的考据，卡夫卡早期短篇作品中的街景被描述为不同的部分，像一系列镜头那样被组合起来。当场景中的人和物处于运动状态时，描述与叙述者和它们之间的不同距离相对应。这产生了相当于远景、中景、特写的文学对应物。在1908年的《乡村婚礼的筹备》(*Wedding Preparations in the Country*)和《一次战斗纪实》(*Description of a Struggle*)中，卡夫卡都挪用了诸多电影化的技巧，如场景的快速变化、摄影机的运动、视点镜头、定场和全景镜头、特写镜头及正反打段落等等。

从1908到1914年，这些方式在卡夫卡的文学作品中出现并逐渐成熟，而在卡夫卡因为身份焦虑而离开电影院后，这些技巧立刻隐匿不见。但是，电影技巧仍然潜移默化地出现在《城堡》等后期作品的描述场景中，或者说，卡夫卡与电影媒介的共同进化已然成为一种深层记忆。卡夫卡的电影化写作只是一例，我也不难找到其他作者风格转变的例子，比如说尼采——当尼采因为视力不佳而开始使用汉森打字机的时候，人们发现他的作品中长篇大论的深度思辨大量减少，而短小精悍的警句箴言不断增多，打字机改变了尼采的写作（塑造了新的思维），电影则改变了卡夫卡的写作，这都是作家与媒介技术共同进化的范例。

▍思考题

1. 斯蒂格勒和汉森对"后种系生成"概念的看法有何相同和差异之处？
2. 请举例分析人和媒介技术共同进化的过程。

▍拓展阅读

1. 斯蒂格勒.技术与时间1：爱比米修斯的过失[M].裴程，译.南京：译林出版社，2011.

2. 陈明宽.技术替补与广义器官：斯蒂格勒哲学研究[M].北京：商务印书馆，2021.

3. 陈明宽.论斯蒂格勒技术哲学中的后种系生成概念[J].科学技术哲学研究，2017，34（6）.

4. 库克.后电影视觉：运动影像媒介与观众的共同进化[M].韩晓强，译.桂林：

广西师范大学出版社，2023.

5. 张一兵. 斯蒂格勒《技术与时间》构境论解读[M]. 上海：上海人民出版社，2018.

（韩晓强）

第十九章 生存媒介

本章概述

生存媒体研究试图将生存哲学思想引入媒体研究,并运用到当代技术化文化中,解决当下数字—人类的脆弱性问题。借用海德格尔的被抛境况(throwness)的概念,在一个数字技术强化的生活世界中,所有人都处于数字被抛境况之中。在这个意义上,媒体已经成了所谓的生存媒体。这一路径的核心议题包括死亡、时间、在此、在世及与世之在。

关键词

生存媒介研究;算法能动性;自动哀悼;数字被抛境况;生存危机

生存意义上对传播本质的讨论可以追溯到 20 世纪 60 年代,如巴西裔的捷克学者维兰·傅拉瑟媒介与死亡的关系,哈特也曾在 20 世纪 70 年代从生存视角讨论过大众传播的两难困境。[1]但开宗明义自命生存论媒体研究(existential media studies)发端于拉加维斯特(Lagerkvist)2016 年的《生存媒体:论数字被抛境况》一文。[2]在这篇宣言式作品中作者借用海德格尔的被抛境况的概念,提出在一个数字技术强化的生活世界中,所有人都处于数字被抛境况之中。在这个意义上,媒体已经成了所谓的生存媒体(existential media),"当人们在网上分享和探索与失落和创伤相关的生存问题时,

---

[1] HAERDT H. The Dilemma of Mass Communication: An Existential Point of View[J]. Philosophy & Rhetoric, 1972: 175-187.
[2] LAGERKVIST A. Existential Media: Toward a Theorization of Digital Thrownness[J]. New Media & Society 2016, 19 (1): 14.

在数字纪念碑上，在点燃数字蜡烛的仪式上，在关于绝症的博客上，以及在自杀网站上，我们的传播文化既提供了新的生存预言，也为探索生存主题和生命的深刻性提供了新的空间。因此，关于数字技术的问题就是关于人类生存的问题"。[1]

生存媒体研究试图将海德格尔、雅斯贝尔斯等人的生存哲学思想引入媒体研究，并运用到当代技术化文化中，解决当下数字－人类（digital-human）的脆弱性问题。这一领域的学者设想以生存哲学的关键概念与一系列新兴理论思潮进行对话，诸如批判性数据研究和颇有后人类主义色彩的彼得斯的元素媒体哲学、新兴的新物质主义关于物质性的研究。在彼得斯看来，媒介的重要性在于存在（being）而非意义（meaning），媒介是我们生存的基础设施。[2] 从这一点出发，生存媒介分析强调"我们的媒介一直都是生存性的，但我们的媒介研究未能充分意识到这一点"。[3]

同样来自北欧的丹麦学者斯塔西（Stage）对拉加维斯特关于生存媒体的定义作了进一步阐释，认为当代社交媒介在双重意义上可被视为生存媒介，它既构成了生存危机，也可以用于应对生存危机。[4] 生存媒介研究的核心议题包括死亡、时间、在此（be there）、在世及与世之在（being-in-and-with-the-world）。

一、死亡

傅拉瑟所指出而尚未被生存媒介研究学者所注意到的命题：传播的终极目的在于对抗死亡。彼得斯提出"关于现代媒体的生存事实"在于我们可以轻松地与死者的可资传播痕迹交融在一起。[5] "事实上，所有的媒介在某种意义上都用于与死者的沟通，因为媒体可以储存'死者的幻影'，是活着的身体死亡后的回放。"[6] 然而当逝者存在于不同媒介之中，逝者以不同媒介形式继续存在时，无论用多么栩栩如生的方式将逝者的语音、图像、姿态带到生者面前，这种高保真的存在感仍无法将具身的逝者带到生者面前，反而更让生者感受到逝者的不存在，提示着逝者的故去。对于生者而言与死

---

[1] LAGERKVIST A. Existential Media：Toward a Theorization of Digital Thrownness［J］. New Media & Society 2016，19（1）：14.

[2] PETERS J D. The Marvelous Clouds：Toward A Philosophy of Elemental Media［M］. Chicago：University of Chicago Press，2015.

[3] LAGERKVIST A. Existential Media：Toward a Theorization of Digital Thrownness［J］. New Media & Society 2016，19（1）：14.

[4] STAGE C，HOUGAARD T T. The Language of Illness and Death on Social Media：An Affective Approach［M］. Emerald Group Publishing，2018.

[5] PETERS J D. Speaking into the Air：A History of The Idea Of Communication［M］. Chicago：University of Chicago Press，1999.

[6] PETERS J D. Speaking into the Air：A History of The Idea Of Communication［M］. Chicago：University of Chicago Press，1999.

者的沟通在生活中其实并不鲜见。生者与逝者的各类化身进行不同方式传播行为的尝试，实际成了一场不对称的对话。逝者无法使用生者对他们说话的方式加以即时的真实回馈。在与逝者的传播之中，"崩溃、中断和缺席是关键，在这种传播中，无语既可能是媒介，也可能是信息"。①

尽管媒介长久以来实际上都是生存媒介，人们也一直以来借助种种媒介与逝者交流。但数字时代的到来，使人类的生存与死亡发生了前所未有的变化。在当下的技术支撑下，逝者实际上是以一种多媒介的方式存在于网上，或者说是在数字生态中。当生命的一切痕迹都可以纪录成为数据，电子留痕成为人类永恒的物质性存在。这种数据驱动的生命（data-driven life）伴随着网络的永不停歇、随时待机的具有超联结性（hyper-connectivity）的技术不仅可见，在不远的将来还可能与机器人技术、人工智能技术相合从而使逝者具身存在。另一方面，当逝者以数据形式存在于媒介中，当代数字技术会使得他们也越来越多地通过"算法能动性"（algorithm agency）而存在。由于算法的设置，社交媒介拥有大量自动信息服务，自动地以用户之名向他的社交圈子发送信息，哪怕用户过世，这类消息仍会以逝者的名义源源不断地发给他的亲友。这类自动消息服务将社交媒体上的逝者重新定位。逝者不断地以自动服务信息来提醒生者，成了追忆生者的逝者。这类被研究者视为自动哀悼（automated mourning）的形式翻转了生者和死者之间的"角色关系"。

二、时间

对于时间的讨论则集中在 24/7 文化以及当代生活的加速。数字时间性的制度，使得人们"日常地被包裹在实时或近乎瞬时的通信中"。② 由于对信息丢失的恐惧，我们不得不不断地更新自己，同时"跟踪、记录、检索、储存、归档、备份和保存"。③ 因此在当代生存中，存在着保存与删除、记忆与遗忘之间的一种基本张力。生存媒介学者们一方面讨论时间在日常生活中的实践，数字技术特别是实时通信如何改变人类对于时间的认知与运用。另一方面，也会讨论时间的延续性问题。由于当代数据技术无时无刻不记录，对于个体而言，数据永远的存在不免带来高度的焦虑。如何按个人意愿有选择地删除或者使得特定数据不被记录，不存续于时间之中，也是个人生存的意义之一。

---

① LAGERKVIST A, ANDERSSON Y. The Grand Interruption: Death Online And Mediated Lifelines Of Shared Vulnerability [J]. Feminist Media Studies, 2017, 17（4）: 550-564.
② HOSKINS A. Media, Memory, Metaphor: Remembering and the Connective Turn [J]. Parallax, 2011, 17（4）: 12.
③ GARDE-HANSEN J, READING A, HOSKINS A. Save As ... Digital Memories [Z]. Basingstoke: Palgrave Macmillan. 2009.

三、在此

当代数字空间技术的运用,虚拟现实技术的运用,往往使得我们一方面比以往更确切地知晓自己的位置,另一方面却根本不知道这一位置是否真存在。人们既有使用各种定位媒介进行"打卡"的有意行为,也会被自己所不知晓的监控系统全面地记录自己的一切。数字文化挑战了一个具有明确界限的"那里",实现了现代媒体生活中不存在和存在的关键对立。人的数据痕迹存在着状态的不确定性,而人们获得对数据痕迹的控制能力也存在不确定性。人们就会存在能否确保或追踪自己记忆和痕迹体的焦虑。当我们同时知道它们的存在,却无法感觉到它们的确切影响力和位置。人的隐私比以往更为脆弱,当人们意识到自己的各类数据成为各个机构的猎物后,试图重获控制权。人们在日常生活中的具体存在正体现出了数字生活的脆弱性,人的技术化存在在伦理上被耗尽,造成了存在的危机。①

四、在世及与世之在

在讨论个体与公共的关系时,生存媒介学者的问题是,在网络世界中成为一个主体意味着什么?当下充满了借用"网络化的个人主义"进行强迫地自我推销,"我是谁"的问题变得更加复杂。一个不稳定的自我,不仅被中介化、过程化和叙述化,而且越来越被量化、分布化和视觉化。②

技术化的自我形成在(视频)博客中是可见的,通过个人资料管理和自拍实践。通过自拍,人们的身体和自我的一部分被视觉化和图形化地记录下来,有时会通过分享与转化而病毒式扩散。③ 生存媒介研究因此会从两个方面进行研究,一是在研究在线支持小组,或围绕个人和集体的创伤和悲伤的记忆而聚集的公众时,我们可以关注极限情况下的团结和沟通。④ 网上有密码保护的支持环境提供了连接文化的不同图景,因此它们可以说形成了一个个岛屿,各自由意义与存在构成,并可以加以连接。部分没

---

① MILLER V. The Crisis of Presence in Contemporary Culture: Ethics, Privacy and Disclosure in Mediated Social Life [M]. New York: Sage, 2015.
② GIES L. How Material Are Cyberbodies? Broadband Internet and Embodied Subjectivity [J]. Crime, Media, Culture, 2008, 4 (3): 19.
③ FROSH P. The Gestural Image: The Selfie, Photography Theory and Kinesthetic Sociability [J]. International Journal of Communication, 2015, 9: 21.
④ LÖVHEIM M. Negotiating Empathic Communication: Swedish Female Top-bloggers and Their Readers [J]. Feminist Media Studies, 2013, 13 (4): 15.

有被社交媒体和语音交流的相关逻辑所污染[①]。另一条路径则是描述媒体如何在我们的晚期现代性的数字社会中继续扮演仪式的角色。数字仪式（点燃数字蜡烛或悲伤社区的记忆工作）作为个人、团体和整个社会的集体修复工作的一部分，将虚拟的哀悼实践作为寻找生存安全的仪式来追求[②]。

> **案例与运用**
>
> 在线死亡和共享脆弱性的中介生命线
>
> 　　阿曼达－拉格维斯塔和伊冯娜－安德森2017年发表于《女性主义媒介研究》的《大中断：在线死亡和共享脆弱性的中介生命线》，以当代瑞典背景下由女性主导的两种网络现象为例进行研究。研究选取了关于绝症的博客和对丧亲者的支持团体，探讨它们对那些受痛苦和损失折磨的意义。在研究者看来，生命叙事本身因即将或突然死亡而被切断的时刻，就是所谓的大中断时刻。在此阴影之下，哀悼者和患病者所研究的在线活动，甚至互联网本身，都成为字面意义的生命线。这些生命线承担起拯救的作用，这一方面带来了可能性，另一方面也形成了困境。这个具体的研究试图将传统德国哲学中对生存论的讨论放置到当代的技术文化语境之下。研究者试图结合生存论哲学与新兴的新物质主义。她们发现，在强调生命和淡化主观死亡时，情动理论可能忽略了死亡和痛苦的普遍绝对性。研究中，女性们通过她们的实践，无论是语言、行动还是线上的情感接触，实际就是卡尔·雅斯贝尔斯（Karl Jaspers）所称的真正的"生存论的阐释"。她们的实践显示了通过数字共享脆弱性的意义。生命线传播提供了超越叙事的简单承诺，即在沉默和改变性的相互伦理崇敬中，在网上彼此相伴。因此，关注宏大的中断，可以从那些在失去亲人或健康不佳的情况下站在深渊前、与技术共存亡的人的视野中，欣赏重要的、迄今被忽视的调解的存在意义。

思考题

　　1. 如何理解作为生存媒介的社交媒介？

　　2. 如何理解生存媒介研究的死亡、时间、在此（be there）、在世及与世之在等议题？

[①] MILLER V. New Media, Networking and Phatic Culture [J]. Convergence, 2008, 14 (4): 13.
[②] SUMIALA J. Media and Ritual: Death, Community and Everyday Life. [M]. London: Routledge, 2013.

> **拓展阅读**

1. LAGERKVIST A. Existential Media: Toward a Theorization of Digital Thrownness [J]. New Media & Society 2016, 19（1）.

2. STAGE C, HOUGAARD T T. The Language of Illness and Death on Social Media: An Affective Approach [M]. Emerald Group Publishing, 2018.

3. SUMIALA J. Media and Ritual: Death, Community and Everyday Life. [M]. London: Routledge, 2013.

（章戈浩）

第七部分
媒介研究方法论

第二十章　作为媒介研究方法的空间

本章概述

本章提出将空间作为媒介研究的方法（论）。在问题意识的层面上，空间视角尤其凸显媒介运作与身体（间）感知、定位导航、异质行动者的关系，展现其在媒介移动性等面向上丰富的关联。与此相应，在实际操作的层面已出现不少有趣的研究方法创新尝试，大体上存在"正向"和"反向"两类路径。数字技术恢复了媒介本来就有的多重空间性尺度，从空间视角创新媒介研究方法对于深刻反思和理解人类文明的数字转型有重要意义。

关键词

空间；空间视角；虚实民族志；媒介剥夺实验；装配实验；行走方法

　　书写印刷主导的文明传承主要采取线性逻辑。人与符号世界（不在场）当下的接触和投射，借助二维扁平化的界面（并借助平面透视法）发生。平面化作为文化技艺令人类对自然与文化皆获得了巨大的分析力和控制力。但同时，媒介符号复杂的空间性常被减损忽略。数字技术令媒介的运作获得了更多样的空间化形态。人与数字媒介的关系无论在隐喻意义还是实际体现上都更多采用了三维空间的原型。媒介不再只是环境中的信息渠道，而成为我们栖身其中的环绕情境。文明的传递和创造也随之发生了转型。

　　在数字化背景下，将空间的视角引入媒介研究的方法论，能对传统的媒介研究方法有所刺激，促进新旧学术理念、方法和经验间迸发出更多想象的张力。媒介研究方法的创新对于深刻反思和理解人类文明的数字转型有重要意义。

一、作为媒介研究方法的空间

"作为媒介研究方法的空间"针对的参照是什么呢？本文提出将空间作为媒介研究的方法（论），是希望与由大众媒介研究方法、传播经验和媒介理论三者构成的稳定范式能形成有益的对话。事实上研究方法远非全然中立的工具。相反，研究方法是紧密勾连经验和理论，令三者间相互玉成，彼此互生的一整套实践程序。方法与经验互相召唤，方法与理论互融互渗。研究方法的具体实现，其背后总蕴含一系列有意或无意的理论前设，并与其视野内所能看到的传播经验变化息息相关。故而，不仅传统大众媒介的研究方法常被视为价值中立且"立等可取"的研究"工具箱"，透过方法能见到的研究问题更是将媒介技术从纠缠在其实际运作过程中的具体空间中理直气壮地"凭空拔出"，绝无半点拖泥带水。践行此方法所建构之理论多被表述为追求线性逻辑因果的规律性知识。传统研究方法令其"信徒"愈发精细地分析轻盈的符号投射与抽象的心理"人格"间如何产生效果——尽管他们明明知道自己的身心实际上产生并栖息于媒介勾连虚实的循环往复的复杂运作中。大众媒介研究方法、传播经验和媒介效果理论互构，渐渐成为自然化的稳定范式。固化结构对研究创造力的制约在数字时代日渐明显。将媒介研究焦点重新放回复杂动态的空间经验当中，能在媒介空间化形式越来越多样的数字时代，推动传播学科本身发生研究和理论范式上的转型。

什么是作为媒介研究方法（论）的"空间"呢？与日常话语中所说"空间"含义不同，空间在学理概念上常被界定为一个以移动和有目的的自我经验为中心的坐标系[①]。栖居于具体地方的多重立体的身体感知与移动实践构成了空间生成最关键的要素。对空间概念作出简单界定的背后，其实牵涉到若干个对于媒介研究而言至关重要的方法论前设。这些空间视野的设定为数字时代的媒介研究方法论带来了崭新的问题意识，进而催生出不同的方法实践和路径。

本章在篇章组织上首先解析以空间视野作为媒介研究方法所能带来新的问题意识。问题意识的更新是研究方法创新的基础依据。随后，针对从空间概念出发推出的不同的问题意识和路径选择，对当下媒介研究中体现空间方法论视野的研究方法创新，择要分析介绍。介绍的目的并不在知识传授，而是力图从空间视野出发，为媒介研究方法的创新，草拟一份初步"路线图"：一来为读者自行探索数字媒介提供参考框架和资源；二来希望从空间视野出发，能够多少呈现出媒介研究方法创新的总体面貌。

---

① 段义孚.空间与地方：经验的视角[M].王志标，译.北京：中国人民大学出版社，2017.

二、空间视野中的问题意识更新

在问题意识的层面上，空间视角尤其凸显出媒介运作与身体（间）感知、定位导航、异质行动者的稳定关系和移动性等面向上丰富的关联。

首先，空间视角突出了身居其间感知体验的重要。身体感官处于空间之中的姿态和结构，乃至共在空间中人与人之间的相互感知，都在彼此交往中构成了空间组织最为基本的原则[①]。所谓身体的姿态结构其实正指向了五种感官体验在特定技术、文化和社会场景中惯常出现的装配形式。空间感受和意义的形成以栖居者的身体姿态和结构为基础。随具身媒介和媒介化身体出现，空间中身体的感官和神经系统不断外化，更多前所未见的媒介化身体结构和姿态成为可能，新的空间（感知）不断涌现。此外，对空间中共同在场的其他（仿）身体的感知，尤其是对共享话语空间和实体空间经验互通的感知，是能够形成关系和交互的前提。无论是身体感知或是社会关系上的亲疏远近，皆与媒介技术反复的中介作用有极大的关涉。数字媒介在空间化过程中，使得线性话语和多维空间的身体感官和心理投射重新以各种模态进行交融。以空间为方法在研究的问题意识层面上突出了媒介技术对身体体验的再中介。更进一步，媒介化身体姿态和感官结构的重塑，将数字空间中人与人之间的新型共通感受和日常交往的生成和维持放到了视域的焦点位置。空间的生成变化取决于媒介在重塑身体体验结构和社会交往方面的运作方式。后者塑造空间，创造出我们栖身其中的世界。

其次，空间本身被认定为具有"坐标系"属性。所谓"坐标系"，实际上突出了媒介运作对于划分界限差异、标明方向定位、实时导航和建立秩序的重要作用。与传统媒介研究方法偏重符号话语的传递相比，空间的"坐标系"意象更清晰地提示媒介研究将构成实体空间和话语空间的媒介实践融合起来考量的意图[②]。在人与非人行动者构成的联动体中，媒介运行对于快慢远近（在越来越复杂多维的时空感知中）发挥着实时导航和定位的作用。在同时"调节"技术生成和社会生成的过程中，坐标系从不在场的他者出发，勾画出此处与彼岸、公与私、神圣与世俗、生疏与熟悉间的差异[③]。人（们）与技术和符号的循环流动勾连，形成新的空间方向，获得身体在虚拟实体中"航行"的文化审美经验。个人由媒介技术中介的时空感知形成了空间（特定秩序）本身。事实上，媒介作用于人的方式，正从线性叙事转向数据库可导航空间。大众的媒介接触及传播经验，也正从被动地聆听、阅读、观看（约斯·德·穆尔称之为"被动的交

---

① 段义孚.空间与地方：经验的视角[M].王志标，译.北京：中国人民大学出版社，2017.
② 孙玮.媒介导航的数字化生存[J].国际新闻界，2021，43（11）：6-22.
③ 斯蒂格勒.技术与时间：迷失方向[M].赵和平，印螺，译.南京：译林出版社，2010.

互性"）转向新媒体空间中同步发生的信息涌流与身体航行①。如何在砖瓦结构与字节流动不断涌现的新型耦合中制造意义、产生认同成为空间视角应有的问题。

再次，空间将人、物和文化象征等要素之间逐渐变得自然化的动态关系性（relationality）重新放到了方法（论）的烛照下。事实上，空间的视野突出指向各种物体或地方的相对位置关系，尤其是由异质性系统间多种动态的分离或连接构成的广阔区域。其中，地方作为空间价值和意义的凝结所在供人栖居、由人筑就、经人呈现。地方场景将各种可辨识的舒适物、惯常的人际交往、共同实践和象征文化元素以特定方式连接和组装起来。②而地方与地方之间也越来越多地发生多种模态的联结关系（包括分离、连接、嵌套或捆绑），构成流动性性质和强弱皆有不同的地方网络。在上面所描绘的空间过程中，媒介技术的运作作为其实在，发挥了生成性的作用。鲁曼提出，媒介能将不同子系统专殊化的差异集合起来，令它们之间的过渡转换成为可能。媒介在中介调和的基础上，常以相当大量对人和非人行动者具有密切结合能力的元素形式存在，可以包含任何耦合的能力。③数字媒介运作中发挥的耦合能力更强，牵涉物种范围更广。由此，空间的视角在强调身体感知重要性的同时，将人与非人行动者之间更为对称、双向交互的"拼装"关系，置于媒介研究的核心位置。在新兴数字媒介不断涌现的环境中，这种"拼装"一方面形成了新的数字沟通基础设施，一方面往往能体现媒介的暧昧多义，催生出大量"游牧"实践的可能。④

最后，作为空间生成的基石，多种多样的移动性成为媒介研究方法中另一个亟须关注的领域。移动性与空间地方的生产之间一直存在内在的联系：人、物和符号各自移动的速度、不同速度和频率之间的校对协调、移动中本身所发生的转变，都会影响移动中的空间感知、意义生产乃至文化和价值的凝结模式。社会学家一贯关注社会阶层的上下移动与物理空间的迁移之间存在的复杂相关。数字化和全球化趋势下，借助数字媒介技术在虚拟和实在之间，甚至在现在、过去和未来的地方之间进行瞬间往复的跳脱移动，这种移动和迁移逐渐成为可能⑤。德勒兹意义上打破物化的条纹空间，在块茎空间中更多即兴"游牧式"的移动正在成为人们经常的数字实践。据此，构成空间远与近、直接与间接之间的关系都发生了深刻的变化。实体空间原先植入的体验结构和权力关系随着移动可能性的增加也发生了根本的变化。如何阐明媒介技术（包括信息传播技术和大量运

---

① 穆尔.赛博空间的奥德赛：走向虚拟本体论与人类学[M].麦永雄,译.南宁：广西师范大学出版社,2007：123.
② 西尔.场景：空间品质如何塑造社会生活[M].祁述裕,吴军,译.北京：社会科学文献出版社,2019.
③ 鲁曼.大众媒体的实在[M].胡育祥,陈逸淳,译.台北：左岸文化,2006.
④ 麦夸尔.地理媒介：网络化城市与公共空间的未来[M].潘霁,译.上海：复旦大学出版社,2019.
⑤ LYSGAR D H, RYE S A. Between striated and smooth space: exploring the topology of transnational student mobility[J]. Enviroment and planning a: economy and space, 2017, 49（9）：2116-2134.

输交通技术构成的技术集置)与新的移动性之间的关系;如何捕捉更为复杂多样的移动化媒介体验;如何在新的技术环境下反思社会移动性与虚实两类空间移动性之间更为动态的关系成为空间视角下媒介研究面临的新问题。

三、从问题意识到方法创新

与"空间"作为方法论"召唤"出来的诸多问题意识相呼应,目前在媒介研究方法的实际操作方面已出现不少有趣的创新尝试。这些创新的研究方法针对"空间"视角不同的问题意识,大体上存在"正向"和"反向"两类路径。所谓正向路径,更多是直接探讨媒介的反复运作,其关注角度集中在日常反复的递归过程所生成的诸多勾连区分。这一路径在方法取向上既揭示规律性知识(rule-based knowledge),却又不用整齐划一来消弭媒介运行每一次的反复中蕴含的差异。而反向路径则更多在研究中探讨打破常规的"事件"或媒介失灵的偶然"瞬间"如何更清晰地显露出媒介技术的运作形式。反向的方法取径假设了技术运作中突发"断裂"或"短路"的传播事件(齐泽克意义上的 event)能比平时提供更多直接指向技术运作实际的蛛丝马迹。与此相呼应,采取反向路径的研究方法会产生更多非规律性的偶发知识(episodical knowledge)。偶发知识和规律性知识共同构成了我们对于媒介有效的理解和解释。

表 20-1 展现了问题意识和方法取向两个维度的交叉,在两个维度的八个交叉点上,列出了从空间入手进行媒介研究方法创新的整体"版图"。我们随后从中选择目前在媒介研究中相对成熟的方法实践,结合前文所述和表 20-1 展开简要的介绍。

表 20-1 媒介研究问题意识与路径

问题意识	A 正向	B 反向
(1)媒介与身体感官体验	虚实民族志	媒介剥夺实验 + 焦点小组访谈
(2)媒介化坐标导航	话语空间与实体空间装配实验 + 深度访谈	诡异空间导航实验 + 深度访谈
(3)人、物与符号的稳定关系	基础设施研究	"失灵"实验
(4)多样化移动的问题	行走方法: 技术程序行走法(walk through method)/ 伴随行走法/专家伴随行走法(walk along/docent method)/ 影随法(shadowing)	行走方法: 技术程序行走法(walk through method)/ 伴随行走法/专家伴随行走法(walk along/docent method)/ 影随法(shadowing)

注:表中"+"表示基于问题意识的混合研究方法

针对媒介与身体感官的问题，正向路径可以采用虚实民族志，反向则可以尝试媒介剥夺实验结合焦点小组访谈的混合方法［表20-1 A（1）、B（1）］。其中，"虚实民族志"方法可以从正向揭示新形态的媒介化感官体验和社会交往。其不仅观照传统研究中关注的认知态度和行为意向等因素，更牵涉到具体的人类身体与技术系统在交互中产生的感官反应，乃至共在空间中人与人的社会互动与媒介化体验之间的双向塑造。具体而言，虚实民族志着力于描绘人们在虚拟和现实的混杂空间中，展开生活经验，并诠释新旧文化脉络碰撞中人们的数字化实践（包含惯习、意图、行为、情感、体验、价值等方面）的图景。虚实民族志作为研究方法将"田野"设置在了数字赛博空间与实体建筑空间越来越多的临界点或界面上，探究临界阈值空间中频繁穿梭产生的独特的身体感受、文化实践和社会交往。譬如，对于数字技术和数字沟通高度饱和的现代都市写字楼进行虚实民族志考察，就可以揭示出白领居住者如何通过每日个性化的媒介实践，在建筑砖瓦结构和数码网络的虚实之间与空间建立新的联系，获得身体感受、社会交往和生存状态。相比之下，媒介剥夺实验与焦点小组访谈方法的混合使用则会将日常生活中习以为常的媒介化感官结构和身体姿态有意打破，随后探索打破重组过程中新的身体感受、互通经验和社会交往如何生发出来。其中既包括大众媒介社会已经自然化的媒介感官形式（比如，有意用数字技术搅乱都市生活中观看电影、都市漫步、购物逛街等实践对视觉的极大依赖），也包含在用户习惯于长期浸润在模拟和数字高度互渗的感官体验中，一旦发生"断网"事件或数字技术故障阻断惯常的媒介化感知后，该人群即时的反应和应对实践。

针对媒介化坐标导航的问题也存在两种路径上的选择［表20-1 A（2）、B（2）］。话语空间与实体空间装配实验加上深度访谈的混合设计，借用田野实验的思路探究城市日常多见的话语与建筑之间多种多样的数字化拼装形式如何改变身居其中的文化实践和体验感受。研究可将参与者随机分配到文本、人群、建筑以不同形态装配的情境中，结合量化量表和小组访谈揭示其身处其中的感受。譬如，在同一个特定的建筑空间场景中（如城市公共空间中的口袋公园或思南公馆等地），可以将实验设计的虚拟现实游戏要素、对建筑的数字光影投射、建筑空间二维码、数字大屏幕和位置媒介，基于地点的信息推送等数字元素，按研究目标不同，有意地用不同方式植入建筑空间不同位置（比如，有可能牵涉口袋公园不同人群活动的点位、屏幕设置不同的高度和角度、与座椅、凉亭、阅报栏等其他公共设施之间的关系等）。随后对处于不同条件组的参与者进行量表测试及焦点小组访谈。混合方法能以更精细的颗粒，刻画被试在新型媒介化空间中如何"导航"定向、调和新旧关系、产生新的界线差异和审美体验、培育新型的都市公共文化。相比之下，反向的装配实验则会在实验场景的操纵上，有意创造出现实中并不存在的数字空间场景。通过创设当下的社会生成和技术生成之间各种实际未能实现的另类可能,这一方法揭示出数字媒介运行在不同政治、经济和文化场景中得到实现的多重可能性。反向实验有助于将人在另类媒介化场景中身心重新"导航"定向、创造区分和意义的实践体验显露出来。

同样是正向路径,基础设施研究[表20-1 A(3)]直接探索各种媒介技术在不同的运作中建立起来与本地社会网络、叙事系统和(技术)物之间的关系如何发生相互勾连整合,逐渐形成相对稳定却越来越不可见的传播底层结构。基础设施研究更加关注的并非只是如基站、服务器、光缆等大型技术设备的地理空间分布。其关键在于解析异质社会技术系统的生成、连接和彼此整合过程,以及是在不断整合中如何稳定地结构化特定领域日常反复的传播实践和体验。比如田野观察、现场调研、二手数据分析和深度访谈等方法都可以被用于探究基础设施的形成和运作。通过考察异质系统之间稳定的连接融通,基础设施研究可以揭示特定社会-技术结构的生成、固化和转变。相反,"失灵"实验则是探索当稳定的底层基础设施偶然发生功能"失灵"的瞬间,人与技术之间的关系发生怎样的变化调整[表20-1 B(3)]。在"失灵"瞬间,技术生成与社会生成之间意外的"短路"或"裂缝"(尤其是社会技术系统对其修复、调整或遮蔽过程)或能更清晰地显露出技术原本大量隐而不现的运作痕迹。在具体实施中,"失灵"实验可以有意地通过人为的操作,搅乱或中断传播基础设施的稳定运作,进而观察、测量,并访谈身处"失灵"媒介空间中人们实时的身心反应。例如,数字音乐当平台自动推送的音乐内容与用户既有数据画像明显不符合,就会出现推荐"算法"功能失灵的戏剧化时刻;智慧城市公共空间中自动化停车系统或智慧交通指挥系统短暂失灵后系统出现的中介调整都可以为研究提供经验。

最后,正反两个取向上的"行走"方法[表20-1 A(4)、B(4)]着力于将身心在媒介空间中多种模态的移动纳入研究视野。"行走方法"包括了技术程序行走法,伴随行走法和影随法等具体的移动传播研究方法。其中,技术程序行走法主要用于揭露被深度卷入特定技术流程中之后,身体或/和意识的运动状况和体验。该方法理论上结合了文化研究和行动者网络理论,常见于软件研究和技术界面设计的文献,可以用于考察移动"打卡"中或数字化工业机器运行中生产人员的身体体验、心理感受和基于身体间通感的社会交往。伴随行走法大体指研究人员(包括技术专家,研究者等)伴随研究参与者,在同步移动的过程中,通过访谈、拍摄照片录像和记录观察笔记等多种方式捕捉在数字符号空间和实体空间中的身心体验和文化实践。伴随行走可以进一步细分为专家法(docent)、伴随访谈法(walking-interview)、伴随行走法(walk-along)和影随法等多种方法。以其中的专家法为例,该方法能深入被研究者所处的家庭、城市街道和社区等物理空间,基于地方定位来探索移动中出现的媒介实践和意义生产。该方法从扎根理论和参与式观察等既有理论方法中汲取养料。而实施专家法时,通常会邀请参与者引领被研究者在具体的地方及其附近区域，结合采访、录音、录像和摄影等多种方式，即时记录下移动中的实践感受。随后，研究者可以按扎根理论的路径展开分析编码。

行走方法在提问的方式上也存在正反两种进路。正向路径上，行走方法探究人、技术流程、物件和符号话语在运动流转中，各自不同的时间性和空间性如何在技术调和下发生彼此校对协调，形成相对稳定的结构。身体运动或心神荡漾与社会、经济和技术体系的"谐振"共同创生出有意义的移动。例如，在抖音城市网红地点"打卡"的经验中，"打卡"人身体在实体空间中的移动速度、与感官意识同步的信息接收与处理、手指在键盘的操作，与抖音技术平台作为"时间性对象"（temporal object）内在蕴含的运动节奏频率之间往往能达成同步。这一过程及其后果，即可以通过行走方法中的 shadowing 或 docent method 等方法进行分析。相比之下，反向路径则更偏向利用行走方法来探查移动过程中，不同时间性或空间性之间出现"错位"时产生的诡异体验和媒介实践。譬如，walk-along 方法或者 docent 方法就可以用于考察全球疫情期间，健康码数字网络的信息流动（速度和范围）与人口跨省市甚至跨国移动之间可能存在的错位和裂缝。特定地方社会技术系统如何修补不同移动性之间的错位，能多少显露出技术系统运作的基本逻辑。

将空间作为媒介研究方法，在数字时代尤其具有现实意义。数字媒介的运作，尤其是移动媒介的迅猛发展恢复了媒介空间化本来应有的多重尺度。在传统书写印刷中，二维平面化（flattening）成为主导的文化技艺。多重感官的身体体验被"压扁"为文字和图像，甚至书写本身的空间性也被"平面"所掩盖。三维环境经透视法转译为二维图像，视觉成为现代生活和技术控制中最主要的感官形式。数字媒介更丰富的空间化形态将符号的流动"升维"。符号与人和物质环境的关系已经发生了深刻的变化。曼纽尔·卡斯特所谓"无时间的时间和流动空间"与原有时空之间高度混杂。媒介成为我们安身栖居的所在。本章围绕空间方法（论）的阐述，意在能推动媒介研究方法挣脱大众媒介"平面"理论和经验的束缚。创新媒介研究方法也是人类集体居于数字世界"重新定向"的关键。

思考题

1. 如何理解"空间"作为媒介研究方法（论）的内涵？
2. 在数字时代将空间作为媒介研究方法有何意义？

拓展阅读

1. 斯蒂格勒. 技术与时间：迷失方向[M]. 赵和平, 印螺, 译. 南京：译林出版社, 2010.

2. 段义孚. 空间与地方：经验的视角[M]. 王志标，译. 北京：中国人民大学出版社，2017.

3. 麦夸尔. 地理媒介：网络化城市与公共空间的未来[M]. 潘霁，译. 上海：复旦大学出版社，2019.

（潘　霁）

第二十一章　传播修辞学

本章概述

　　有别于修辞传播学，传播修辞学强调立足修辞认识论这一逻辑原点，赋予传播研究一种修辞视角，将传播问题置于修辞学的知识脉络中加以考察，以此拓展并重构传播研究的修辞学范式。传播修辞学关注的本体问题依然是传播论题，而修辞学则作为一种认识视角。传播修辞学研究旨在重构一种基于修辞认识论的传播学知识体系。

关键词

　　传播学；传播修辞学；修辞

　　传播学的"身体"里，一直都流淌着其他学科的血液，而修辞学则是其中最古老的学术传统。修辞学与传播学"相遇"并诞生了一个新兴的学科领域——传播修辞学。不同于修辞传播学的实践取向特征，传播修辞学强调立足修辞认识论这一逻辑原点，赋予传播研究一种修辞视角，将传播问题置于修辞学的知识脉络中加以考察，以此拓展并重构传播研究的修辞学范式。传播修辞学研究的理论路径之一就是聚焦于传播活动的相关要素和环节，分别探讨其来自修辞学的研究视角及其打开的知识话语。相应地，修辞动机问题、修辞情景问题、修辞美学问题、修辞传播问题、修辞语法问题、修辞批评问题构成了传播修辞学研究的六大核心问题域。

第一节 传播研究的修辞学传统

如何描绘传播学的理论大厦？相信在罗伯特·克雷格（Robert T. Craig）那篇著名的文献诞生之前，所有的"方案"或"体系"仅仅代表某种有待商榷的"靶子"，共识远远未能形成。而克雷格的意义，固然谈不上是对现有理论格局的"终结"，但他的确以一种振聋发聩的方式开启了另一场讨论。1999 年，克雷格在影响深远的《作为一个研究领域的传播理论》（*Communication Theory as a Field*）中勾勒出传播研究的七大传统[①]，传播学界开始重新审视传播理论的跨学科起源（multidisciplinary origins）问题。如果说传播学是一棵正在生长的大树，当人们集体关注其"枝叶"构成层面的结构、属性和要素时，克雷格则掘地三尺，进入根系深处的"块茎"之中，尝试思考"传播之树"的营养来源及其破土而出的环境条件，即在其他学科那里寻找传播理论"生长"的生命之"源"。按照克雷格的观点，传播学的种子并非从天而降，而是在那些古老的或者晚近出现的学科土壤中不断孕育，最终经由历史的漫长沉淀，于 20 世纪"开花结果"，由此获得了"传播学"的学科身份。简言之，传播学的"身体"里，流淌着其他学科的血液，也携带着其他学科与生俱来的知识基因。这些孕育传播学理论的其他学科，被克雷格称为传播理论形成的学科传统（tradition）。

纵观 20 世纪 90 年代的传播理论发展态势，一边是研究热度上的"理论狂欢"，另一边又是理论格局上的"体系危机"。如何重构传播理论的整体性和系统性？克雷格的思维非常清楚，那就是绕开纷繁复杂的传播理论模式，将关注视域下沉到理论产生的根系深处，探寻那些决定理论形成与解释的底层模式。只有厘清传播理论生长的根系、块茎和脉络，才能真正发展出一套整合的传播理论。为此，克雷格放弃了宏观的社会逻辑观照视野，也拒绝微观的实践话语分析路径，而是尝试回到学科演进的历史河流中，独辟蹊径，正本清源，从传播理论生成的发生语境出发，探寻传播理论形成的学科"源头"，并尝试在此基础上抵达传播理论的起源问题。究竟哪些学科铺设了传播学的理论传统？克雷格基于科学的论证逻辑，提出了传播理论形成的七大跨学科传统——修辞学传统、符号学传统、现象学传统、控制论传统、社会心理学传统、社会文化传统、批判传统。

在这七大学术传统中，本章主要关注修辞学传统，核心的研究问题是：传播学与修辞学的"相遇"，究竟实现了何种意义上的知识生产？纵观现有的理论文献，一种普

---

① CRAIG R T. Communication Theory as a Field[J]. Communication Theory, 1999, 9（2）：119-161.

遍的研究思路是征用一些成熟的修辞学理论资源，将其作为一种认识工具来分析传播现象和实践，以此拓展传播学的理论视域。具体而言，作为传播理论研究的"集大成者"，李特约翰·S. W.（LittleJohn S. W.）和凯伦·A. 福斯（Karen A. Foss）系统"打捞"修辞学理论资源，将其"打散"后归入相应的传播学研究"场景"，即具体的传播学领域，如传播者研究、信息研究、交流研究、关系研究、组织研究、媒介研究、文化与社会研究，以此发掘传播研究的修辞遗产以及回应传播问题的可能性与现实性。例如，就"传播者"而言，李特约翰和福斯提出了两大修辞理论视角，即理查德·韦弗（Richard Weaver）的价值修辞学和埃内斯托·格拉西（Ernesto Grassi）的意大利人文主义修辞学，由此从修辞伦理的层面揭示了传播者在信息生产和传递中所应该恪守的伦理规范。① 如果说传统的传播伦理更多地建立在新闻专业主义知识框架之内，修辞学脉络中有关价值与伦理的思想遗产，无疑丰富和拓展了传播学中"传者研究"或"控制研究"的知识视域。再如，就传播活动中至关重要的"信息"而言，经典的传播学研究主要聚焦于内容（content）问题，其理论话语主体上是围绕"编码""框架"和"生产"三大问题展开，而劳埃得·比彻尔（Lloyd Bitzer）的修辞情景理论、肯尼斯·伯克（Kenneth Burke）的修辞认同理论、斯蒂芬·E. 图尔敏（Stephen E. Toulmin）的论证模型理论、沃尔特·费舍尔（Walter Fisher）的叙述范式理论等理论资源，极大地拓展了传播学中"信息"问题的知识视域……②

　　如果说修辞学传统的引入打开了传播学的新问题、新范畴和新实践，那么聚焦这一命题的研究便意味着一个新兴的学科领域，本章将其称为传播修辞学（Rhetoric Studies in Communication）。基于此，本章旨在回答这样一个问题：当传播进入修辞学的审视视野时，传播学原有的问题、知识、观念是否发生了变化，而修辞学又是如何回应这种变化的，以及在这一过程中其自身又需要做出何种调适或拓展。在回答这些问题之前，我们有必要对当前学界容易混淆的两个概念——"传播修辞学"与"修辞传播学"（Rhetorical Communication）加以辨析，以此揭示传播修辞学作为一个学科领域的合法性及其学术身份和问题意识。

---

① LITTLEJOHN S W, FOSS K A. Theories of Human Communication（10th Edition）[M]. Long Grove, IL: Waveland press, 2011: 106-109.
② LITTLEJOHN S W, FOSS K A. Theories of Human Communication（10th Edition）[M]. Long Grove, IL: Waveland press, 2011: 137-205.

第二节 传播修辞学，抑或修辞传播学？

修辞学与传播学的最初相遇，主要体现为一个修辞传播学问题。20世纪50年代，由于新修辞学刚刚起步，修辞学的主导观念依然是传统修辞学的劝说思想。不同于有着多元传播观念的今天，最初，传播学因战时语境下的社会需求而生，因此被贴上了实践学科的标签。[1]同样，传统修辞学因强调既定情境中的"话语的管理"（management of discourse）问题，被视为一种实用学科（instrumental discipline）。[2]因此，修辞学与传播学都被统摄在现实问题驱动的"实践逻辑"之中，并且在"实践取向"上拥有高度的一致性，其碰撞之后的"火花"也是沿着"传播艺术"这一基础性的实践问题蔓延。正因如此，修辞学最早是以"修辞术"的学科身份进入传播学场域，最终回应的依然是一个传播实践问题，即立足修辞学在语言艺术和话语策略方面所沉淀的智慧，建立一种有别于传统传播活动的新的实践形式与样态——修辞传播。由此可见，修辞传播实际上可以被视为传播学的一个分支领域。

本质上讲，修辞传播是一种建立在修辞智慧基础上的传播形式（form）或传播类型（type），其特殊性体现为在传播活动中整合了一定的"修辞术"，这使得修辞传播更加注重文本层面的修辞美学以及话语层面的修辞技巧。相应地，修辞传播学则是系统探究修辞传播机制、规律和实践的学问。詹姆斯·C.麦克罗斯基（James C. McCroskey）于1968年出版的《修辞传播学导论》（Introduction to Rhetorical Communication）中将"修辞传播学"上升为一个学科领域加以研究。之所以提出修辞传播这一传播形态，是因为麦克罗斯基发现了人类传播活动中传者与受者之间存在不同的传播条件、状态和后果，而修辞传播则是其中最理想的一种传播方式，其强调的是"传者通过语言或非语言的表现方式，在受众大脑中形成了一种授权的意义（source-selected meaning）"。[3]基于此，我们可以从三个维度来把握修辞传播的内涵：一是作为传播类型的修辞传播，其强调的是一种严格意义上的基于目标导向的传播活动；二是作为传播技能的修辞传播，其强调的是传者在传播实践中所拥有的技能和智慧；三是作为传播手段的修辞传播，其强调的是将修辞传播作为一种沟通工具，以实现既定的传播目的。

尽管传播修辞学和修辞传播学之间具有内在的关联逻辑，但二者对应的学科身份

---

[1] DELIA J G. Communication Research: A History[M]// BERGER C R, CHAFFEE S H (ed.). Handbook of Communication Science, Newbury Park, New York: Sage, 1987: 20-98.
[2] BRYANT D C. Rhetoric: Its Functions and Its Scope[J]. Quarterly Journal of Speech, 1953, 39（4）: 401-424.
[3] MCCROSKEY J C. An Introduction to Rhetorical Communication（9th ed.）[M]. London: Routledge, 2016: 21.

及其核心问题依然存在明显的差异。概括而言，如果说修辞传播学主要回应的是"修辞传播"这一传播类型的实践机制和策略研究，其学科身份依然属于实践学科范畴；那么，传播修辞学则意味着一个新兴的学科领域，主要强调立足修辞认识论这一基本的逻辑原点，重构传播学的问题域和知识谱系。具体而言，20世纪60年代以来，新修辞学的崛起极大地拓展了修辞学的观念。修辞学既是一种认识论，也是一种方法论，还是一种实践论，这意味着修辞学的学科内涵获得了极大的拓展和延伸——修辞学不仅仅是一种"话语的实践艺术"，更是具有了把握语义规则及其建构的社会规范的本体论意义。与此同时，传播学也逐渐从"实践学科"的束缚中挣脱出来，其研究范式远远超越了传统的经验主义范式而拥有更为丰富的学科内涵。正是在这一总体性的学科转向结构中，修辞学与传播学的交叉融合，注定会呈现出更为复杂的逻辑层次，也会衍生出更为丰富的理论问题。传播修辞学正是本章所关注的学科领域，其强调将修辞学作为一种研究视角，探讨传播学可能拓展的问题域及其可能的知识生产空间。

每一种学术传统都意味着一条通往传播理论的认识路径，那么，如何把握传播修辞学的学科内涵，亦即修辞学视角下的传播问题及思考路径？这一问题涉及对传播研究的"修辞视角"（rhetorical perspectives）及其内涵的认识。一个学科是否能够成为其他学科的理论视角，关键取决于前者是否可以推动后者的知识生产。相应地，所谓的"修辞视角"，可以沿着两个维度加以理解：一是聚焦既定的传播问题，将其置于修辞学的知识结构中，并给出一种来自修辞学的诠释体系；二是以修辞学作为认识工具或方法，重新发现那些被遮蔽的传播问题，或挑战那些习以为常的传播观念，从而在修辞意义上重构传播学的知识结构。因此，传播修辞学关注的本体问题依然是传播论题，而修辞学则作为一种认识视角。传播修辞学研究旨在重构一种基于修辞认识论的传播学知识体系。

第三节 传播修辞学的问题域及研究路径

如何科学地厘清传播修辞学的问题域？本章将目光转向著名的语言学家罗曼·雅柯布森（Roman Jakobson），尝试从其语言学模式那里寻求可能的理论智慧。之所以"重返"雅柯布森的语言模式，是因为他的语言世界里包含了丰富的修辞"基因"。雅柯布森将语言置于日常生活维度，关注的是一种有别于文学语言的语言诗学问题。当语言进入"诗学"的认识范畴时，语言的"功能"（function）问题不仅得以凸显，而且上升为语言表意实践中不得不考虑的修辞问题。基于对语言六要素及其对应的六功能分析，雅柯布森成功地将传播过程的诸多环节转化为语言学问题，从而为传播过程与修辞学的衔接奠定了"语言"的基础。在雅柯布森模式中，语言传播包括六个基本构成要素：发送者（addresser）、接受者（addressee）、语境（context）、符码（code）、信息（message）和接触（contact）。[①] 当传播过程偏重或强调不同的语言要素时，语言传播实践便呈现出不同的功能——偏重发送者展示情动功能、偏重接受者展示意动功能、偏重语境展示指称功能、偏重符码展示元语言功能、偏重信息展示诗性功能、偏重接触展示交际功能。与拉斯韦尔的"5W模式"相比，雅柯布森的主要贡献有三：一是将语言置于传播（过程）语境中，使语言获得了实践的品格；二是发掘了语言的"功能"维度，将语言置于修辞"效应"的层面进行审视；三是关注语言释义的复杂系统，如指称问题、元语言问题等，克服了机械模式的意义缺失问题。必须承认，尽管雅柯布森的理论模式依然是以语言为中心的分析系统，并且未能在传播实践和传播效果的维度提供深入反思，但我们依然可以在他的语言模式中发现一个隐秘的传播过程或传播结构。

基于此，本章依托雅柯布森的语言模式，在修辞学理论视野下探讨传播学问题，尝试突破语言中心的束缚，构建传播修辞学的问题域。具体而言，本章立足传播学的总体"场域"，以语言的六大功能——情动功能（emotive function）、指称功能（referential function）、诗性功能（poetic function）、传播功能（phatic function）、元语言功能（metalingual function）和意动功能（conative function）作为研究对象，提出传播学的六大核心问题，并将其置于修辞学的理论视域中加以考察，以此形成传播修辞学的六大问题域——修辞动机问题（rhetorical motive question）、修辞情景问题（rhetorical situation question）、修辞美学问题（rhetorical aesthetics question）、修辞传播问题（rhetorical communication question）、修辞语法问题（rhetorical grammar question）和修辞批评问题（rhetorical criticism question）（表21-1）。接下来，本章分别聚焦这六大问题域，探讨传播修辞学研究的核心问题及其研究路径。

表 21-1　传播修辞学的问题域

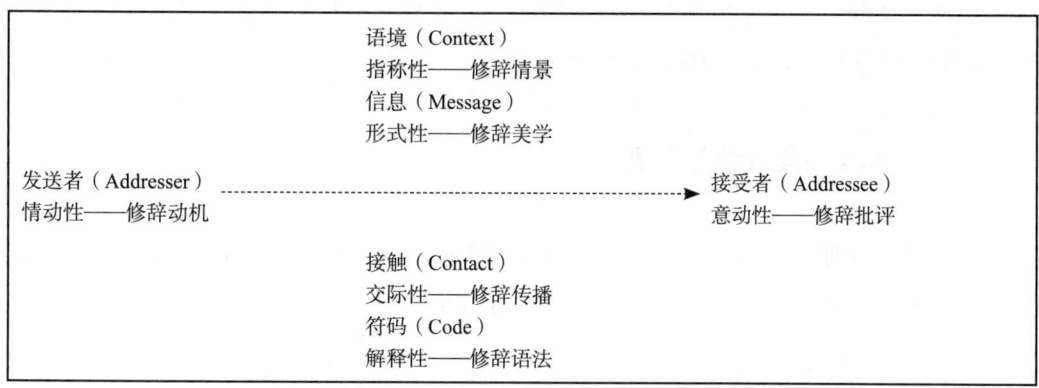

[①] JAKOBSON R. Closing Statements: Linguistics and Poetics[M]// SEBEOK T A (ed.). Style in Language. Cambridge, MA: MIT Press, 1960: 353.

一、情动性与修辞动机问题

感叹词、声音模式、句法形式等修辞艺术可以构造不同的情绪状态，而实际情绪的真与假则可存而不论。[1]作为传播行为的起点，发送者对应的是传播学的控制研究领域，这一领域的传播学理论涵盖了把关人研究、潜网研究、体制研究等理论成果，其传统的方法论基础依然是社会学。那么，转向修辞学视野，如何认识发送者问题？传播学视域中的发送者研究，主要体现为传播意图维度的信息控制问题，但修辞学却给出了不同的理解方式，由此赋予发送者研究以新的理论视角。如何理解发送者的意图问题？修辞学将其概括为修辞动机问题并加以阐述。对此，新修辞学代表人物肯尼斯·伯克（Kenneth Burke）在其动机语法学中给出了系统论述。伯克认为，动机常常在戏剧五要素——行动（act）、行动者（agent）、手段（agency）、场景（scene）和目的（purpose）的两两配对的情况下被认识，[2]因为不同的要素配对方式能够建构出不同的修辞动机——在关系对子中，不同的要素顺序也意味着不同的因果关系，由此推演出不同的阐释动机。[3]例如，在"行动-行动者"关系结构中，行动决定了行动者，这是一种典型的指控修辞，而在"行动者-行动"关系结构中，行动者的性质决定了行动的方式，这便构成了伦理修辞……

可见，在伯克的戏剧主义分析结构中，修辞动机以及情动性问题不再是传播链条中的信息控制问题，而是可以通过戏剧五要素之间的两两配对及其关系加以识别和研究的修辞问题，这便是修辞视角赋予传播学研究的学术想象力——在认识论和方法论的层面上建立发送者意图问题的修辞学研究路径。因此，修辞学既可以建构相应的发送者动机，也可以作为一种认识论洞察到发送者的修辞动机。正是因为修辞视角的介入，传播意图问题超越了传播学理论视域而进入修辞学的认识维度，最终转换为一个可以借助修辞学加以认识的修辞动机问题。

二、指称性与修辞情景问题

在雅柯布森那里，语境（context）强调的是语言的指称性（referential）功能。语言之所以能够建立一种指称结构，是因为其存在语境维度的意义锚定结构。语境本身

---

[1] JAKOBSON R. Closing Statements: Linguistics and Poetics[M]// SEBEOK T A (ed.). Style in Language. Cambridge, MA: MIT Press, 1960: 354.
[2] BURKE K. A Grammar of Motives[M]. Berkeley, CA: University of California Press, 1969: XV-XVI.
[3] 刘涛. 视觉修辞学[M]. 北京：北京大学出版社，2021：369-373.

具有一定的解释功能，尤其是限定或引导事物的解释方式，而这种"解释"在修辞意义上又是分层次的，相应地也就形成了不同的语义系统及其赖以存在的语境形式，如互文语境、情景语境、文化语境，它们分别回应了指称结构中的符号连接问题、符号边界问题、符号象征问题。[①]

指称问题指向的不仅仅是一个实体，而且是一种整体的现实状况，其对应的修辞问题便是修辞情景。在传播实践中，指称问题所对应的修辞情景可以从语义功能、指示功能、情景功能三个维度加以分析。第一，任何修辞符号都存在表意维度的指涉结构，它或许指向现实中的事物，或许指向拟构的对象，当其中的指涉结构得以建立并发挥作用时，符号的语义功能便随之实现了。语义本身往往铺设了一定的认知情景，如果没有语义的支撑，修辞表意就会因为情景的悬置而变得空洞无物，由此失去修辞的现实基础以及认知基础。第二，传播符号中充满了各种指示符（indicator），它建立起了自身与对象、符号以及秩序的联系。禅宗典故里"指"和"月"之间的表意关系，正是通过"指向月亮"这一指示过程建立起来的——手指的指向使得"月亮"的含义得以显明。此外，任何文本并非孤立存在的，其必然携带着一定的伴随文本（co-text），这意味着指称问题经常体现为互文系统中的关系问题。实际上，在修辞实践中，符号总是通过不断地选择或切分世界而建构世界秩序，并在此过程中建构起有利于传播主体的修辞位置。第三，修辞情景还体现为一种任务，一种紧急状态[②]，比如捕鱼场景中的"放手""收网"就是为了完成捕鱼任务而使用的，而环境污染造成的紧急事态就需要社会动员维度的公共修辞（public rhetoric）加以修补。综上可见，修辞情景的概念，已经溢出了雅柯布森的理解维度，涉及对传播活动中现实境况的深入分析和研究。

三、形式性与修辞美学问题

语言除了指称层面的功能，还有纯形式的"诗性"（poetic）功能，即美学功能。文本表征中的形式、韵律、格式、风格等问题，本质上都体现为一个美学问题。不同于艺术学领域的美学内涵，修辞美学强调通过对符号形式的策略性设计与布局而实现既定的符号功能。传统修辞"五艺"中的"文体"，即汉语语境中的"文采"，本质上体现为一个修辞美学问题。诚然，修辞的美学功能并非仅仅停留在形式构造层面，它更强调的是符号形式与其功能之间的连接结构或实现方式。因此，修辞美学所强调的形式，主体上回应的是修辞功能问题。换言之，修辞美学超越了艺术领域纯粹的审美

---

① 刘涛. 视觉修辞学[M]. 北京：北京大学出版社，2021：108-119.
② BITZER L F. The Rhetorical Situation[J]. Philosophy & Rhetoric, 1968, 1（1）：1-14.

向度，而体现为符号形式维度上的话语建构方式，即在符号的呈现形态、表征语言、艺术手法、风格体系等美学层面编织一种更为深刻的意义、话语或观念。

既然修辞美学是一个与符号功能密切关联的问题，那我们便可以从符号功能维度切入，把握传播活动中修辞美学的内涵及研究路径。韩礼德（M. A. K. Halliday）在系统功能语言学中提出了语言的三大元功能（meta-function），即概念元功能（ideational meta-function）、人际元功能（interpersonal meta-function）和语篇元功能（textual meta-function）[1]，相应地，修辞美学也可以在这三个层面展开。第一，在概念功能层面，修辞美学主要强调在既定的表意形式维度上编织一定的话语内涵。如何理解表意的形式问题？诸如艺术学、符号学、风格学、形态学、类型学等都提供了丰富的理论资源。当符号的形式问题超越了纯粹的美学范畴，开始酝酿一定的话语和意义，且在修辞功能层面表现出相应的语言、技艺或策略时，修辞美学的概念功能便发生了。第二，在交际功能层面，修辞美学探讨的核心问题是传播如何创设一个有意味的修辞情景，使传者和受者之间形成更加紧密的关系。在社交媒体环境下，为了拓展文本传播的交际能力和潜力，数字时代的文本形式在"图像转向"与"情感转向"维度上发生了深刻的变化。相应地，修辞美学的研究问题主要聚焦于文本表达的形态及其语言问题，如视觉修辞对于图像文本的形式语言研究[2]，程序修辞对于游戏文本的形式语言研究[3]，等等。第三，在语篇功能层面，修辞美学关注的是全部符号系统的整体组合，其主体上体现为一个风格问题。例如，典雅、崇高、悲剧、戏谑、平和（零度）等风格不仅会带来不同的审美感受，而且能够重塑整个表达的情绪氛围、社会身份和表达意图；然而正式的传播场景往往要求修辞纯正、透明、得体，否则会导致适得其反的效果。[4]

四、交际性与修辞传播问题

雅柯布森认为，语言中有一些讯息是用来确定、延续或中断传播的，有一些则用来检测渠道是否通畅，还有一些用来吸引或是延续接收者的注意力。这些讯息并没有实质性的内容，而仅仅是为了实现"接触"（contact），即体现为一种纯"交际性"功能。纵观人类的传播实践，这些讯息是动物与人沟通的唯一通道。正是通过捕捉和占

---

[1] HALLIDAY M A K. Language as Social Semiotic: The Social Interpretation of Language and Meaning[M]. London: Arnold, 1978: 183.
[2] 刘涛. 媒介·空间·事件：观看的"语法"与视觉修辞方法[J]. 南京社会科学, 2017（09）：100-109.
[3] 刘涛, 曹锐. 程序修辞：游戏研究的修辞学范式[J]. 新闻界, 2021（01）：35-50.
[4] 尼采. 古修辞讲稿[M]. 屠友祥, 译. 上海：华东师范大学出版社, 2018：22-31.

用这些交际性的讯息，尚未学会说话的婴儿掌握了与成人"沟通"的能力。①当修辞实践开始重视这些与"媒介"或"管道"相关的交际性讯息时，符号活动便上升为一个修辞传播问题，即那些看似没有实质意义的讯息，却发挥着积极的"传播"功能。例如，修辞中的某些信息看起来略显冗余，但是它能够使受众理解某些深刻的信息内容；通过冗余信息占据信息的通道，已经成为宣传实践中常见的政治修辞策略；互联网空间中的@功能，实际上是主体试图通过指名道姓来赢得支持的一种方式；表情包、"呵呵""嗯嗯"等也成为传播关系建立、延续和中断的模糊修辞方式；在媒介环境学派看来，媒介并不是纯粹的中介物，而是具有独立的效应，它能够引进一种新的尺度、感官比率和思维方式②，而这种"中介"功能的发挥往往离不开一些"辅助"信息的"在场"与参与……

由此看来，尽管语言的"接触"元素没有实质性的指涉意义，却产生了实质性的功效和作用——作为修辞情景建构的不可或缺的信息形态，这些交际性讯息在传播活动的建立、维持、中断方面发挥着积极作用。因此，修辞传播意味着将这些交际性的"接触"元素置于修辞维度加以把握，如此才能全面地考察和认识媒介对于社会结构、行为模式和思维方式的根本影响方式。需要特别强调的是，这里的修辞传播与前文讨论的麦克罗斯基提出的"修辞传播"并不在同一个概念层次上——传播修辞学视域下的"修辞传播"主要关注传播实践中那些能够发挥"接触"功能或促进"交际"效果的符码讯息或媒介元素的修辞问题。

五、解释性与修辞语法问题

语言中必然存在"符码"（code）要素，它既决定了传播者的编码和接收者的解码能否获得一致的结果，也承担着解释对象语言的"元语言"（metalingual）功能。符码经常在双方协商"是否听懂"的时候浮现出来。③符码是一种编码和解码的规则，是"社会所有成员一致同意的"，其研究"常常侧重于传播的社会维度"。④而元语言作为一种"操作程序"，能够洞察修辞编码底层的意识形态⑤，由此便引申出修辞活动中的释义规则问题。如何把握修辞语法层面的释义规则？"修辞结构"（rhetorical structure）提供

---

① JAKOBSON R. Closing Statements：Linguistics and Poetics[M]// SEBEOK T A（ed.）. Style in Language. Cambridge, MA：MIT Press, 1960：354.
② 麦克卢汉. 理解媒介——论人的延伸[M]. 何道宽，译. 北京：商务印书馆，2000：33+78+122.
③ JAKOBSON R. Closing Statements：Linguistics and Poetics[M]// SEBEOK T. A.（Ed.），Style in Language. Cambridge, MA：MIT Press, 1960：356.
④ 费斯克. 传播研究导论：过程与符号[M]. 许静，译. 北京：北京大学出版社，2008：55.
⑤ 巴尔特. 符号学原理[M]. 李幼蒸，译. 北京：中国人民大学出版社，2008：56-57.

了一个非常重要的修辞认知视角。① 具体而言，修辞结构可以通过三个内在关联的修辞问题加以认识。第一是意义规则层面的语义辞格问题。辞格的功能就是将抽象、隐藏、贫乏的意义携带出来，使其变得易于把握。相应地，语义辞格研究主要表现为对隐喻、转喻、意象、寓言、反讽等修辞格的探究，特别是探讨其在非语言符号实践中的表现方式及意义作用机制。第二是意义推演层面的修辞论证问题，它强调通过逻辑、对比、分析等方式从已知推导未知，从而得出某个结论。常见的修辞论证方式包括修辞三段论、因果论证、权威论证、例证、类比论证、隐喻论证、实质论证（substantial arguments）、分析论证（analytical arguments）等。第三是意义再现层面的编码法则问题，它回应的是对象何以把握的问题。不同的编码规则往往对应不同的修辞认知方式，如"框架"揭示了意义建构的模式问题，"模因"揭示了符号流动的文化问题，"互文"揭示了符号联结的结构问题，"图式"揭示了思维形成的底层逻辑问题，等等。

六、意动性与修辞批评问题

按照雅柯布森的观点，祈使句、呼唤语等能对接收者产生"意动"（conative）功能②，因此意动功能关注的是修辞效果问题。在传播学中，意动功能对应的正是效果研究领域，其更多地体现为基于"事实"的经验研究而缺少分析性的维度。劳埃德·F. 比彻尔（Lloyd F. Bitzer）认为，不同于普通听众和读者，修辞受众（rhetorical audience）往往是修辞情景的核心组成要素，而在修辞产生效果的过程中，修辞受众往往起着"中介人的作用"。③ 夏伊姆·佩雷尔曼（Chalm Perelman）和露西·奥尔布雷希茨 - 泰特卡（Lucie Olbrechts-Tyteca）将受众分为普通受众（universal audience）和特定受众（particular audience）：普通受众由一切有理智和能力的人组成，它是修辞者内心构筑的概念，是决定"好的论证"或"坏的论证"的理想标准；特定受众则是具体而现实的受众，是复杂而多样化的存在，它往往被视为"混合受众"（composite audience）。④ 受众的划分要求传播发送者在构筑修辞的过程中，必须对修辞受众有所把握，如此才能做到有的放矢。在符号实践中，如何理解修辞效果问题？修辞批评提供了一种可能的分析路径。修辞批评的使命就是发现修辞运作的机制，揭示修辞效果得以实现的不同作用方式，从而把握修辞效果得以发生的意义原理和机制。基

---

① 刘涛. 视觉修辞学[M]. 北京：北京大学出版社，2021：120-121.
② JAKOBSON R. Closing Statements: Linguistics and Poetics[M]// SEBEOK T A（ed.）. Style in Language. Cambridge, MA: MIT Press, 1960: 355.
③ BITZER L F. The Rhetorical Situation[J]. Philosophy and Rhetoric, 1968, 1（1）: 1-14.
④ 福斯等. 当代西方修辞学之管窥[M]. 李克，译. 上海：上海交通大学出版社，2021：91-92.

思·肯尼（Keith Kenney）和琳达·M. 斯科特（Linda M. Scott）将修辞批评分为经典式（classical）、伯克式（Burkeian）和批判式（critical）三种模式[1]，它们代表了不同的"修辞观"，因此回应的是不同的效果问题及"评估"方式。具体而言，"经典模式"建立在传统的修辞"五艺"（发明、谋篇、文体、发表、记忆）的基础之上，其回应的效果问题主要体现为劝服意义上的影响效力和结果；"伯克模式"聚焦于象征行动（symbolic action）问题，"效果"评估的关键是对修辞动机及其认同机制的揭示；"批判模式"则重在揭示符号实践深层的社会权力结构及其生产逻辑，因此其关注的主要是文化塑造范畴或意识形态领域的效果问题。在此，修辞批评从不同的层面揭示了修辞效果得以发生的机制，这为传播学的效果研究提供了分析性（人文主义分析）而非经验性（经验主义分析）的方法和维度。

概括而言，本章将雅柯布森的语言模式与传播修辞学进行对接，尝试揭示传播修辞学得以建立的跨学科逻辑基础。由于雅柯布森的语言五要素在一定程度上对应具体的传播环节和要素，因此可以从具体的传播对象或问题切入，形成传播修辞学的六大问题域，即修辞动机问题、修辞情景问题、修辞美学问题、修辞传播问题、修辞语法问题和修辞批评问题。必须承认，尽管雅柯布森将传播过程及其语言维度进行了细分，但是他的模式仍然是以语言为中心的，未能充分彰显传播问题的互动性。因此，传播修辞学研究还需要进一步引进传受互动的维度，以弥补雅柯布森模型的不足。反过来，当修辞学获得了传播的维度，它就能够跳出文本中心的立场，进而获得丰富的主体内涵、文化内涵和社会内涵。唯有如此，传播修辞学才能完成对文本中心与社会导向的超越，进入复杂的意义脉络之中，以此克服传播学研究中的"意义缺失"问题。

结语与讨论

本章重提传播研究的修辞传统，并非将传播学作为一个从属性的学科领域投入修辞学的河流中接受"洗礼"，而是要立足传播学的主体身份，重返传播学的主体立场，回应传播学的主体问题，从而在跨学科维度上发现传播与修辞之间的对话结构——这是一个学科与另一个学科之间的高贵对话，其目的就是将修辞学视为一种学术范式，识别、发现并重构来自传播研究本体维度的核心问题。具体而言，在传播修辞学的关照视野中，传播学与修辞学的"相遇"，并非强调修辞作为传播的"验证"工具，亦非强调传播作为修辞的"演练"场景，而是强调二者在问题意识层面的整合，即将传

---

[1] KEITH K, SCOTT L M. A Review of the Visual Rhetoric Literature[M]//SCOTT L M, BATRA R（eds.）. Persuasive Imagery: A Consumer Response Perspective. NJ: Erlbaum, 2003: 17-56.

播问题置于修辞学的知识脉络中加以考察，以此打开传播研究的修辞视角——发现全新的传播问题，赋予传播研究全新的认识视角，并在修辞维度上重构传播研究的认识论体系。一方面，由于赋予了传播研究一定的修辞视角，相应地也就在认识论和方法论上拓展了传播研究的知识体系，其主要表现是拓展并形成了传播研究的修辞学范式；另一方面，在修辞学进入传播学这一实践"熔炉"之际，新的传播问题和实践不断检验、挑战并冲击修辞学原有的知识体系，由此推动修辞学理论本身的发展、批判与创新。

尽管本章从传播研究的要素或环节出发，提出了传播修辞学的六大问题域，即修辞动机问题、修辞情景问题、修辞美学问题、修辞传播问题、修辞语法问题和修辞批评问题，但必须承认，这一研究取向主要是基于"化繁为简"的考虑，也就是在确立领域的基础上寻求可能的修辞视角及其对应的修辞问题。由于传播学的领域还存在其他更为多元的分类方式，因此本章仅仅是提供了传播修辞学研究的一种可能思路。当前，随着新媒体环境下传播格局的变迁，传播学的观念和内涵正在经历一场普遍而深刻的拓展和创新，雅柯布森的语言六要素模式在回应新传播环境下的"传播"结构时，亟待发展和创新。因此，未来的传播修辞学研究可以沿着两个逻辑进路展开：一是立足新传播环境下的新生态、新领域和新问题，从不断革新的修辞学那里汲取"养分"，从而在修辞视角下推动传播研究的知识生产；二是立足修辞学的"三论"——认识论、方法论和实践论，发展和创新传播学的修辞学范式，进而重构传播学的知识体系。相比较而言，第二种逻辑真正回应了传播学与修辞学在学科逻辑上的对话问题，因而拥有更大的研究空间。相应地，传播修辞学的问题域及其研究范式便体现为修辞认识论、修辞方法论、修辞实践论视域下的传播研究。

思考题

1. 如何理解传播学的修辞范式？
2. 传播修辞学和修辞传播学有何区别？
3. 简述传播修辞学的问题域及其内涵。

拓展阅读

1. 刘涛.传播修辞学的问题域及其研究范式[J].南京社会科学，2022（01）：91-105.
2. 福斯等.当代西方修辞学之管窥[M].李克，译.上海：上海交通大学出版社，2021.
3. 亚里士多德.修辞学[M].罗念生，译.上海：上海世纪出版集团，2006.

（刘　涛）

第二十二章 视觉修辞学

本章概述

视觉修辞学是研究视觉文本修辞语言、活动与规律的学问。相对于传统的修辞理论体系,新修辞学在理论上重新界定了修辞的本质和对象,从而将包括图像在内的一切符号系统都纳入修辞学的对象范畴。图像研究的视觉修辞学范式可以从以下五个理论视角加以把握:一是文本实践维度的修辞策略问题;二是符号行动维度的修辞效果问题;三是发生场域维度的修辞传播问题;四是意义机制维度的修辞语言问题;五是批评模式维度的修辞批评问题。

关键词

视觉修辞;图像转向;动机修辞学;图像研究

所谓视觉修辞,是指以视觉化的文本形态为主要修辞对象,通过对视觉文本的策略性使用和对视觉话语的策略性建构,达到劝服、对话与沟通功能的一种实践与方法。相应地,视觉修辞学则是研究视觉文本修辞语言、活动与规律的学问。不同于其他的学术范式,图像研究的视觉修辞学范式可以从以下五个理论视角加以把握:一是文本实践维度的修辞策略问题,二是符号行动维度的修辞效果问题,三是发生场域维度的修辞传播问题,四是意义机制维度的修辞语言问题,五是批评模式维度的修辞批评问题。

第一节　从修辞学到视觉修辞学

传统修辞学强调对语言符号的策略性使用，其核心功能是劝说。修辞的内涵是"一种能在任何问题上找出可能的说服方法的功能"，修辞的目的是引发受众的认同，修辞的结果体现为对某种"劝服性话语"（persuasive discourse）的生产。如果说传统修辞学的研究对象是语言文本，视觉修辞学（visual rhetoric）的研究对象则转向视觉文本。因此，作为一个新兴的学术领域，视觉修辞学关注的是视觉文本的修辞学问题，即以视觉文本为修辞对象的修辞学知识体系。当视觉文本进入修辞学的关注视野，视觉修辞学便成为有别于传统语言修辞学的另一种修辞范式。

莱斯特·C.奥尔森（Lester C. Olson）通过对1950年以来的视觉修辞文献进行梳理，发现视觉修辞研究于20世纪60年代开始起步，发展并成熟于20世纪90年代，自2000年以来迎来了"黄金时代"。在视觉文化背景下，传统基于语言文本分析的修辞学研究逐渐开始关注视觉议题，"从原来仅仅局限于线性认知逻辑的语言修辞领域，转向研究以多维性、动态性和复杂性为特征的新的修辞学领域"。换言之，正是在视觉文化所主导的"文化逻辑"之下，修辞学领域发生了一场深刻的"图像转向"，诞生了视觉修辞学。其实，修辞学思考的基础问题是意义的修辞建构，只不过语言修辞和视觉修辞给出了不同的观照视野：前者主要从语言维度上加以考察，后者则将关注视野延伸到视觉文本，尝试在视觉意义上确立特定的修辞议题、编织特定的修辞话语、开展特定的修辞实践。

视觉修辞学关注的视觉文本的含义存在狭义和广义之分。狭义上的视觉文本主要指图像文本，而广义上的视觉文本的外延相对宽泛，主要指交际实践中一切具有象征功能的视觉对象——除了纯粹的图像文本，还包括由语言、文字、图像等要素混合而成的多媒体文本，以及能够在视觉维度上加以认知和分析的社会文本，如图像事件（image events）、社会空间等。必须承认，由于数字媒介时代的信息形态主体上是以多媒体形式存在的，因此视觉修辞主体上关注广义上的视觉文本。基于此，我们可以对视觉修辞给出如下定义：所谓视觉修辞，主要是指以视觉化的文本形态为主要修辞对象，通过对视觉文本的策略性使用和对视觉话语的策略性建构，实现劝服、对话与沟通功能的一种实践与方法。相应地，视觉修辞学则是研究视觉文本修辞语言、活动与规律的学问。

从语言文本到视觉文本，视觉修辞打开的不仅仅是修辞研究的外延问题，还涉及修辞学知识体系的内涵重构问题。相对于传统的语言修辞学研究，视觉修辞学建立了一个以"视觉性"(visuality)和"修辞性"(rhetoricality)为考察中心的知识体系,其逻辑主线是在视觉维度上形成通往认识世界的修辞学认识论、方法论、实践论。经过长达半个世纪的学术沉淀,视觉修辞学正在朝着"学科建制"的发展趋势迈进。

第二节 视觉修辞学的学术起源

探讨视觉修辞的学术起源,其实就是要回答这样一个问题:以语言为研究对象的传统修辞学科,如何将视觉对象(visual imaginary)纳入自身的研究体系中?任何一个新兴学科的诞生,都伴随着一些标志性的"学术事件"。只有回到修辞学发展的学术史中,聚焦于那些影响并改写一个学科发展脉络的关键"节点",才能真正把握视觉修辞学的"出场"问题。具体来说,视觉修辞成为一个合法的学术领域,究竟突破了什么关键性的理论问题?

传统的修辞学延续了亚里士多德的修辞观念,其主要修辞对象是语言文本,强调通过语言文本的策略性使用实现有效的劝服功能(persuasion)。相应地,修辞学被理解为语言规则在既定情景中的使用,其目的就是在交际实践中达到劝说功能。尽管后来修辞学的内涵超越了"语言规则使用"理论范畴而上升到"语言使用与社会规范创造/社会现实建构"理论维度,但是修辞学所关注的对象依然停留在语言/文字层面,图像及视觉问题并未进入修辞学的研究视野。简言之,传统修辞学关注的是语言问题而非视觉问题。而20世纪60年代兴起的新修辞学(new rhetoric)解决了视觉修辞学"出场"的理论合法性问题。具体来说,肯尼思·伯克(Kenneth Burke)拉开了新修辞学的序幕,重新定义了修辞的内涵与观念。伯克在《作为象征行动的语言》《动机语法学》和《动机修辞学》中系统阐释了新修辞学的理论与方法。按照伯克的观点,所有的人类行为都是符号性的(symbolic),人们在符号系统中完成的实际上是一种符号/象征实践(symbolic practice)。而符号/象征不仅包括人类的语言交流(talk),也包括其他的非语言性符号系统(symbolic systems)。伯克因此指出,修辞分析应该拓展到数学、音乐、雕塑、绘画、舞蹈、建筑风格等符号系统。

非语言符号系统是如何进入伯克的修辞学范畴的?这一问题涉及伯克的动机修辞学(rhetoric of motives)。伯克将人类行为按照是否受动机(motives)支配区分为"行动"(action)和"活动"(motion),前者涉及动机问题,而后者则与动机无关(如生理活动)。由于动机的形成和改变与象征手段的使用密切相关,因此一切涉及象征手段的行为都必然涉及动机问题,即属于"行动"层面的问题。而大凡建立在象征手段基础上的符号实践,都不可避免地体现了修辞学意义上的劝服动机。基于此,伯克认为修辞学的关注对象应该超越传统的语言实践范畴，而上升到包括图像符号在内的一切象征行动（symbolic action）范畴。正如奥尔森所指出的，当象征行动成为修辞学的研究对象，新修辞学的理论推进"为视觉修辞研究的建立提供了可能性"。由于伯克在象征行动层面考察修辞问题，修辞学的文本对象已经不局限于语言文字，而是拓展到一切具有象征行动属性的符号形态，包括摄影、动画、电影、广告、设计作品、新闻图片等视觉对象。实际上，任何视觉文本的生产与传播在交际与文化维度上都携带着特定的意义体系，而意义又先天地附着于符号之上，并且通过符号的象征行动呈现，所以我们可以借助对象征行动的释义规则及内在机制的分析，抵达新修辞学意义上的修辞动机问题。正因为新修辞学将象征行动推向了修辞研究的重要位置，视觉文本的象征行动及其修辞动机问题才正式进入修辞学的学术视野。

概括来说，图像符号之所以能够跨越古典修辞学所设定的修辞对象壁垒，根本上是因为新修辞学在理论上重新界定了修辞的本质和对象，从而将包括图像在内的一切符号系统都纳入修辞学的对象范畴。于是，"视觉文本的修辞学研究"便成为一个亟待突破的修辞学研究领域。可以说，伯克突破了传统的修辞理论体系，重新定义了修辞学和修辞实践，从而在理论上解决了视觉修辞学"出场"的合法性问题。

第三节　图像研究的视觉修辞学范式

尽管视觉修辞是一个跨学科领域，但其学术传统是修辞学。如何确立视觉修辞学的问题域？本节主要立足以下三个基本的学术视域：一是立足修辞学的学科传统，从修辞学的理论脉络中提出视觉修辞的本体问题；二是立足视觉修辞的学术史，从学术发展的学科关系和知识地图中提炼出视觉修辞的核心问题；三是立足视觉修辞与其他视觉研究范式的对比视野，从诸多研究范式的比较关系中发现视觉修辞学范式的独特问题。具体来说，第一，就视觉修辞的本体问题而言，修辞学传统强调修辞对象的使用与评估，一方面关注文本实践维度的"修辞策略问题"，另一方面关注"符号行动"维度的"修辞效果问题"；第二，就视觉修辞的核心问题而言，视觉修辞实践具有传播特性，其实践本质是传播实践，学术起源是传播场域，因而视觉修辞的核心问题是"发生场域"维度的"修辞传播问题"；第三，就视觉修辞的独特问题而言，视觉修辞不同于其他视觉研究范式的独特性体现为在"意义机制"上的"修辞语言问题"和在"批评模式"上的"修辞批评问题"。基于此，我们可以将视觉修辞的问题域概括为五个方面：修辞策略问题、修辞效果问题、修辞传播问题、修辞语言问题和修辞批评问题（图22-1）。

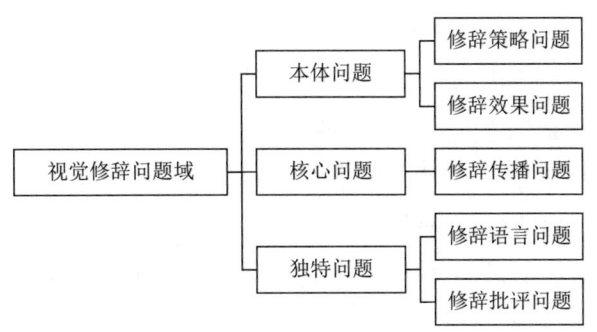

图 22-1　视觉修辞的问题域

在视觉研究的诸多学术范式中，视觉修辞的五大问题域，即修辞策略问题、修辞效果问题、修辞传播问题、修辞语言问题和修辞批评问题，分别对应视觉议题研究的五个认识维度，即文本实践、符号行动、发生场域、意义机制和批评模式。这五大理论维度不仅勾勒出视觉修辞不同于其他视觉研究范式的独特内涵，同时提供了一个探讨视觉修辞学范式的认识框架和理论模型，即可以从文本实践、符号行动、发生场域、意义机制和批评模式五个理论维度切入，相对系统地把握"何为视觉修辞"这一基础性的理论范式命题。换言之，相对于其他的视觉研究范式，视觉修辞在文本实践、符号行动、发生场域、意义机制和批评模式上都表现出了自己独特的"问题意识"。基于此，本节将从这五个认识维度尝试把握视觉修辞相对独特的问题域。为了避免对视觉修辞学范式与其他视觉研究范式的比较陷入泛泛而谈，同时考虑到视觉修辞学与视觉符号学的学科边界相对比较模糊且具有诸多共通之处，本节将侧重以视觉符号学作为参照坐标，兼顾它与其他视觉研究范式的总体比较，以期勾勒视觉修辞学范式的整合轮廓、阐释其理论内涵。

一、文本实践：视觉修辞的文本生产

修辞实践具有一个类似传播实践的结构与过程：修辞主体—动机—语言或其他符号—编码—传输—交际对象—解码—修辞效果。由于修辞既是一种符号表达，又是一种应用手段，因此修辞实践必须诉诸特定的修辞对象或修辞文本。换言之，修辞实践强调的劝服过程、对话过程或沟通过程都建立在特定的文本生产基础之上。离开修辞文本的生产，修辞意图将失去符号载体，修辞效果也就无从谈起。可见，文本生产是修辞实践中非常重要的一个环节，这也是为什么视觉修辞特别强调对视觉文本的策略性使用与对视觉话语的策略性建构。

相比较而言，视觉符号学主要是在视觉形式维度上思考符号文本的意义问题，面对的是既定的符号形式或符号问题，关注的是符号意义的表征与结构问题。换言之，符号本身是如何被生产出来的问题并非视觉符号学的关注重点。相反，视觉修辞不仅强调作为符号行动的认识论问题，也强调通往修辞效果的实践论问题，因而特别重视"策略性的文本生产实践"。视觉修辞所强调的文本生产主要包含两方面的修辞问题：一是视觉话语建构层面的视觉编码问题，二是视觉修辞实践层面的视觉文本生产问题。当文本生产被推向视觉修辞的本体问题维度时，修辞策略问题就成为视觉研究不能回避的中心命题。当前的视觉话语生产实践之所以关注视觉文本的策略性生产与视觉话语的策略性建构，主要是因为其理论依据源自修辞学传统中的修辞策略问题。

二、符号行动：视觉修辞的修辞效果

修辞策略是视觉修辞学范式的本体问题，旨在回应视觉研究的修辞效果。自20世纪60年代的"语言学转向"以来，"言语行动"成为一个非常重要的修辞学问题。而新修辞学则将修辞对象从语言拓展到包括视觉符号在内的一切非语言符号，进而在符号本身的象征实践中考察修辞问题。相应地，视觉实践被认为是社会建构意义上的一种"符号行动"或"象征行动"。尽管视觉符号学、视觉语用学、视觉形态学、视觉社会史、视觉文化研究都关注视觉对象的符号行动，但视觉修辞延续了修辞学最基本的"功能观"，除了关注符号行动的作用机制，更关注符号行动的修辞效果，即视觉实践是否能够影响受众以及如何影响受众的问题。

尽管符号学和修辞学都关注"意义是如何在符号系统中构建的"，但符号学却在意义的判断与评价方面显得无能为力，即符号学并不真正关心修辞效果问题。亚瑟·A.伯格（Arthur A. Berger）给出了一个恰当的比喻："符号学仅仅关注认知的意义与模型，但对符号本身的质量问题与艺术问题却无能为力。这就好比一个人可以根据食材的质量来判断食物，却并不关心食物是如何做出来的以及食物的口味如何。"正因为对修辞效果的特别关注，视觉修辞在方法论上呈现出不同于视觉符号学的研究方法和操作理念。一种视觉实践是否产生修辞效果？是何种修辞效果？如何对修辞效果进行测量和评价？这些都是视觉修辞需要研究的问题。当前视觉修辞效果研究的主要思路是从实证和经验意义上探寻视觉符号的实践方式。

三、发生场域：视觉修辞的传播语境

视觉修辞在学科建制上与传播学颇有渊源。1968年，詹姆斯·C.麦克罗斯基（James C. McCroskey）出版了影响深远的《修辞传播学导论》（*Introduction to*

Rhetorical Communication)一书,认为修辞和传播在学术源流上关系密切,具有积极的对话基础和实践逻辑。简言之,传播活动所关注的意义与话语问题不仅是在修辞维度上的编织和实践,也是可以通过修辞的方法来认识和把握的。关于这一问题的学理探讨直接推动了修辞传播学(rhetorical communication)的兴起。纵观20世纪60年代以来视觉修辞的学术史发展脉络可见,视觉修辞的"问题语境"来自传播学,其修辞议题也来自传播学,并随着传播实践的发展而成为一个新兴的学科领域。只有深入考察视觉修辞的学术史,我们才能真正理解视觉修辞和传播学之间的学理渊源。如前文所述,视觉修辞的学术起源存在三次标志性的学术事件:一是新修辞学的兴起,解决了突破性的理论问题;二是视觉传播(visual communication)的兴起,创设了标志性的修辞议题;三是学术机构的兴起,产生了关键性的研究转向。就视觉修辞议题而言,作为视觉修辞对象的摄影、漫画、广告、电影、电视等视觉文本均来自大众媒介场域,并且在视觉传播的"问题驱动"下进入修辞学的对象视野。

20世纪60年代以来,传播技术的发展进一步催生了视觉文化的兴起。视觉传播研究的一个重要问题就是考察视觉对象的传播效果,而传播效果则要追溯到视觉文本的修辞语言和意义生成问题:视觉产品是如何生产的?文本系统的编码机制是什么?如何理解文本运作的视觉语言?是否存在视觉叙事的"语法"问题?如何评价视觉产品的传播效果?这些无疑是在传播学的学科语境和实践场域提出来的传播学问题,但同时涉及面向视觉对象的修辞学问题。因此,视觉传播实践为视觉修辞研究提供了一个标志性的修辞议题。视觉传播实践的一个必然后果就是视觉文化产品的生产与传播,尤其是如摄影、漫画、广告、电影、电视等视觉化媒介形态在全社会范围内的普遍渗透。甘瑟·克雷斯(Gunther Kress)和西奥·凡-勒文(Theo van Leeuwen)在谈及视觉修辞的语法问题时,直接将其划入传播学学科下的视觉传播领域,认为视觉语法研究的目的就是"为视觉传播提供一个更具有理解力的理论"。由视觉修辞的学术史可见,视觉修辞学虽然在学术传统上来源于修辞学,但其作为一个"研究问题"则发端于传播学,其核心的问题语境来源于传播学学科下的视觉传播研究。

四、意义机制:视觉修辞的修辞结构

修辞语言是视觉修辞范式中的独特问题,旨在回应视觉研究的意义机制。对意义问题的永恒关注是所有视觉研究范式的共同命题。不同于视觉研究的其他学术传统,修辞学传统强调在修辞语言维度上把握意义的生产方式。符号学者马塞尔·德尼西(Marcel Danesi)认为,视觉修辞所关注的修辞意义主要来源于视觉语言与构成层面的一个装置系统——修辞结构(rhetorical structure)。按照德尼西的观点:"视觉修辞的意义并不是存在于图像符号的表层指涉体系中，而是驻扎在图像符号深层的'修辞结构'之中，也就是隐喻（metaphor）和暗指（allusion）等修辞形式所激活的一个认知－联想机制（cognitive-associative processes）之中。"按照修辞学的学术传统，修辞结构对应的是一系列"辞格"问题，而辞格恰恰解释了意义的存在结构与生产方式。视觉修辞学范式之所以关注图像符号的修辞结构，是因为它预设了这样一个潜在的逻辑假定：修辞结构意味着一个符码汇编系统，视觉符号的含蓄意指恰恰以某种"伪装"的编码形式存在于特定的修辞结构之中。这里的"修辞结构"实际上并非一个抽象的事物，而是对应隐喻、转喻、越位（catachresis）、反讽、寓言、象征等辞格性质的意义装置。当前视觉修辞研究中的隐喻论、转喻论、语境论、语图论、意象论等理论话语，主体上都关注视觉分析的修辞结构，也就是从隐喻、转喻、语境、语图、意象等具体的修辞维度切入来把握图像意义的生产机制。

正如肯尼斯·D.贝利（Kenneth D Bailey）将范式理解为"概念和假定的组合"一样，"修辞结构"无疑是视觉修辞学范式的核心概念之一。视觉符号学和视觉修辞学在图像的意义问题上具有诸多对话之处，但二者的根本区别在于对意义生产的装置系统的不同认识：视觉符号学强调从对象化的符号形式中发现意义，而视觉修辞关注的是意义的规则，也就是修辞结构，强调通过使用意义规则来达到既定的修辞目的。相应地，探究图像符号中的隐喻、转喻、越位、反讽、寓言等修辞结构的存在形式与工作原理，构成了视觉修辞意义机制研究的主体内容和基本方法。作为一种方法论，视觉修辞学范式强调对视觉文本的修辞结构进行解码处理，使得其中的那些被编码的暗指意义能够在修辞语言维度上显现出来。简言之，视觉修辞方法强调对"视觉形式"的识别与分析，以挖掘出潜藏于"修辞结构"中的意义规则。

五、批评模式：视觉修辞的修辞批评

所谓批评，强调的是一种评价和分析行为。视觉议题研究存在多种批评模式，它们在批评的传统、路径和方法上存在明显的差异。区别于视觉符号学、视觉阐释学、视觉形态学、视觉风格学、视觉社会史、视觉文化研究的批评模式，视觉修辞给出了明显不同的对视觉对象和实践的评价和分析路径。索亚·福兹在《修辞批评：探索与实践》中对修辞批评的定义为："修辞批评是一种质化的研究方法，以系统地考察象征行动和语篇文本，其目的是解释和理解修辞过程。"

基思·肯尼（Keith Kenny）与琳达·M.斯科特（Linda M. Scott）通过系统的文献梳理，将视觉修辞批评概括为三种批评模式：经典式（classical）、伯克式（Burkeian）和批判式（critical）。具体来说，经典式修辞批评主要围绕古希腊的修辞思想代表作

《献给赫伦尼厄斯的修辞学》（又称《古罗马修辞手册》）中所提出的五大经典修辞学命题（"五艺说"），分别从论据的建构（发明）、材料的安排（谋篇）、语言的选择（文体）、讲演技巧（发表）和信息保存（记忆）五个维度进行视觉修辞研究；伯克式修辞批评主要借鉴新修辞学的修辞批评思想，强调对包括视觉文本在内的象征行动的视觉修辞研究；批判式修辞批评是指以一种反思性的方式审视修辞实践，揭示社会权力结构及其在修辞学意义上的生产逻辑，而"意识形态"是其中一个关键性的分析概念。

在以上五种认知视域中，视觉修辞学都呈现出了不同于其他视觉研究范式的问题意识。如果范式被简单地概括为贝利所说的"概念和假定的组合"，那么，视觉修辞学范式的核心"概念"就包括修辞结构、修辞策略、修辞效果、修辞传播、修辞语言、修辞批评、修辞行动、修辞实践、修辞哲学、修辞方法；核心"假定"就体现为以下五个至关重要的视觉研究问题，即（1）图像如何以修辞的方式作用于观看者？（2）视觉符号如何在修辞维度上编织图像的意义世界？（3）如何通过修辞学方法认识和把握视觉文本、视觉话语和视觉实践？（4）如何沿着修辞学认识论和方法论来把握当前视觉文化时代普遍蔓延的"视觉性"（visuality）？（5）图像如何创设并决定人在修辞意义上的存在方式？

思考题

1. 什么是视觉修辞学？
2. 视觉修辞成为一个合法的学术领域，究竟突破了什么关键性的理论问题？
3. 如何理解图像研究的视觉修辞学范式？
4. 相较于其他批评视角，视觉修辞批评的核心内涵是什么？

拓展阅读

1. 刘涛. 视觉修辞学[M]. 北京：北京大学出版社，2021.
2. 刘亚猛. 西方修辞学史[M]. 北京：外语教学与研究出版社，2008.

（刘　涛）

第二十三章 媒介考古学

本章概述

媒介考古学是一种以媒介物质为中心的"回溯—前瞻式"的研究取向,具体表现为恢复物质性、寻访异质性和捕捉复现性。媒介考古学者努力寻访那些湮没无闻的媒介物,梳理出被遮蔽的历史线索,并借此拓展新兴媒介的研究空间。媒介考古学的问题意识在于它挑战了媒介研究的非物质性偏向、媒介正史的连续性叙事,以及媒介未来的总体性构想。另类媒介考古与历史纵深考掘的有机结合,或将有力推进媒介考古学研究。

关键词

媒介考古学;电影考古学;物质性;异质性;复现性;幻想媒介;另类实践

媒介考古学旨在考掘历史上那些失落已久、转瞬即逝、止于想象的媒介物,其理论资源包括电影考古学与德国媒介理论,其问题意识在于它挑战了媒介研究的非物质性偏向、媒介正史的连续性叙事,以及媒介未来的总体性构想。研究者们重返旧技术的年轻时代,力图恢复媒介的物质性、寻访媒介的异质性、捕捉媒介的复现性,从而为别样的未来构想提供丰富资源。媒介考古学并非一个独立的学科或一套系统的方法论,而是一个开放的后现代学术场域。

第一节 媒介考古学的理论源流

"媒介考古学"（media archaeology）①近年来成了一个颇为时髦的理论术语。21世纪初，不少学者陆续聚集在这面旗帜之下，试图将媒介考古学引入电影研究、视觉研究、传播学、艺术学等领域，尝试提出新的问题，带来新的思考。"媒介考古学"的提法脱胎于"电影考古学"（archaeology of cinema）与"知识考古学"（archaeology of knowledge），常常被用来指涉一种以媒介物质为中心的、"回溯—前瞻式"（analeptic-proleptic）②的研究取向。媒介考古学有意避开典范（canonical）媒介的赫赫往事，致力于寻访那些湮没无闻的媒介物，拼接碎片，追溯前史，重估价值，试图梳理出那些被遗忘、被忽视、被遮蔽的历史线索，借此拓展新兴媒介的研究空间。

电影考古学与德国媒介理论是媒介考古学的主要理论资源。就前者而言，电影考古学旨在考掘电影的另类历史，研究者们致力于挖掘历史上那些被人遗忘的电影形式与电影风格，将之视作延绵不绝的艺术传统，从而清理出一条不同于电影史主流叙述的历史线索。③就后者而言，德国媒介理论内部可以分出两条不同的脉络：一条是以基特勒为代表的媒介物质恢复，考察"作为文化技术的媒介"；另一条是以齐林斯基为代表的媒介变体分析，考察"作为地质岩层的媒介"。④基特勒和齐林斯基分别代表两种不同的研究取向，前者旨在恢复媒介的物质性，而后者则注重寻访媒介的异质性。基特勒受福柯的知识考古学的启示，将分析对象从话语实践转向媒介物质基础；齐林斯基则受益于福柯的系谱学分析，将分析对象从典范媒介扩展至异质性媒介。

第二节 媒介考古学的问题意识

尽管研究者们从未就媒介考古学的方法论达成一致，但他们始终有一个明确的共同意愿：一定要亲自"做"媒介考古。研究者们犹如坐上了时光机，不约而同地重返

---

① 另有译作媒体考古学（荣震华、杨北辰、张惠岚）、媒介考源学（李洋、黄兆杰）。
② 埃尔塞瑟，李洋，黄兆杰.媒介考源学视野下的电影——托马斯·埃尔塞瑟访谈[J].电影艺术，2018（03）：111-117.
③ 埃尔萨瑟，韩晓强，译.作为媒介考古学的新电影史[J].东岳论丛，2020，41（06）：25-40，191.
④ 埃尔塞瑟，齐林斯基，唐宏峰等.在媒介与艺术的历史中探险——埃尔塞瑟、齐林斯基同中国学者的对话[J].文艺研究，2020（05）：91-99；西格弗里德·齐林斯基，唐宏峰，杨旖旎.媒介考古学：概念与方法——西格弗里德·齐林斯基访谈[J].电影艺术，2020（01）：125-132；唐海江，肖楠，袁艳.媒介考古学：渊源、谱系与价值——访加州大学洛杉矶分校埃尔基·胡塔莫教授[J].国际新闻界，2020，42（02）：121-129.

"旧技术仍新之时"的历史现场,力图恢复媒介的物质性、寻访媒介的异质性、捕捉媒介的复现性。这正是媒介考古学的研究取向:物质性恢复是前提条件,异质性是研究对象,而复现性则体现了媒介考古学的时间意识——唯有存档过去,方能有望激活未来。

一、恢复物质性

针对传播研究中重文本、轻媒介的偏向,媒介考古学的问题意识在于寻回媒介研究久违的物质性面向,即重视考证、复原及理解仪器设备、组织系统、软件程序、平台架构等物质基础。

恢复物质性,就是要借助文字或图像档案,将媒介还原为可触、可感的媒介物。以往媒介研究多将媒介视作一种既成的技术,考察其在政治、经济、社会、文化等领域发挥的功能性作用;而媒介考古学者则认为不能脱离设备、系统、编程、平台等物质基础而侈谈媒介之运作机制或权力关系。恢复媒介的物质性,意味着我们不能笼统地将媒介想当然地理解为单一的、抽象的、成型的技术,而是要检视历史上人们所"遭遇"的媒介物究竟是何种类型、型号、外形。譬如,不同材质的唱盘、不同尺寸的胶卷,以及不同字盘形式的打字机。

二、寻访异质性

针对媒介正史叙事中对另类媒介的忽视与遮蔽,媒介考古学的问题意识在于寻访那些另类的媒介发明、设想甚至幻想,关心其偶然性、怪奇性及独特性,以新的尺度重估它们的价值,从而挑战典范叙事中"起源""连续性"等观念。媒介考古学本质上是一种"抵抗的实践"(practice of resistance),即在典范媒介史叙事中追根溯源、连续书写等做法的持续抵抗。[①]

寻访异质性,就是寻找那些失落已久、转瞬即逝、止于想象的另类媒介。媒介创新的扩散远非一蹴而就,在"旧媒介仍新之际"更多的是旁逸斜出的媒介。以往媒介史叙事主动地剪除了那些被认定为无关宏旨的枝枝蔓蔓,而媒介考古却乐于对另类媒介的逸闻琐事照单全收。媒介考古学者尤其重视对"幻想媒介"(imaginary media)的考掘。研究者们倾向于认为,即便是偶一为之的媒介想象也不同程度地左右了媒介的

---

① HUHTAMO E, PARIKKA J. Introduction: An Archaeology of Media Archaeology [M]// HUHTAMO E, PARIKKA J (eds.). Media Archaeology. Berkeley, CA: University of California Press, 2011: 1-21.

发明与实践。除此之外，异质性还包括新旧之交人们对媒介的另类实践。以往媒介史往往将媒介认定为"推动历史进步的利器"，着力书写其辉煌业绩，而媒介考古则关心人们拿媒介"实际"在做什么。在某些特定时段或场合，媒介并没有大展神威，倒是时常被大材小用、有意误用、无奈弃用。尽管这些实践未能形成大流，但也确确实实发生过。例如，摩尔斯发现在电报发明之初，人们只把电报机当作一个新奇的玩意儿，用以传递供茶余饭后消遣的小道消息，而远不是他所设想的引发一场通信革命。人们原本以为电报是人与人相互理解的桥梁，是世界和平的使者，结果，它却给欺诈、盗窃、谎言和行骗提供了新的工具。[1]

三、捕捉复现性

针对西方社会关于媒介"不断进步""不断淘汰"的总体性构想，媒介考古学的问题意识之一在于重访那些散落在19、20世纪各处，破碎搁浅、被人遗忘的乌托邦实践，并召唤那些曾经失败的媒介幽灵，呼唤它们重返世间。在这个意义上，媒介考古学的兴起寄托了左翼学者久违的光荣与梦想，它绝非无可奈何的逃避主义，而是熠熠生辉的未来主义。

捕捉复现性，就是捕捉那些重复出现的媒介元素，以及人们对不同媒介的似曾相识的感受。媒介考古常常被形容为在博物馆中搜寻展品或在档案馆里查阅文献的过程。研究者们并不以线性时间为主轴，而是更倾向于在馆藏或档案中徜徉浏览、相机取用。他们着眼于那些似曾相识、彼此呼应的媒介变体，考察它们交错纠缠、循环往复的情形。新媒体研究者通常将过去的媒介视作一去不复返的历史陈迹，而媒介考古学者则将其视作随时都可能复活的幽灵。旧媒体或许不复使用，但这并不意味着退出或终结，它们实际上在不断地做出调试并融入另一种媒介。以媒介考古学观之，媒介永不消亡，它们只是衰败、腐烂、变形、再混合、被历史化，被重新解释、被再次收藏；媒介不会永不复用，而只会改头换面，以新版本、新功能适应新环境；残留总能被再利用，"死去"亦能复生。[2]

不断复现的不仅仅是媒介，还包括历史上人们对媒介的感觉。媒介考古学旨在"恢复过去我们对媒介的另类感觉"，而且这往往是一种"似曾相识的奇怪感觉"[3]。以

---

[1] 斯坦迪奇. 维多利亚时代的互联网[M]. 多绥婷, 译. 南昌：江西人民出版社, 2017：37-50, 93-111.
[2] HERTZ G, PARIKKA J. Zombie Media: Circuit Bending Media Archaeology into an Art Method[J]. Leonardo, 2012, 45（5）：424-430.
[3] GITELMAN L, PINGREE G (eds.). New Media, 1740-1915[M]. Cambridge, MA: MIT Press, 2003: XII.

"摄心机器"（influencing machine）①神话为例（图23-1），"沙漠牧民比较可能相信他将要被灯神用沙子活埋，而对都市美国人来说，则是被中情局植入了芯片而处于监控之中"。②到了现代，旧观念依旧颇有市场，我们只是在寻求另一种解释方法。这种"机器—系统操控心灵"的幻想传统在《楚门的世界》(The Truman Show)、《黑客帝国》(The Matrix)等当代科幻电影中得到悠远而执拗的回响。

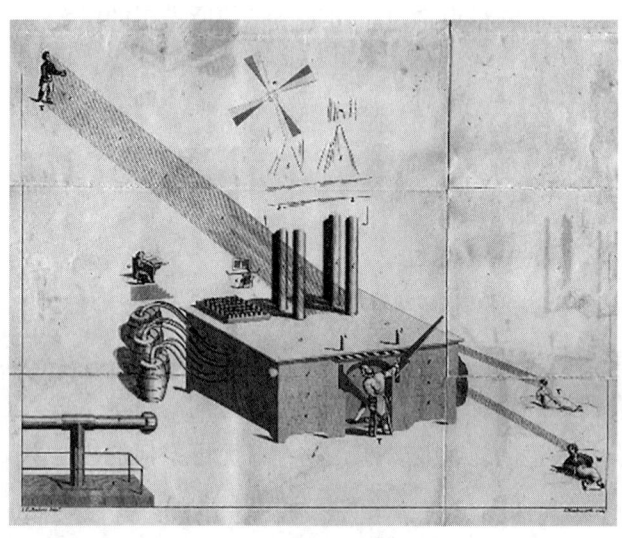

图23-1 精神分析学家维克多·托斯克（Victor Tausk）所谓的"摄心机器"

第三节 如何推进媒介考古学？

有批评者指出，媒介考古学缺乏明晰的焦点，关注的对象太过琐碎，对逸闻轶事发思古之幽情，对另类的媒介设想及幻想也大有浪漫化的嫌疑。更何况其论述往往苛求细节、大量堆砌，缺乏环环相扣的严密逻辑。更为棘手的问题在于：媒介考古是一场难以统合的学术运动，研究者们往往各行其是，自作主张，缺乏统一方法。

然而，媒介考古学并非一个具有统一主张的学派，也不是一套明确而稳定的方法论，而是一个"去学科化"（undisciplined）的后现代学术场域。媒介考古学是致力于"解构"的后现代学说，以"建构"的尺子来衡量未免方枘圆凿——试图将媒介考古学

---

① 精神分析学家维克多·托斯克（Victor Tausk）所谓的"摄心机器"。1810年，一个名叫詹姆斯·提利·马修斯（James Tilly Matthews）的病人绘制了精细的工程图纸，自称其心灵正受控于这台机器——"空气织布机"（air loom）。这台摄心机器据称采用了当时的前沿科技，人工合成气体和催眠光束将看不见的电流导入他脑中植入的磁铁。

② JAY M. The Reality Show[EB/OL].（2013-08-23）[2023-10-08]. https://aeon.co.

的各种路径统合一处的做法注定是徒劳无功的。媒介考古学以问题意识为导向，而不是以学科为边界。它从未囿于内部讨论，而是与其他学科、理论持续融合，博采众长，不断演进。需要注意的是，媒介考古学的价值并不在于号召大家一起"专门"从事媒介考古学，而是建议研究者们将恢复物质性、寻访异质性、捕捉复现性的研究取向，自觉融入自己的研究之中。

总体而言，媒介考古学建立在一种对"失败媒介"细致分析的基础之上。"失败是媒介考古的核心。"① 不过，媒介考古对总结失败经验不甚关心，倒是异常珍视那些另类媒介的未竟事业，将其视作勇敢且有益的尝试，并坚信其中总有吉光片羽能为当下提供镜鉴。或许，唯有媒介之未竟方能幻想媒介之美好——那些媒介正是因为自身的倏然中断才被我们认定是难能可贵的。然而，媒介考古学不能仅仅满足于收集历史上那些稀奇古怪的媒介，而是要打开眼界，立足当下，为未来提供新的资源、新的视野、新的可能。倘若对现实和未来没有新的刺激，而只是"为了考掘而考掘""为了收藏而收藏"，就未免稀释了媒介考古的意义与价值。换言之，媒介考古学并非为了过去而过去，"追寻过去"的意义在于"指向未来"。

媒介考古学一味标榜自己"反对历史叙事"，这一立场一定程度上导致了其"自我窄化"的倾向：只关心媒介或个别媒介使用者层面，却对媒介与政治、经济、文化的勾连不甚关切。倘若想真正理解另类媒介及其另类实践，有必要借助新文化史（New Cultural History）的研究取径。例如，美国历史学家罗伯特·达恩顿（Robert Darnton）在《法国大革命前的畅销禁书》（1995）中通过考掘"另类书籍"阅读史，令人信服地解释了法国民众何以一夜之间就对大革命云集响应：大革命前夕法国民众对地下读物的广泛阅读，消解了宗教和王权的威严，动摇了统治阶级的合法性，为大革命的爆发聚集了叛逆的力量。② 由此可见，另类媒介考古与历史纵深考掘倘若能有机结合，那么媒介考古学研究将取得更为丰厚的学术价值。

媒介考古学不是在一座保存完好的古墓中发掘另类媒介的过往，而是在一个充满困惑的当下遭遇了它的残留破碎的遗迹和萦绕不去的幽灵。媒介考古不啻一场冒险之旅。研究者们带我们回到新式媒介浮出水面的那一刻，去打捞那些失落已久的媒介，唤醒我们曾经的战栗、不安及幻想。这不是轻松的回望，亦非痛苦的怀旧，而是为了重返那些悬而未决的时刻——事物和关系尚未完全确定下来，多种技术或文化上的解决方案仍然可供取用。考掘媒介的过去，是为了让我们更好地反思：为何总有一种似曾相识的感觉？我们曾经有哪些别样的选择？我们可以期待一个怎样的未来？

---

① PARIKKA J. What is Media Archaeology?[M]. Cambridge, UK: Polity, 2012: 167.
② 参见罗伯特·达恩顿. 法国大革命前的畅销禁书[M]. 郑国强, 译. 上海: 华东师范大学出版社, 2012.

思考题

1. 媒介考古学的问题意识是什么？
2. 媒介考古学是一套明确而稳定的方法论吗？
3. 如何理解帕里卡所谓的"失败是媒介考古的核心"？
4. 试举一例，说明媒介的"复现性"。

拓展阅读

1. 胡塔莫，尤西·帕里卡. 媒介考古学：方法、路径与意涵[M]. 唐海江，主译. 上海：复旦大学出版社，2018.
2. 黄旦. 媒介考古：与小人儿捉迷藏？[J]. 国际新闻界，2021（08）.
3. 施畅. 视旧如新：媒介考古学的兴起及其问题意识[J]. 新闻与传播研究，2019（07）.
4. 唐宏峰. 透明：中国视觉现代性（1872—1911）[M]. 北京：生活·读书·新知三联书店，2022.

（施　畅）

图书在版编目(CIP)数据

媒介研究导论 / 吴璟薇编著. -- 北京：中国传媒大学出版社, 2024.4（2024.7重印）
ISBN 978-7-5657-3519-6

Ⅰ. ①媒… Ⅱ. ①吴… Ⅲ. ①传播媒介—高等学校—教材 Ⅳ. ① G206.2

中国国家版本馆 CIP 数据核字 (2023) 第 229355 号

新闻传播专业前沿教材系列

媒介研究导论
MEIJIE YANJIU DAOLUN

编　　著	吴璟薇
策划编辑	曾婧娴
责任编辑	曾婧娴
封面设计	拓美设计
责任印制	李志鹏
出版发行	中国传媒大学出版社
社　　址	北京市朝阳区定福庄东街1号　　邮　编　100024
电　　话	86-10-65450528　65450532　　传　真　65779405
网　　址	http://cucp.cuc.edu.cn
经　　销	全国新华书店
印　　刷	三河市东方印刷有限公司
开　　本	787mm×1092mm　1/16
印　　张	18.5
字　　数	382千字
版　　次	2024年4月第1版
印　　次	2024年7月第2次印刷
书　　号	ISBN 978-7-5657-3519-6/G·3519　　定　价　69.80元

本社法律顾问：北京嘉润律师事务所　郭建平